統計学で解明！

野球のギモン

渡邉成行
Shigeyuki Watanabe

彩図社

はじめに

小さい頃から野球をみているともはや当たり前のようになっていることに対し、ふと「なぜだろう」と疑問に思うことがでてくる。例えば、多くのチームで当たり前のように看板打者を四番に据えているが、それは本当に合理的なのだろうか。夢のように語られる「四割打者」はなぜ現れないのか。先攻・後攻ではどちらが有利なのか……など。けれど昔は、そうした疑問を解決する手段を持たなかったし、観戦は所詮趣味でしかないので、「分からないけど、まあ、いいや」と心のうちにしまってきた。

ところが、コロナ禍のせいで高校野球が中止となり、プロ野球開幕も延期され、すっかり野球ロスに陥っていた２０２０年春のある日、野球についてぼんやり考えているうちに、実はこれらの疑問は、銀行や役所での仕事を通じて培ったちょっとした計数処理のスキルさえあれば解決可能なのではないかと思うに至った。また、パソコンやインターネットの技術進歩のおかげで、昔は到底困難だったデータの収集や計算作業が可能となっている。そう思い立ったが吉日、野球という競技の性質や日本野球の特徴について、一度、時間をかけて考察してみることにした。

こうした行動をとる人は奇特かもしれないが、世間は広いもので、ネット上で野球に関するデータマニアを見つけるのに苦労しない。確かに野球という競技は統計分析と相性が良い。第一に、「投げる」「打つ」などの各プレーが独立しているため、データを抽出し易い。第二に、試合数が多いし、サッカーなどと比べれば得点数も多いので、勝敗や得失点につながるたくさんのデータを入手できる。特に野球の母国でもあるアメリカでは、趣味の領域を超え、「セイバーメトリクス（Sabermetrics）」[1]と呼ばれる学術研究が高度に発達している。セイバーメトリクスは、アメリカでは映画『マネーボール』[2]でとり上げられたように、チーム編成にあたる球団経営者にとって重要な道具となっているほか、その基本的な考え方はファンの間に浸透している。

それでは、冒頭に述べたような野球に対する数々の疑問は、セイバーメトリクスの論文を追いかけていけば解決できるのか、といわれると、そう言い切れないのが悩ましい。日本のファンの間では、ネット上では、そのマニアたちがしばしば「セイバー厨《ちゆう》」と揶揄されているよう

1　「アメリカ野球学会(SABR:Society for American Baseball Research)」と「測定基準(metrics)」を組み合わせた造語。
2　ブラッド・ピットさんの演じるビリー・ビーン氏がアスレチックスのゼネラルマネージャーとして、内外の批判と闘いながら、セイバーメトリクスを用いて貧乏球団を世界一に導こうとする姿を描いた２０１１年公開の映画。

に、あまねく受け入れられているとは言い難い。それは、娯楽に理屈を持ち込まないで欲しいという拒絶反応もさることながら、セイバーメトリクスの議論がどこか日本野球のファン目線と「ずれている」からだと思えてならない。なぜずれてしまっているのか。思うに日本ではメジャーリーグほど選手の移籍市場が活発でないため（第十二話参照）、球団経営者からのニーズが限られるうえ、日本野球の実情やファンの関心に応えた分析やメッセージ発信も不十分だったせいではないか。例えば、「無死一塁からの送りバントは不合理である」ことは、セイバーメトリクス最大の発見の一つといわれる。ただ、この「発見」を額面どおり受け取ると、今なお送りバントが重視されている日本のプロ野球は間違っているということになりかねないが、本当にそうなのだろうか。この疑問に対する答えは第一話で述べるが、選手や監督たちが長年培ってきた集合知はそれほど簡単に覆されるものではない。

　そこで、本書では、日本野球のファン目線という新しい視点から「野球の疑問」を解いてみることにした。データを基に分析していくが、本書はセイバーメトリクスをなぞった論文でもなければ、解説書でもない。また、統計学の教科書でもない。専門用語や複雑な数式は極力避け、分かりやすい解説を心がけたつもりだ。セイバーメトリクスも、もともとは、缶詰工場の警備員だったビル・ジェームズ氏が夜勤中、興味本位で会社のパソコンをいじっているうちに様々な発見をしたのが端緒とされる。当時のジェームズ氏のように野球ファンの立場から野球ファンの興味関心に応えたい、という原点に立ち戻って論考したつもりであり、一人でも多くの読者が、野球に対する新しい見方を得るきっかけになってくれたら、何よりの幸いである。
最後に、文中でカープの事例をとり上げることが多いのは、筆者が熱烈な鯉党だからであり、その旨予め告白しておく。あと、本書の記述は断りがない限り２０２０年シーズンまでのデータに基づく。それから、本書は筆者にとって初めての出版であり、出版まで導いてくれた彩図社編集部に感謝するとともに、野球を愛する先輩方・仲間たちから多くの助言や示唆を賜ったことに御礼申し上げたい。

令和三年十一月
渡邉　成行

『統計学で解明！　野球のギモン』目次

第一話　送りバントは本当に無駄な作戦なのか？

無死一塁からの送りバントは、一般的には不合理な作戦

無死一塁からの送りバントは、成功すれば一塁走者をスコアリングポジションに進め、単打一本でも生還させ得る状況を作り出せるが、アウトカウントを献上するという代償を伴う。セイバーメトリクスの理論によると、一般に「アウト数が増えること」の代償は「走者をスコアリングポジションに進められること」の効果より大きいため、野手に送りバントをさせるのは不合理な作戦だとされる。このことは、「従来からの常識を覆した例として紹介される」ことの多い、セイバーメトリクス最大の発見の一つといわれる。[3]

その根拠は、過去の日本プロ野球（ＮＰＢ）やメジャーリーグ（ＭＬＢ）[4]のデータを基に、

3　蛭川皓平（２０１９年）

4　２０２０年12月、ＭＬＢはかつてのニグロリーグをＭＬＢの公式記録に含めると発表した。本書ではニグロリーグ

一死二塁から期待できる平均得点数（得点期待値）を計算すると、無死一塁からの得点期待値よりも低い、というものである。つまり、たとえ送りバントに成功したとしても、そこから期待できる得点数はかえって低下するというのだ。確かに無死一塁からの打者が極端に低打率の場合には、バントによりせめて走者を進塁させた方がマシなのだが、そのようにいえる打率水準は1割台前半であり、年間を通じて活躍している野手にそんな低成績の選手はまずいない。

この説明に対する反論として、得点期待値は、例えば10回中9回が無得点であっても残りの1回で10点をとれた場合、「1点」（＝10点÷10回）となり、10回中9回で1点ずつをとれた場合（得点期待値は9点÷10回＝0・9点）より高い数値となるが、送りバントは「まず1点」をとるための作戦なのであって、得点期待値による評価になじまないという指摘があり得る。しかしながら、先行研究では、イニング中に少なくとも1点をとれる確率（得点確率）についても、強攻策をとった方が有利との結論が出ている。例えば「無死一二塁から一死二三塁、無死二塁から一死三塁の得点確率」については送りバントが有効との分析があるが、[5] そこでも無死一塁からの送りバントは非効率とされている。

5　鳥越規央（2014年）について第十一話のコラム❼で紹介している。一方、同コラム以外のMLB関連の分析では、本書の執筆時点において入手可能なデータの制約から、ア・リーグおよびナ・リーグを対象としている。

確かに、ＮＰＢの平均的な打者9人からなるチームを想定し、本書版得点数推計モデル（推計手法は巻末の付録資料1参照）を使って机上計算すると、無死一塁から送りバントを選択した場合、イニング中の得点期待値は0・09点少なくなり、得点確率も0・8％ほど低下する（図表１‐１）。やはり無死一塁からの送りバントは、一般的に損な作戦のようだ。

ＭＬＢでは、このセイバーメトリクス最大の発見が現場の作戦運用にまで浸透している。ＭＬＢではＮＰＢと比べればもともと送りバントが少なかったのだが、２０１０年代以降、送りバント数が一段と減少している（図表１‐２）。

高校野球での判で押したようなバント作戦は認知バイアスによるものか

無死一塁からの送りバントが一般的に不合理であるとの理解に立つと、次の二つの疑問が湧き出てくる。第一に、日本では高校野球などの監督が、判で押したように送りバントを企画したがるのはなぜだろうか。そして第二に、ＭＬＢと異なり日本では、プロ野球でも作戦の選択肢として送りバントがなくならないのはなぜだろうか。

このうち第一の点については、既に述べたように、無死一塁から機械的に送りバントを企画するのは不合理なので、多くの監督が不合理な作戦をとり続けているということは、何らかの

（図表 1-1）平均的な打者９人のチームが無死一塁から強攻策ないし送りバントを選択した場合の得点確率・得点期待値（試算）

	強攻策を選択（a）	送りバントを選択（b）	（b-a）
得点確率	35.0%	34.2%	▲0.8%
得点期待値	0.45点	0.37点	▲0.09点

（注）平均的な打者は、打撃成績が球団創設（1950年）以来の広島の全打者の平均成績並みと仮定（打率.253、年間打席数が規定打席数ちょうどならば本塁打数10.9本）。試算方法は、本書版得点数推計モデルによる。送りバントの成功率80%などの前提に基づく。
（出所）日本プロ野球記録の公表データに基づき筆者作成

（図表 1-2）NPB・MLBにおける１試合あたりの送りバント数の推移

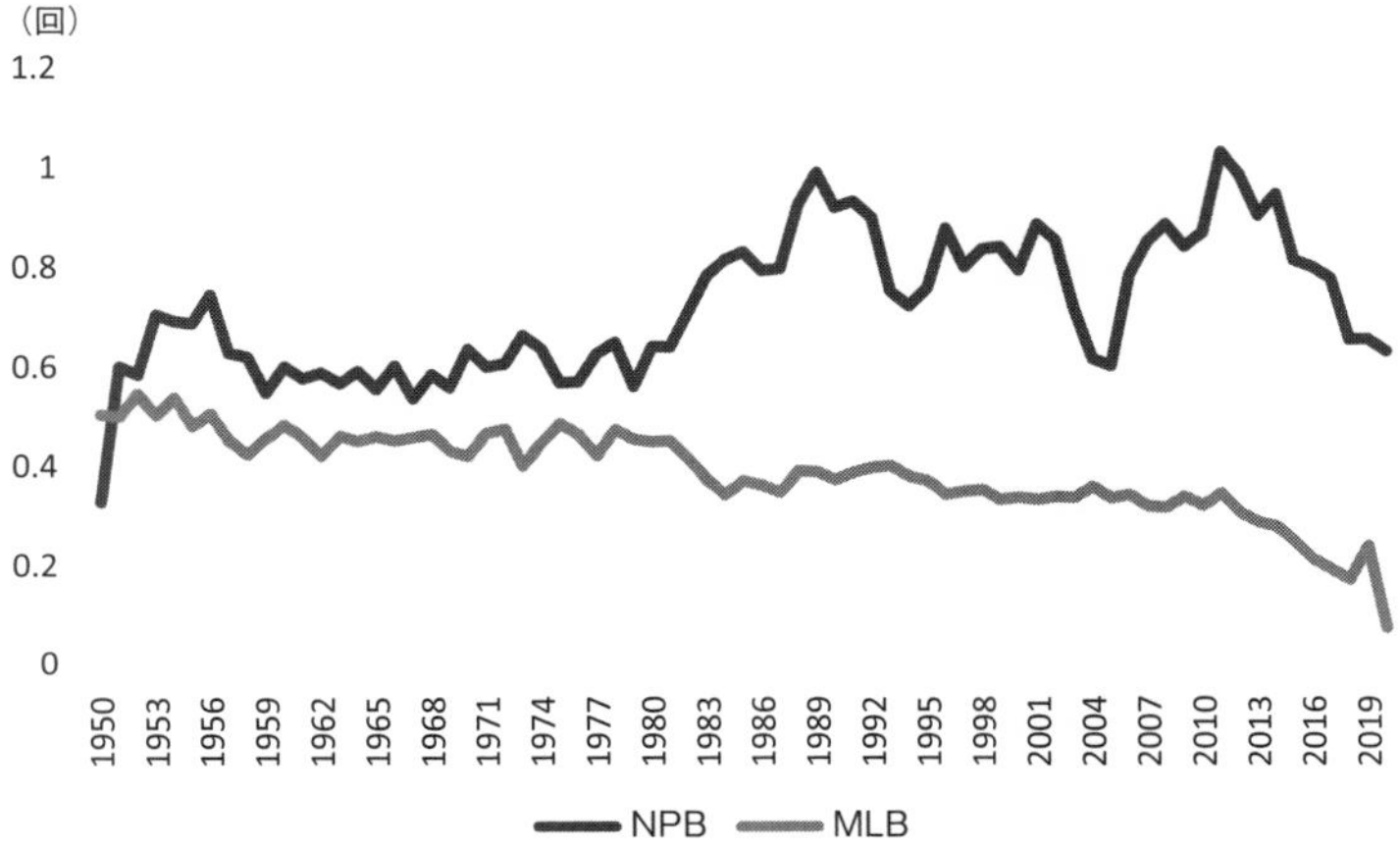

（出所）日本プロ野球記録、Baseball-Referenceの公表データに基づき筆者作成

認知バイアスが働いていると考えるべきだ。ここでの認知バイアスとは、自チームの作戦を立案する際、慎重になるあまり、四死球や相手チームの守備の乱れ、次打者による長打など、自チームに有利な事象の発生確率を過少に見積もってしまうことなのではなかろうか。机上計算に照らしてみても、例えば、四死球を選べる可能性を思考回路から排除した途端、送りバントが常に攻撃チームに利得をもたらすと錯覚してしまいがちなことが分かる。さらに自チームの選手が長打を放つ確率を実際の半分に見込んだ場合、送りバントが一層有利にみえてしまう（図表1-3）。

「まず1点」をとりたい場合、条件次第で送りバントは合理的な作戦たり得る

第二の点、すなわち、NPBでは作戦の選択肢の一つと位置付けられているが、そのことの合理性は説明がつくのだろうか。結論からいうと、無死一塁からの送りバントは「一般的には」不合理であり、また、いかなる場面であれ大量得点の可能性を自ら低下させる作戦行動なのだが、次の2つの要件を満たす場合に「まず1点」が欲しいときに限れば、合理性が認められる。

（図表 1-3）自チームに有利な事象の発生確率を過少に見積もった場合における無死一塁からの得点確率（試算）

	強攻策を選択（a）	送りバントを選択（b）	（b-a）
実際の得点確率（図表1-1からの再掲）	35.0%	34.2%	-0.8%
四死球を選べる可能性を排除した場合	30.2%	32.7%	+2.5%
四死球を選べる可能性を排除し、さらに自チームの安打数に占める長打の割合を実際の半分に見込んだ場合	26.2%	30.8%	+4.6%

（注）平均的な打者の想定や試算方法は（図表 1-1）と同じ。
（出所）日本プロ野球記録の公表データに基づき筆者作成

要件１：対戦相手がほとんど走者を許さない好投手であること
要件２：打者の送りバント技術が高いこと

要するに無死一塁から送りバントを企画すべきかどうかは、相手投手と自チームの打者をよく見極める必要がある、ということだ。さらに、チームの戦力事情ないしリーグ全体の傾向として、次のＡ・Ｂのファクターを満たしているとき、送りバントの「損益分岐点」は一段と高まる。

ファクターＡ：後続の打者の長打力が高くないこと
ファクターＢ：一塁走者の走力が高いこと

大量得点の可能性を自ら放棄してでも「まず1点」を狙う作戦が合理的といえる場面とは一体どのようなケースなのか、という論点については後で述べることとして、以下ではまず、「まず1点」をとりたい場合に、送りバントが合理的となり得る条件（上述の要件1・2、ファクターA・B）について説明する。

対戦相手がほとんど走者を許さない好投手である場合（要件1）

最初に、要件1について説明するため、NPB（2016〜20年）で規定投球回数を達成した投手（のべ96名。つまり1チーム・1年あたり平均1・6人）を対象として、送りバントを選択した場合と強攻策をとった場合それぞれの得点確率を本書版得点数推計モデルにより試算した。すると、96名中44名の投手については、無死一塁から送りバントを行うことにより得点確率を高められる、との結果が得られた（図表1‐4）。12チーム・5年間で44名、というのは1チーム・1年あたりに置き換えると0・7名強ということになり、つまり、送りバントの「採算」が合うのは、リーグ屈指のエース級投手を相手にするとき、ということになる。

このように、対戦相手がリーグ屈指の好投手である場合に限れば、「まず1点」が欲しいときに送りバントは合理的な作戦ということができる。

（図表1-4）規定投球回数に到達した投手との対戦時に、無死一塁から送りバント／強攻策を選択することによる得点確率の比較（試算）

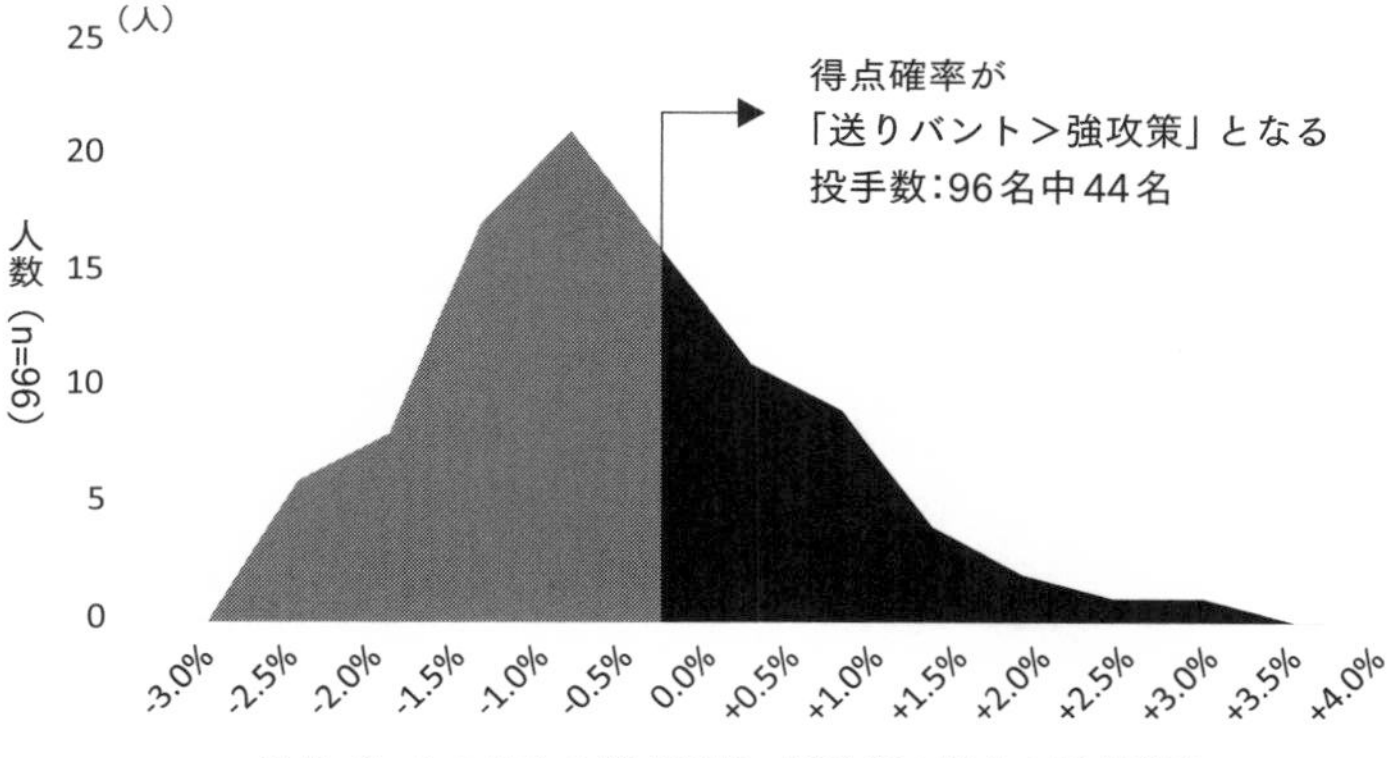

（注）NPB（2016 〜 20年）で規定投球回数に到達した投手（のべ96名）を対象とし、打者9人とも各投手のシーズン成績どおりの対戦成績を残すとの仮定に基づき、（図表1-1）と同じ方法により試算。

（出所）日本プロ野球機構（NPB公式サイト）の公表データに基づき筆者作成

打者の送りバント技術が高いこと（要件2）

次に、打者の送りバント技術の高さについてであるが、いうまでもなく送りバントの成功率が高い方が得点確率は高まる。前述の試算において、ＮＰＢ（２０１６〜２０年）で規定投球回数に到達した投手（のべ96名）のうち、送りバントにより得点確率を高められ得るのは44名と述べたが（前掲図表１‐４）、これは送りバント成功率80％との前提に基づく。もし送りバント成功率を「85％」に

（図表1-5）（図表1-4）の試算における
送りバント成功率の前提を修正した場合の得点確率の比較

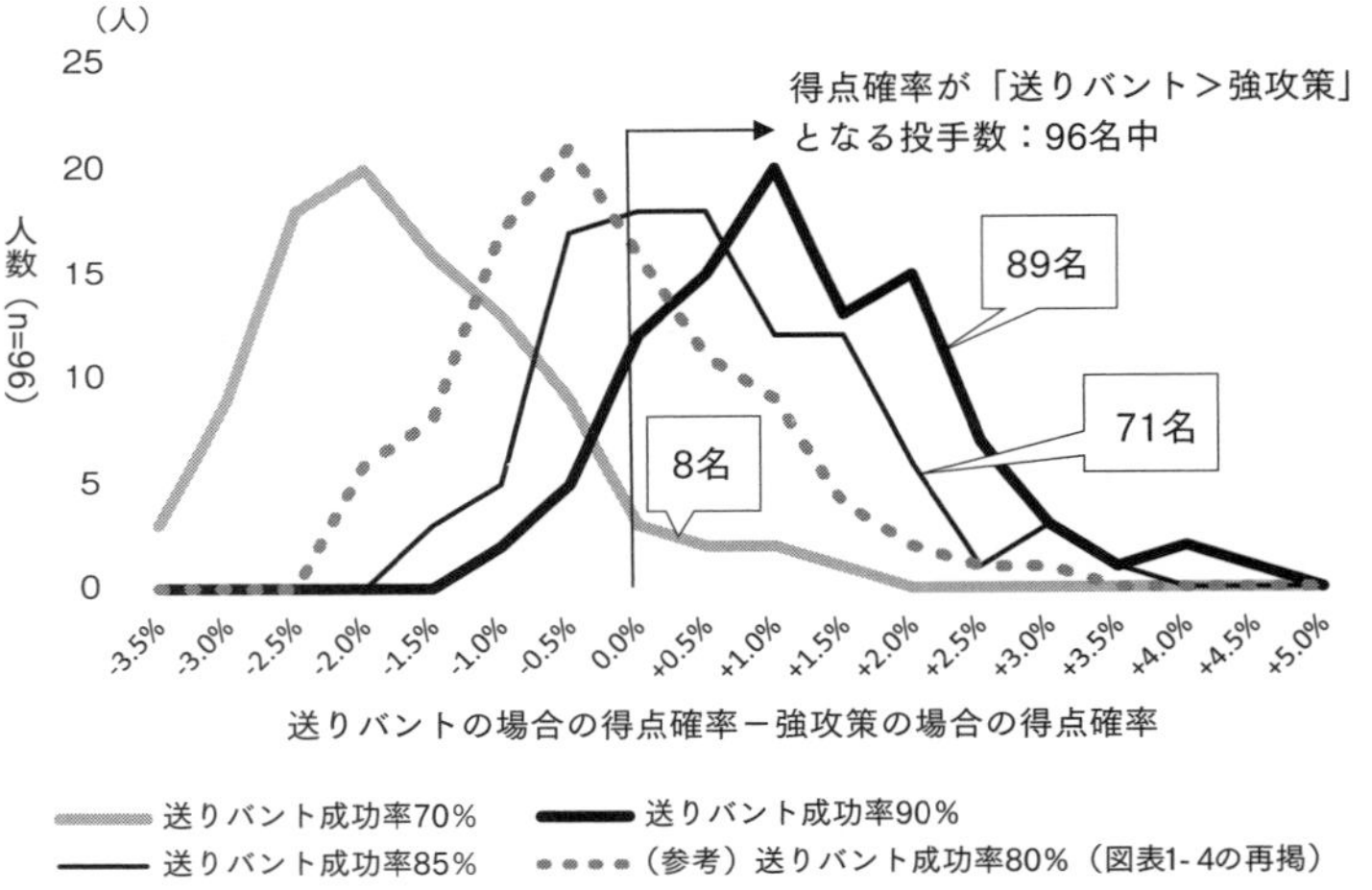

（注）試算方法は（図表1-1）と同じ。
（出所）日本プロ野球機構（NPB公式サイト）の公表データに基づき筆者作成

置き換えて計算すると、送りバントが有効となる投手数は71名となり、さらに成功率「90%」だとほぼすべての対象投手（89名）について送りバントが有効ということになる。一方、送りバントが有効となる投手数は8名にまで激減する（図表1-5）。

この点、NPBにおける送りバントの企画数や成功率をみると、年間の送りバント企画数が30回を超えるような「バント職人」というべき野手が存在し、送りバントを年10回以上企画する野手の4割以上が90%以上の成功率を誇って

（図表1-6）NPB・MLBにおける送りバント年間企画数・成功率の分布
（2011～20年）

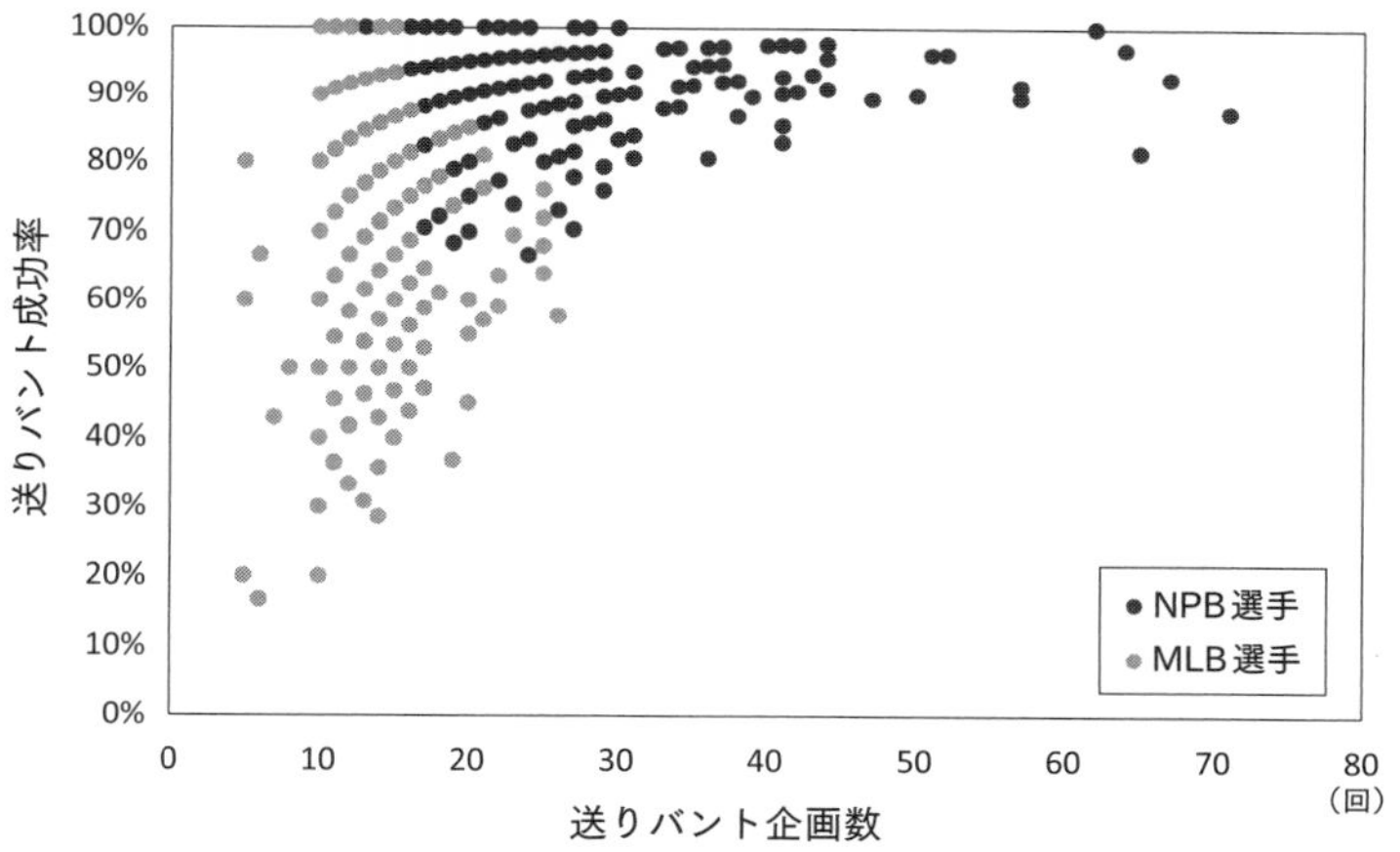

（注）①のグラフは、送りバント年間企画数が10以上の選手について集計（ただし、2020年MLBについては年間企画数5以上の選手について集計）。
（出所）データで楽しむプロ野球、Baseball-Referenceの公表データに基づき筆者作成

いる（図表1－6）。前述の試算に照らすと、「バント職人」の4割以上に関しては、「リーグ屈指の好投手」に限らず、規定投球回数を達成するような投手相手であれば、大抵送りバントが有効といえそうだ。

これに対し、MLBでは野手を中心として、送りバントの企画頻度が激減したもとで成功率も大幅に悪化している。MLBにおけるバント成功率はもともとNPBより低かったのだが、年々低下し、近年は50％台にまで落ち込んでいる（図表1－7）。

（図表1-7）リーグ全体の送りバント年間成功率の推移

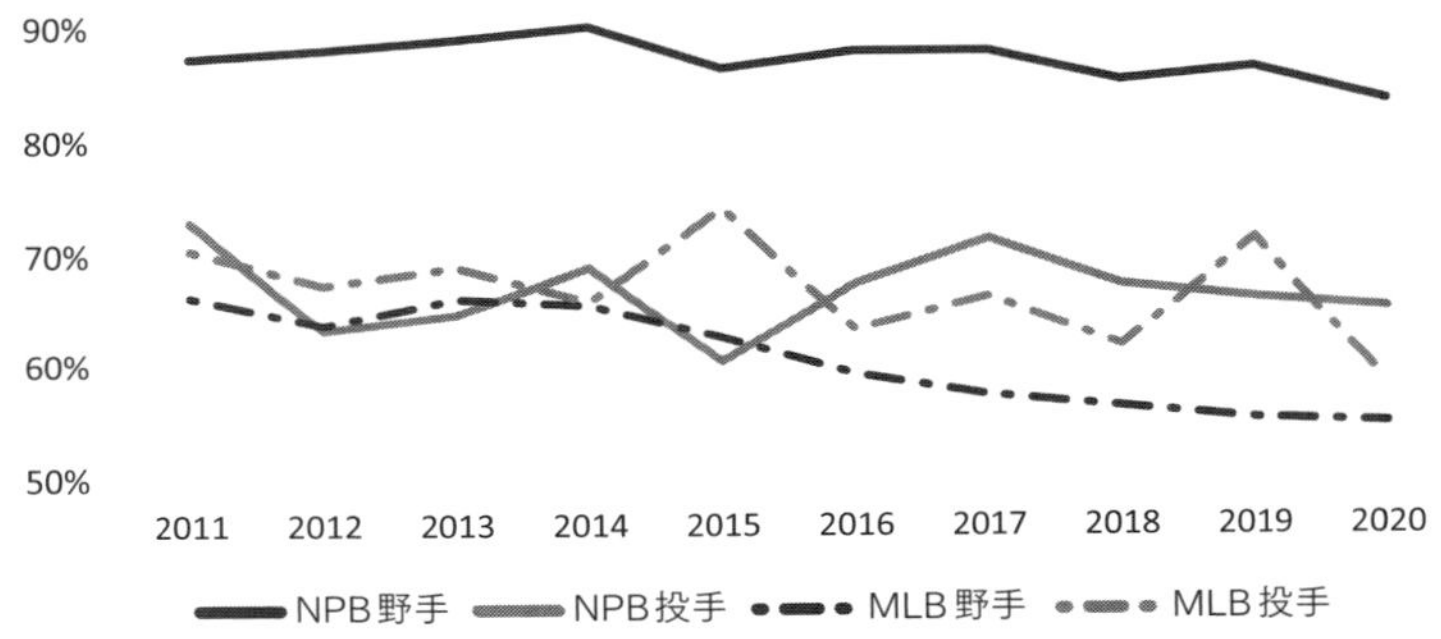

（出所）データで楽しむプロ野球、Baseball-Referenceの公表データに基づき筆者作成

後続の打者の長打割合が低い方が送りバントの合理性は高い（ファクターA）

この他の送りバントの「損益分岐点」を左右する要素についてもみていきたい。

まず、「ファクターA」こと長打の発生確率についてみてみよう。長打の発生確率が低い方が、単打一本で走者を生還させ得る状況を作り出したい動機が強いため、送りバントの選択が支持されやすくなる。

前述の「NPBの規定投球回数に到達した投手（96名）」を対象とした試算において、対象とした投手96名が浴びた被安打のうち長打の占める割合は平均28・2％である。一方、MLBにおいては、安打に占める長打の割合がNPBより高く、2016〜20年シーズンの平均で36・4％

（図表1-8）（図表1-4）の試算における長打力の高さの前提を修正した場合の得点確率の比較

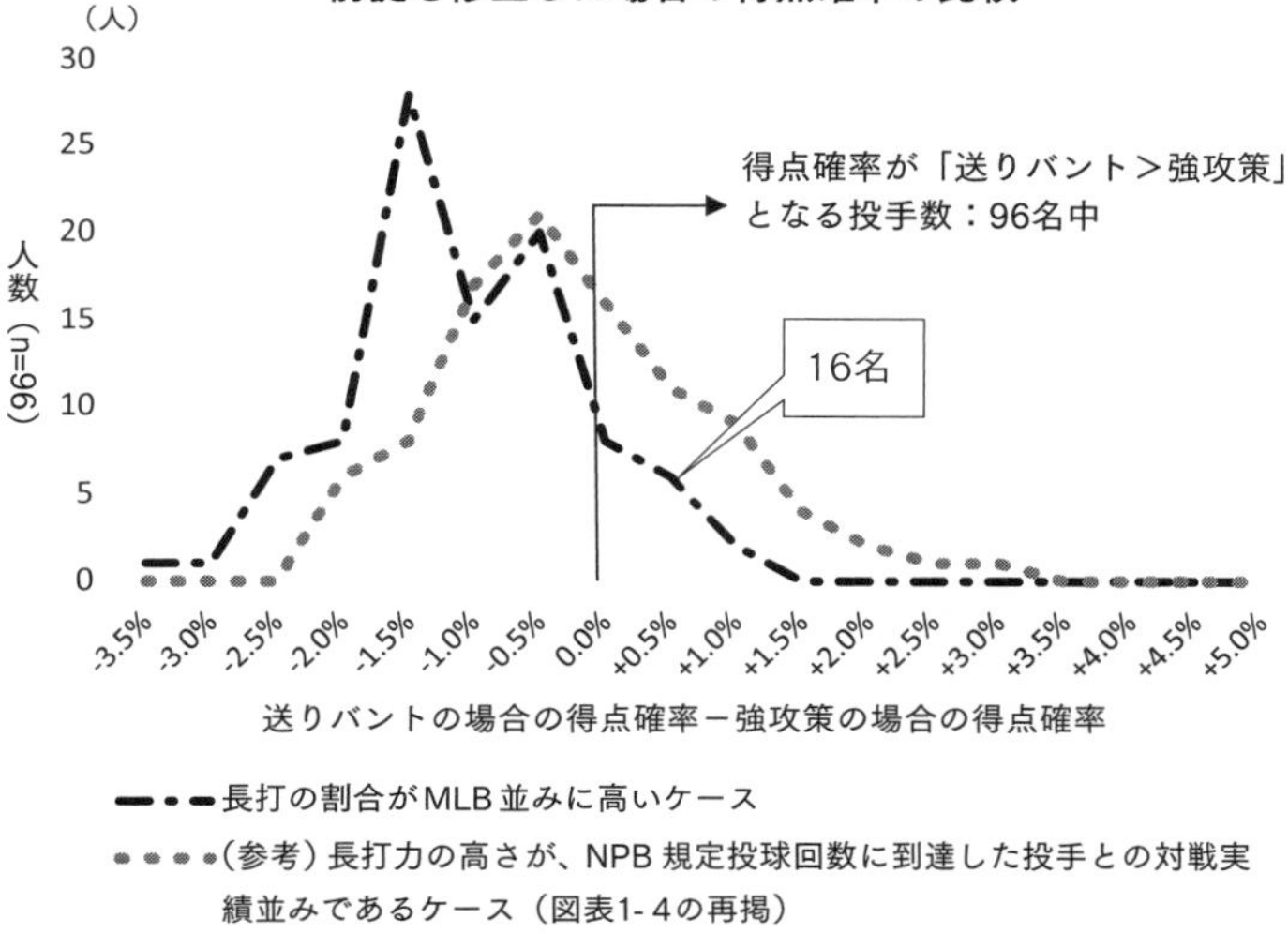

（注）試算方法は（図表1-1）と同じ。
（出所）日本プロ野球機構（NPB公式サイト）の公表データに基づき筆者作成

となっている。ここで、試算上、NPBの投手96名について、被打率は実績値のままとしつつ、被安打のうち長打の割合が全員36・4%であったと仮定して計算し直すと、送りバントにより得点確率を高められる投手は44名から「16名」まで激減する（図表1-8）。

ただ、長打力がNPB以上に高いMLBでも、無死一塁からの送りバントがおよそ無駄なわけではなく、1イニング中に許した走者数がシーズン平均1・0人以下というような好投手を相手にしたときは、得点確率を高

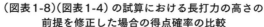

め得る。このことは、セイバーメトリクスが「送りバントは不合理」と説明するときに一般的に使われるモデルに当てはめても確認できる。その計算手法とは、具体的にはまず、（1）「打者X」が無死一塁から送りバントないし強攻策をとったとき、その打席後に生じ得るアウトカウントや走者の状況のパターンを洗い出したうえで、打者Xの打撃成績に基づき、各パターンの発生確率を算出する（図表1-9の「確率［a］」）。（2）次いで、各パターンについてそこからイニング中に期待できる得点数（得点期待値）ないし得点確率を求める（図表1-9の「打席後の得点期待値［b］」ないし「打席後の得点確率［c］」）。（3）そして、（1）の発生確率と（2）の得点期待値ないし得点確率を掛け合わせ、集計する。送りバントを選択した場合と強攻策をとった場合の試算結果を比べると、それぞれ28・1％、27・8％となった。つまり、リーグ屈指の好投手を相手にするときに限っては、0・3％ほどではあるが送りバントにより得点確率を高め得ることが分かる。

一塁走者の走力が高いこと（ファクターB）

次に一塁走者の走力、すなわち送りバントで二塁まで進んだ場合に単打一本で生還できる確率の高さについて考察しよう。MLB（2000～20年）では、二塁走者が単打一本で生

（図表1-9）MLBの好投手を相手としたときに、無死一塁から強攻策または送りバントを選択した場合の得点確率の比較（試算）

①無死一塁から強攻策を選択した場合

打撃結果	打席後の走者・アウトカウントのパターン	確率 [a]	打席後の得点期待値 [b]	[a]×[b]	打席後の得点確率 [c]	[a]×[c]
単打	無死一二塁	8.3%	0.82点	0.07点	41.5%	3.4%
	無死一三塁	3.5%	1.15点	0.04点	75.0%	2.7%
二塁打	無死二三塁	2.2%	1.06点	0.02点	78.8%	1.7%
	無死二塁（得点+1）	1.6%	1.75点	0.03点	100.0%	1.6%
三塁打	無死三塁（得点+1）	0.3%	1.75点	0.01点	100.0%	0.3%
本塁打	無死走者なし（得点+2）	2.9%	2.57点	0.07点	100.0%	2.9%
四死球	無死一二塁	5.7%	0.82点	0.05点	41.5%	2.4%
凡打	一死一塁	33.7%	0.36点	0.12点	18.8%	6.3%
併殺打	二死走者なし	10.1%	0.06点	0.01点	4.8%	0.5%
三振	一死一塁	31.7%	0.36点	0.11点	18.8%	6.0%
				0.53点		27.8%

②無死一塁から送りバントを選択した場合

打撃結果	打席後の走者・アウトカウントのパターン	確率 [a]	打席後の得点期待値 [b]	[a]×[b]	打席後の得点確率 [c]	[a]×[c]
バント成功	一死二塁	80.0%	0.52点	0.42点	30.4%	24.3%
バント失敗	一死一塁	20.0%	0.36点	0.07点	18.8%	3.8%
				0.49点		28.1%

（注）ここでいう好投手とは、MLB（2016～2020年）において、1イニング中に許した走者数がシーズン平均1.0人以下の投手をいう。具体的には、前田健太投手（2020年）、トレバー・バウアー投手（2020年）、ディネルソン・ラメット投手（2020年）、シェーン・ビーバー投手（2020年）、マルコ・ゴンザレス投手（2020年）、ジェイコブ・デグロム投手（2018年、2019年、2020年）、ゲリット・コール投手（2019年、2020年）、ダルビッシュ有投手（2020年）、ブランドン・ウッドラフ投手（2020年）、カイル・ヘンドリックス投手（2016年、2020年）、ジャスティン・バーランダー投手（2018年、2019年）、ジャック・フラハーティ投手（2019年）、ザック・グレインキー投手（2019年）、マックス・シャーザー投手（2016年、2017年、2018年）、ブレイク・スネル投手（2018年）、アーロン・ノラ投手（2018年）、コーリー・クルーバー投手（2017年、2018年）、クレイトン・カーショウ投手（2017年）、クリス・セール投手（2017年）。
無死一塁から単打で三塁まで進む確率（30%）、二塁打で生還する確率（42%）、併殺打となる確率（三振以外の凡打数のうち23%）については、2016～2020年のMLBの平均値に基づく。

（出所）Baseball-Referenceの公表データに基づき筆者作成

還できる確率は平均59・4％で、この水準はどのシーズンをみても概ね安定的に推移している（図表1‐10①）。ただ、チームごとのバラツキがみられ、例えば上位1割（65・8％）のチームと下位1割のチーム（52・2％）との間には、確率の高さに10％以上の開きがある（図表1‐10②）。前述の試算結果「NPBの規定投球回数に到達した投手（96名）のうち、送りバントにより得点確率を高め得る投手は44名」（前掲図表1‐4）は、二塁走者の単打での生還率が60％との前提に基づくものである。この前提を「66％（MLBにおける上位1割のチーム並み）」に置き換えた場合、送りバントが作戦として見合う投手の割合は「48名」にまで増加するし、半面、「52％（MLBにおける下位1割のチーム並み）」に置き換えた場合、同割合は「32名」にまで減少する（図表1‐11）。

僅差の試合、特に投手戦では「まず1点」が大きな意味をもってくる

以上でみてきたとおり、送りバントは対戦相手が好投手である等の条件を満たす場合には、「まず1点」をとれる確率を高め得る。ただ、野球はゲームセットまでの得失点数を争う競技なので、サヨナラの場面でもない限り、目先の1点だけとっても勝利は約束されない。大量得点の可能性を自ら放棄してでも目先の1点をとりにいく作戦行動は、どのような場面であれば

（図表1-10）MLB（2000～2020年）における
「一つ先の塁」まで進塁した確率

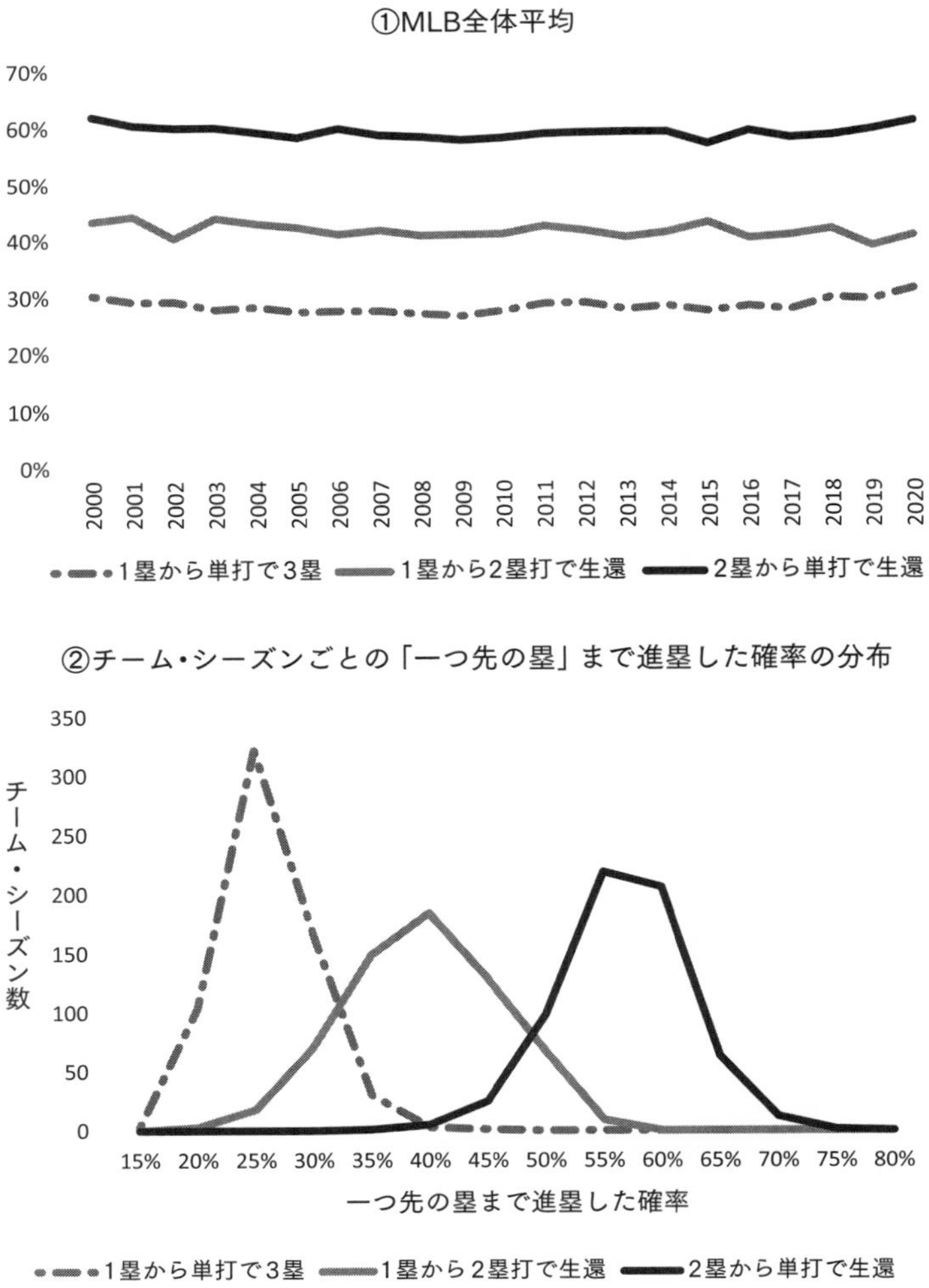

（出所）Baseball-Referenceの公表データに基づき筆者作成

（図表1-11）（図表1-4）の試算における走塁力の高さの前提を修正した場合の得点確率の比較

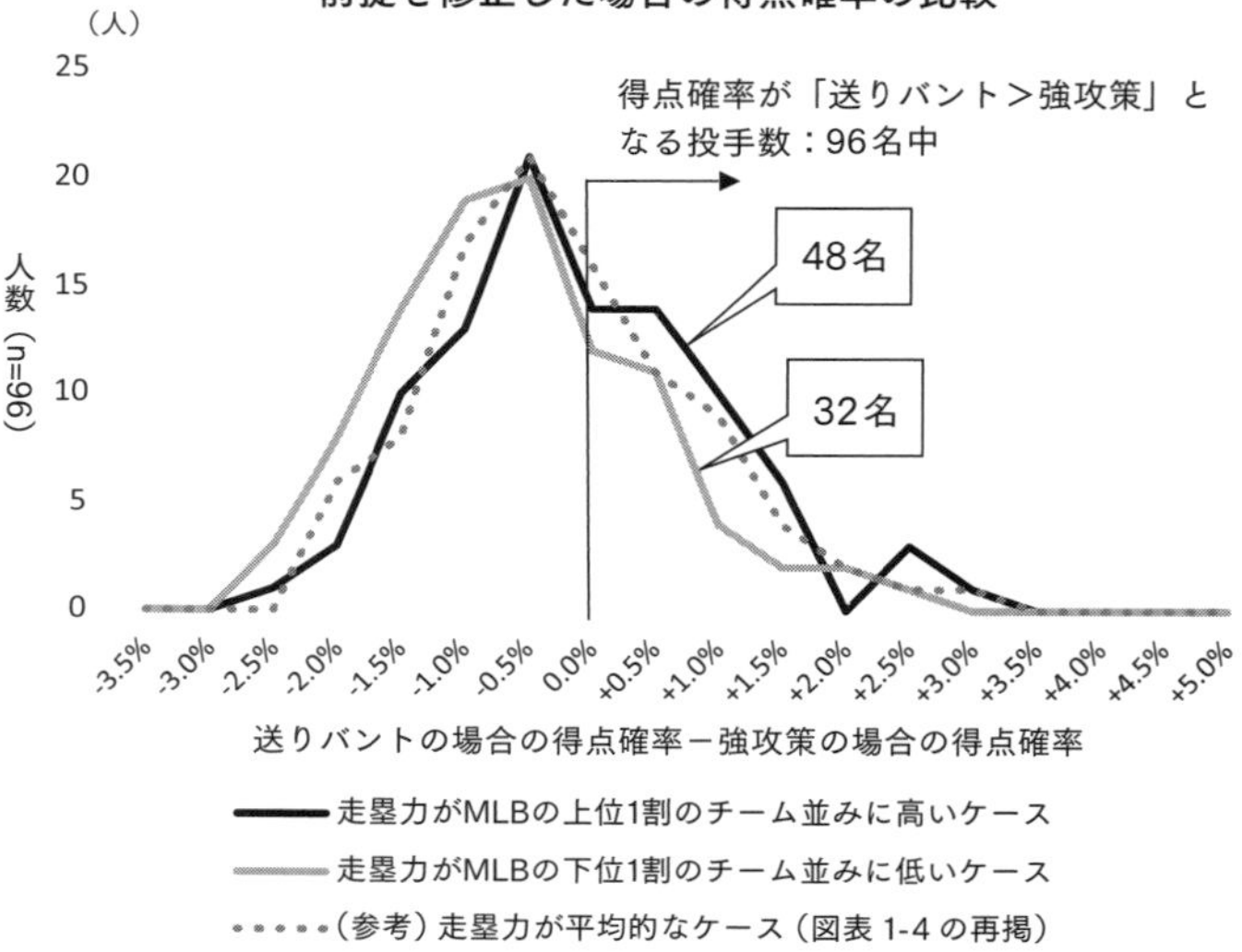

（注）試算方法は（図表1-1）と同じ。
（出所）日本プロ野球機構（NPB公式サイト）の公表データに基づき筆者作成

合理的といえるのだろうか。

この点、テレビの野球中継をみていると時折、試合の序盤に先制点をとって試合の主導権を握れるよう送りバントを企画すべき、といった解説が聞かれる。確かに、２０１６〜２０年のＮＰＢでは75・８％の確率で先制点をあげたチームが勝利しているし、何より、先制点をとったのと許したのでは選手の心理面への影響が違うだろう。

ただ、心理面への影響を除いて考えると、これだけでは大量得点の可能性を自ら放棄してまで「まず１点」にこだ

（図表1-12）各イニング終了時点の得失点差別の勝利可能性

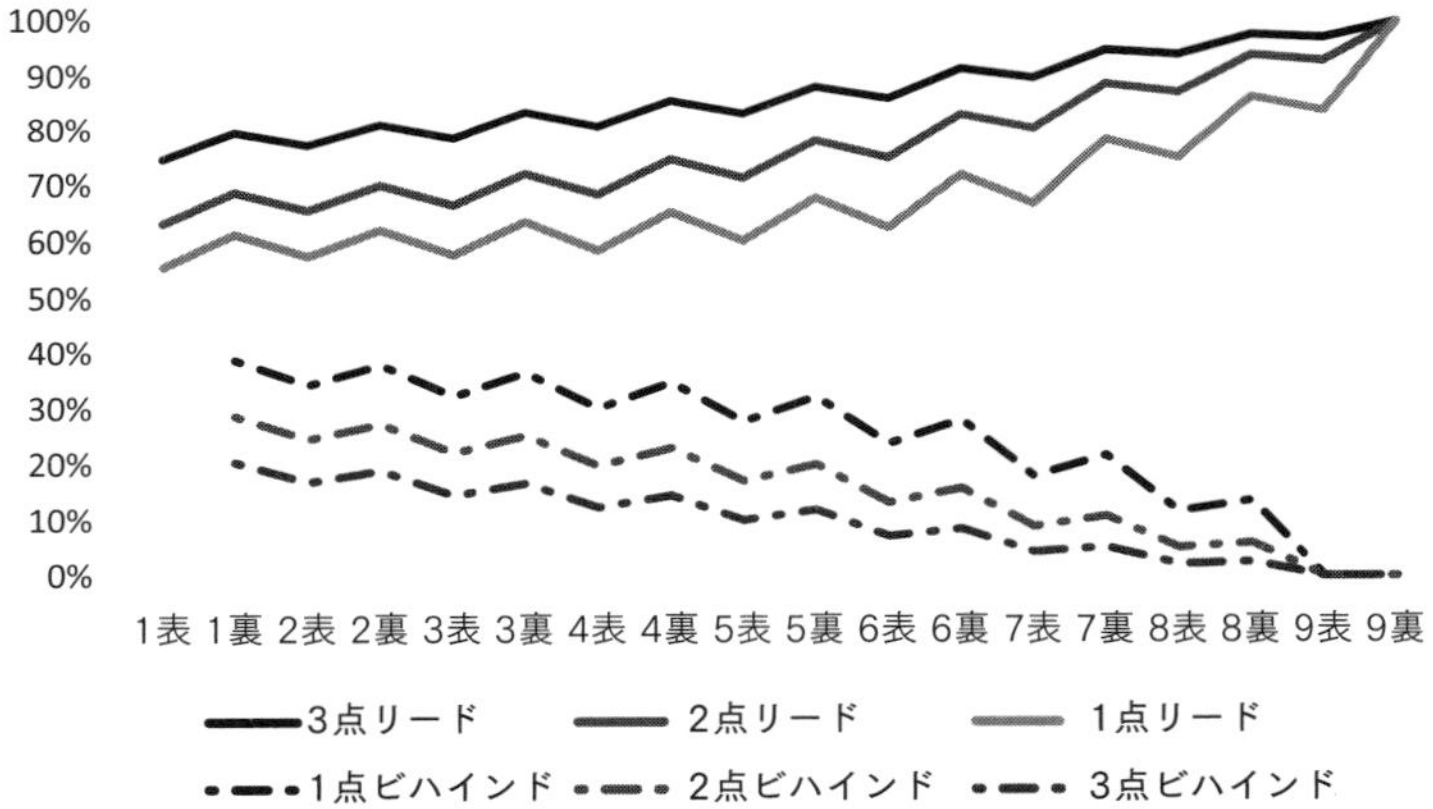

（注）NPB（2016 〜 20年）の全試合を対象として、各イニング終了時点の得失点差と、最終的にその試合に勝利したか否かを集計（引き分けの試合については0.5勝0.5敗として計算）。
（出所）日本プロ野球機構（NPB公式サイト）の公表データに基づき筆者作成

わる理由を説明しきれていない。統計分析の視点からも「まず１点」へのこだわりが正当化されるのは、その１点が勝利に直結する重たさをもっているときである。そして１点が勝利に直結しやすいのは、僅差でもつれたときの終盤か、あるいはロースコアな試合展開が見込まれる場合である。

まず、僅差でもつれたときの終盤の１点についてみると、終盤での得失点は、残りのイニングでの挽回可能性が低いため、勝敗に直結しやすい。例えば、ＮＰＢ（２０１６〜２０年）の各イニング終了時点における得失点差の別に、最終的に試合に勝利した確率を求めてみよう。先攻チームが１回表終了時点で1点リードの場合の勝利可能性は55・6％であり、試合開始前（50％）より＋5・6％高まる計算となるが、8回表の攻撃で奪った1点リードは、勝利可能性を75・0％にまで（＋25・0％）押し上げる効果を持つ（図表1‐12）。

次に、双方の先発が好投手であるなど、ロースコアな試合展開が予想される場合には――その予想が正しい限り――、「たったの1点」が勝利に直結する可能性が高い。ここで、前述の試算（前掲図表1‐4）において「送りバントにより得点確率を高め得る」投手44名の平均成績を基に、コンピュータに10万イニングを戦わせた場合の失点数の分布を試算してみた。すると、送りバントを選択した場合、強攻策をとる場合と比べ、1点をとれる確率が＋8・0％高まる半面、2点以上をとれる確率が▲7・3％低下するとの結果となった。一方、「44名」の好投手同士の対戦においては、1点のリードを奪えば勝利可能性が＋14・3％も高まる計算となるため、大量得点の可能性を引き下げてでも1点をとれる確率を高めることでより高い勝利可能性を手繰り寄せられる（図表1‐13）。

NPBの規則的な試合日程は、「まず1点」を狙う作戦の合理性を高めている

（図表1-13）同点・無死一塁の場面で、送りバントにより大量得点の可能性を下げてでも「まず1点」をとれる確率を高めることで、勝利可能性を高められるか（試算）

①「打席前：無死一塁→打席後：一死二塁（送りバントを成功）」の場合における、打席前後での得点数の変化

	X点をとれる確率の変化幅
1点	8.0%
2点	-3.4%
3点	-2.0%
4点	-1.1%
5点	-0.5%
6点	-0.2%
7点	-0.1%

②1点追加し、X点差リードすることによる勝利可能性の上昇幅

	勝利可能性の上昇幅
1点リード	14.3%
2点リード	11.5%
3点リード	8.5%
4点リード	5.9%
5点リード	3.9%
6点リード	2.5%
7点リード	1.5%

③送りバントによる勝利可能性の変化幅

	（①の再掲）X点をとれる確率の変化幅(a)	（②の再掲）勝利可能性の上昇幅(b)	(a×b)
1点	8.0%	14.3%	+1.15%
2点	-3.4%	11.5%	-0.39%
3点	-2.0%	8.5%	-0.17%
4点	-1.1%	5.9%	-0.07%
5点	-0.5%	3.9%	-0.02%
6点	-0.2%	2.5%	-0.00%
7点	-0.1%	1.5%	-0.00%
			+0.49%

（注）対戦した両チームとも、各打者の打撃成績が（図表1-4）で「送りバントにより得点確率を高め得る」とされた44名の投手との対戦実績の平均値並みと仮定し、コンピュータに10万試合を戦わせた場合の試算結果を集計。
（出所）日本プロ野球機構（NPB公式サイト）の公表データに基づき筆者作成

(図表1-14) NPB・MLBの試合結果の得点差分布 (2016～2020年)

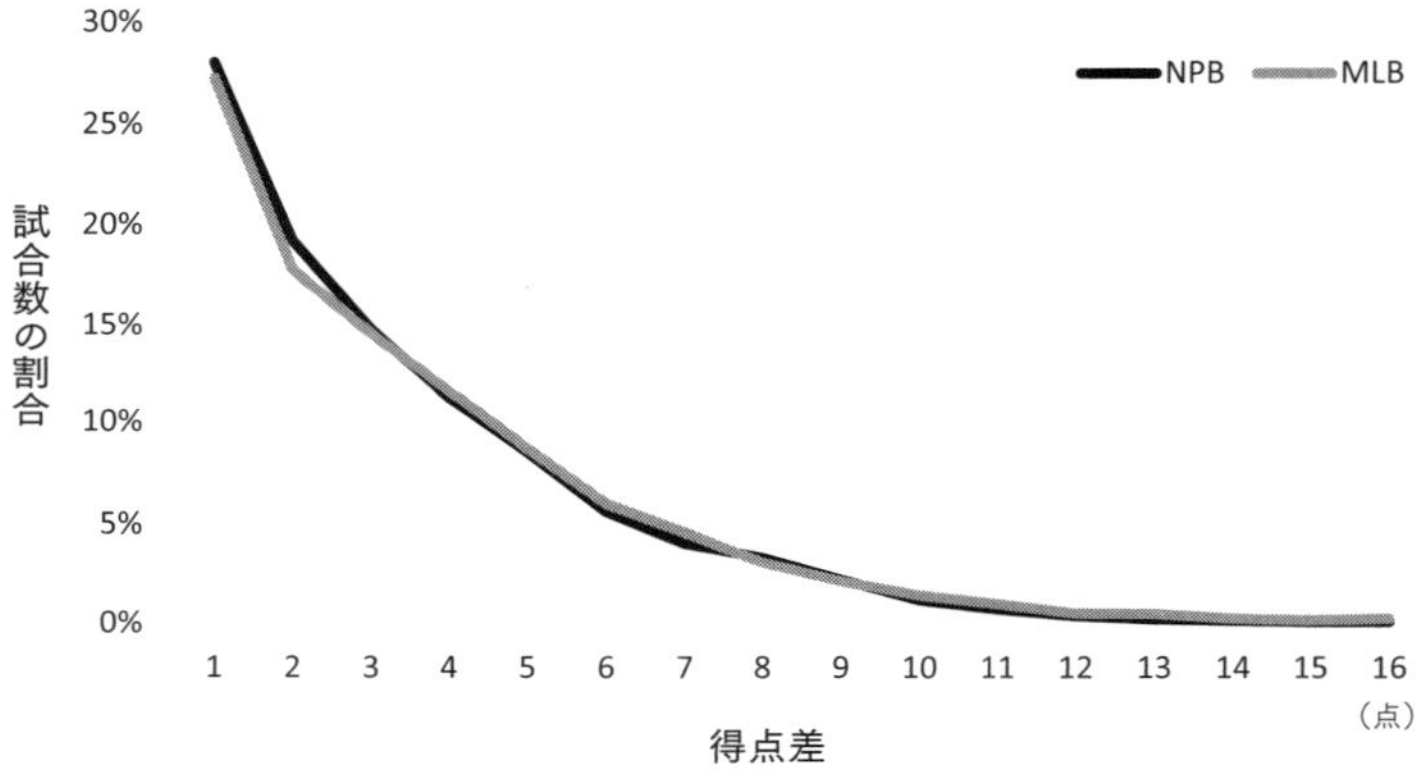

(出所) 日本プロ野球機構 (NPB公式サイト)、Baseball-Referenceの公表データに基づき筆者作成

(図表1-15) 曜日別の先発投手の防御率 (2010～20年)

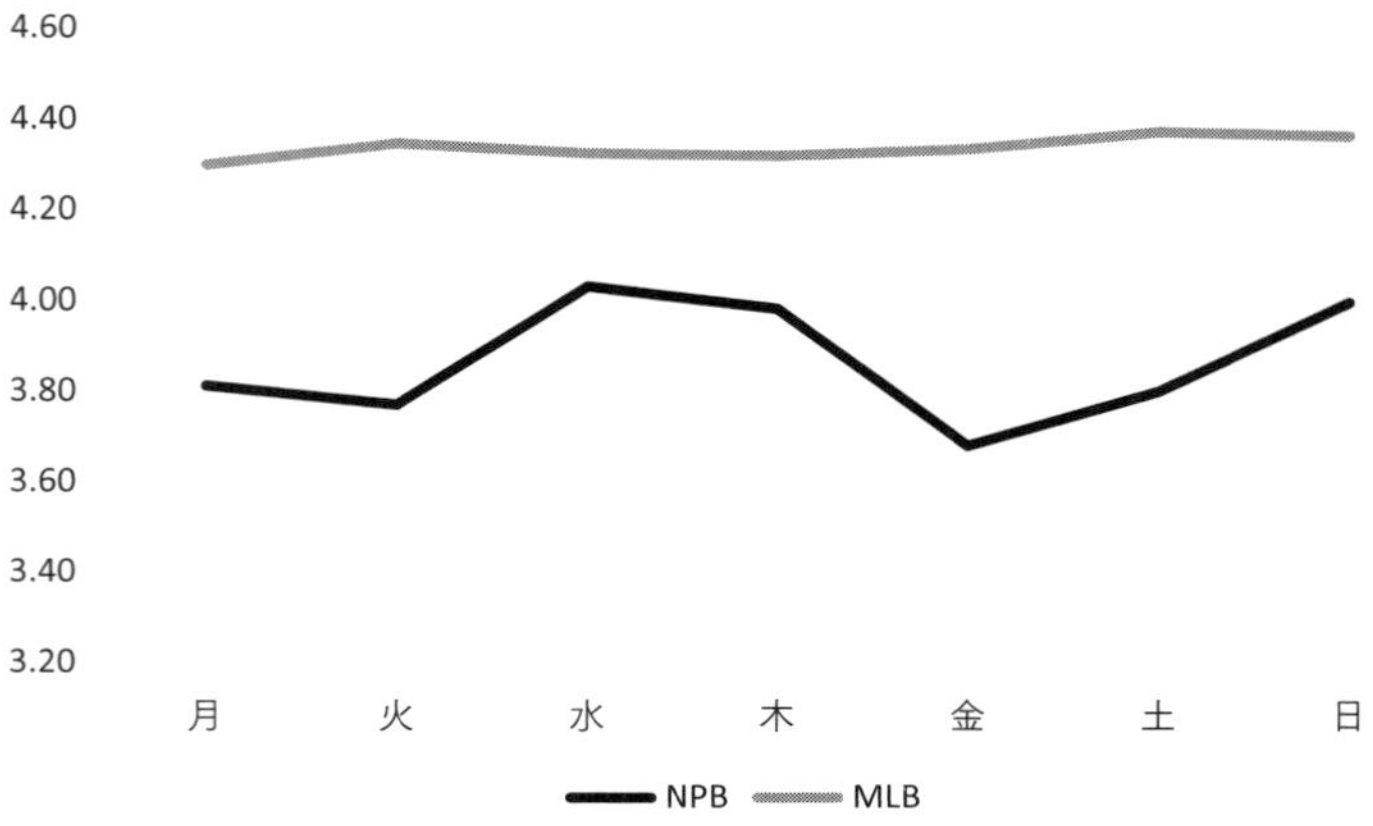

(出所) 日本プロ野球記録、Baseball-Referenceの公表データに基づき筆者作成

それでは、送りバントが数多く行われるNPBにおいて、接戦となる試合数はMLBより多いのだろうか。試合結果からみると否といわざるを得ず、1点差で決着した試合の割合は、NPB・MLBともあまり変わらない（図表1‐14）。ただ、結果はともかく、エース同士の対戦となるなど試合開始前の時点で投手戦が予想される試合数については、NPBの方が多いとの見方ができる。その理由は、NPBの規則的な試合日程（基本的に火曜〜日曜に3連戦×2カード）に潜んでいる。なぜなら、こうした試合日程のもと、各チームにおいて、先発投手のローテーションを中6日で回し、カード初戦の火曜・金曜にエース級を充てる運用が定着しているからだ。実際、曜日ごとの先発投手防御率をみると、NPBでは火曜と金曜が際立って低い（図表1‐15）。NPBではこうした運用のもと、優れた投手ほど打線の援護に恵まれにくい傾向がある。エース対決で少ない得点数での勝負を見込んだ場合、監督が試合の序盤から、送りバントにより「まず1点」を狙いにいくのは納得できる話といえよう。

コラム❶　機動力の高さにより長打力不足をどこまで補えるか？

長打力に頼らず、送りバントやヒットエンドラン、盗塁などの小技を駆使した戦略を「スモールベースボール」ということがある。その淵源《えんげん》はドジャースのスカウトであったアル・キャンパニス氏が著した『ドジャースの戦法』にあるそうで、日本ではかつてスモールベースボールのことを「ドジャース戦法」と呼んでいたそうだ。

チームの機動力の高さは、どのくらい得点数に影響し得るのだろうか。この点、様々な分析方法が考えられるが、まず、①一塁走者が単打で三塁を陥れ、②一塁走者が二塁打で生還したり、あるいは③二塁走者が単打で生還する確率に着目してみた（前掲図表１－10）。第一話で述べたとおり、ＭＬＢ（２０００～２０年）の統計をみると、機動力を駆使して先の塁を陥れられる確率は、上位１割に位置するチームと下位１割に位置するチームで10％以上異なる。そこで、いずれも打者９人の打撃成績は平均的（図表１－１と同じ前提）ながら、機動力に関し「上位１割」、「平均的」、「下位１割」の３チームを比較し、どのくらいの得点力の差が生まれるのか本書版得点数推計モデルにより机上計算してみた。すると、「上位１割」のチームは、１試合当たりの得点数が、「平均的」なチームと比べ＋０・17点、「下位１割」のチームと比べ

（図表1C-1）走塁力の高さによる得点期待値の比較（試算）

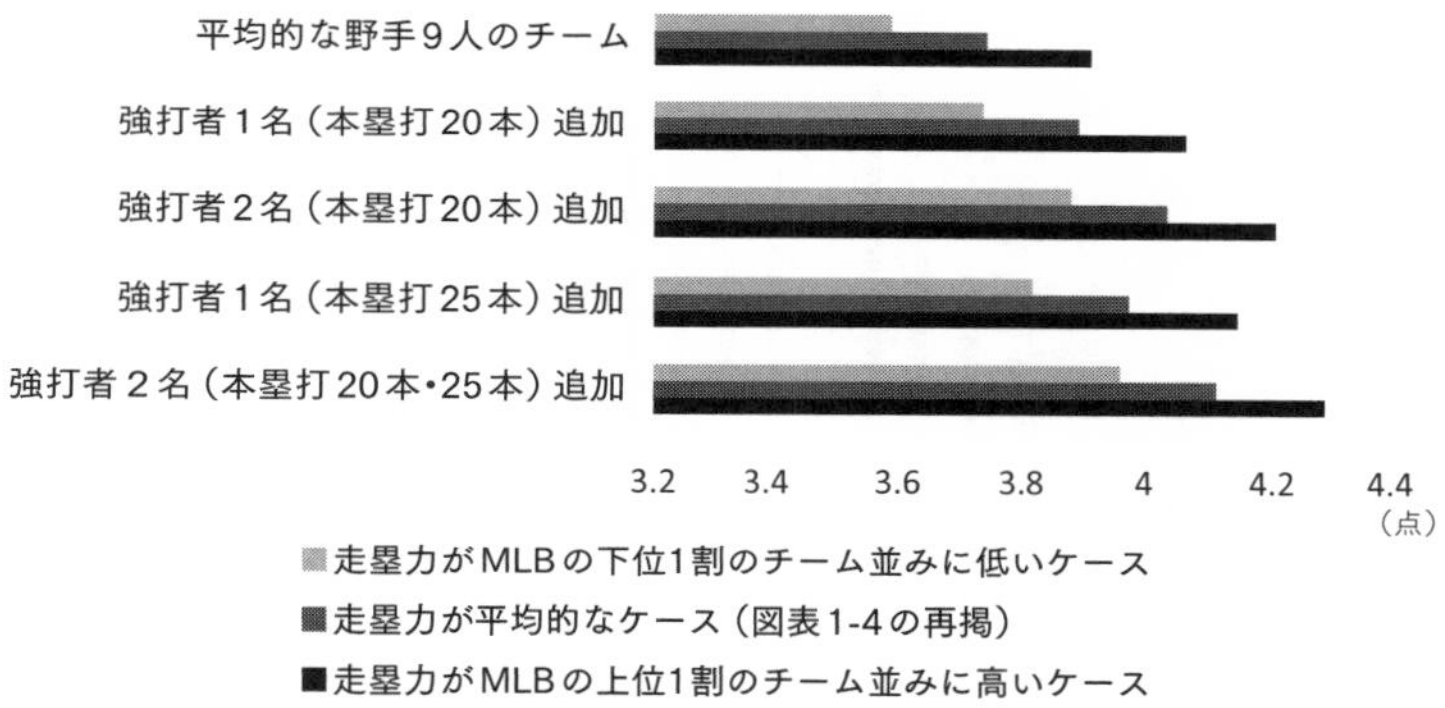

（注）得点期待値の試算方法は、（図表1-1）と同じ。強打者1名を追加する場合、強打者の打順は四番、強打者2名追加する場合、強打者の打順は三・四番と想定。
（出所）日本プロ野球記録の公表データに基づき筆者作成

＋０・33点高められるとの結果が得られた。ここにスモールベースボールの成果がみられるわけだが、走塁力による「＋０・17点」「＋０・33点」の優位が、〝柔《じゅう》よく剛《ごう》を制す〟とばかり長打力の高さを凌駕できるわけではない。走塁力が「平均的」なチームに本塁打25本の選手を1名加入させた場合、ないし、走塁力が「下位1割」のチームに本塁打25本の選手と本塁打20本の選手を1人ずつ加入させた場合、走塁力の高いチームの「＋０・17点」「＋０・33点」の優位はあっさりひっくり返されてしまう計算となる（図表1C‐1）。

また、盗塁に関しては、既にセイバーメトリクスの理論家たちも指摘しているとおり、「一般的な目安として言えば、盗塁が

（図表1C-2）盗塁による得点創出力の分布試算（NPB・1989～2020年）

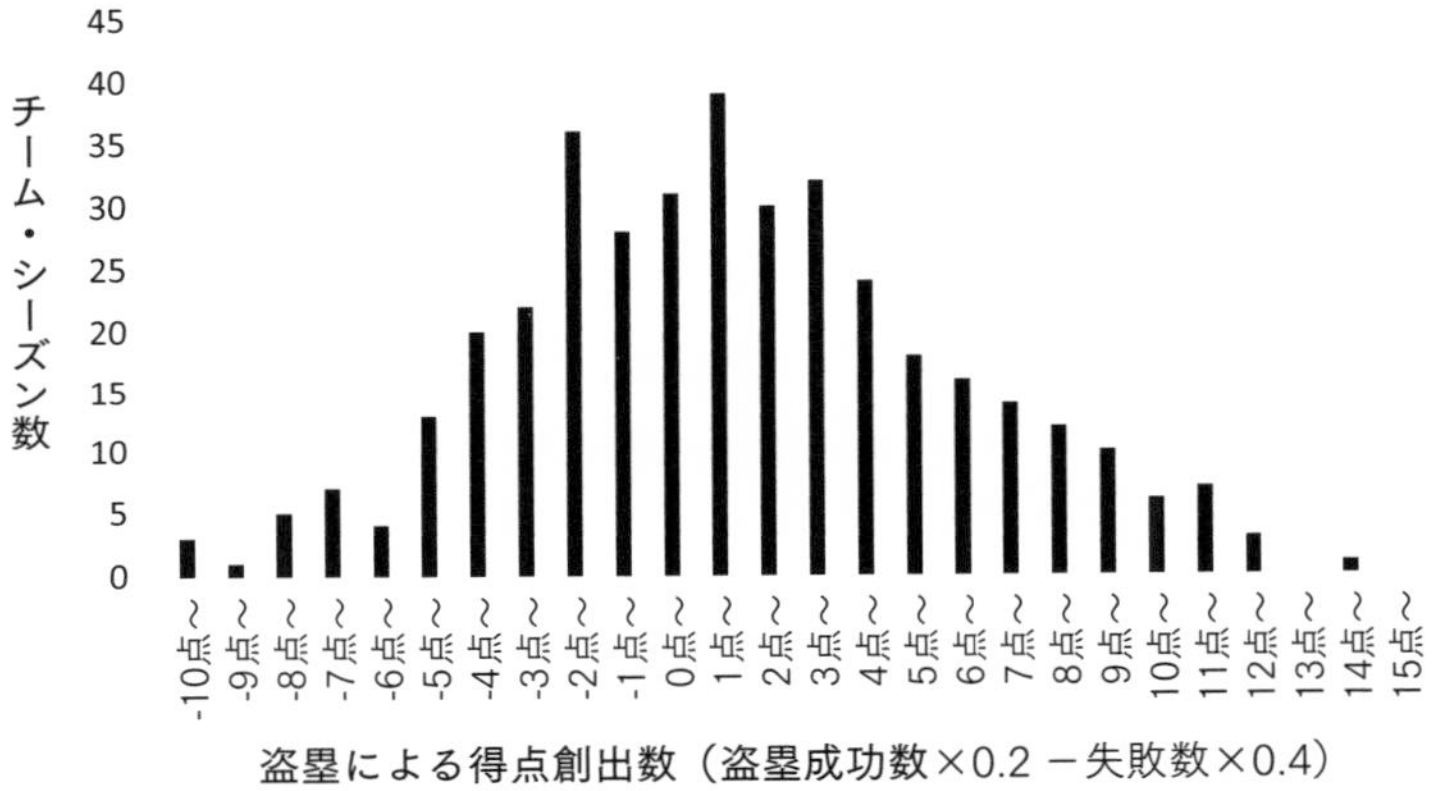

（出所）日本プロ野球記録の公表データに基づき筆者作成

成功することによる得点価値は＋0・20で失敗の損失は‐0・40」であり、[6]これに基づき計算すると、チームによって平成以降最大年14点分の得点力の底上げに成功しているケースがある（図表1C‐2）。ただ、年14点という得点創出力は、1試合あたり0・1点に過ぎず、長打力の高さを補うほどの大きさとは言い難い（盗塁成功率に関しては、第十四話でも再訪する）。

このように、スモールベースボールは、所与の長打力の水準のもとで、得点力を一層高めるのに寄与する有効な戦略といえる。ただ、それによって長打力不足を埋め合わせられるわけではないようだ。

6　蛭川皓平（2019年）

第二話　チームの看板打者はやっぱり四番か？ それとも「二番打者最強論」が正しいのか？

思うに日本の野球ファンは打順論が大好きで、「打順かくあるべき」は野球談義の格好のネタとされてきた。打順論が好んで語られるのは、一つには、小説や漫画におけるキャラクター設定と同じく、各選手のチーム内での役割を明確化して論じたいからだろう。日本では伝統的に、第一話コラム❶で紹介した「ドジャースの戦法」の影響から、一番に高出塁率の打者を、二番に走者を進塁させられる器用な打者を配し、そしてチーム随一の強打者を四番に、それに次ぐ強打者を五番に置く発想が強い。一方、ＭＬＢでは伝統的に強打者として四番よりも三番が重視されてきた。また、最近のＭＬＢでは、強打者は二番にこそ置くべきとの議論も聞かれる。打順論が好きな割に、いまひとつ確定的な結論がみえにくいわけだが、果たして打順の組み方はどうあるべきなのだろうか。

ＭＬＢの「三番重視」「最近は二番打者最強論」は本当なのか？

まず、ＭＬＢにおける三番重視は統計データからも明らかである（図表２‐１）。長打力の高い看板選手は、三番に置かれることが最も多く、次いで四番である。これに対し、ＮＰＢでは、球史を紐解くと、かつての王貞治選手（読売）やランディ・バース選手（阪神）のように看板選手を三番に置くケースも少なくなかったが、少なくとも平成以降、チーム随一の長打力を誇る強打者は、何をおいても四番打者である（図表２‐２）。

次に二番打者の重点化についてみると、ＭＬＢでは２０１０年代以降、強打者タイプを二番に置くケースが確かに増えている。例えば、リーグ屈指の強打者であるヤンキースのアーロン・ジャッジ選手やエンゼルスの大谷翔平選手も二番を任される試合が多い。ただ、ＭＬＢ全体として二番打者「最強」とまでいうのは言い過ぎであり、２０１０年代以降も三番や四番に強打者を配置する運用自体に変化はない。ＭＬＢではリーグ全体の長打力が伸長する中、増加する強打者たちを三番・四番に加え二番にも配置する運用が目立ってきており、中には最も長打力の高い打者を二番に置くチームもみられるようになっている、と理解の方が実態に即しているようだ。

ＮＰＢにおいても、ここ数年、ＭＬＢと軌《き》を一《いつ》にするように、主力打者を上位に置くケース

（図表 2-1）MLB における「2 番」「3 番」「4 番」打者の打撃成績のチーム内順位

①長打率

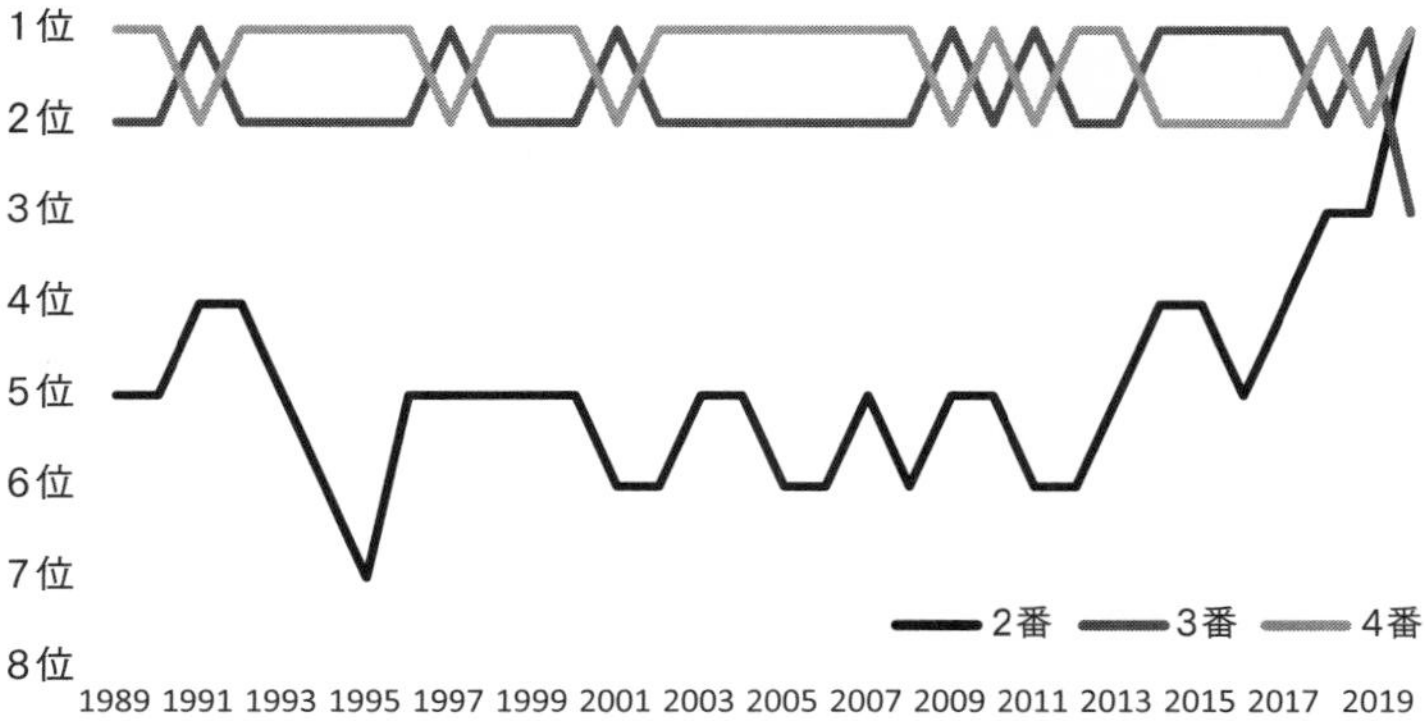

②打率

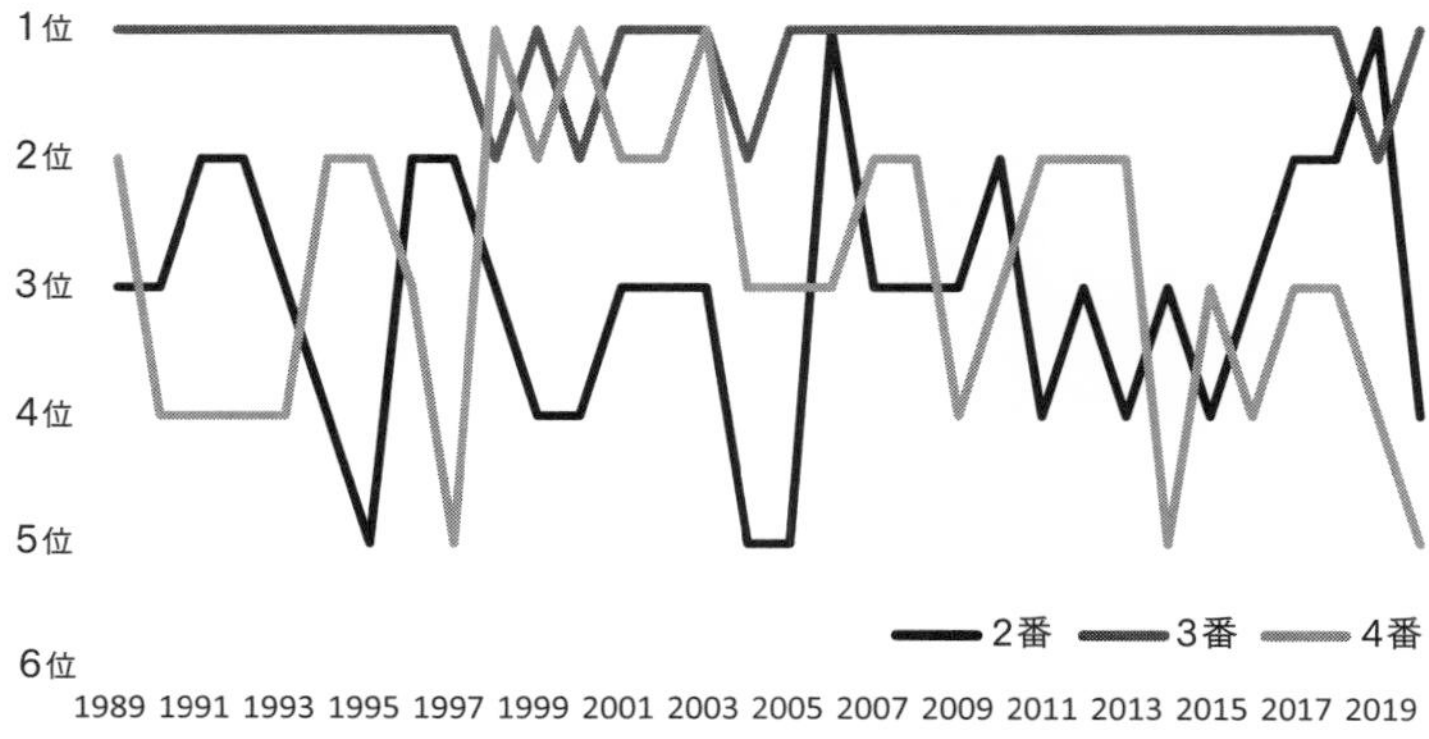

（出所）Baseball-Reference の公表データに基づき筆者作成

が増えている。ただ、必ずしも全球団が二番に強打者を配置する運用をとっているとは限らない。一つには、野手による送りバントを捨てるかどうか、という各チームの判断があるのではないか。例えば、打順別の送りバント数をみたとき、二番打者は減少気味ながら、セ・リーグの九番打者（投手）を除くと、なお他のどの打順よりも多い（図表２‐３）。

むろん、ＮＰＢにおいてＭＬＢと同じ運用をすることが常に正しいとは限らない。野球評論家の中には、ＮＰＢではＭＬＢほど強打者が多くないことを理由に、二番に強打者を置いても「結局は長続きしない」（江本孟紀さん）[7]と評する向きもある。一方、歴史を振り返ってみると、ＭＬＢで二番打者最強論がいわれだすよりはるか前から、１９７３年ヤクルトの若松勉選手、１９７９年広島の衣笠祥雄選手のように、看板打者を二番に置く例が存在していた。このように、「二番打者最強論」は古くて新しい議論のようだ。そもそも打順の組み方に「一概にかくあるべき」という定理はないのであって、強打者数などの戦力事情ごとに結論が異なり得る。この点は、以下、打順のあるべき論を分析していくにあたって留意すべき重要なポイントである。

7　サンケイスポーツ「なるべく週刊エモト」（２０２０年7月21日）

（図表2-2）NPBにおける「２番」「３番」「４番」打者の打撃成績のチーム内順位

①長打率

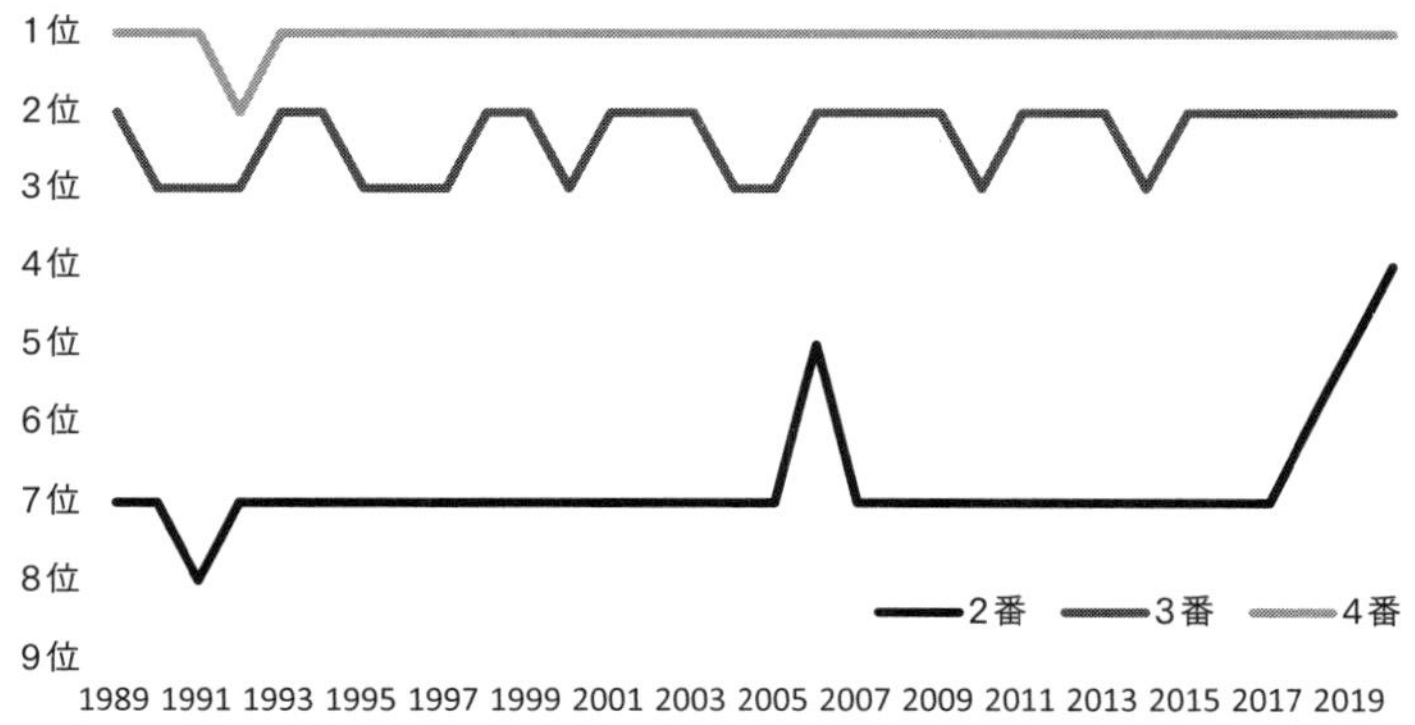

②打率

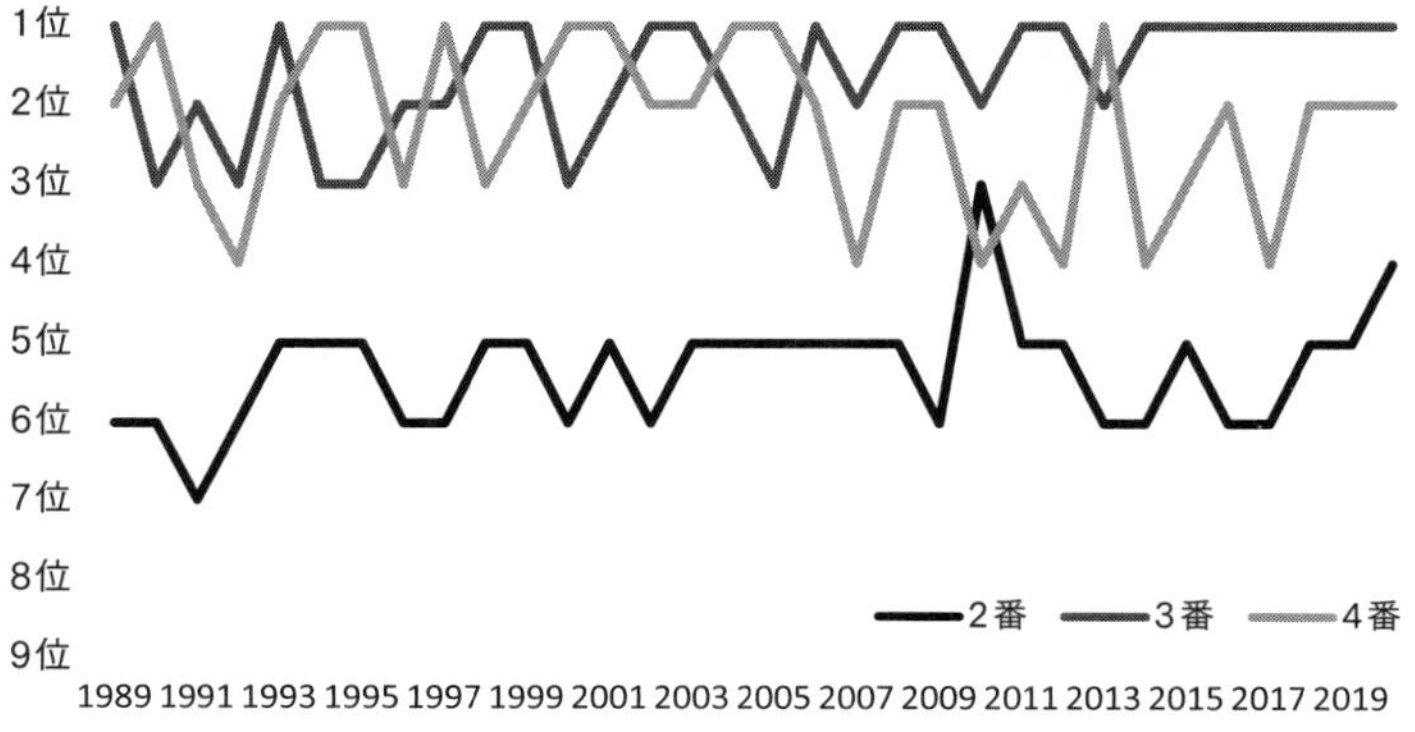

（出所）スタメンデータベース、スタメンアーカイブ、日本プロ野球記録の公表データに基づき筆者作成

理論上は、まずもって打順が勝敗に及ぼす影響は小さい

さて、打順のあるべき論を語るうえで、最初に重要だが身も蓋もない話をすると、打順の組み方がチームの勝敗数に及ぼす影響は限定的である。例えば、２０２０年に日本一となったソフトバンクの日本シリーズ第1戦の二番～五番打者（実際の打順は、中村晃↓柳田↓グラシアル↓栗原）について、全選手がシーズンの平均打撃成績どおりのパフォーマンスを残すと仮定し、打順を組み替えたときに、それぞれ期待できる得点数を本書版得点数推計モデルにより机上計算してみよう。すると、最多となるパターン（実際の打順どおり：４・33点）と最少となるパターン（グラシアル↓中村晃↓栗原↓柳田：４・30点）の差はたったの０・03点との結果が得られた。この差が1シーズン（１４３試合）続いても４・8点にしかならない。セイバーメトリクスでは一般に「概ね得失点数10が1勝分に相当する」とみられているため、この得点差は、2シーズン近く戦ってようやく1勝分の差が生まれるかどうか、という水準といえる。

むろん、さすがに非常識な打順の組み方をすると相応の差がでてくる。例えば、２０２０年のソフトバンクについて、日本シリーズ第1戦のスタメンを「長打率＋出塁率」の値（ＯＰＳ：On-base plus slugging）の低い順に並べた場合、試合中に期待できる得点数は４・17点と算出され、実際の打順どおりのケース（４・33点）と比べ▲０・16点減少してしまう。ただ、

（図表2-3）送りバント数の多い選手が、シーズン中、最も多く置かれた打順

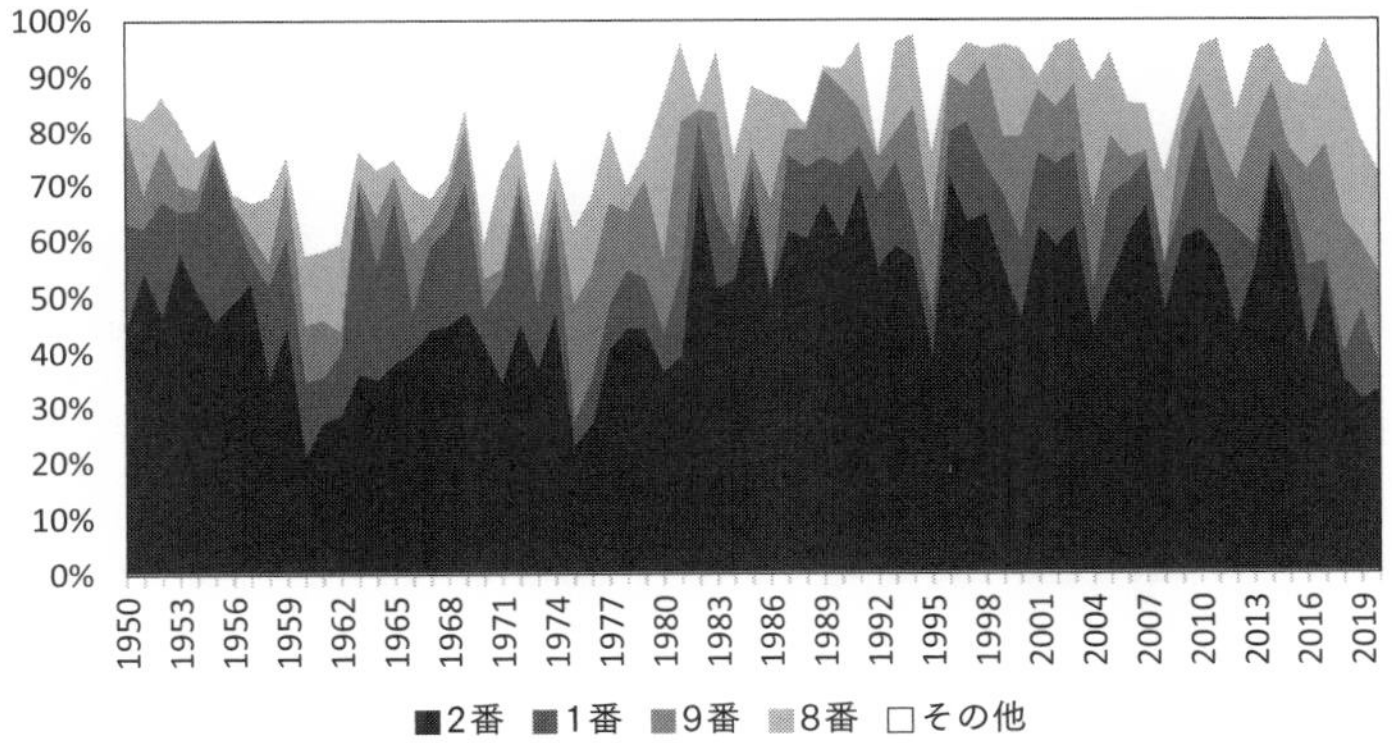

（注）セ・リーグの投手については集計対象に含めていない。
（出所）スタメンデータベース、スタメンアーカイブ、日本プロ野球記録の公表データに基づき筆者作成

シーズン（143試合）を通じて、このように必敗行為ととられても文句のいえない打順の組み方を続けたとしても、年間の総得点数にして▲22・8点分の違い——概ね2敗分——にしかならない、という言い方もできる。

とはいえ、打順は監督のサジ加減一つでいかようにも決められるものであり、たとえわずかな差であっても、可能な限り勝利可能性を高めたいと考えるのは当然のことだ。以下、そういうものとして打順論について話を進めていく。

出塁率の高い選手を上位に、長打力の高い選手を中軸に置くのが基本

打順の組み方について、アメリカのトム・

タンゴ氏らの研究によると[8]、「一番、二番、四番」が最も重要であり、特に出塁率の高い打者を一・二番に、長打力の高い打者を四番に据えるのが良いとされている。①出塁率の高い選手を上位に、長打力の高い選手を中軸に置くことが基本となり、さらに、②出塁率や長打力の高い選手が複数名いる場合、これら好打者の打順は上位から中軸に固めて配置することが定石となる。

以下、本書版得点数推計モデルによる机上計算の結果を紹介するのだが、今回の机上計算では、前述のとおり「戦力事情ごと」の打順論を分析するため、まず平均的な打撃成績の打者（図表1－1と同じ前提に基づく）9人から成り立つ「平凡なチーム」を仮想し、そこに優れた打者を加えていくことにしよう。

初めに、平凡なチームに、出塁率の高い選手（打率について、1988年首位打者の正田耕三選手［広島］と同じ・340と想定。本話において以下「高出塁率打者」という）を1人加えてみる。すると、得点力を最大化するためには一番に据えるのがベストという結果が得られた（図表2－4①）。高出塁率打者を一番に置くべきなのは、試合中に巡ってくる打席数を最も多くすることができるからだ。打順が一つ下がるごとに打席数が年間14～18程度少なくなり、

8　"The Book: Playing the Percentages in Baseball", 2007

（図表2-4）高出塁率打者、強打者を加えたとき、どの打順に置くのが最も得点数を高められるか（試算）

※図中では「高出塁率打者」を「高」、「強打者」を「強」と表示。
縦軸は「追加する選手の打順」、横軸は「得点期待値」

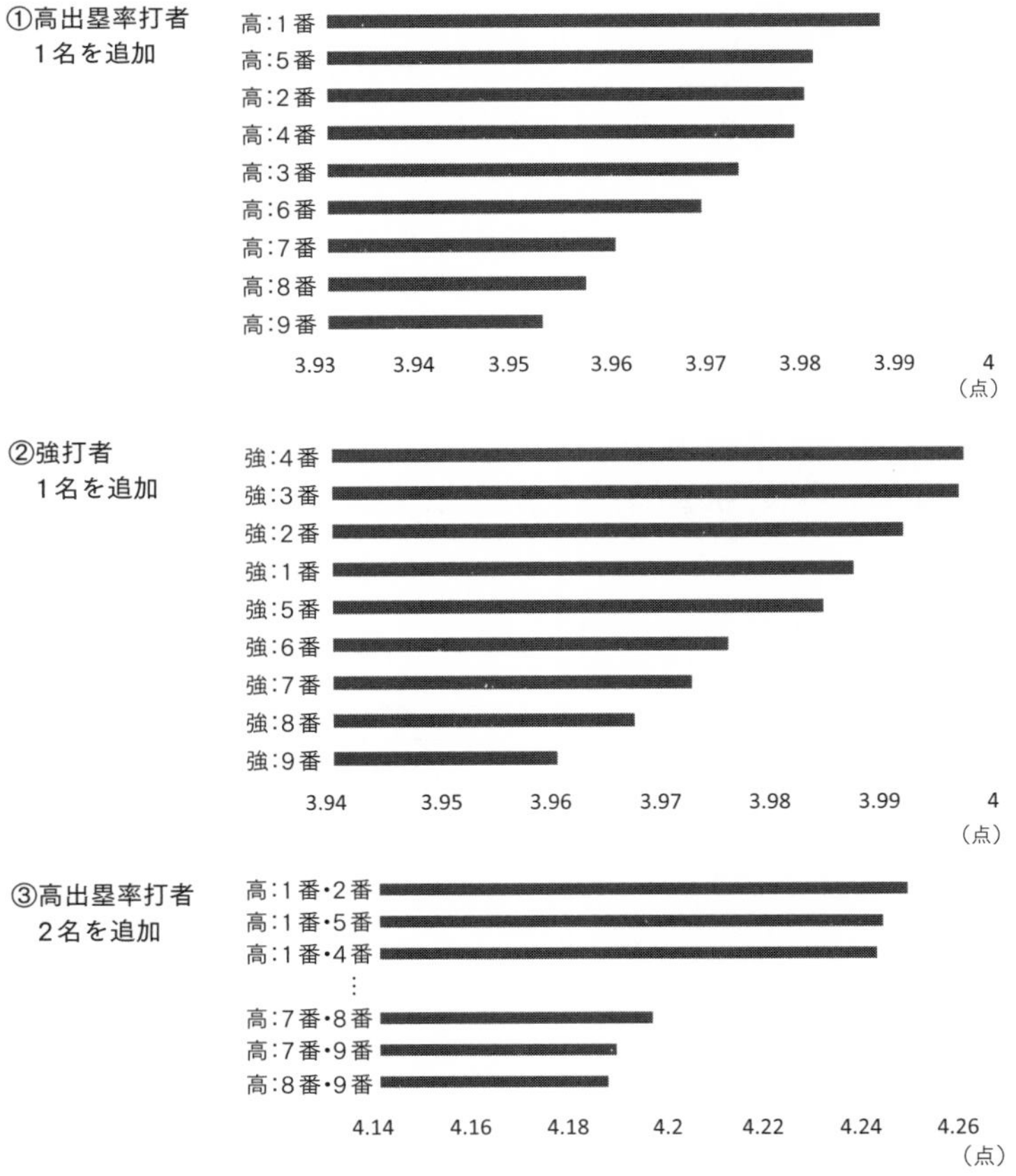

④強打者
2名を追加

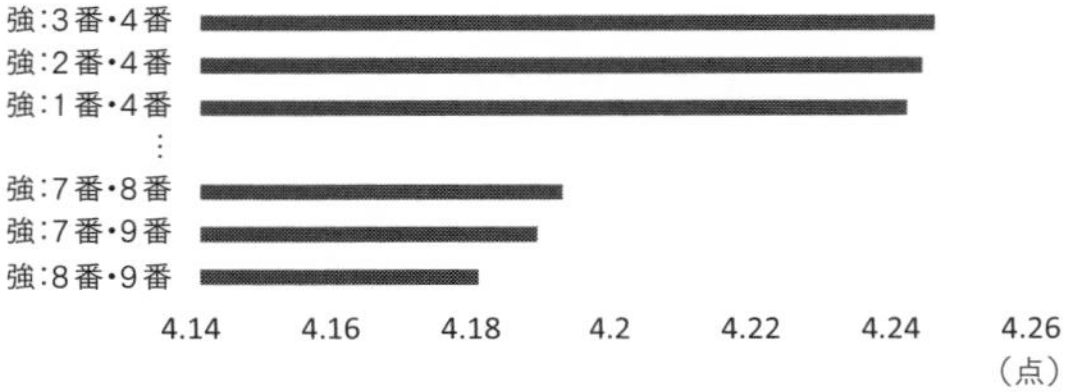

⑤高出塁率打者
1名、強打者1名
を追加

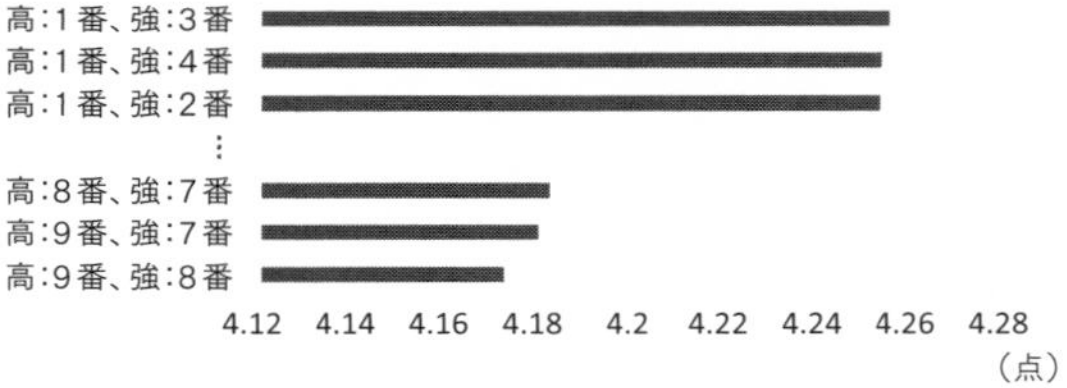

⑥強打者2名
高出塁率打者
2名を追加
（うち「高」
1名は1番に
固定）

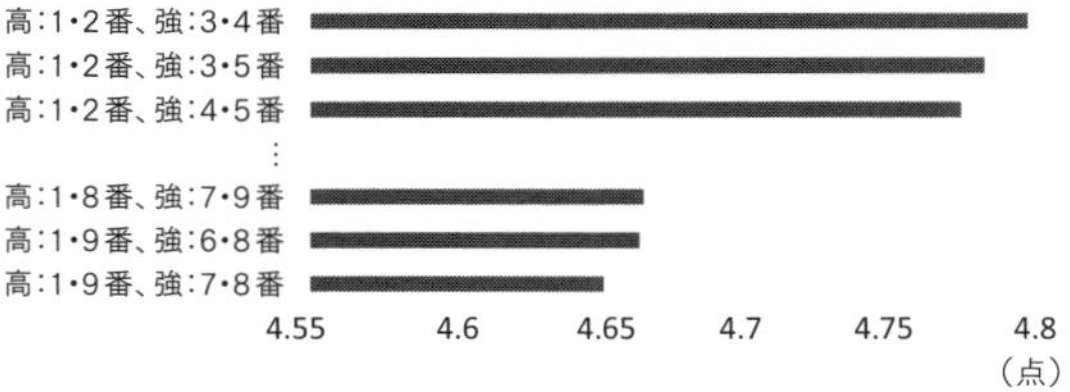

⑦強打者3名
高出塁率打者
1名を追加
（「高」は
1番に固定）

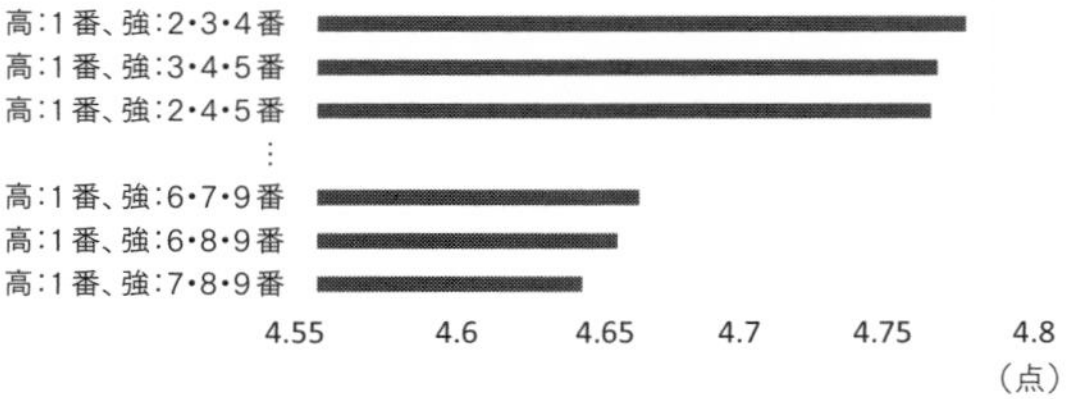

（注）試算方法は、本書版得点数推計モデルによる。平均的な打者の想定は（図表1-1）と同じ。強打者は、本塁打数について、本塁打王タイトルを獲得した1980年の山本浩二選手（広島）と同じ44本と想定。高出塁率打者は、打率が首位打者タイトルを獲得した1988年の正田耕三選手（広島）と同じ.340と想定。各選手が各打席でシーズン打撃成績どおりのパフォーマンスを残すとの仮定に基づく。
（出所）日本プロ野球記録の公表データに基づき筆者作成

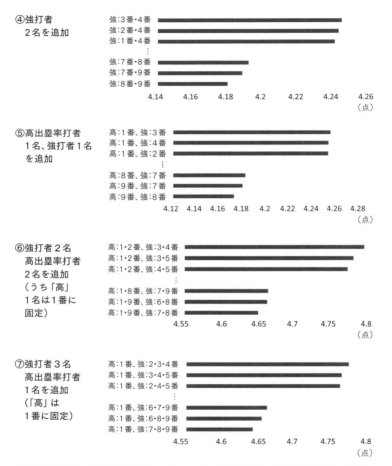

一番打者と九番打者とでは打席数に2割程度の違いがある。高出塁率打者の打席数を増やせば、チームの出塁数が多くなり、得点につながる確率も高まるというわけだ。

今度は、この平凡なチームに長打力の高い選手（本塁打数について、1980年本塁打王の山本浩二選手［広島］と同じ44本と想定。本話において以下「強打者」という）1人を加えてみる。その結果、強打者は四番に据えるのがベストで、次いで三番が良いと算出される（図表2-4②）。目立った強打者が一人しかいないチームにおいては、シンプルに四番に据えるのが王道ということだ。この場合に強打者を四番に置くべき理由として、まずもって最重要なのは、強打者には打席時の走者数ができるだけ多くなる打順を任せたいという観点だ。その点、一番など上位からの攻撃回では、中軸打者の打席時に多くの走者数が見込める。むろん各イニングの先頭打者が一番とは限らないが、試合中にせいぜい4~5回しかない打席のうち、初回に関しては確実にそうなるため、強打者は中軸に置くべきといえる。ただ、少しややこしいのは、このチームにおいて打席時の走者数が最多となる打順は、四番ではなく三番となることだ（図表2-5①）。にもかかわらず、強打者を三番でなく四番に置いた方がより得点力を高められる理由は、チームにたった一人しかいない強打者を三番に置くと、強打者・四番のケースと比べ、一番打者からの攻撃回や上位につながる下位打線からの攻撃回での得点数を高められる半面、二番~四番打者からの攻撃回での得点力が大きく低下するからである（図表2-5②

（図表 2-5）強打者の打順による得点力の違い（試算）

①強打者が打席に入ったとき塁上にいる期待走者数
（平均的な打者からなるチームに強打者１人を加えたケース）

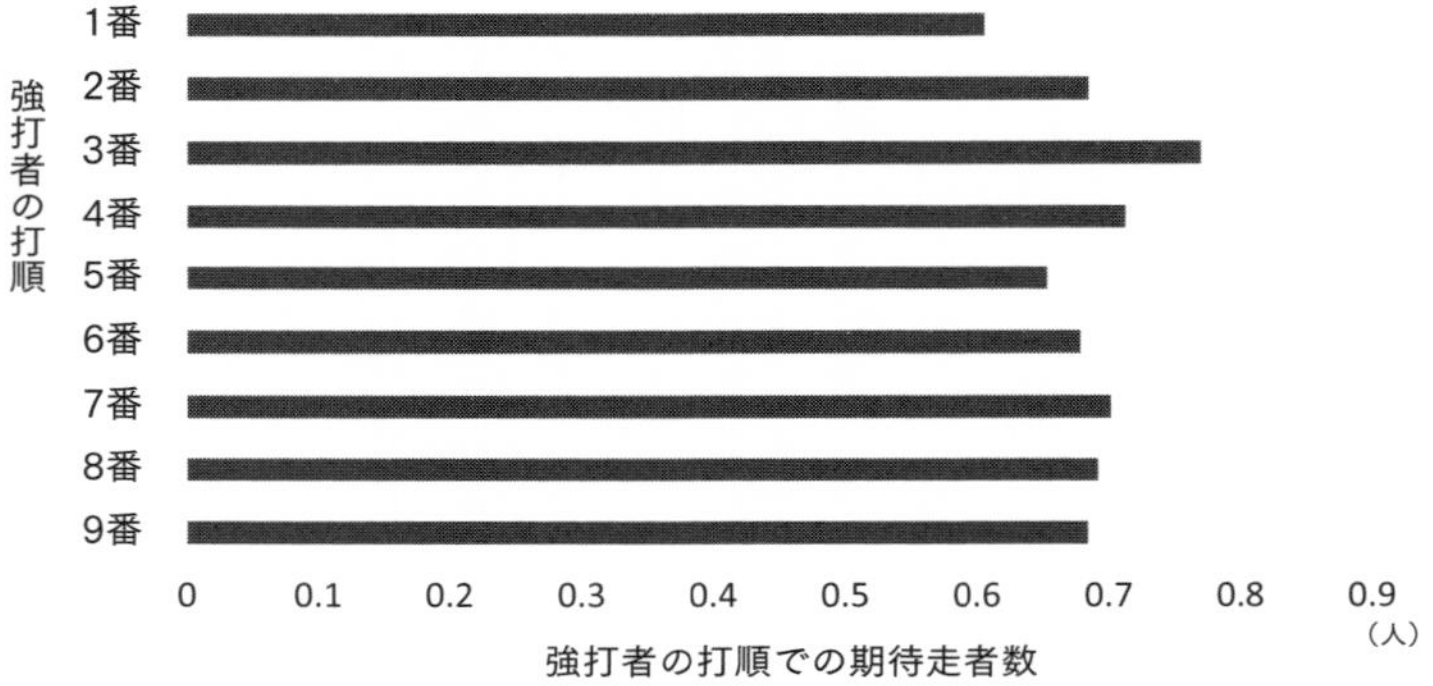

②平均的な打者からなるチームに強打者１名を加えた場合、
強打者の打順が「3番のケース」−「4番のケース」の得点差

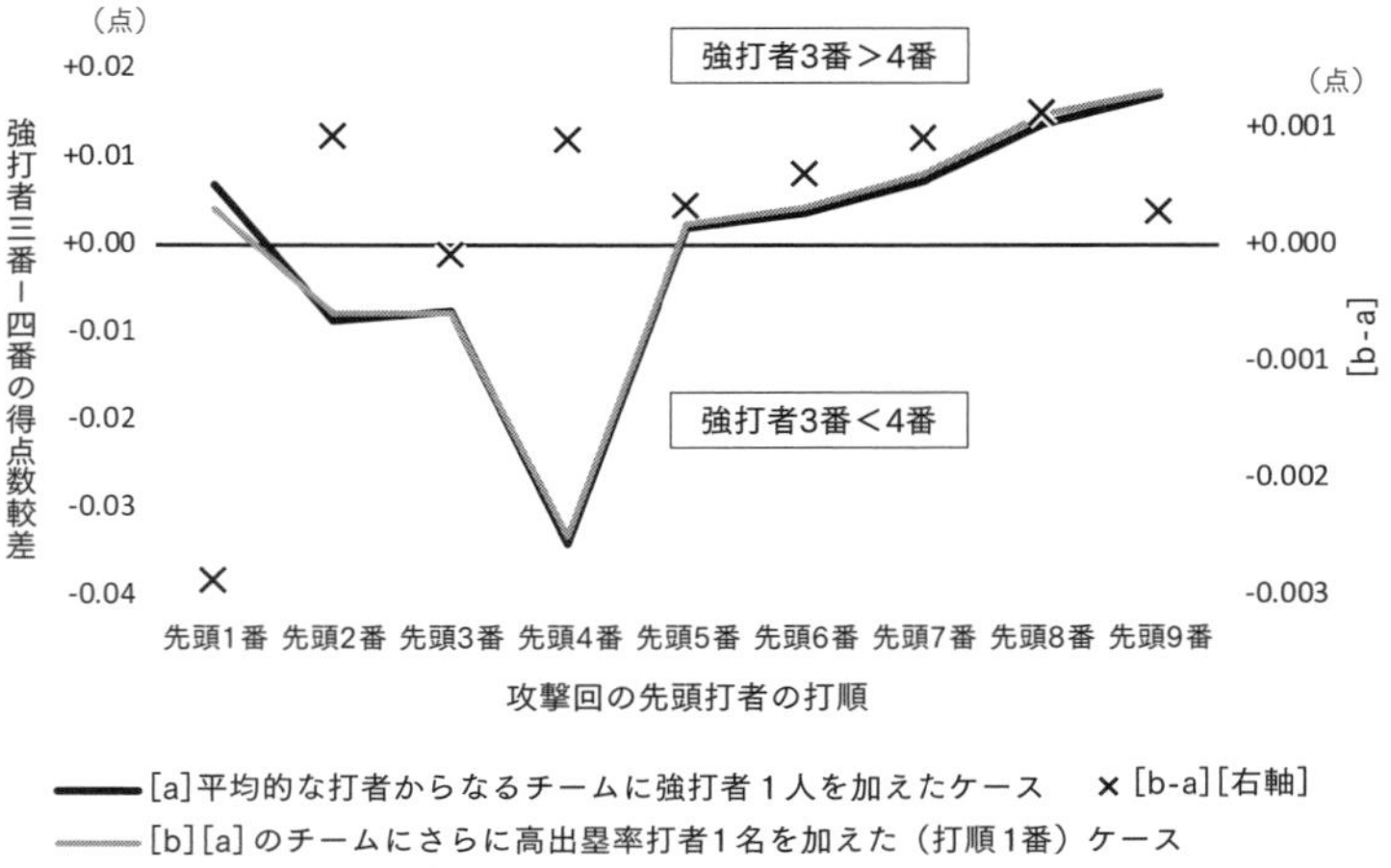

（注）試算方法は、本書版得点数推計モデルによる。平均的な打者、強打者、高出塁率打者の想定は（図表 2-4）と同じ。

（出所）日本プロ野球記録の公表データに基づき筆者作成

打者による得点力のムラにも目配せする必要があるわけだ。

それでは、今度はこの平凡なチームに優れた打者を複数名加える場合、どの打順に置くべきだろうか。まず、高出塁率打者を2名加える場合については、一・二番に置くのがベストとの試算結果となった（図表2－4③）。また、強打者を2名加える場合については、三・四番がベストで、次いで二・四番に置くべき、との結果が得られた（図表2－4④）。

平凡なチームに、高出塁率打者を1名、強打者を1名加える場合についてはどうだろうか。計算結果は、高出塁率打者は一番に置くべきであり、強打者については三番に据えるのがベストで、次いで四番、二番が良い、というものである（図表2－4⑤）。ＭＬＢで伝統的に支持されてきた「三番・強打者」の運用は、一番に高出塁率打者がいることを前提に合理的といえそうだ。強打者を三番に置き、高出塁率打者（一番）ともども上位に固める作戦は、一見、他の打順からの攻撃回での得点力低下を覚悟のうえで、一番からの攻撃回での得点期待値を極大化する「一点豪華主義」のように思われがちだが、それは違う。前述のとおり、「三番・強打者」は下位からの攻撃回での得点力を高める（図表2－5②［b］系列）。一番打者がチャンスを広げ三番まで打順を回し、そこで生還させられる確率が高まるからだ。そのうえ、出塁率の高い一番打者のおかげで二番～四番からの攻撃回での得点力低下という「三番・強打者」の弱点も抑制できる。なぜなら、一番打者の出塁率が高いため、前の攻撃回で一番が凡退し、次の攻撃回の先頭が二番〜四番となる確率を低下させられるからだ（前掲図表2‐5②［b‐a］系列）。これらの効果が相まって、「一番・高出塁打者、三番・強打者」の打順編成は、各攻撃回の先頭打者による得点力のムラを抑え、どの回でも得点を狙いやすくなるようにできるわけだ。

さらに、平凡なチームに高出塁率打者を2名、強打者を2名加える場合、高出塁率打者を一・二番に、強打者を三・四番に置くのがベストとなる。高出塁率打者→強打者の順に配置した方が、出塁した選手を長打により一気に生還させられる確率が高まるということだ（図表2‐4⑥）。また、平凡なチームに高出塁率打者を1名、強打者を3名加える場合、高出塁率打者を一番に、強打者を二〜四番に置くのが最も良い（図表2‐4⑦）。つまり、近年、ますます長打力の高まっているMLBにおいて、三・四番だけでなく二番にも強打者を据えるのは正しい判断だといえそうだ。

今度は、以上で扱ってきたような仮想チームではなく、2020年のヤンキース（二番・ジャッジ選手）や2021年（オールスター前）のエンゼルス（大谷選手）について試算してみよう（図表2‐6）。その結果をみると、ヤンキースに関しては、素直に2020年本塁打王のルーク・ヴォイト選手を三番、ジャッジ選手を四番に置くのが得点力を最大化できる計算

（図表2-6）ヤンキース（2020年）・エンゼルス（2021年）において、2～5番打者の打順を入れ替えた場合の得点期待値比較（試算）

①ヤンキース（2020年）（2番～5番の打順を入れ替えた場合）

1位	2位	3位	4位	5位
ルメイユ	ルメイユ	ルメイユ	ルメイユ	ルメイユ
スタントン	スタントン	ジャッジ	ヴォイト	スタントン
ヴォイト	ジャッジ	スタントン	スタントン	ヴォイト
ジャッジ	ヴォイト	ヴォイト	ジャッジ	ヒックス
ヒックス	ヒックス	ヒックス	ヒックス	ジャッジ
ウルシェラ	ウルシェラ	ウルシェラ	ウルシェラ	ウルシェラ
トーレス	トーレス	トーレス	トーレス	トーレス
フレイジャー	フレイジャー	フレイジャー	フレイジャー	フレイジャー
ヒガシオカ	ヒガシオカ	ヒガシオカ	ヒガシオカ	ヒガシオカ
5.80055点	5.79660点	5.78134点	5.77993点	5.77930点

②エンゼルス（2021年）（2番～5番の打順を入れ替えた場合）

1位	2位	3位	4位	5位	…	16位
ウォード	ウォード	ウォード	ウォード	ウォード		ウォード
レンドン	トラウト	トラウト	トラウト	レンドン		大谷翔平
トラウト	大谷翔平	レンドン	大谷翔平	トラウト		トラウト
大谷翔平	ウォルシュ	大谷翔平	レンドン	ウォルシュ		レンドン
ウォルシュ	レンドン	ウォルシュ	ウォルシュ	大谷翔平		ウォルシュ
ゴセリン	ゴセリン	ゴセリン	ゴセリン	ゴセリン		ゴセリン
イグレシアス	イグレシアス	イグレシアス	イグレシアス	イグレシアス		イグレシアス
ラガーレス	ラガーレス	ラガーレス	ラガーレス	ラガーレス		ラガーレス
スズキ	スズキ	スズキ	スズキ	スズキ		スズキ
6.39255点	6.37550点	6.37514点	6.37008点	6.36940点		6.31080点

（16位は、トラウト選手が故障者リスト入りする直前の5月17日の実際の打順）

（注）試算方法は、本書版得点数推計モデルによる。規定打席に達していない選手を含め、各選手が各打席でシーズン中の打率等（2021年エンゼルスについてはオールスターまでの成績）どおりの確率で出塁等するとの前提に基づくため、やや得点数が高めに算出されている可能性がある。

（出所）Baseball-Referenceの公表データに基づき筆者作成

となったのだが、ジャッジ選手を二番に置く案（二番・ジャッジ選手、三番：ジャンカルロ・スタントン選手、四番：ヴォイト選手）もしっかりベストスリーに食い込んでいる。

一方、エンゼルスについては、実は２０２０年シーズンまで二番を打っていた強打者・マイク・トラウト選手の方が、四球が多い分出塁率が高いため、トラウト選手を二番ないし三番に置き、大谷選手を中軸に置いて走者一掃してもらう方が得点数を高められるとの試算結果となった。ただ、四球数は打順の並び次第で変わってくるし、この試算に算入されていない要素として、大谷選手の俊足をより活かせるよう二番を任せているのかもしれない。いずれにせよ、試算結果は、チームの金看板というべき強打者（今回の試算ではトラウト選手）を二番に置くことにより得点数を高められ得ることを示唆している。

むろん、ここでの試算は、各打者が２０２０年ないし２１年シーズンの平均打撃成績どおりの確率で安打などを記録するとの仮定に基づいており、実際の打順の組み方は、その時々の好不調や相手投手との相性を踏まえて試合ごとに決まるものである。そのため、一概にどの打順がベストということはできないのだが、強打者が何人もいるチームにおいて、ジャッジ選手や大谷選手、トラウト選手のような打者は、三番、四番のほか二番の適性もあるといって良さそうだ。

（図表2-7）「投手８番-投手９番」の得点数の比較（試算）

※図中では「高出塁率打者」を「高」、「強打者」を「強」と表示

①強打者、高出塁率打者の加入数による比較

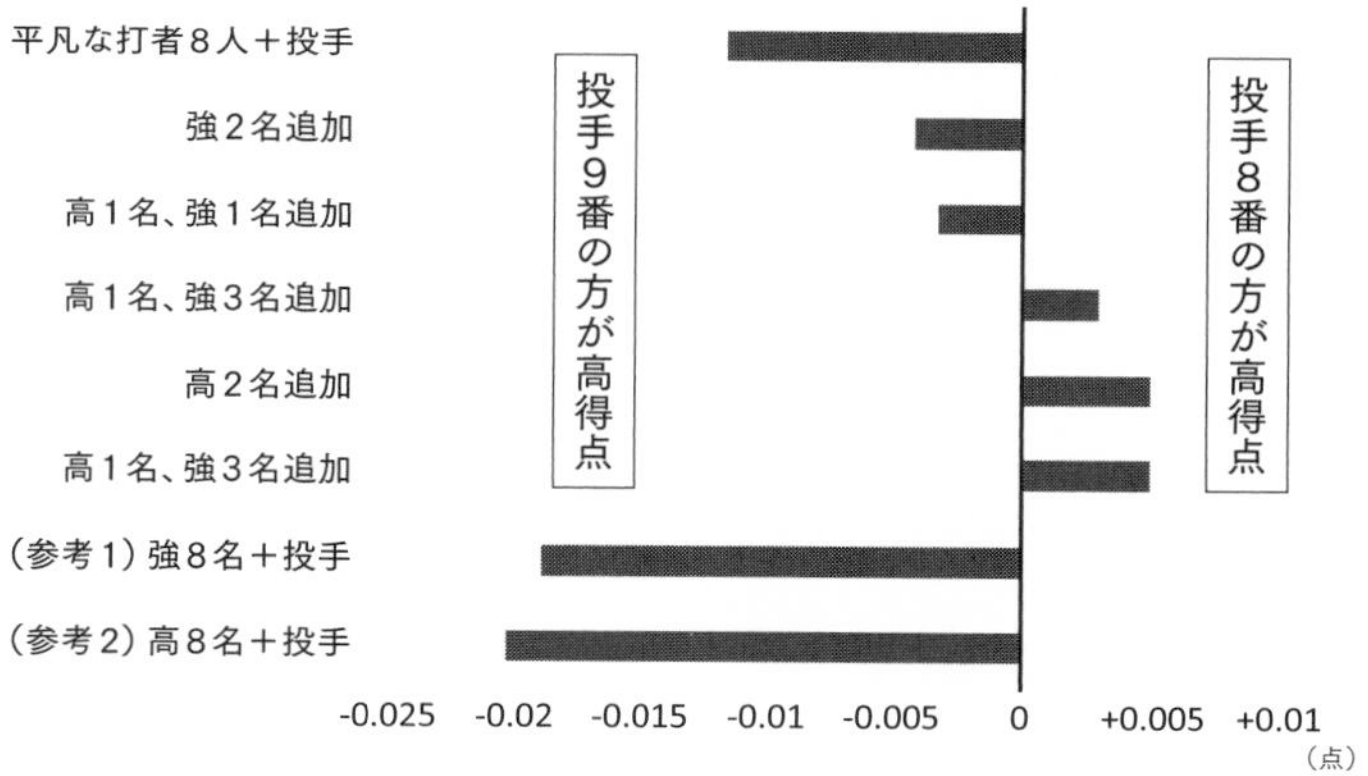

②ラミレス監督時代のDeNA先発オーダーについての比較

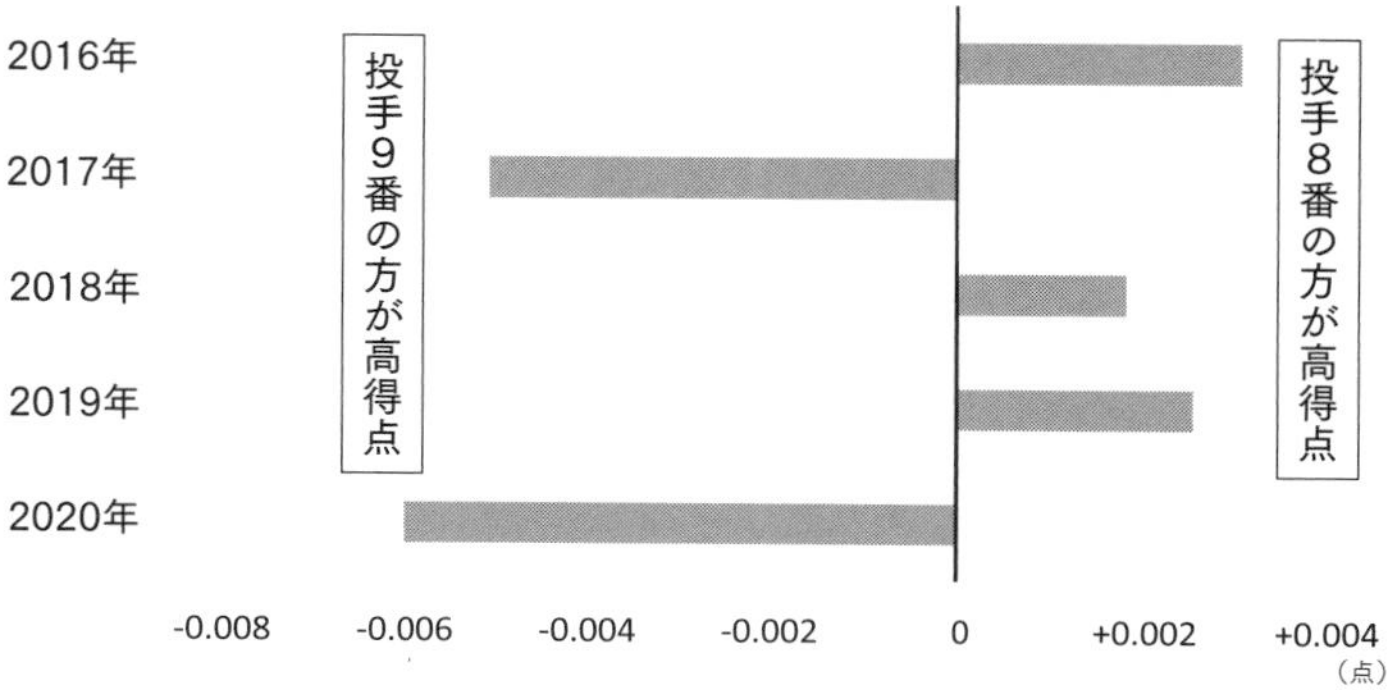

（注）試算方法は、本書版得点数推計モデルによる。各選手が各打席でシーズン打撃成績どおりのパフォーマンスを残すとの仮定に基づく。
①の平均的な打者、強打者、高出塁率打者の想定は（図表 2-4）と同じ。②は、DeNA の各年の開幕試合の先発オーダーについて試算。
（出所）日本プロ野球記録の公表データに基づき筆者作成

「八番・投手」の起用方針は合理的なのか？

ところで、2020年までのDeNAのアレックス・ラミレス監督は、投手を八番に置くことが多かったが、これは合理的な運用なのだろうか。一般に投手を九番に置くのは巡ってくる打席数を最も少なくできるからである。ただ、下位から上位へと続く攻撃回での得点力を高める観点からは、一番打者の一つ前の打順である九番は、上位につなぐことのできる好打者であった方が良いとも考えられる。

この点、机上計算してみると、投手以外の打者の打撃力が皆同程度のチームでは、打者の出塁率や長打力の水準にかかわらず「投手九番」の方が得点数が高く、やはり投手九番が基本戦術といえそうだ。ただ、チーム内の各打者の打撃力に差があり、高出塁打者や強打者を上位に固めて配置したチームでは、上位へとつながる九番打者の打力がものをいうため、「投手八番」の方が得点力を高められるとの結果となった（図表2‐7）。次に、DeNAのラミレス監督時代の開幕オーダーを基に、「投手八番」とした場合と、「投手九番」とした場合の得点期待値を机上計算してみた。すると、「投手八番」か「投手九番」かは良い勝負であり、シーズンによっては「投手八番」の方が上回るとの結果が得られた。そのため、上位打線の打撃力の高いチームにおいて投手を八番に置く戦術は、あながち不合理でないと思われる。

第三話　日本野球は左打者に期待するイメージがメジャーと違う？

ＮＰＢにおいて左打者の割合は、日本人の左利きの比率（11％程度）と比べ、明らかに高い。この事実は、元来左利きでない選手たちが数多く左打者になっている可能性をうかがわせる。なぜ、左利きでもない選手が左打者になるのだろうか。また、ＮＰＢ・ＭＬＢで左打者になる動機や、左打者に期待される役割に違いはあるのだろうか。

左打者の多いＮＰＢとスイッチヒッターの多いＭＬＢ

まず事実として、ＮＰＢ・ＭＬＢにおける右打者・左打者・スイッチヒッターの比率（打席数ベース）を比較してみた。すると、ＮＰＢ・ＭＬＢとも右打者の比率が5割程度という点では共通しているが、左打者の割合については、ＮＰＢにおいて45％を超え、足許《あしもと》も緩やかに高まっているのに対し、MLBでは3割程度にとどまっている。一方、スイッチヒッターについては、NPBでは5％に満たないのに対し、MLBでは約15％に上る（図表3‐1①）。本来右利きの選手が右打ちに特化しない判断をしたとき、NPBでは専業の左打者となる傾向が強く、MLBではスイッチヒッターになる傾向が強いらしい。

一方、投手についてはNPB・MLBとも左投手の比率（対戦打者数ベース）はともに30％前後であり、この比率は昔も今も比較的安定的である（図表3‐1②）。また、NPBの選手一覧をみる限り、左打者には右投左打が多いのに対し、左投手には左投左打の選手が多い（図表3‐1③）。元来右利きの選手が左投手になることは、左打者になるよりもハードルが高く、左投手を数多く作り出すことは難しいようだ。

左打者となることのメリットは、大きく次の二点が指摘されている。第一に、左打者の方が一塁までの距離が近いうえ、左打者の方がスイングに伴う体の回転方向が一塁側に向かうため、よりスムーズに一塁に走り出しやすく、セーフになる確率が高いことである。このメリットは、打者が瞬足の場合、内野安打数の増加という形で威力を発揮する。そして第二に、一般に右投手に対しては左打者の方がモーションやボールの出どころを見極めやすいことである。前述のとおり、左投手は右投手より少なく、先行きも急増が見込まれにくいため、左打者はより多くの投手との対戦において有利となりやすい。

（図表 3-1）NPB・MLB における左右の構成比

①右打者・左打者・スイッチヒッターの構成比（打席数ベース）

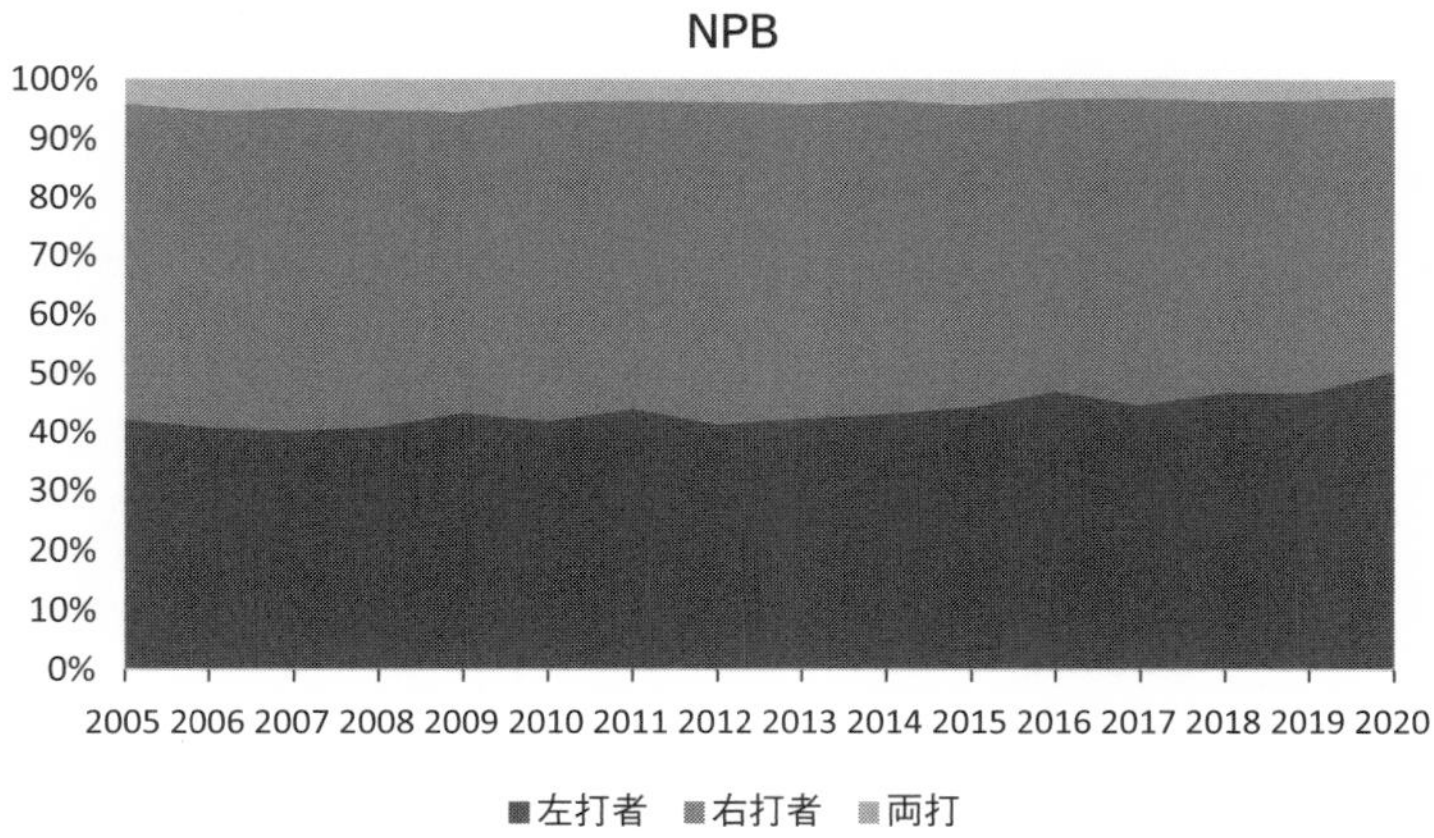

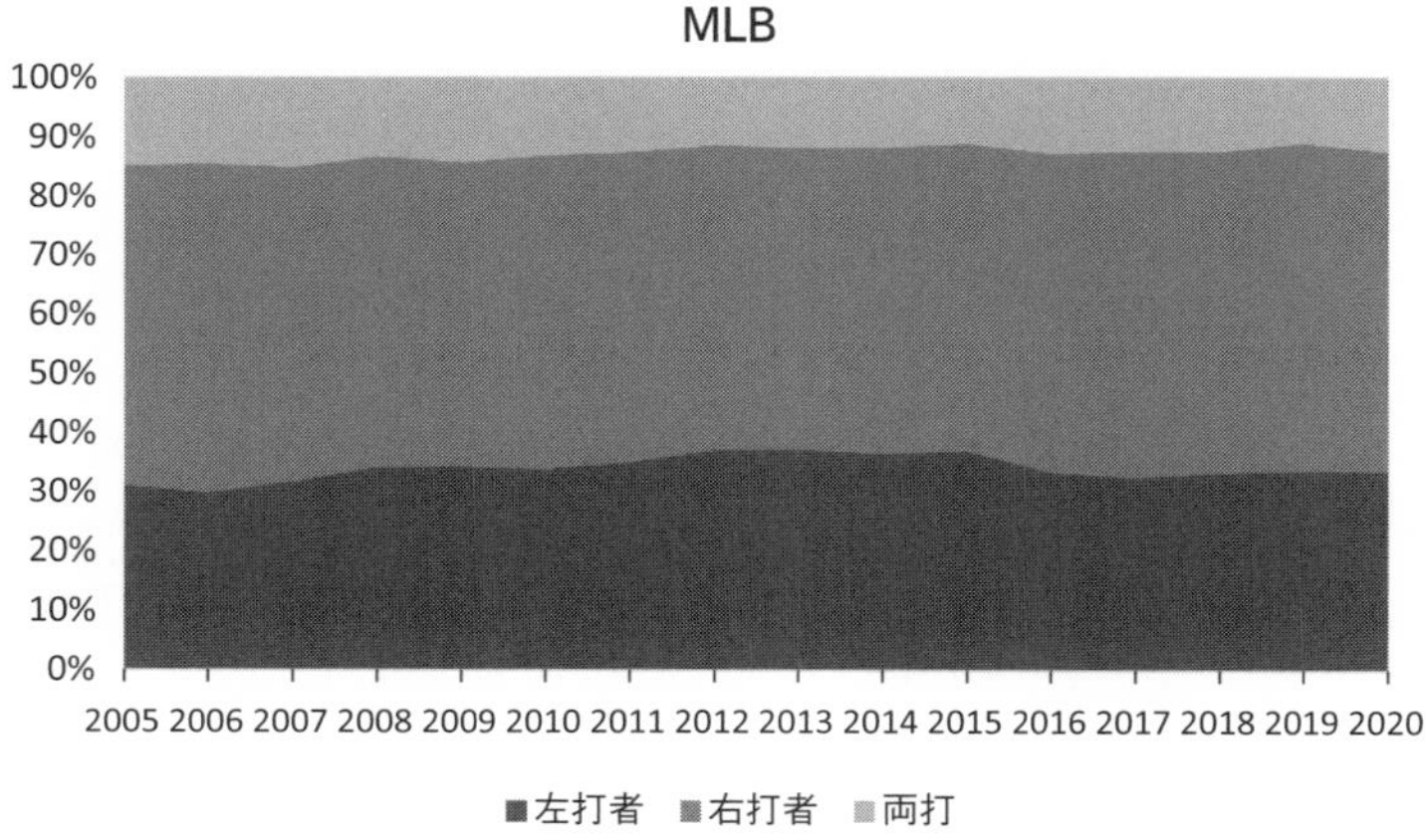

②右投手・左投手の構成比（投球回数ベース）

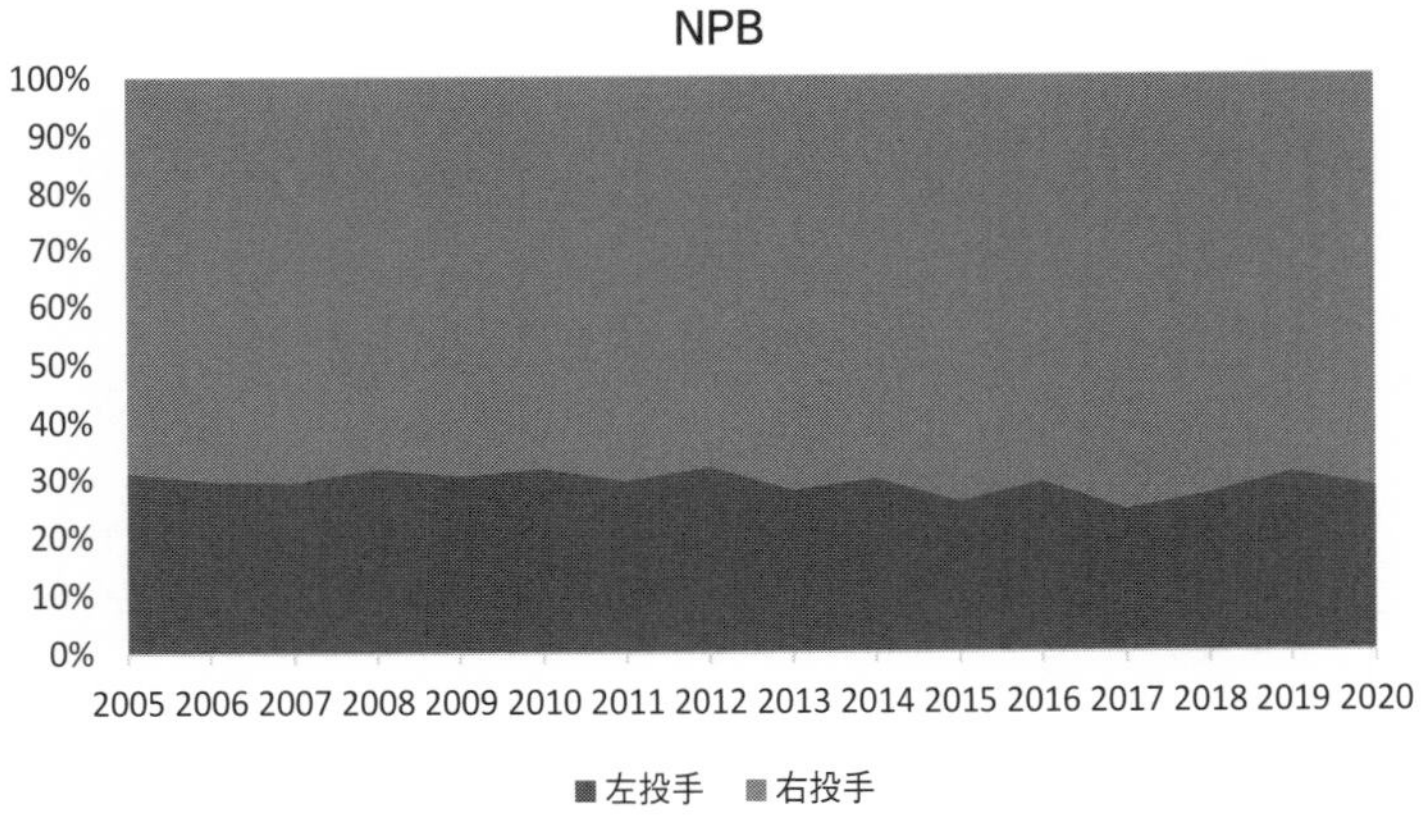

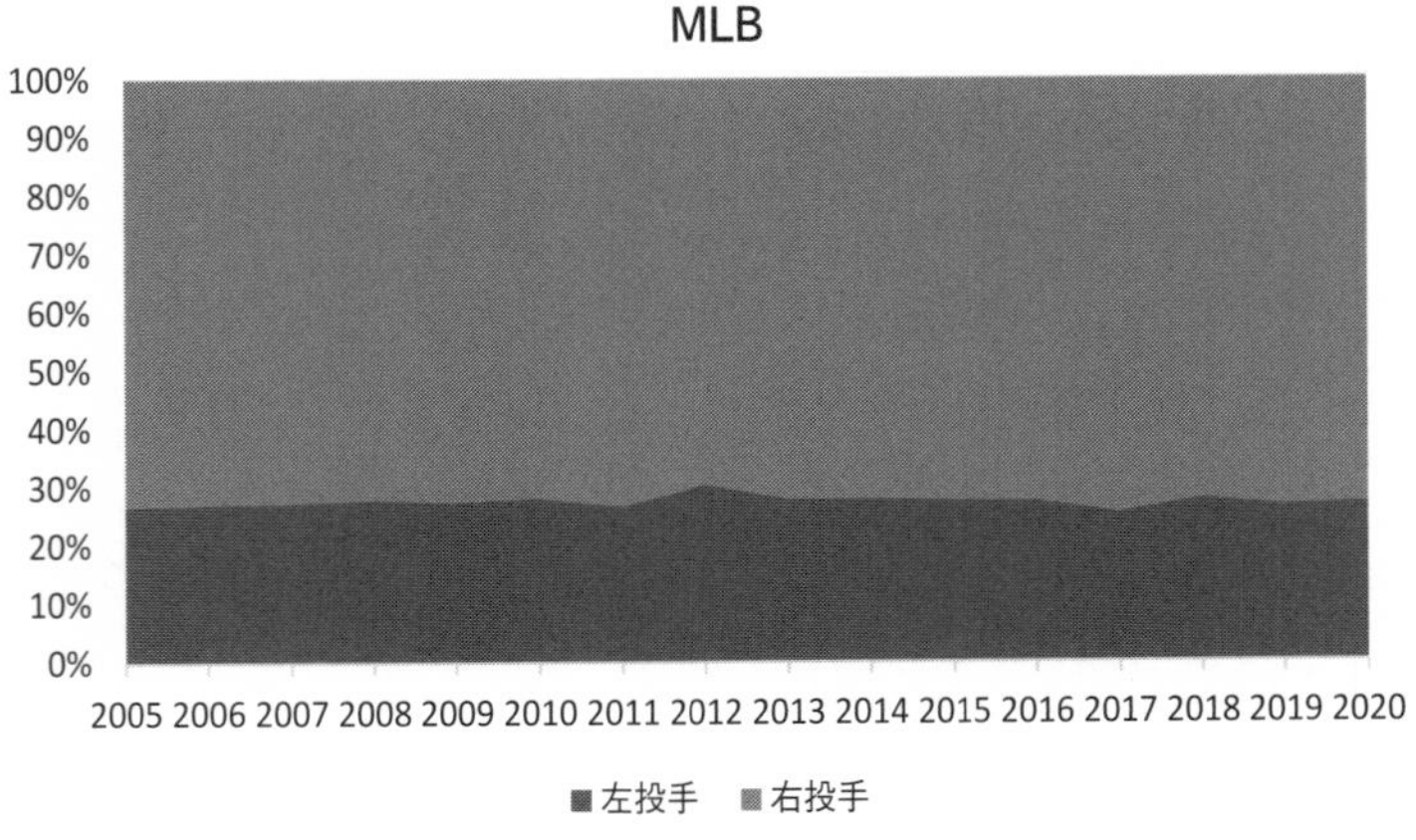

③NPB における投打の左右別内訳
（2021 年開幕時点の NPB 登録選手）

（人）

	左投左打	左投右打	左投両打	右投左打	右投右打	右投両打
野手	20	0	1	183	238	13
投手	139	4	1	61	287	2

（出所）日本プロ野球機構（NPB 公式サイト）、Baseball-Reference の公表データに基づき筆者作成

左打者＝俊足巧打のＮＰＢと左右の相性重視のＭＬＢ

ＮＰＢでは、左打者は上述のメリットの第一（内野安打を勝ち取れる確率の高さ）が重視され、俊足巧打タイプ向けといわれることが多い。一方、本塁打数重視の強打者タイプの場合、利き腕の方がボールを押し込む力を強く働かせやすいため、元々右利きなのであれば、そのまま右打者にした方が良いと判断されやすい。

ＮＰＢでは、こうした考えが打撃成績にも如実に表れており、左打者は内野安打数や盗塁数が多く、打率も高いため、総じて「俊足巧打」である。一方、右打者は長打力に関する指標において上回っており、「強打者」タイプが多いようだ（図表３‐２）。

これに対し、ＭＬＢでは、「右打者が長距離砲、左打者が俊足巧打」というステレオタイプがあてはまらない。ＮＰＢと異なり、走力の高さを活かすために左打者になる、といった選手があまり

（図表 3-2）左打者・右打者の打撃成績比較

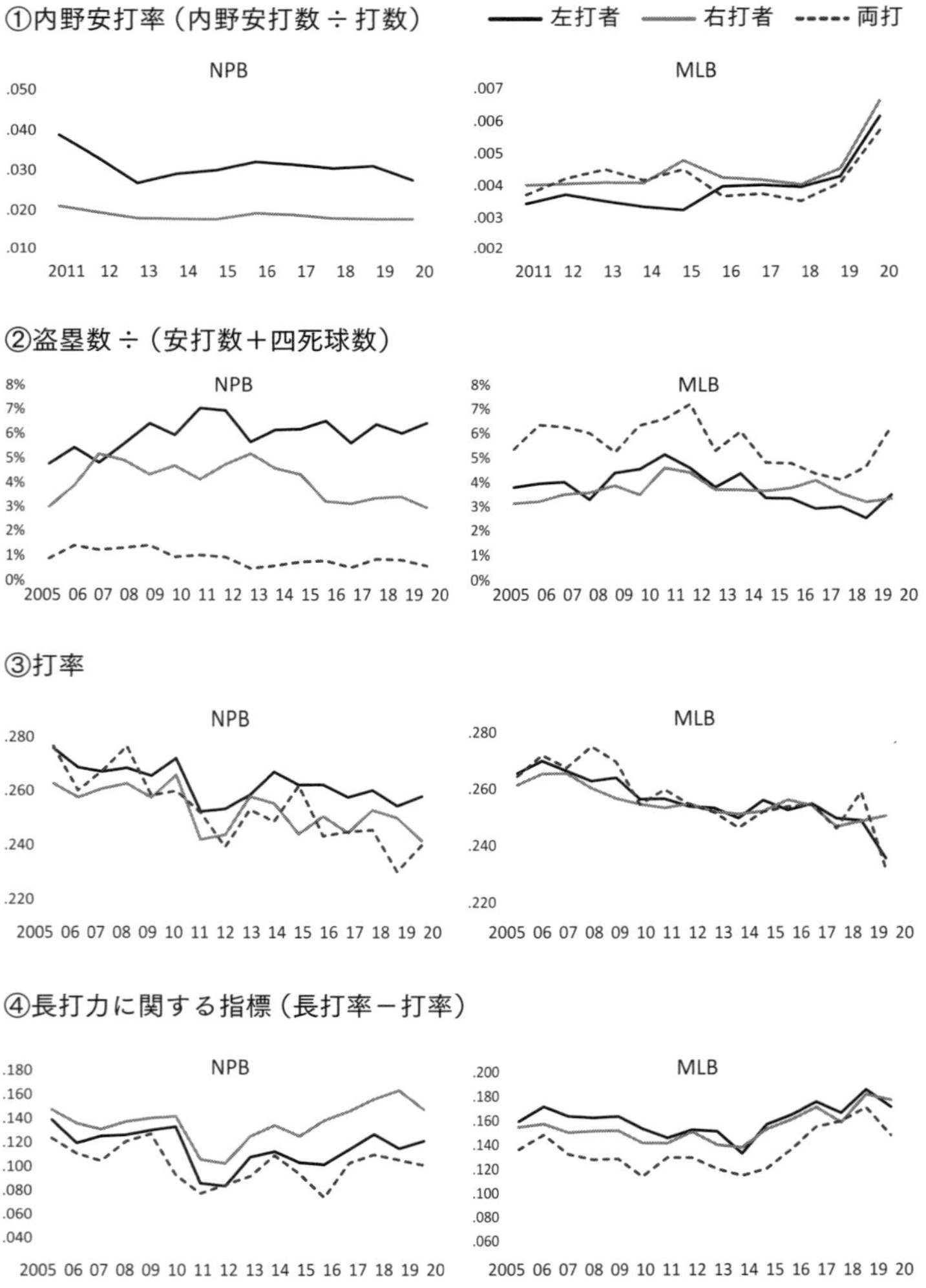

（出所）日本プロ野球機構（NPB 公式サイト）、データで楽しむプロ野球、Baseball-Reference の公表データに基づき筆者作成

（図表 3-3）左投手・右投手と左打者・右打者との相性

①打率

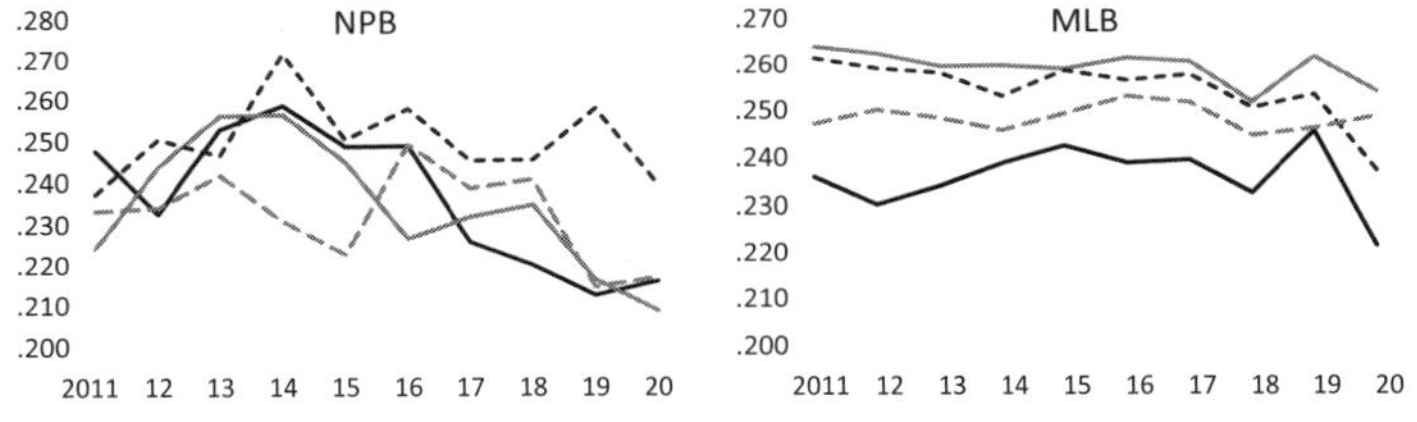

②長打力に関する指標（長打率－打率）

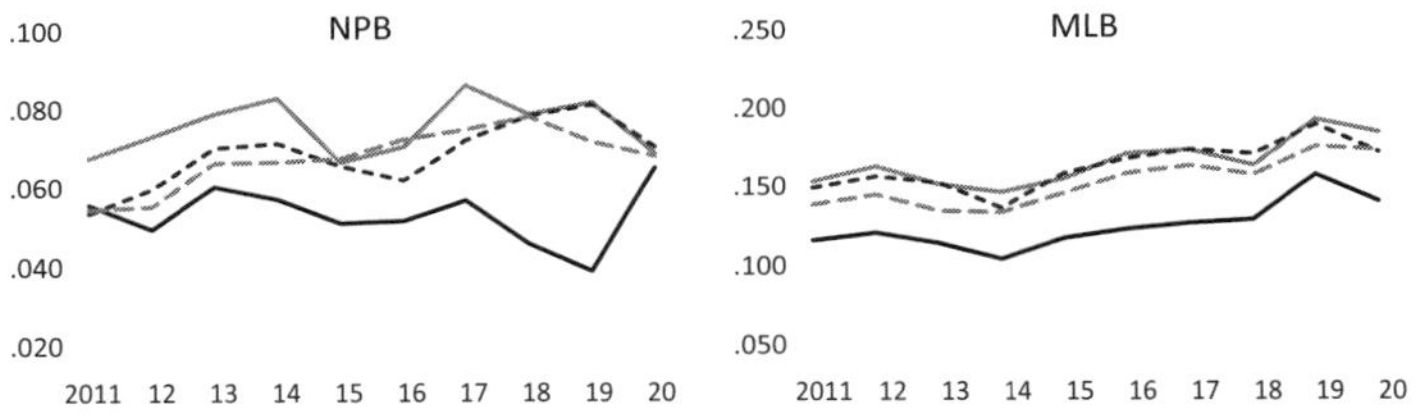

（出所）データで楽しむプロ野球、Baseball-Reference の公表データに基づき筆者作成

いないらしく、事実、ＭＬＢでは、右打者・左打者の盗塁数にほとんど差がなく、内野安打率をみても、打席の左右による差がほとんどない。このようにＭＬＢでは、左打者に対し、上述のメリットの第一（内野安打を勝ち取れる確率の高さ）にはあまり期待しておらず、第二（投手の左右との相性）を重視しているようにみえる。ＭＬＢにおいて、左打者は多数を占める右投手との相性の良さゆえか、打率・長打力ともどちらかというと右打者を上回るシーズンが多い。なお、盗塁数から察するに、

ＭＬＢにおいて走力の高い選手はスイッチヒッターになる傾向が強いようである。

このように、左打者に期待する技量として、ＮＰＢでは内野安打を獲得できる確率の高さ、ＭＬＢでは右投手との相性の良さが重視されてきたとみられる。ただ、ＮＰＢでも近年、村上宗隆選手（ヤクルト）や森友哉選手（西武）など、左の強打者が珍しくなくなってきている。この背景には、選手の筋力の向上により、右利きの左打者もボールを押し込む力が強まったことがあるのかもしれない。ＮＰＢでもやがて「左打者は俊足強打タイプ、右打者は強打者タイプ」というステレオタイプが薄れていく可能性がある。

チームのスタメン起用方針への影響はあるか？

以上でみてきたとおり、ＮＰＢでは、内野安打のほか安打数・打率に関する指標については左打者が上回っており、一方、長打力に関する指標については右打者が上回っている。このように、一概に右打者・左打者のいずれかが優位とはいえないのだが、右利きの選手が数多く左打者を志向しているということは、左打者のメリットが強く意識されているということなのだろう。ただ、左打者にも弱点はある。それは左投手との相性の悪さである。特にＭＬＢでは、打率関連、長打関連のいずれの指標をみても左投手対左打者の対戦成績が悪い（図表３‐３）。

（図表3-4）右打者・左打者の対左投手・右投手の相性を踏まえた起用方針

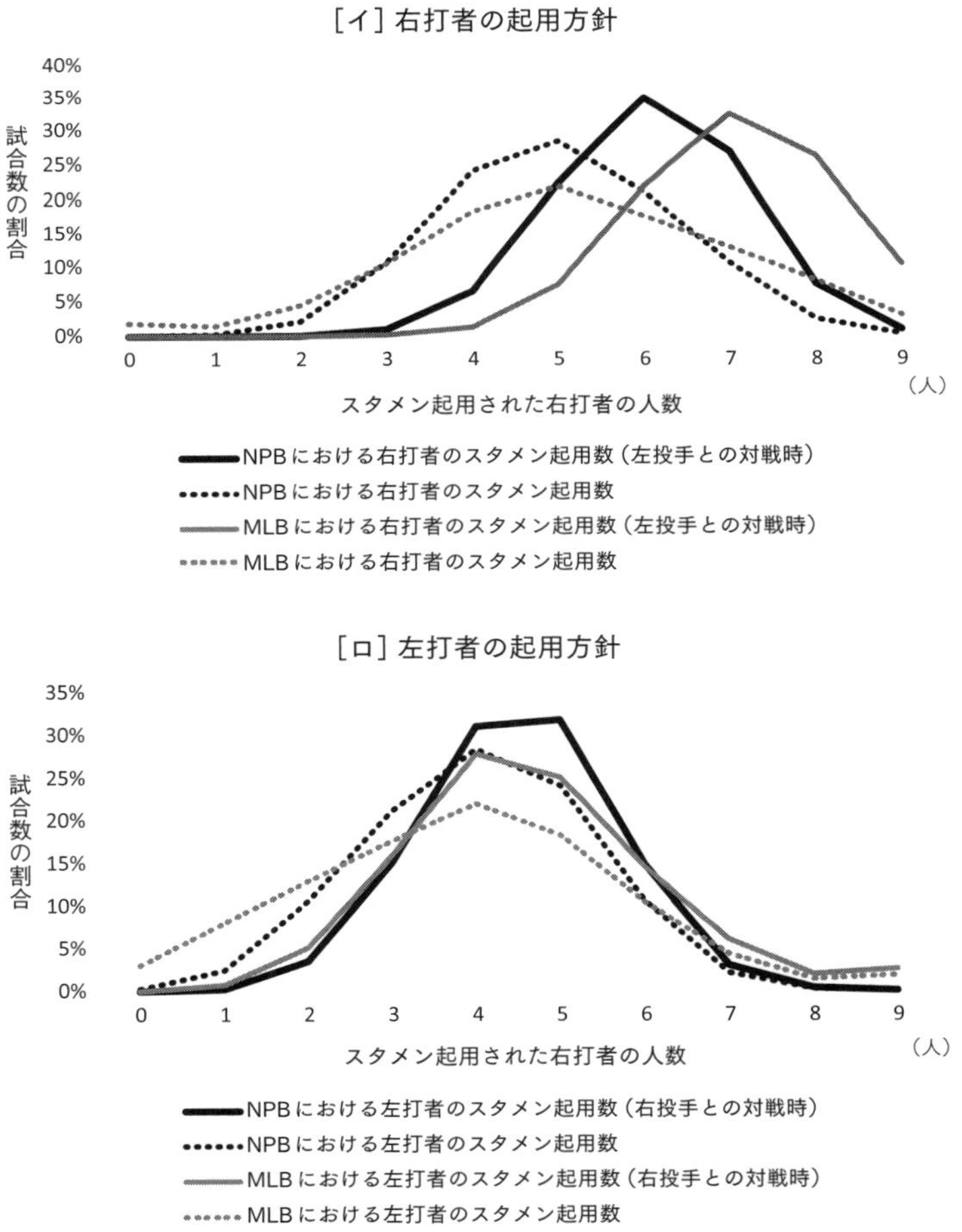

（注）2012～ 20 年の規定打席に到達した打者を対象に集計。スイッチヒッターは右投手との対戦時には左打者、左投手との対戦時には右打者とみなして集計。
（出所）データで楽しむプロ野球、日本プロ野球機構（NPB 公式サイト）、FanGraphs の公表データに基づき筆者作成

（図表3-5）「偵察メンバー」の１試合あたり起用数の推移

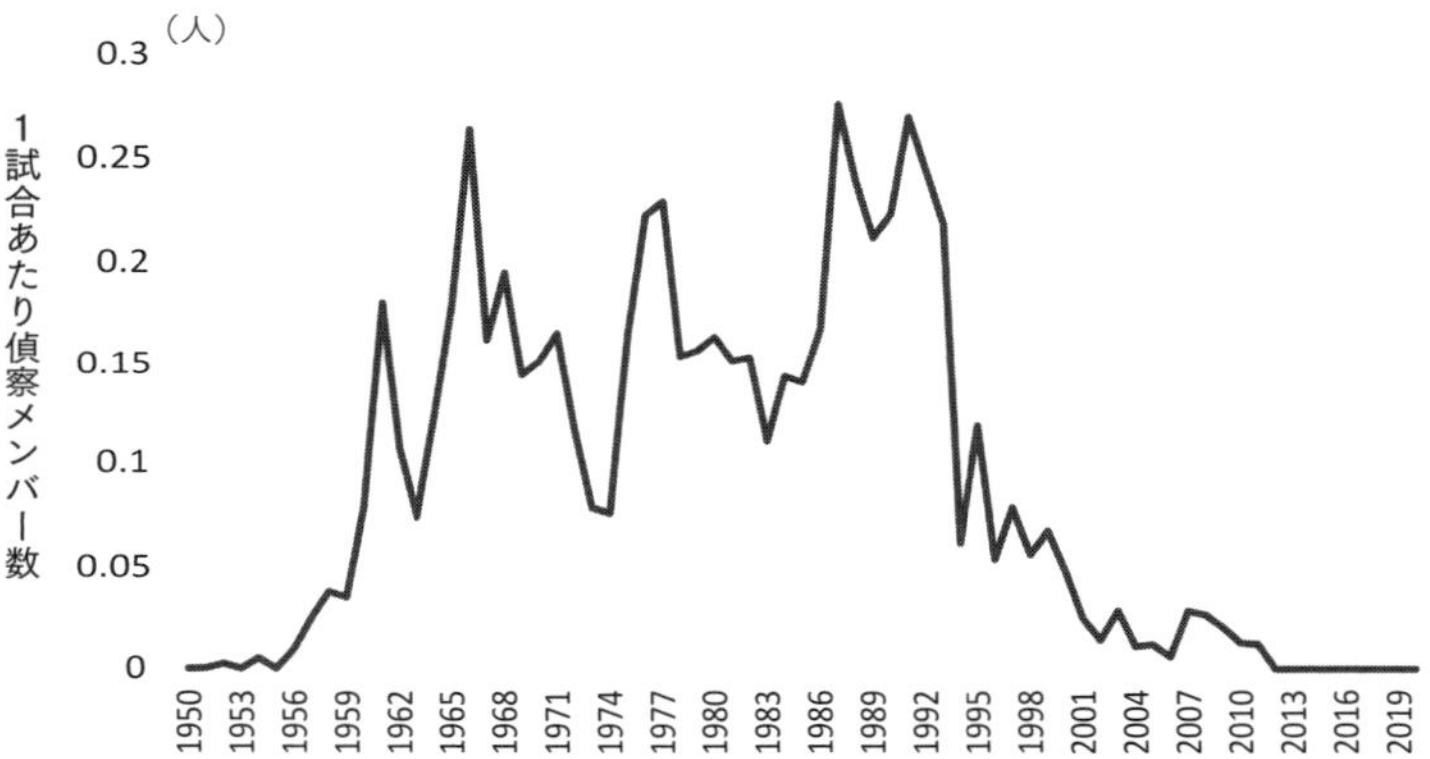

（出所）スタメンデータベース、スタメンアーカイブの公表データに基づき筆者作成

　そうしたこともあって、打者の起用方針には大いに投手との「左右」の相性が意識されてきた。ＮＰＢ（２０１２〜２０年）では、左投手の先発時にはスタメンの67・０％が右打者で占められるのに対し、右投手の先発時には右打者の比率は49・７％にとどまる。ＭＬＢ（２０１２〜２０年）でも右打者がスタメンに占める比率は、左投手の先発時には78・５％なのに対し、右投手先発時には48・３％まで下がる（図表３‐４は左投手・右投手先発時の右打者・左打者のスタメン起用数の分布を示している）。なお、「左右」の相性へのこだわりは、２０１２年に予告先発投手制が全面実施されるまでのＮＰＢでは「偵察メンバー」の活用――登板予定のない投手などを仮置きし、試合開始まもなく、相手の先

（図表3-6）ジグザグ打線の編成（2012～20年）

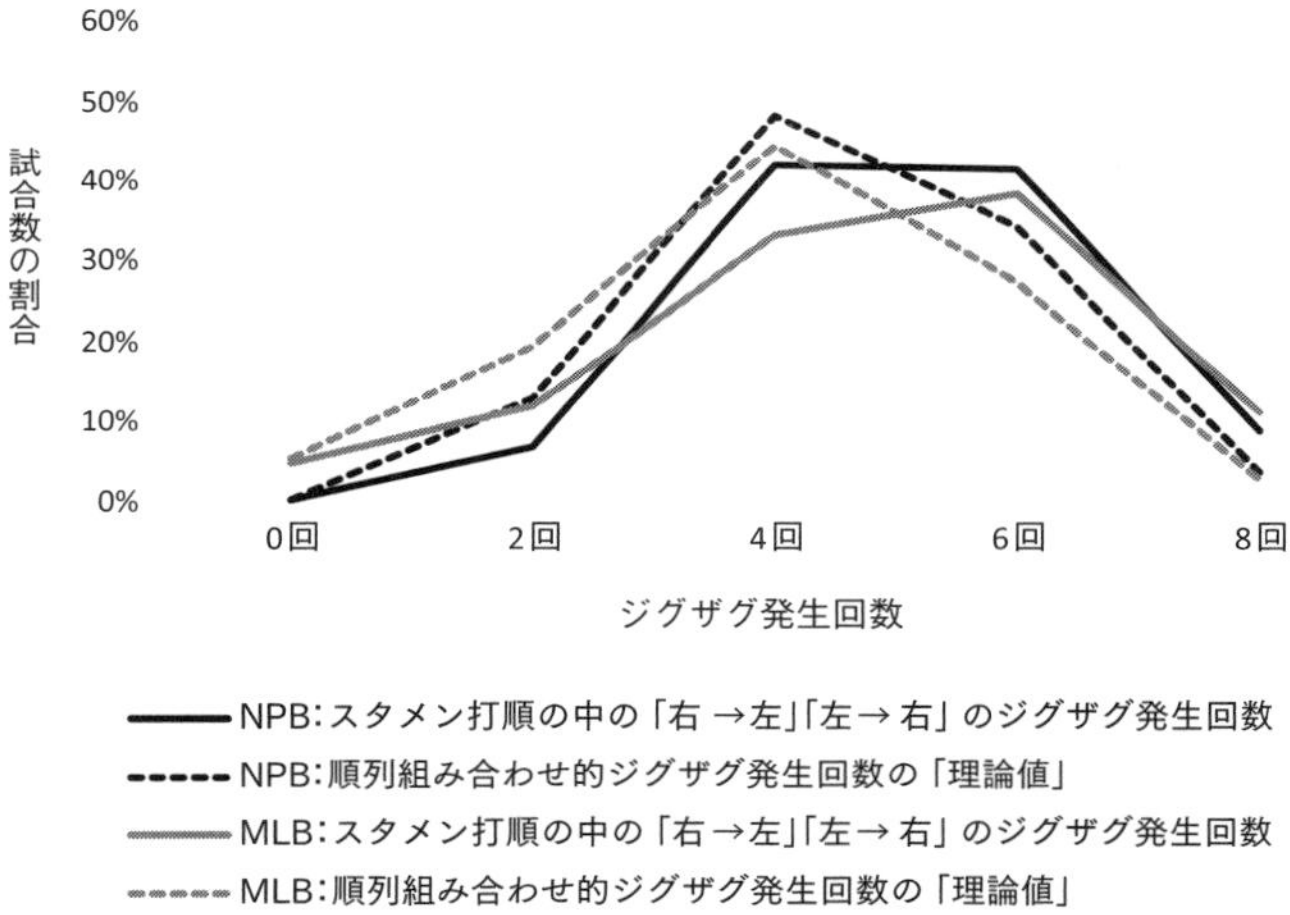

（注）「スタメン打順の中の『右→左』『左→右』のジグザグ発生回数」とは、スタメン打順の中で「右→左」「左→右」に入れ替わった回数を集計したもの。また、順列組み合わせ的理論値とは、各試合のスタメンの左右打者数を前提に順列組み合わせ的にジグザグ発生確率を算出し集計したもの。
（出所）スタメンデータベース、スタメンアーカイブ、日本プロ野球機構（NPB 公式サイト）、FanGraphs の公表データに基づき筆者作成

発投手に合った野手に交代させる――にも表れていた（図表3－5）。

相手の先発投手の左右に応じ、右打者・左打者の起用方針を決めるもとにおいても、あまり右打者（左打者）を続けて配置すると、相手チームにとって左右の救援投手の投入戦略を組み立てやすくなってしまう。そのため、日米とも、「ジグザグ打線」が好んで組まれており、実際の打順編成は、打者をアトランダムに並べた場合と比べ、右打者・左打者の入れ替わり回数

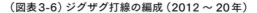

（図表3-7）打順ごとのスタメンで起用された右打者の比率（2012～2020年）

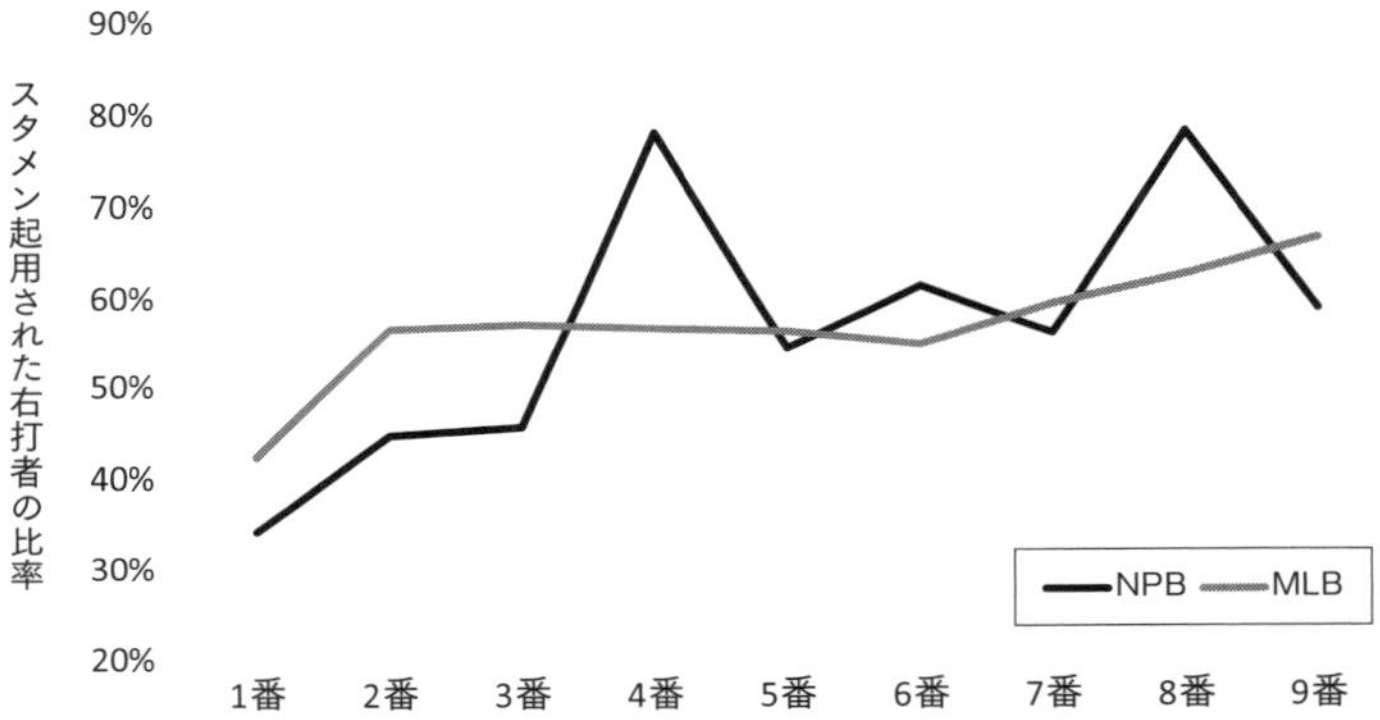

（出所）スタメンデータベース、スタメンアーカイブ、日本プロ野球機構（NPB 公式サイト）、FanGraphs の公表データに基づき筆者作成

が多くなるよう意図されている（図表３‐６）。

　本話では、ＮＰＢにおいて左打者には俊足巧打タイプが多いことを述べた。こうしたタイプの打者は上位の打順に組み込まれやすく（打順のあり方に関しては第二話参照）、実際、２０１２～２０年のＮＰＢにおいて一番、二番打者は目立って左打者の割合が高い。また、強打者を置くべき四番については右打者の割合が高い。一方、必ずしも左打者に「俊足巧打」を求めていないＭＬＢでは、ＮＰＢに比べれば、打順による右打者・左打者の偏りが生じていない（図表３‐７）。このように、ＮＰＢ・ＭＬＢの左打者に期待するイメージの違いは、打順編成にも影響していることが分かる。

（図表3-8）右投手に強い右打者、
左投手に強い左打者の分布（NPB・2011 ～ 20年）

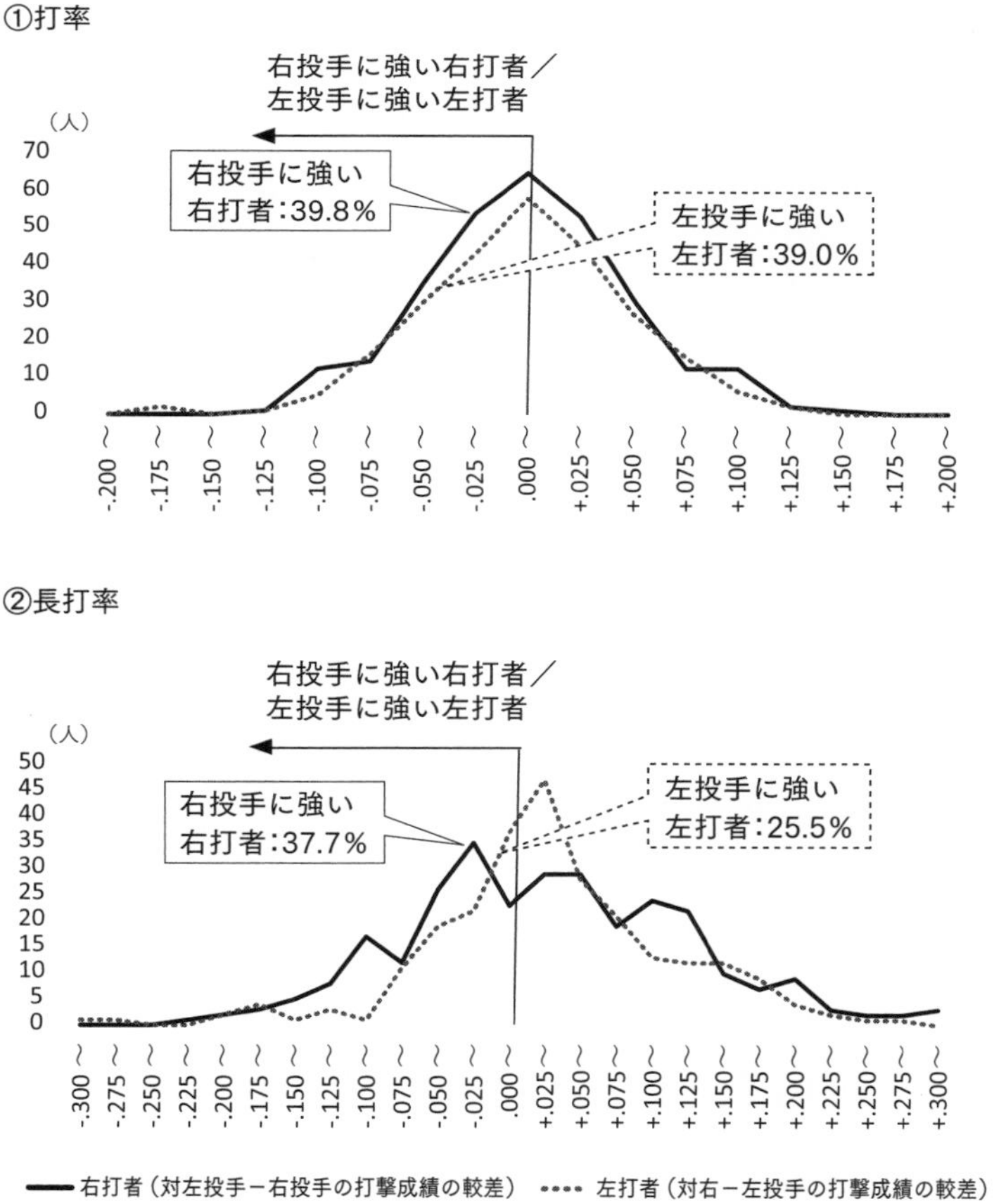

（注）規定打席に到達した打者を対象に集計。スイッチヒッターは集計対象に含めていない。
（出所）データで楽しむプロ野球、日本プロ野球機構（NPB 公式サイト）の公表データに基づき筆者作成

とはいえ投打の左右の相性は相対的な傾向に過ぎないともいえる

ただ、やや注意を要するのは、本話で述べてきたのはあくまで一般的な傾向についてであり、個別選手ごとのパフォーマンスをみたとき、必ずしもすべての打者に当てはまるとは限らないということだ。ＮＰＢにおける「左右の相性」の良さの分布をみると、長打力こそ左投手相手には右打者有利なケースがかなり多いが、打率に関しては、むしろ左投手（右投手）を得意とする左打者（右打者）が全打者の40％近くに上る（図表３‐８）。そのため、杓子定規に左投手（右投手）に右打者（左打者）を当てるのは、無視できない規模の少数派を無視した采配といわざるを得ず、ネット上で「左右病」と非難されても仕方あるまい。

右投手・左投手にタイプの違いや有利不利はあるか

最後に、余談ながら右投手・左投手についてみると、ＭＬＢのデータをみる限り、直球が平均球速１５０キロを超えるような速球派投手は右投手の方が多い（図表３‐９①）。[9]こうした

9　菊池雄星投手（マリナーズ）の直球の平均球速は１５３キロ（２０２１年［主に故障離脱前のシーズン前半］）であり、ＭＬＢでもトップクラスの速球派左腕といえる。

（図表 3-9）左投手・右投手の投球成績等比較

①直球の平均球速の分布（MLB・2010 ～ 21 年）

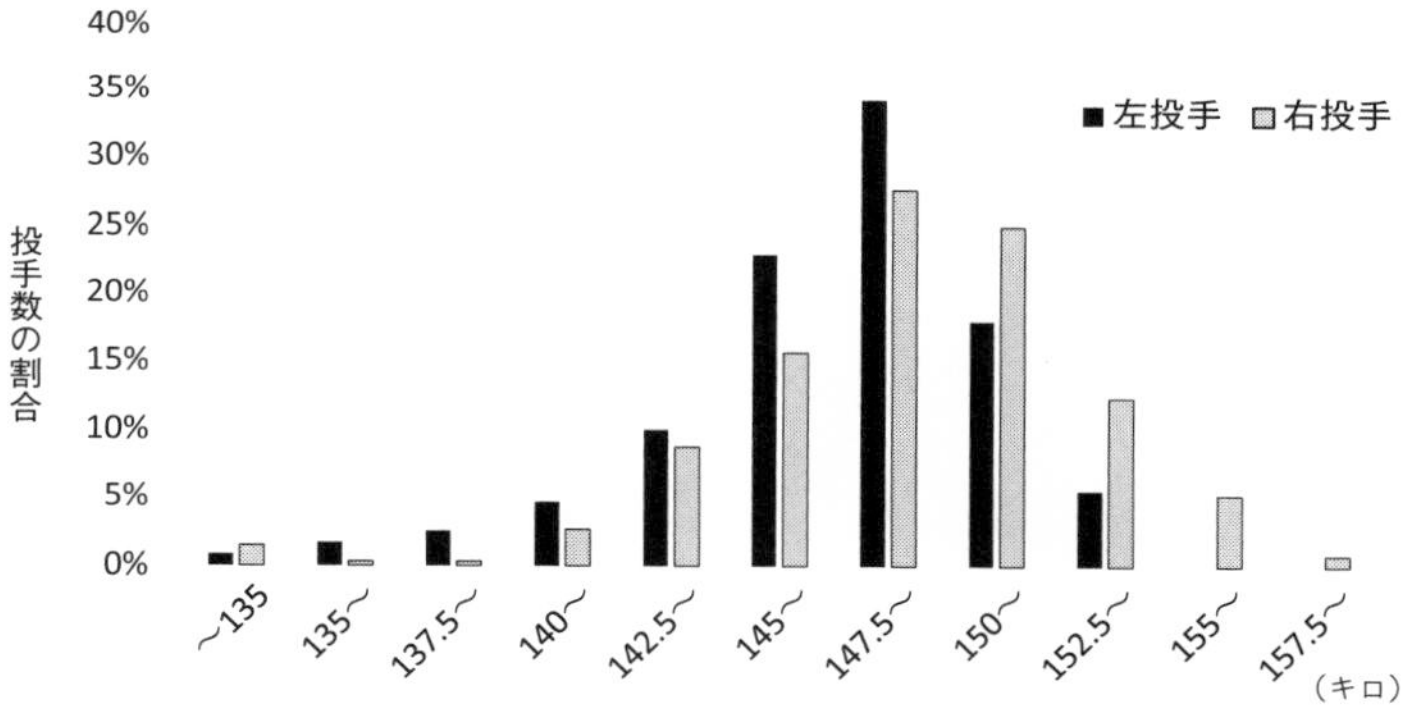

（注）2020 年以外は投球回数 160 回以上、2020 年は同 60 回以上の投手について集計。

②リーグ全体のセーブ数の占める左投手の割合

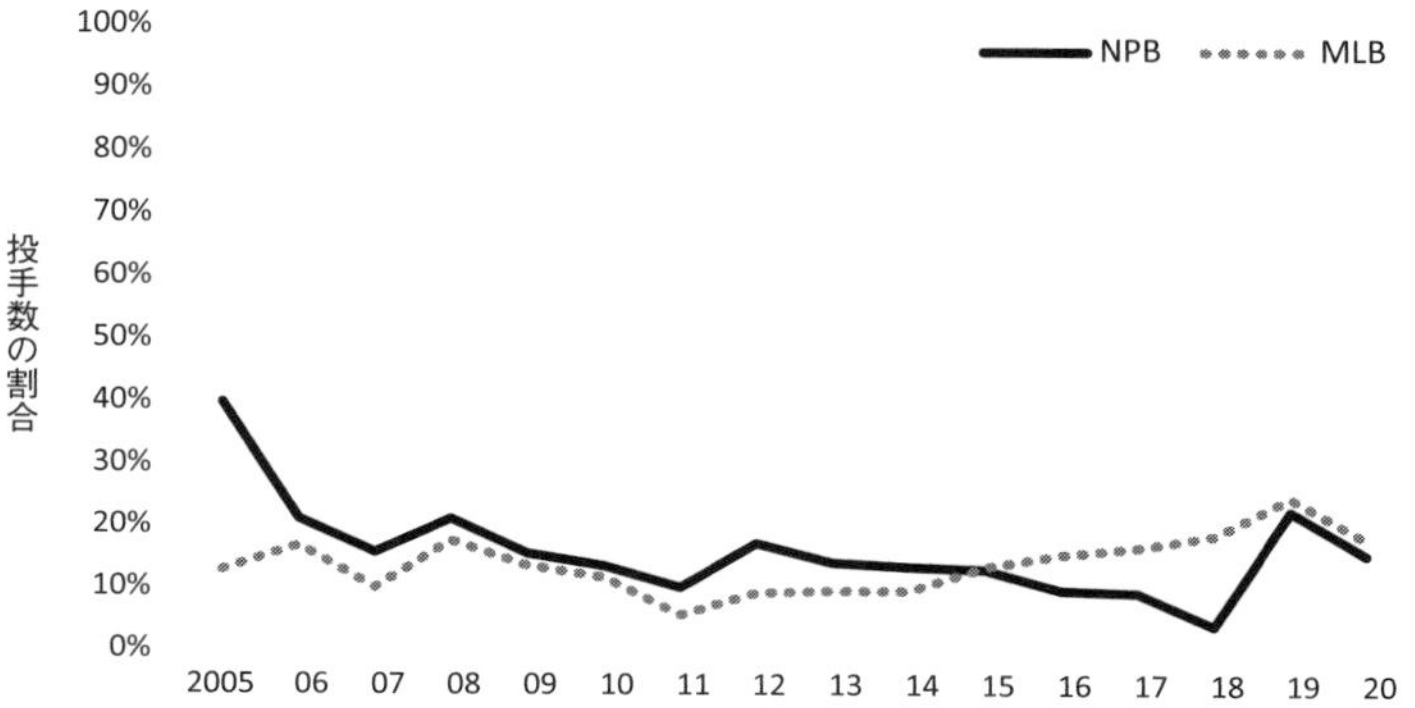

（注）2000年代のNPBのセーブ数に占める左投手の割合が高めになっているのは、岩瀬仁紀投手（中日）らの活躍によるところが大きい。

③右投手・左投手の防御率の比較

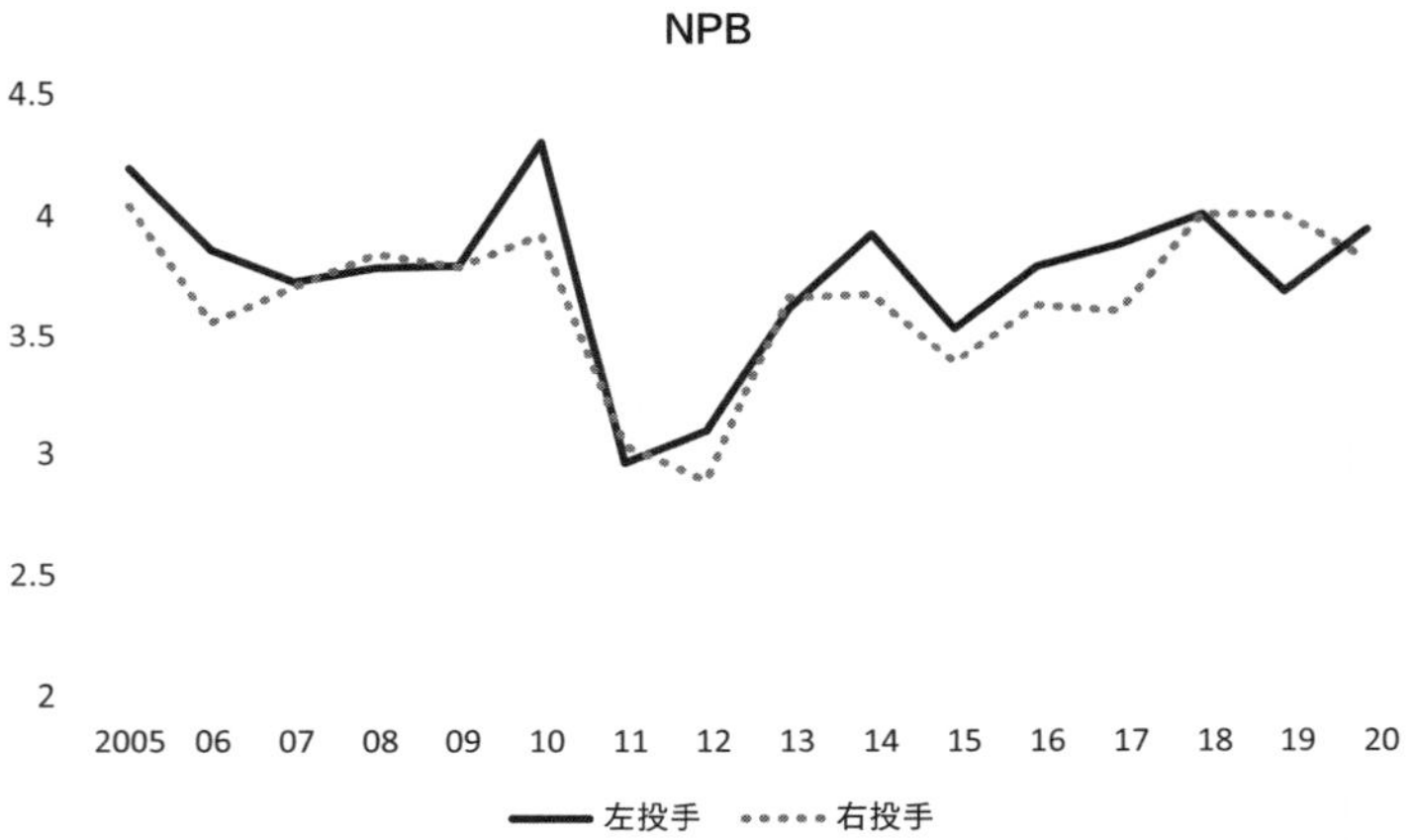

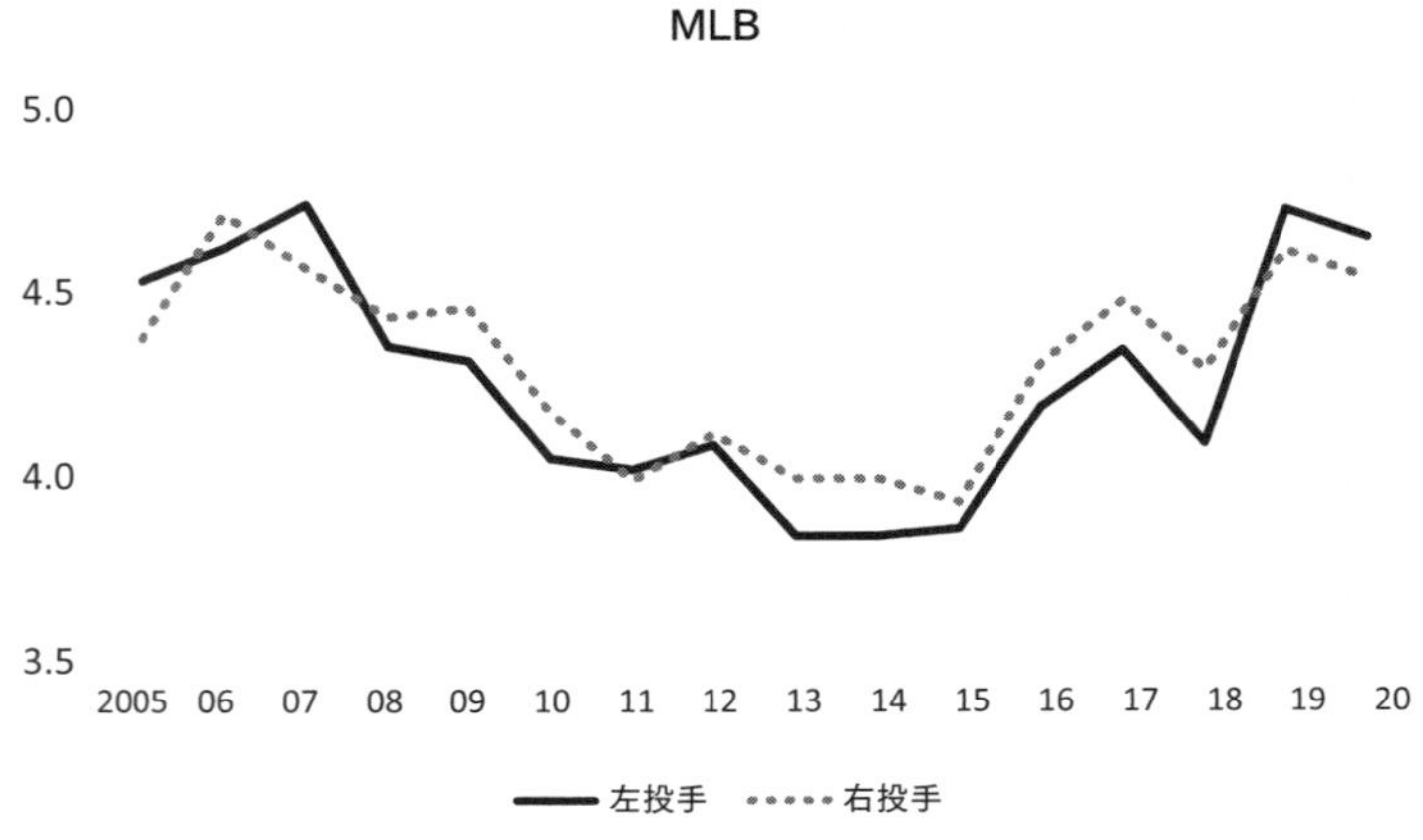

(出所)①は FanGraphs、②・③は日本プロ野球機構（NPB 公式サイト）、Baseball-Reference の公表データに基づき筆者作成

左右の球速の差は、セーブ数の右投手への偏りの主因となっている可能性がある（図表３‐９②）。ただ、こうしたタイプの違いは横に置き、防御率にみる成績水準で比べると、ＮＰＢ・ＭＬＢとも右投手・左投手の間に目立った差はみられない（図表３‐９③）。

第四話　四割打者や防御率0点台の投手はもう現れないのか？

時々夢のように語られる「四割打者」「防御率0点台の投手」であるが、四割打者については、ＮＰＢでは達成者がおらず、ＭＬＢでも1941年のテッド・ウィリアムズ選手（レッドソックス）を最後に出現していない。また、防御率0点台の投手については、ＮＰＢでは1970年の村山実投手（阪神）、ＭＬＢでは1914年のダッチ・レナード投手（レッドソックス）が最後の達成者である。やはり現代野球において、四割打者や防御率0点台の投手の出現は難しいのだろうか。四割打者、防御率0点台の投手、の順に分析していこう。

〈四割打者編〉

歴史的な三振率の上昇と、三振以外の打数に占める安打の確率の変化

いささか唐突ながら、野球の高度化の歴史が最も端的に表されているのは三振の増加である。四割打者が現れなくなった理由を述べるにあたっての前置きとして、趨勢《すうせい》的な三振率（打数に占める三振の比率）の増加についてみておこう。ＭＬＢ、ＮＰＢとも、三振率は現在進行形で上昇を続けている（図表４‐１①）。打者の三振率の分布をみても、戦前のＭＬＢでは５〜10％以下の選手が多く、１９５０年代のＮＰＢも概ね同様であったが、今日では20％を超える選手の割合が高まっている（図表４‐１②）。

戦後「四割打者」が現れなくなった理由は、三振率の上昇に根差している。とにもかくにもボールを打ち返すことができれば、一定の確率で安打が生まれるが、三振だと安打になりようがないからである。それでは、「一定の確率」とはどのくらいなのだろうか。また、三振率が上昇しているのはなぜだろうか。これらの疑問を解明するため、各打者のバットでボールを打ち返せた打数（三振となった打席以外の打数）に占める安打の比率について分布をとってみると、次の２つの事実がみえてくる（図表４‐２）。

第一に、この比率は、いつの時代をみてもほぼ全ての打者が20〜45％のゾーンに位置している、という事実である。このことはセイバーメトリクスで指折りの衝撃的発見といわれており、いわく三振と本塁打以外の打数について安打になるか凡打に終わるかは、多分に運不運の要素が介在するため、長期的には多くの選手がやがて３割前後に収れんするというのだ。内外野の

（図表4-1）三振率（三振数÷打席数）の推移

①リーグ全体の三振率の推移

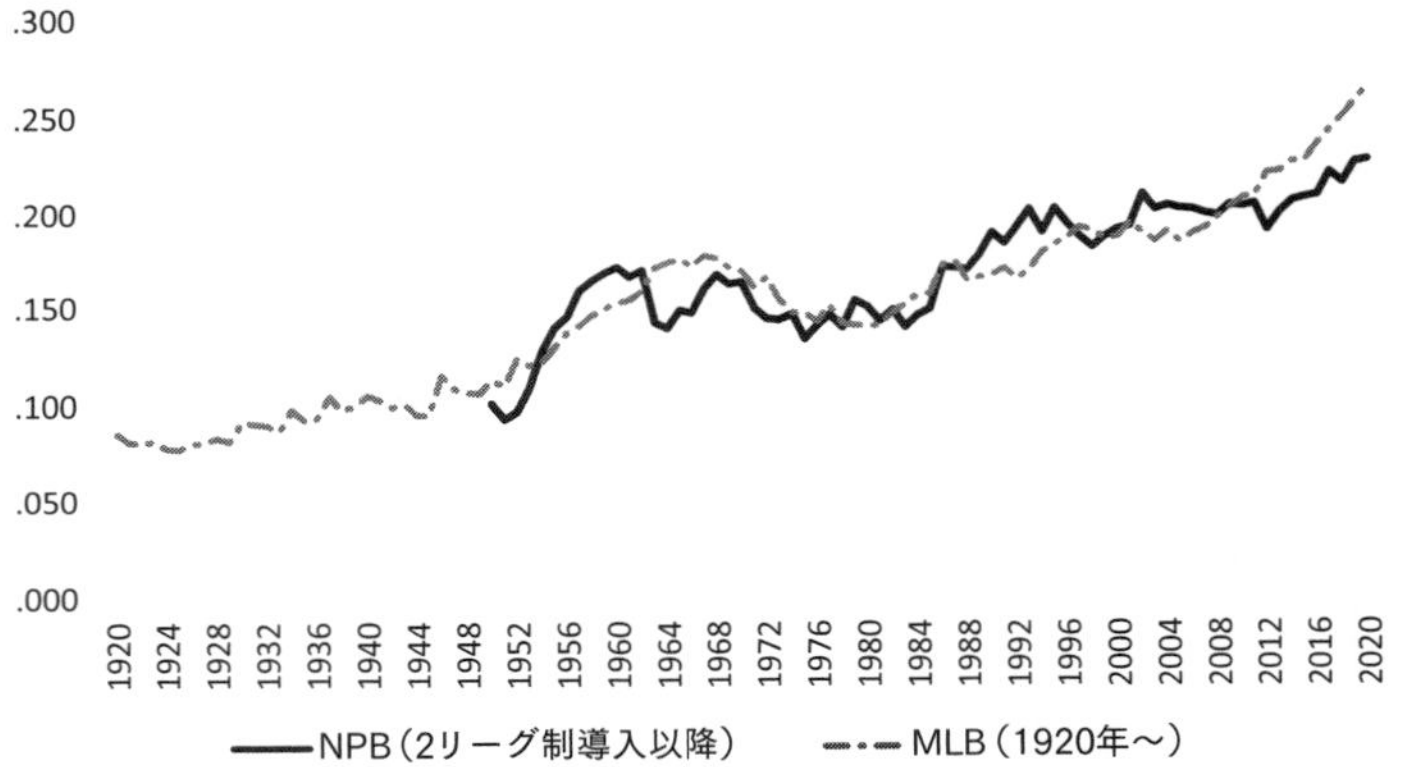

②打者ごとの三振率分布の推移

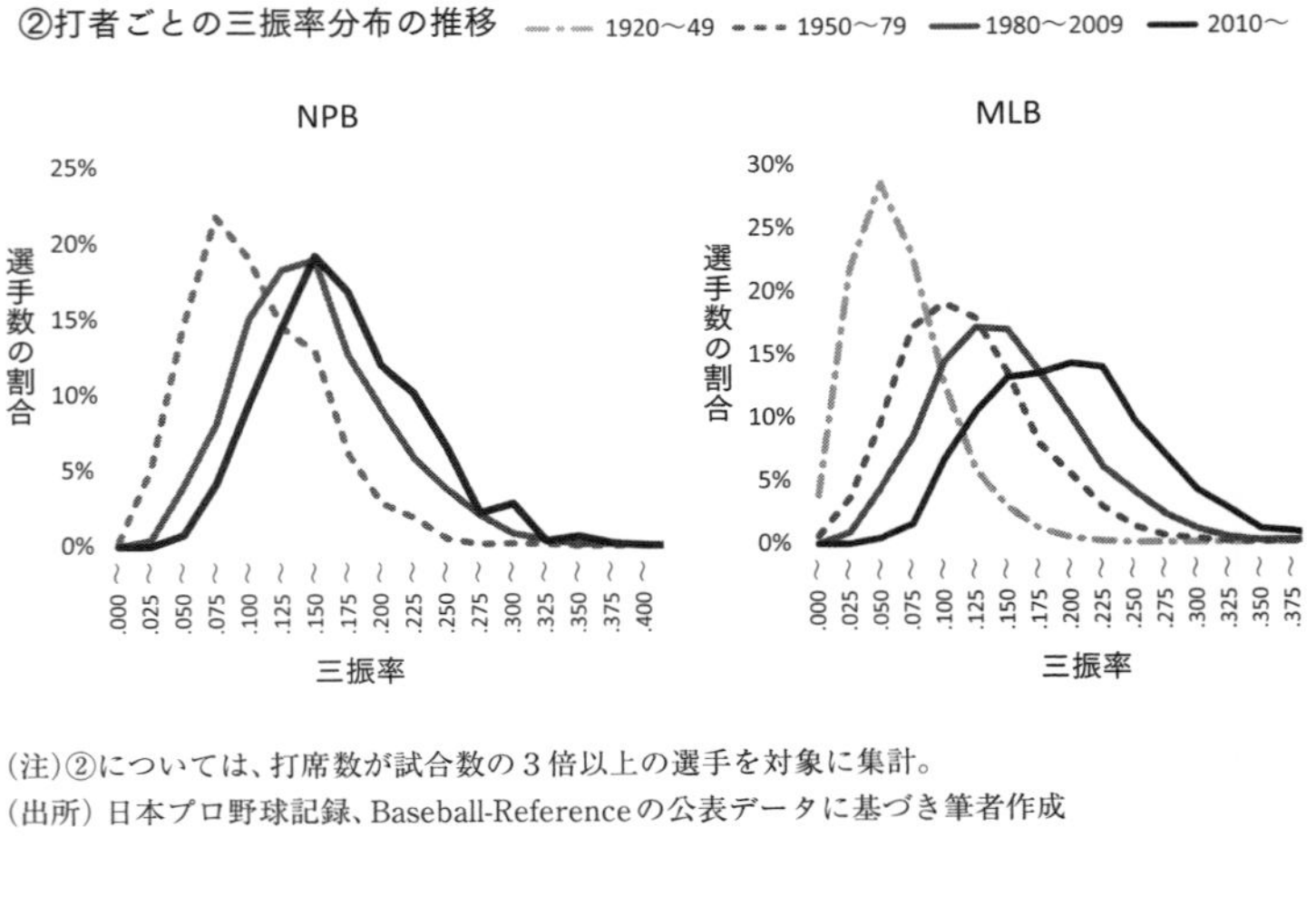

（注）②については、打席数が試合数の３倍以上の選手を対象に集計。
（出所）日本プロ野球記録、Baseball-Referenceの公表データに基づき筆者作成

（図表 4-2）三振以外の打席に占める安打の比率（安打数 ÷（打数－三振数））の分布推移

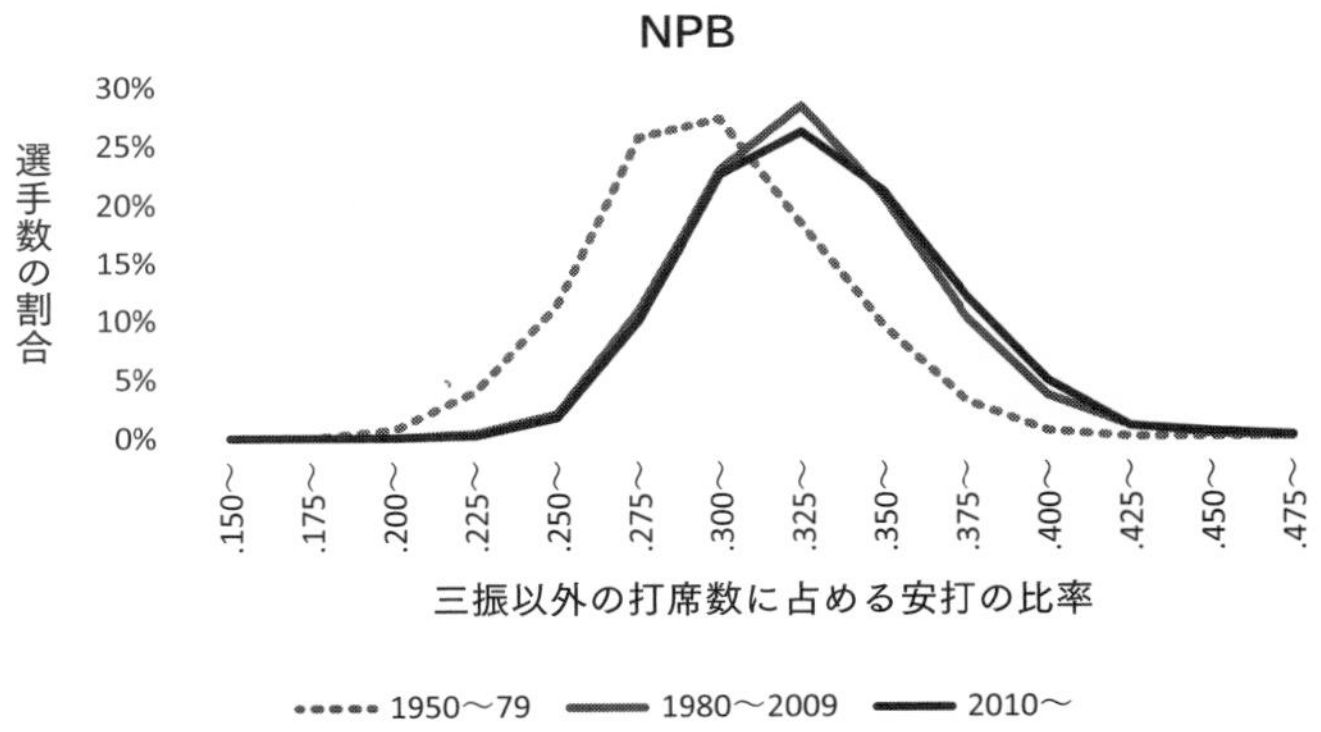

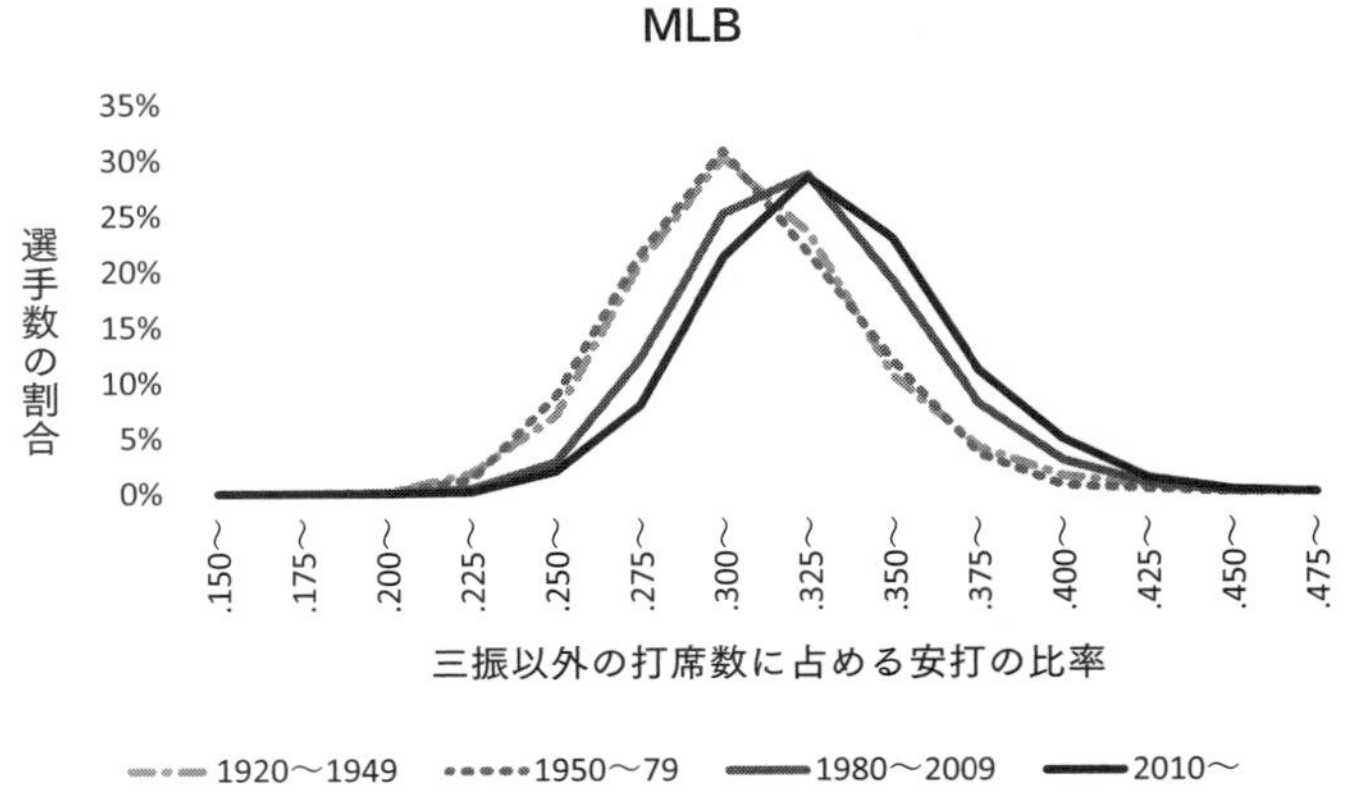

（注）打席数が試合数の３倍以上の選手を対象に集計。
（出所）日本プロ野球記録、Baseball-Reference の公表データに基づき筆者作成

フィールドに飛んだ打球が安打になる確率が平均３割、どれだけ高くても45％、という「天井」があるもとでは、三振率をよほど低く抑えない限り高打率を残すことは困難である。

三振以外の打席に対する安打の割合は、例えば、最後の４割打者である１９４１年のウィリアムズ選手が43・１％、シーズン最多安打（２５４本）を記録した１９２０年のジョージ・シスラー選手（ブラウンズ）が42・０％、56試合連続安打を記録した１９４１年のジョー・ディマジオ選手（ヤンキース）が36・６％であった。いずれも「20～45％」ゾーンの天井いっぱいの水準であるが、彼らが偉大な記録を作れた背景には、捉えた打球を安打にした確率の高さだけでなく、現代野球では到底考えられないほどに低い三振率があるといって良い。１９４１年のウィリアムズ選手の三振率は５・９％、１９４１年のシスラー選手は３・０％、同年のディマジオ選手に至っては２・４％である。ここまでの低三振率の達成が困難化した今日にあっては、昔以上に打率四割のハードルが高くなっているといえよう。

次に、三振以外の打数に占める安打の比率の分布からみてとれる第二の事実として、各時代の分布をもう少し細かくみていくと、時代が進むにつれ、「20～45％のゾーン」の中で、２割台の選手の比率が低下し、３割超の選手の比率が高まっている。特にＮＰＢにおいては、戦後まもなくの低打率の時代からの変化が著しく、１９５０～７０年代には59％だった３割超の選手の割合は、２０１０年代に至り88％にまで高まった。この現象は、バットで捉えた打球が安打になる確率の高さには限りがあるものの、その範囲内で極力高い安打率を残せる選手が増えたことを意味する。その理由は、打者のフィジカルの向上に伴い、より強い打球が跳ね返されるようになったからだろう。そして、打撃力の向上に対抗すべく、投手たちが取り組んできたのが、そもそもバットで捉えさせないための努力、すなわち奪三振力の強化だったということではないか。

三振しない能力と捉えた打球を安打にできる能力とは別物

以上でみてきたとおり、打率四割を達成するためには、球界全体で上昇傾向が続く三振率を極限まで抑え、かつ、三振以外の打数に占める安打の割合を極限まで高めるしかない、ということになる。ただ、残念ながら、三振をしない能力と、捉えた打球を安打にできる能力は、当然に両方を持ち合わせられるとは限らない。ＮＰＢ・ＭＬＢの全選手（２０１０～２０年）について、三振率と三振以外の打席に占める安打の割合の分布をとってみると、「片方の能力が高ければもう片方の能力も高い」といった関係はあまり強くないことが分かる（図表４‐３）。

つまり、三振率の低さと、三振以外の打数に占める安打の割合という、二つの異なる才能を同時につきつめない限り、打率四割は難しい。因みに、シスラー選手の年間最多安打記録

（図表 4-3）三振率と三振以外の打席に占める安打率との相関（2000 ～ 20 年）

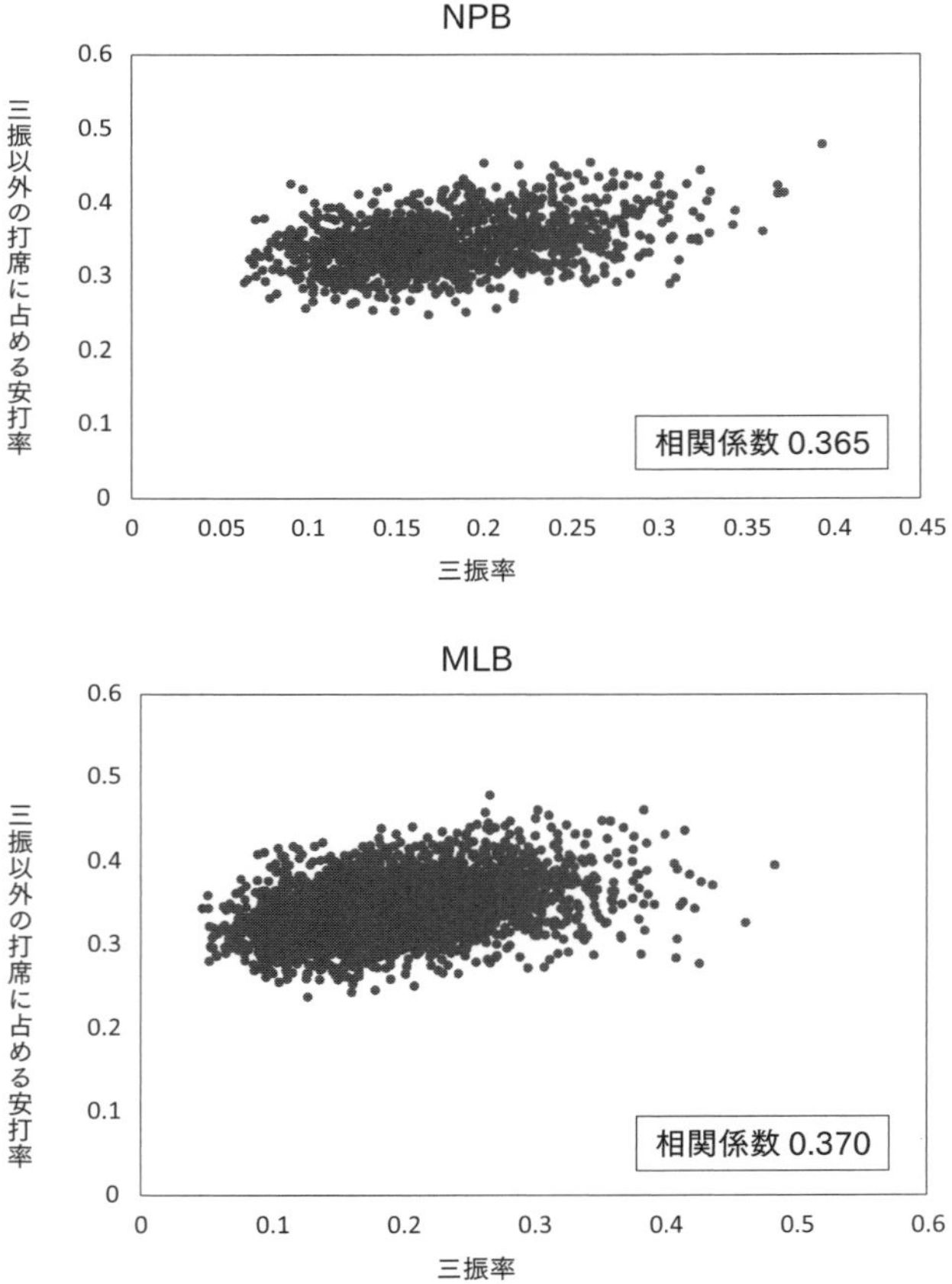

（注）相関係数とは 2 つのデータ群の関係性の強弱を図るための基準となる数値であり（1 に近づくほど強く、0 に近いほど弱い）、相関係数 0.3 台は、無関係とまではいえないが非常に弱い相関しか認められないことを示す。
（出所）日本プロ野球記録、Baseball-Reference の公表データに基づき筆者作成

（図表4-4）MLBにおけるライナー打球比率の高さ（2005～20年）

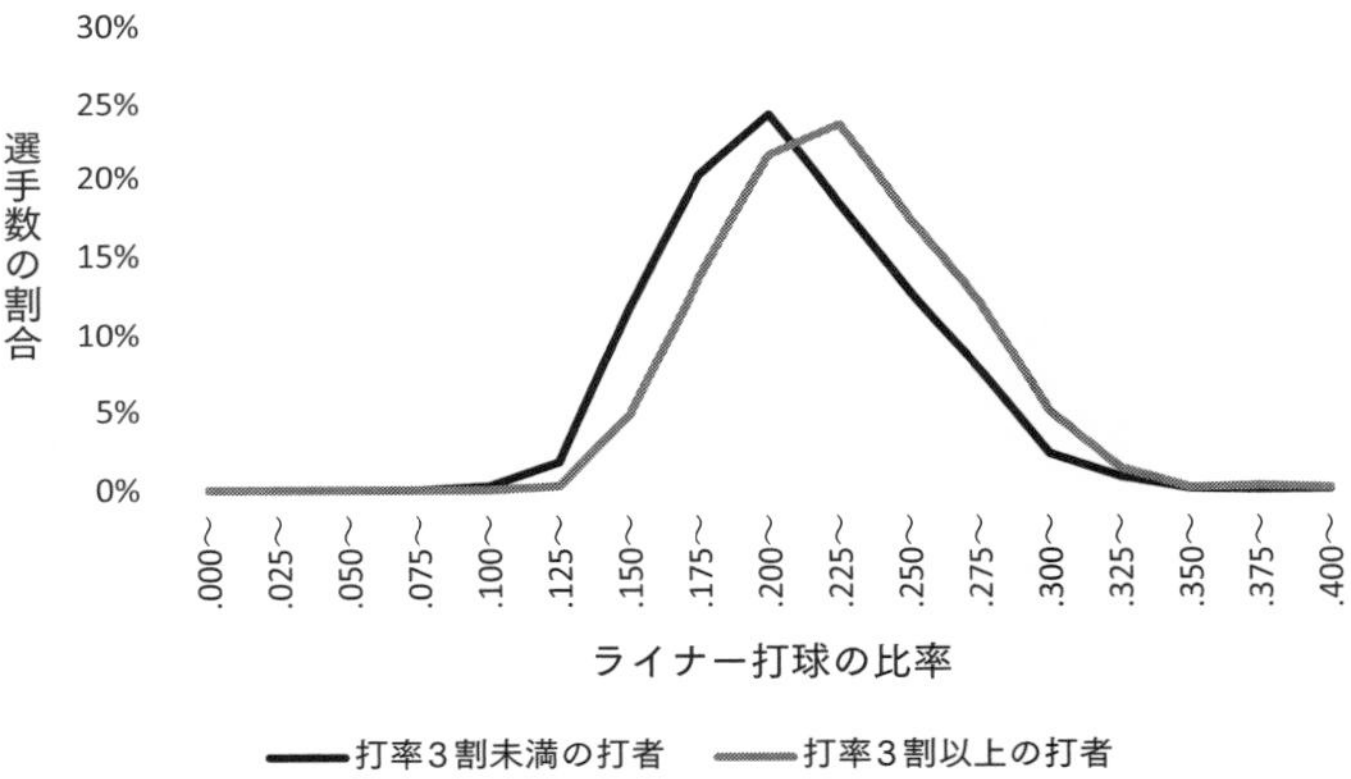

（出所）Baseball-Referenceの公表データに基づき筆者作成

を塗り替えた２００４年のイチロー選手（マリナーズ）は、三振率が８・９％、三振以外の打数に占める安打の割合が40・９％であり、いずれも卓抜した水準でまとまっている。

三振以外の打数に占める安打の確率が高い選手の特徴は

それでは、三振をしない能力や、捉えた打球を安打にできる能力を高めるための秘訣はあるのだろうか。理由を一概に説明することは難しいにせよ、優れた打者にみられる傾向を分析することまではできそうだ。

まず、打球の性質に着目したとき、三振以外の打数に占める安打の確率が高い選手には、どちらかというとライナー打球の比率が高い

（図表 4-5）MLB における打球の質の向上

①打席数に占めるライナー打球の比率

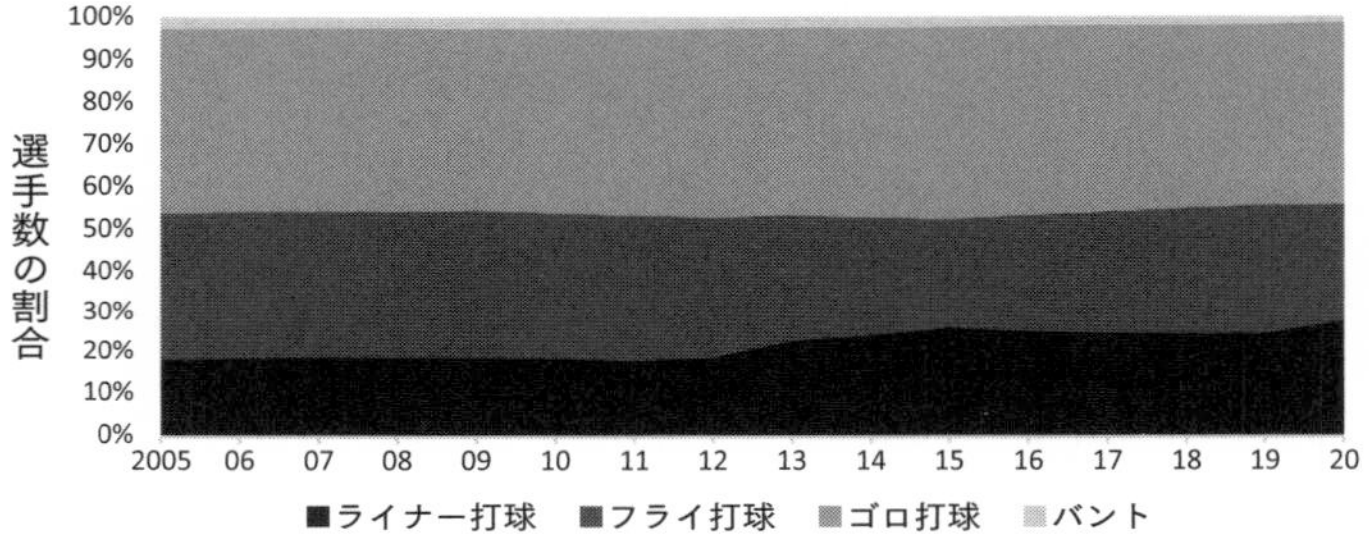

②本塁打／フライ・ライナー打球の比率

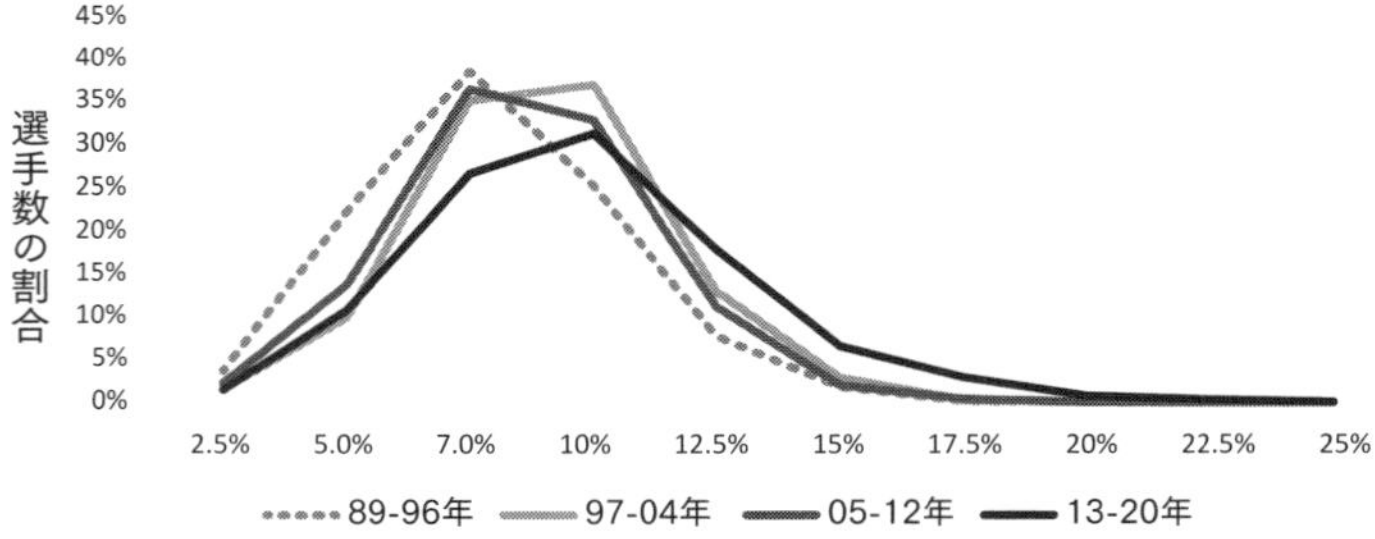

③内野フライ／フライ・ライナー打球の比率

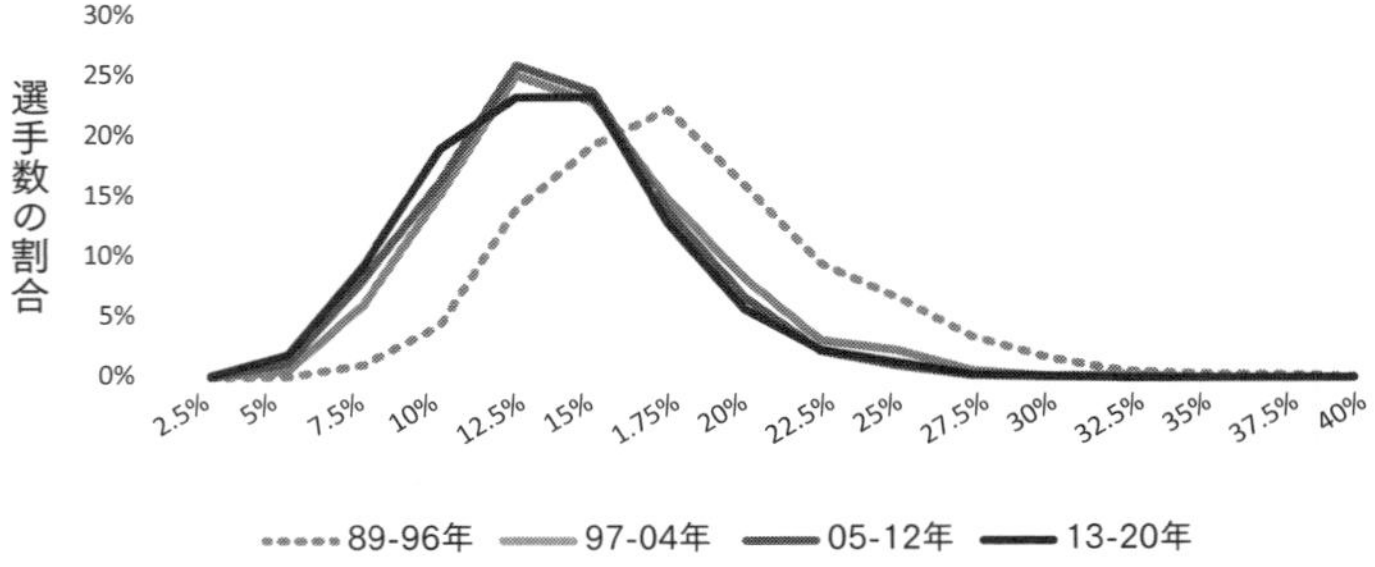

（注）年間打席数が年間試合数以上の打者について集計。
（出所）Baseball-Reference の公表データに基づき筆者作成

（図表 4-6）MLB における内野安打数と
打率との関係（1989 ～ 2020 年）

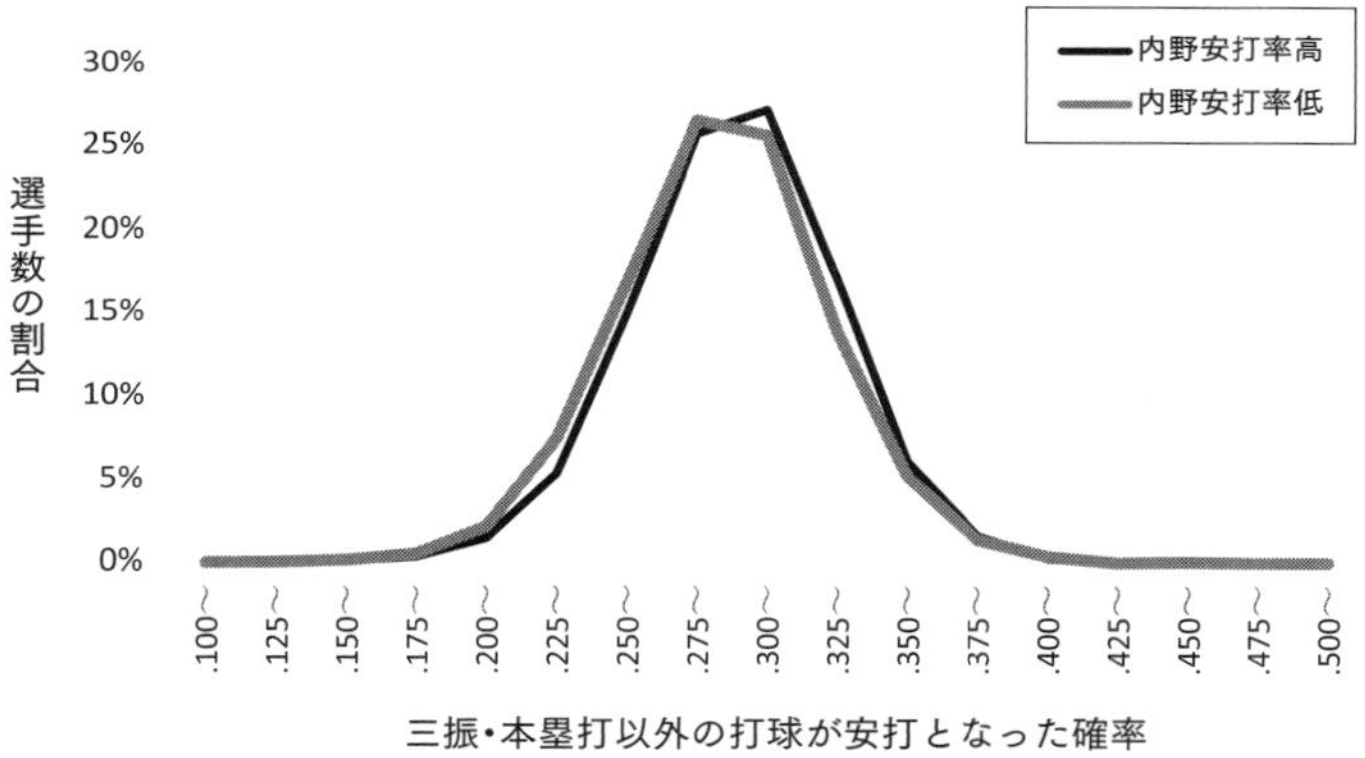

（注）年間打席数が年間試合数以上の打者について集計。
（出所）Baseball-Reference の公表データに基づき筆者作成

ケースが多い。ＭＬＢにおいて打率３割以上の打者は、２割台以下の打者と比べライナー打球の比率が高い傾向がある（図表４‐４）。ライナー打球は６割以上が安打になるのに対し、ゴロやフライが安打になる確率は２割強にすぎないといわれており、ライナー打球の比率を高められると高打率を残しやすくなるといえるのではないか。因みに、近年のＭＬＢでは、リーグ全体として打球の質向上が図られており、事実、ライナー打球の割合が高まり（図表４‐５①）、フライ・ライナー打球に占める内野フライの割合が減少し、本塁打の割合が増加している（図表４‐５②・③）。

　なお、ＭＬＢでは、俊足で内野安打数が多い方が、わずかに三振以外の打数に占め

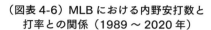

る安打率の高い選手が多いようにみえるが、優位の度合いは限定的である（図表4-6）。MLBでも内野安打の多い打者は併殺が少ないといった美点があるのだが、高打率を残すうえでは打球の質の高さの方が重視されているようだ。

三振率が低い選手とはどのようなタイプか

次に三振率の低い選手とはどのようなタイプか、考えてみよう（図表4-7）。ここでは、MLBにおけるスイング率とコンタクト率という指標に着目する。スイング率とは打者が受けた投球数のうち、バットを振った割合をいう。コンタクト率とはバットを振った投球数のうち、安打、ファウル、凡打を問わずバットに当てた割合をいう。

①まず、スイング率が高く、コンタクト率も高い打者は、打率が高く、三振率が低い傾向がある（以下①〜④は［図表4-7］の符号に対応している）。ただし、四球率が低いため、打率の高さの割に出塁率が伸び悩む傾向もある。このタイプの極致こそ、イチロー選手である。

次に、②スイング率が高いが、コンタクト率が低い打者は、分かりやすくいえばブンブン丸であり、打率が低く三振率が高く、四球も少ないため出塁率も低い。ただ、それでも活躍できている選手は、長打力が高いことが多い。ネフタリ・ソト選手（DeNA）などが典型

（図表 4-7）MLB におけるスイング率・コンタクト率と打撃成績との関係

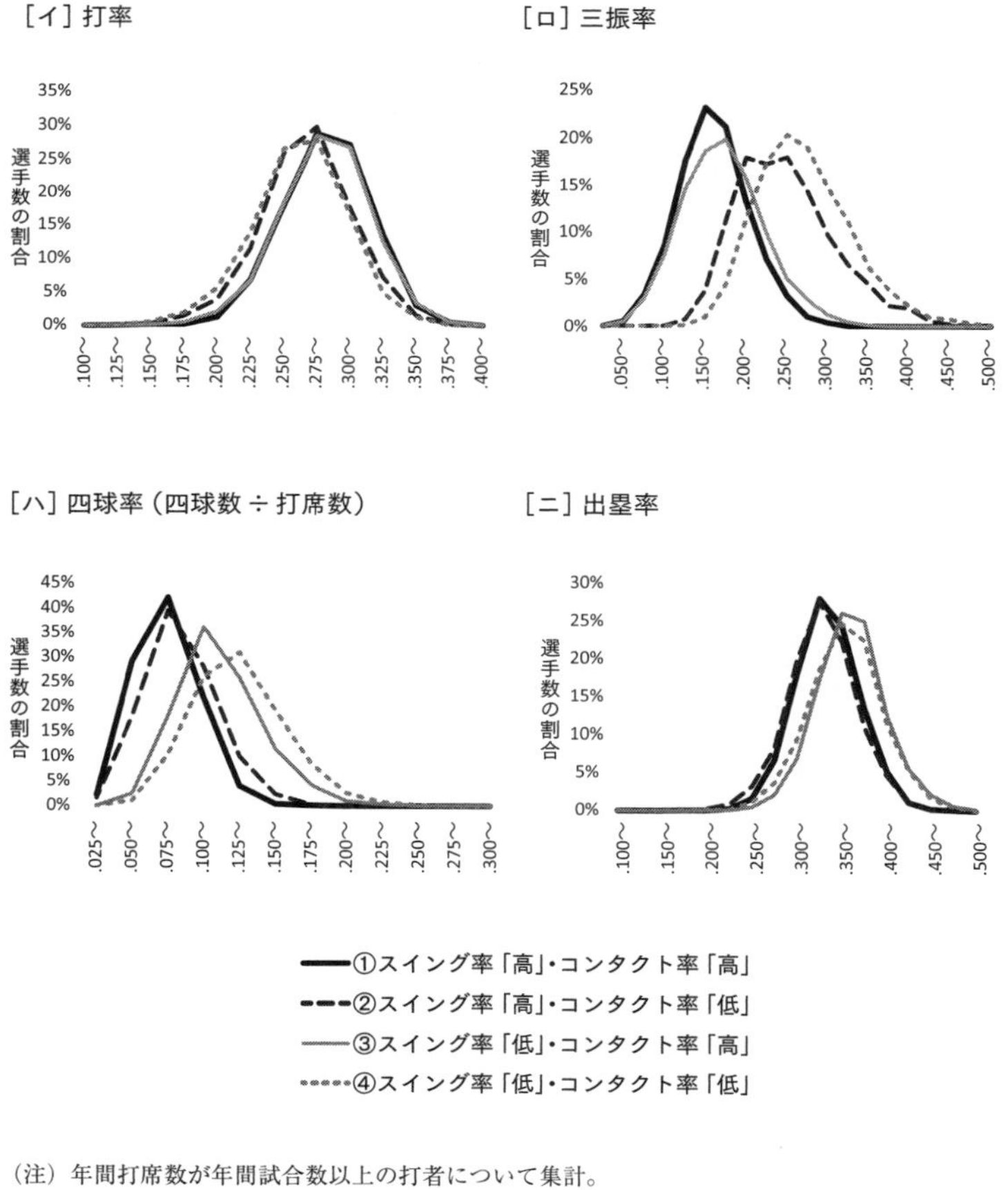

（注）年間打席数が年間試合数以上の打者について集計。
スイング率ないしコンタクト率が「高」い打者とは、各年において対象選手の平均値以上の選手、「低」い打者とは、同平均値より低い選手。

（出所）Baseball-Reference の公表データに基づき筆者作成

例である。

　そして、④スイング率が低く、コンタクト率も低い打者は、三振が多いが、四球率が高いため、打率の割に高い出塁率を残せる傾向がある。さらに、長打力の高い選手も多く「スラッガーでありながら、タイプ②よりかは出塁率が高いこと」が売りになる。山川穂高選手（西武）や村上宗隆選手（ヤクルト）が典型例である。

　最後に、③スイング率が低いがコンタクト率が高い打者は、三振が少なく打率が高く、加えて四球率も高いため、最も出塁率が高くなりやすい。西川遥輝選手（日本ハム）や中村晃選手（ソフトバンク）などが当てはまる。なお、セイバーメトリクスの打者評価基準では、出塁率の高さと長打力の高さが最も主要な要素とされる。つまり、③のタイプの選手であってかつ長打力の高い選手こそ、セイバーメトリクス的「最強打者」となるわけで、その代表例は東京五輪日本代表の四番・鈴木誠也選手（広島）である。

　以上をまとめると、三振を少なくするにはコンタクト率を高めることが重要であり、四球を選び出塁率を高めるためには、制球眼を磨きスイング率を低くすることが重要ということになる。ただ、それは「言うは易く行うは難し」であり、コンタクト率やスイング率は、天賦の才というべき側面が強い。統計的にみても、コンタクト率、スイング率とも、前シーズンに良い数値を残した選手は翌シーズンも良い数値を残すし、前シーズンの数値が悪い選手は翌シーズンも悪い数値に終わる傾向があるようだ（図表4－8）。

そもそも打率が高いことの価値をどのように評価すべきか

以上でみてきたように、天賦の才ともいうべき高いコンタクト率を誇り、ライナー打球の割合を高くすることが、高い打率を残すための近道となる。そのように述べた上で、実に身も蓋もないのだが、そもそも打率が高いことの価値はどのように評価されるべきなのだろうか。近年のMLBでは、リーグ全体として打率が低下気味なのに長打力向上のおかげで得点数が増加している。打率の高さと長打力の高さとでは、どちらがより価値が高いのだろうか。

この点、セイバーメトリクスでは、得点創出への寄与度という観点からは、四死球0・7、単打0・9、二・三塁打1・3、本塁打2という比が標準的な評価の塩梅とされている。そのため、単打2本（0・9×2本＝1・8）よりも本塁打1本（2×1本＝2）の方が高い寄与度が認められるが、単打でも3本を打てば（0・9×3本＝2・7）、本塁打1本を上回る価値があるという計算になる。

ここで本書版得点数推計モデルを使った机上計算として、1980年代のセ・リーグで打率が高いが長打力の低い選手と、その逆というべき、1987～88年の正田耕三選手とラ

（図表 4-8）MLB における前年と当年のスイング率・コンタクト率の関係（1989 ～ 2020 年）

①スイング率

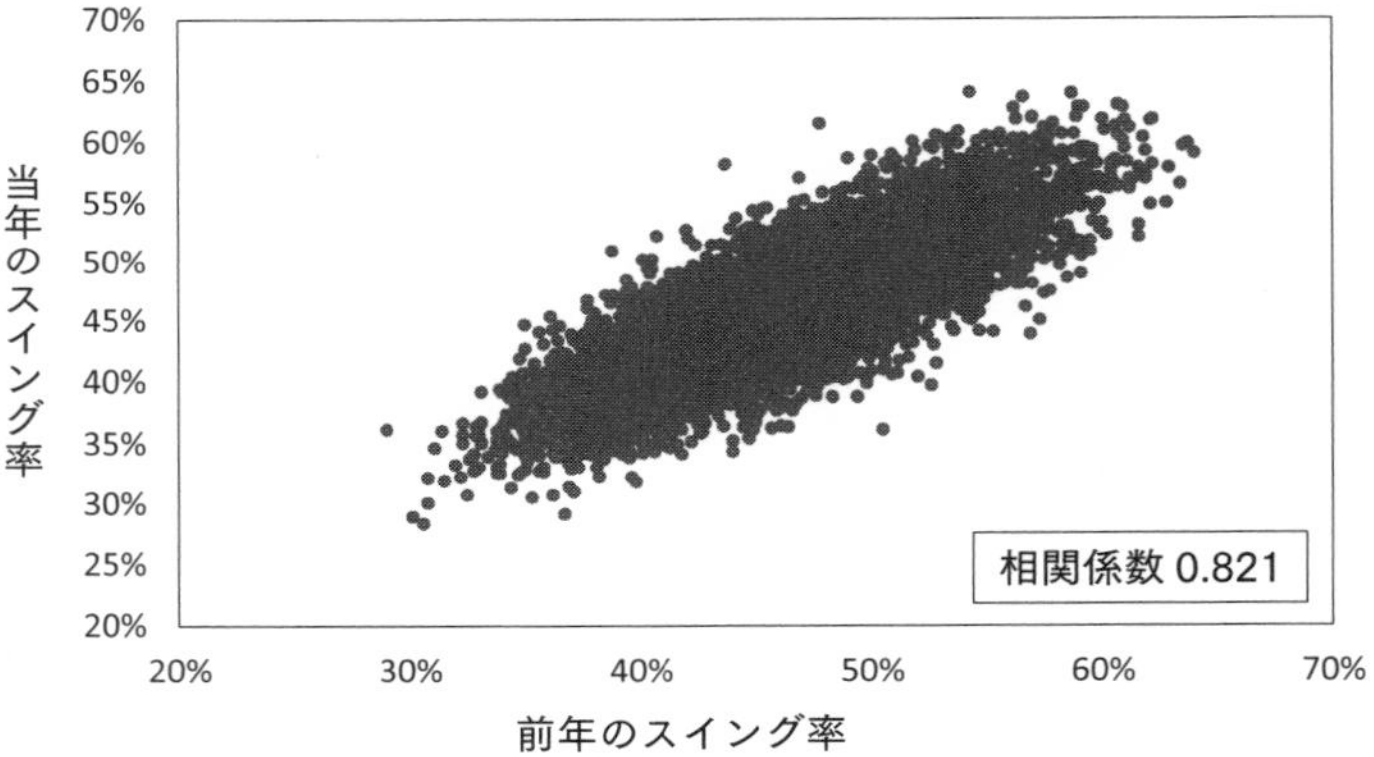

②コンタクト率

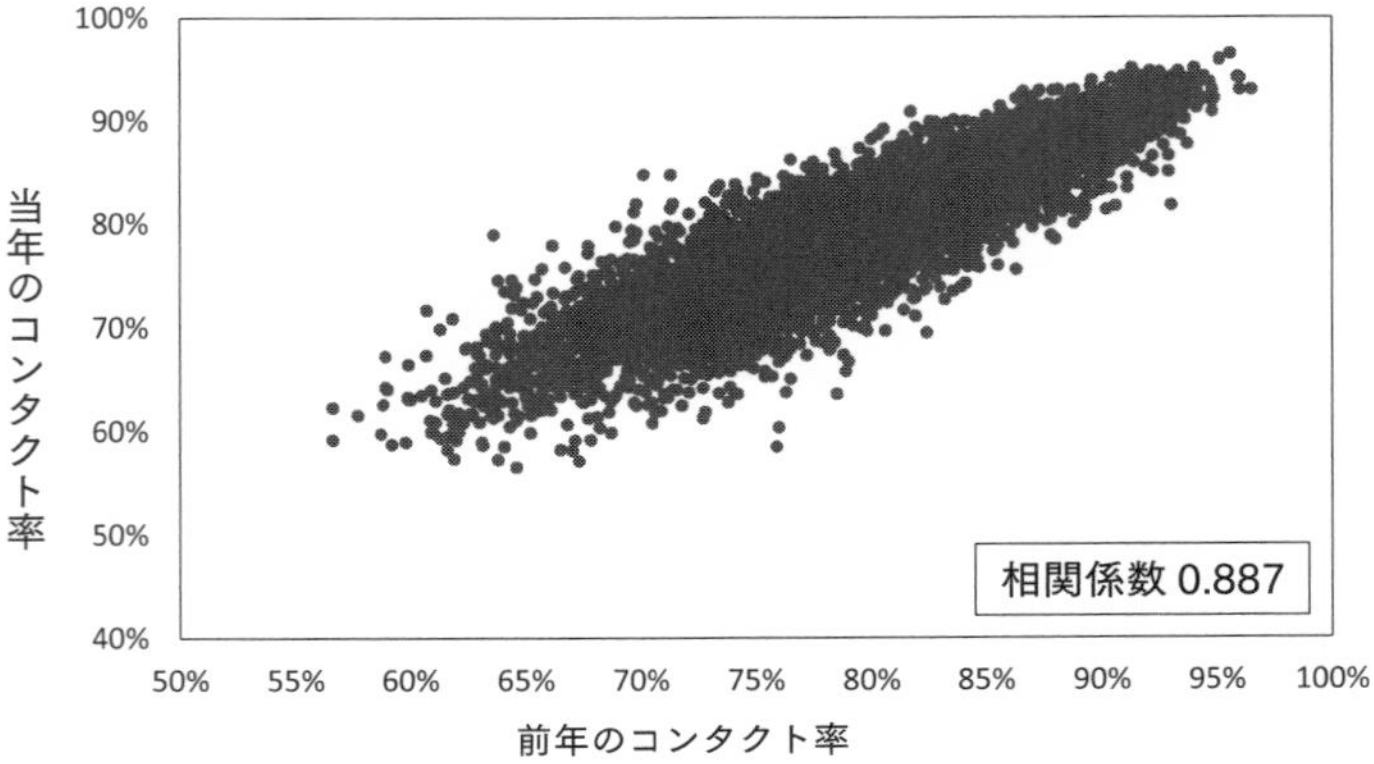

（注）規定打席に到達した打者について集計。
（出所）Baseball-Reference の公表データに基づき筆者作成

ンス選手（ともに広島）とを比較してみよう。ランス選手はこの2年間で計58本の本塁打を放ち、１９８７年の本塁打王に輝いている。しかしながら、この間の打率は・２０７であり、１９８７年には規定打席に到達した打者の中で最低であった。一方、正田選手は、この2年とも首位打者に輝き、打率・３３７であったが、本塁打数は2年間合計で3本だった。

まず、平凡な打者（図表１‐１と同じ前提に基づく）からなるチームに、正田選手1名を加え一番に据えるのと、ランス選手1名を加え四番に据えるのとでは、どちらが得点力を高めれるだろうか。計算結果は、ランス選手を加えたチームの得点期待値が3・92点、正田選手を加えたチームは3・87点となり、ランス選手を加えた方が高得点となる。やはり野球は本塁打が華なのだ。

ただ、正田選手9人のチームと、ランス選手9人のチームを戦わせた場合、どちらが勝つかといわれると結論が異なってくる。計算上、正田選手9人のチームの得点期待値は5・25点となり、ランス選手9名のチームの5・24点をわずかながら上回った。このような結果となる理由は、正田選手9人のチームの方が凡退になる確率が低いため、チーム全体としてより多くの打数を確保できるからである。

いうまでもなく、さしもの「正田選手9人のチーム」も、打率と長打力がともに高いチームにはかなわない。ここで２０１９年首位打者の鈴木誠也選手（広島）9人のチームを想定してみよう。同年の鈴木選手は、打率（.335）こそ1987年の正田選手（.333）と大差ないのだが、28本塁打を放っており、長打力を兼ね揃えている。机上計算上、「鈴木選手9人のチーム」の期待得点数は実に9・80点に上る。

セイバーメトリクスでは、出塁率（出塁数÷打席数）の計算式を改良し、分子（出塁数＝四死球数や安打数の合計）を前述の「四死球0・7、単打0・9、二・三塁打1・3、本塁打2」の掛け目を乗じた値に置き換え、得点創出力を測定する手法（加重出塁率）がある。得点創出力の高い選手について、なぜ加重出塁率が高いのか打率と長打率の高さに要因分解してみよう（図表4-9）。すると、打率・長打力がともに高い選手が最強であることは当然のこととして、MLBを中心に、高い得点創出力の源が長打力の高さにある選手数が多いことは事実である。ただ同時に、特にNPBでは、打率の高さによってスラッガーたちと遜色ない得点創出力を誇る選手も少なくないことをみてとれる。最後の四割打者である1941年のウィリアムズ選手は37本塁打を放つなど長打も誇ったため、加重出塁率．513という驚異的な数値となったが、仮にこの年の安打がすべて単打だったとしても加重出塁率は．421に上る。もし本当に四割打者が現れた場合、長打力の高い打者と並ぶ高い得点創出力を誇るに違いない。

ただ、「四割打者」は、そういう小理屈とは別次元にある野球ファンの究極の夢や願望のように思える。特にNPBでは、戦後まもなくの時期――現代に比べフィジカル面が十分で

（図表4-9）加重出塁率の高い打者の打率・長打力（2010～2020年）

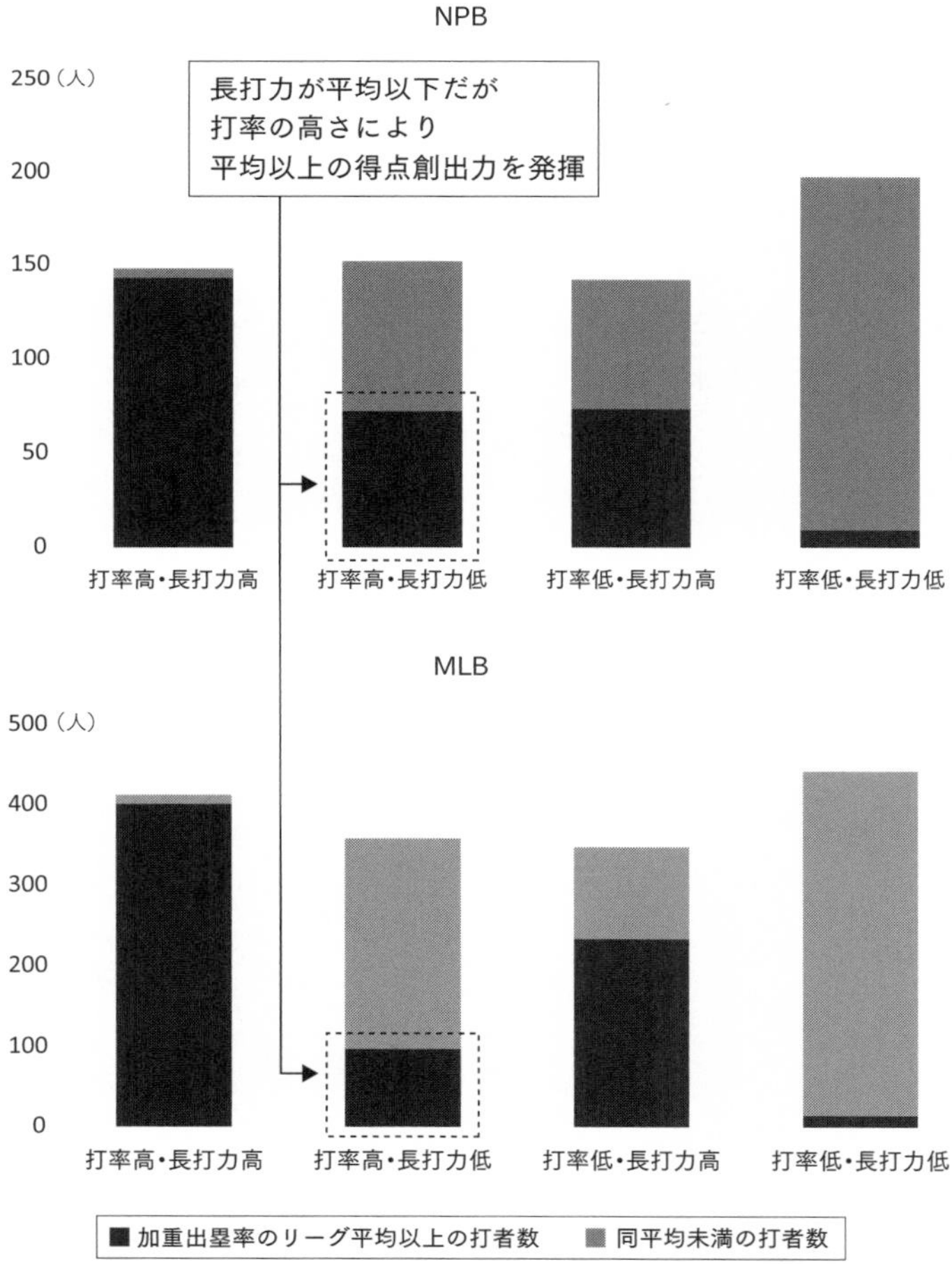

（注）打率、長打率指標（長打率－打率）がリーグ平均より高い／低い選手数を集計。
（出所）日本プロ野球記録、Baseball-Reference の公表データに基づき筆者作成

なかった頃――から、ボールにコンタクトする技術、一塁まで少ない秒数で到達する走力など、様々な技量を探求し続け、それが多くのファンを魅了してきた。誰かが達成できそうで実現しない「四割打者」はその探求の先にある夢なのではなかろうか。また、特に近年のMLBでは長打力の伸長に伴い、打点のほぼ半分が本塁打によってもたされるようになっている（図表4-10）。NPB（2016～20年）における同割合が36・6%であることを考えると、2010年代後半におけるMLBの「本塁打依存」は顕著である。パワフルで迫力満点なプレーに魅了されつつも、単打であれとにかく安打がでるかどうかで勝負が決するようなハラハラドキドキの攻防もまた野球の醍醐味ではないか。高打率の打者（究極的には四割打者）は、そんな緊迫した場面での千両役者としてファンから根強く待望されているように思えてならない。

〈防御率0点台の投手編〉

防御率0点台の投手が現れないのも、「四割打者編」と同じような理由により説明できる。四割打者編において、いつの時代も三振以外の打席の20～45%が安打となることを説明したが、投手側からみても同じことがいえる。投手にとって三振以外の対戦打席の20～45%が安打と

（図表4-10）MLBにおける、本塁打によってもたらされた打点の割合

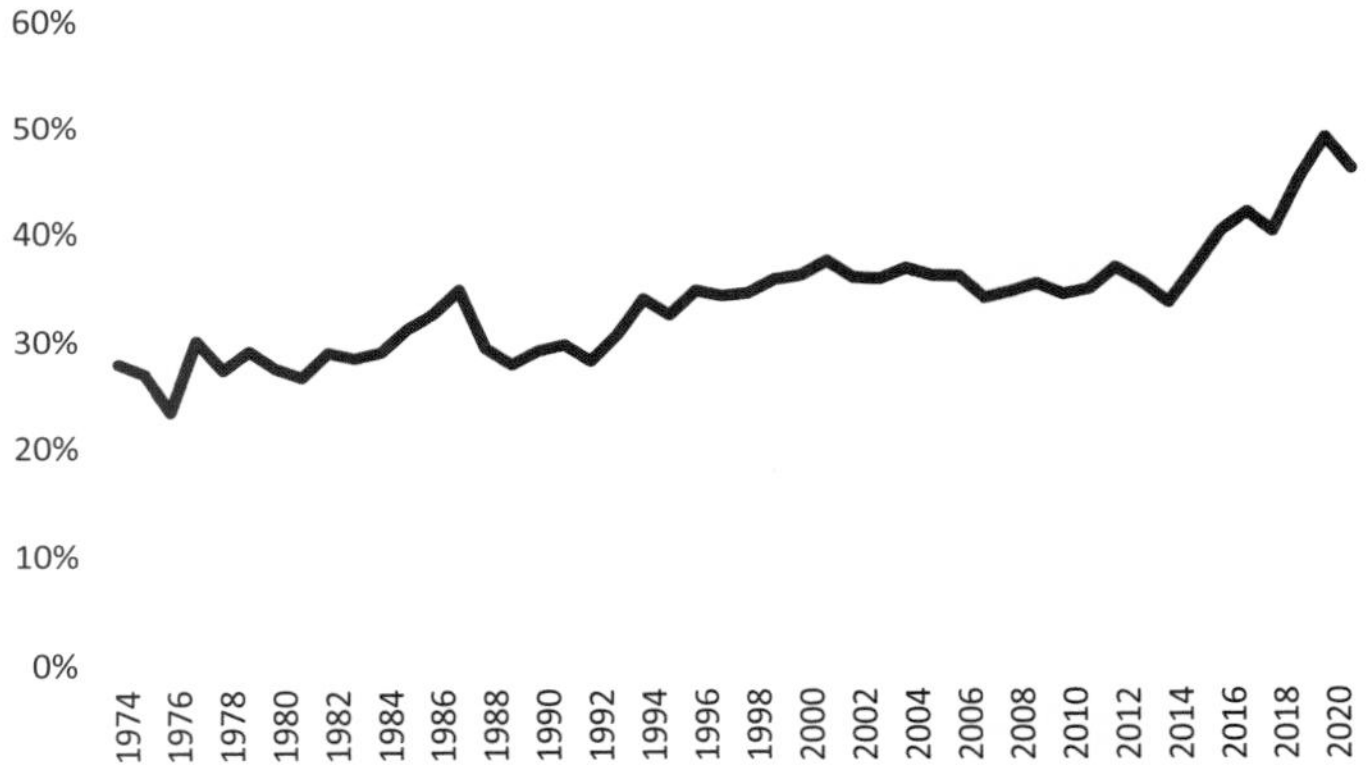

（注）2021年はオールスターまでの実績を集計。
（出所）日本プロ野球機構（NPB公式サイト）、Baseball-Referenceの公表データに基づき筆者作成

なってしまうため、失点数を減らせられるのには限度があるということだ。時代を経ていくにつれ奪三振率が高まっていくものの、同時に、三振以外の対戦打席に占める安打率の高い打者や強打者が増えているため、必ずしも失点リスクの低下につながっていない。

ここで、防御率の低さは、古今東西を問わず「1イニング中に許す走者数」の少なさと密接な関係があることに着目してみよう（図表4-11）。これを年代ごとにみると、MLBについては、散布図のドットの分布が徐々に上方にシフトしている。その主因は長打力の向上にあり、長打の増加によって少ない被安打数でも失点につながりやすくなっているの

（図表 4-11）1 イニング中に許す平均走者数と防御率との関係

①NPB

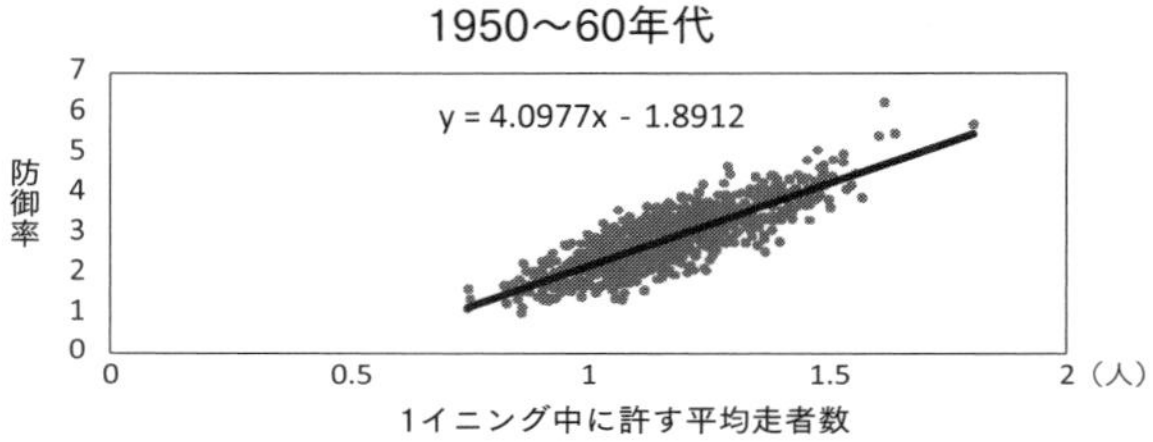

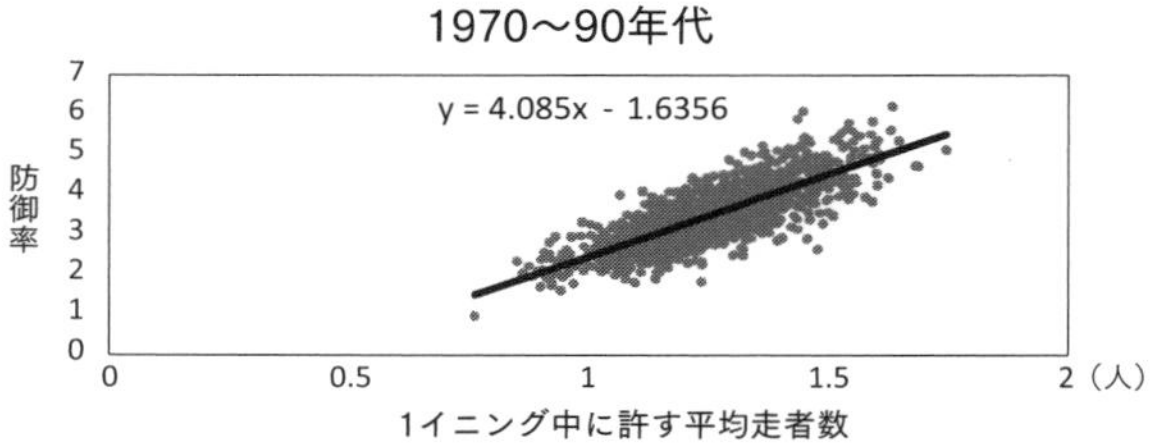

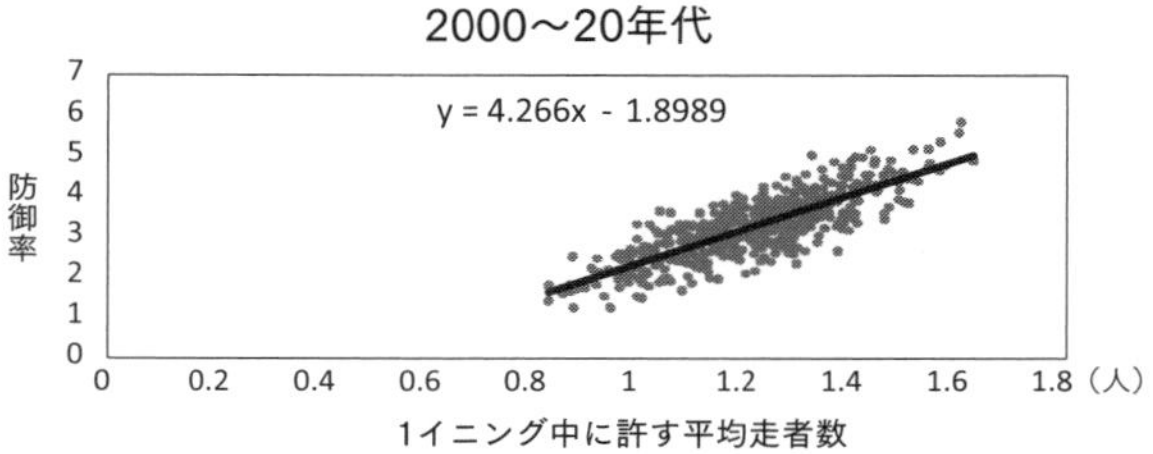

②MLB

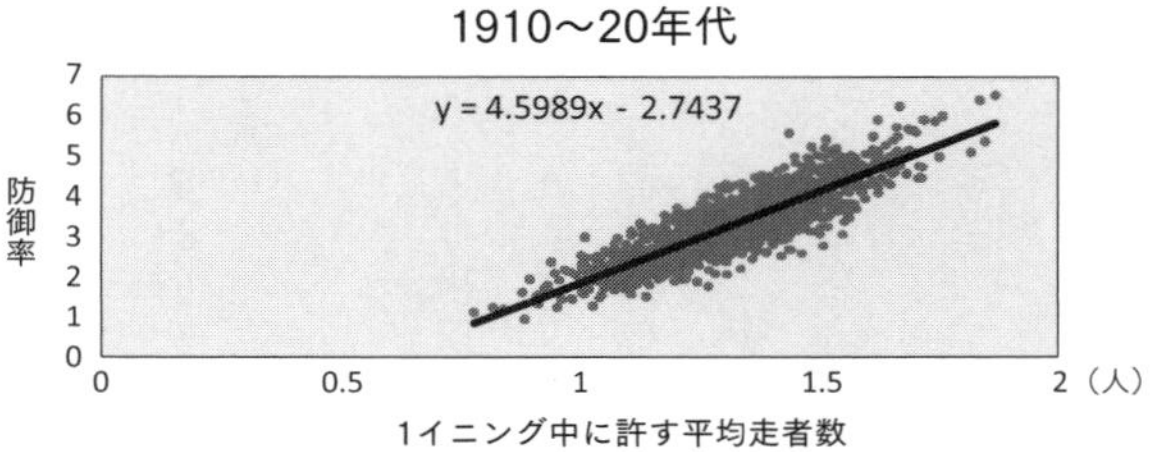

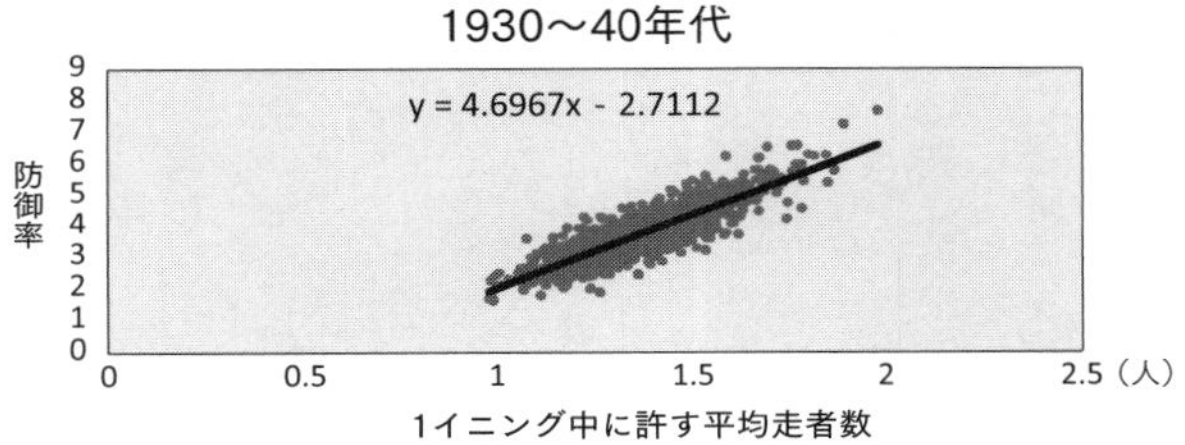

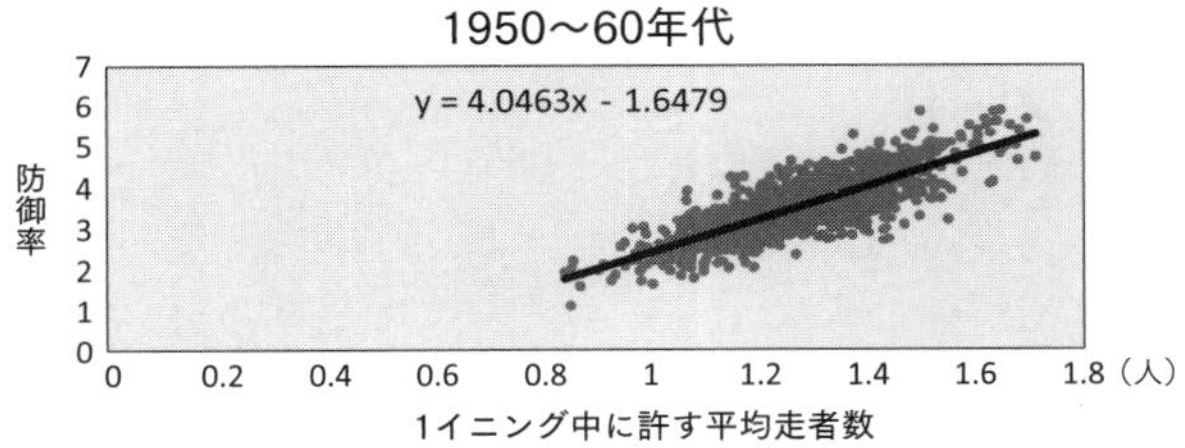

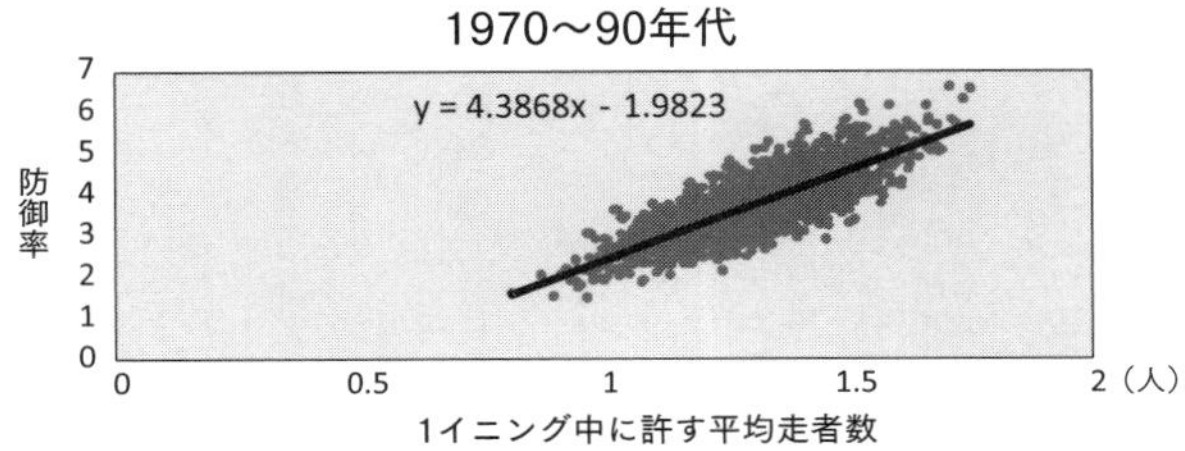

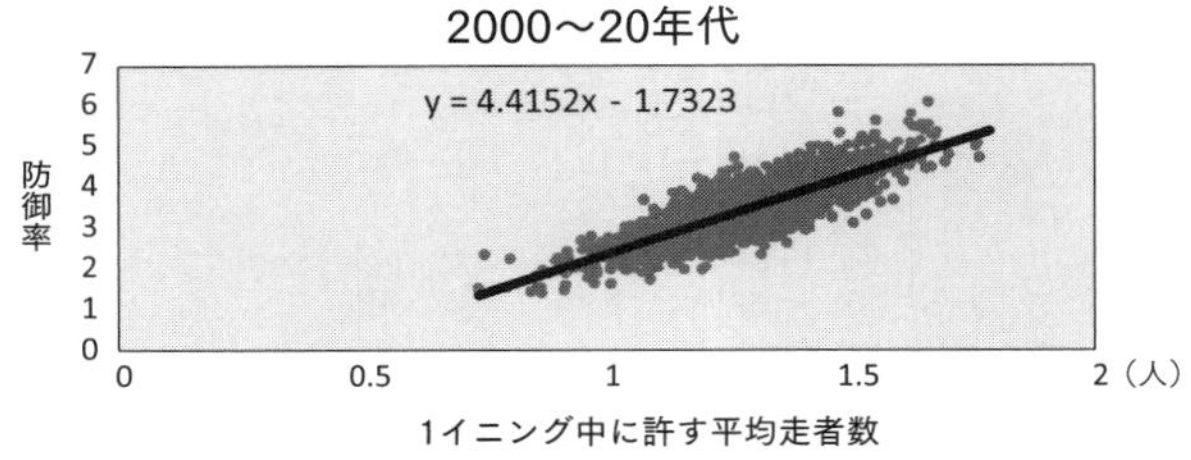

（出所）日本プロ野球記録、Baseball-Reference の公表データに基づき筆者作成

だ。レナード投手が防御率0点台を達成した1914年当時は、「1イニング中に許す走者数」を1人弱にまで抑えられれば防御率0点台を実現できたのに対し、2000年代以降は、「1イニング中に許す走者数」を0・6人程度にまで抑え込まない限り実現困難である。歴史的に、年間を通じ「1イニング中に許す走者数」をそこまで低い水準に抑え込めるケースは滅多にみられないため、現代野球において防御率0点台は至難の業である。[10]

NPBについては、歴史的に打者の長打力が向上していった半面、1980年代後半から球場が広くなった影響も作用し（後述第六話コラム❺参照）、MLBのような鮮明な「散布図の分布の上方シフト」はみられない。どちらかというと、昔は長打が少なかっただけでなく打率の低さが際立っていたため、特に1950年代後半から60年代初にかけては「1イニング中に許す走者数」が0・7〜0・8人台という投手が続出していた。それにしても村山投手の年間被打率・160（1970年）というのは尋常でないが、往年のNPBは、端的に被打率の低さゆえに失点数が少なかったわけだ。算術上、現代のNPBで防御率0点台を残すうえで許容される「1イニング中に許す走者数」はMLBよりわずかに多めの0・6〜0・7人程度であるが、昔と比べリーグ打率が上昇した中、たとえ好投手であっても極端な低被打率の達成は難しく

10　1イニング中に許す平均走者数について、戦後のMLBで0・75人以下はたったの2度しか記録されていない。ペドロ・マルティネス投手（レッドソックス、2000年）と前田健太投手（ツインズ、2020年）である。

なっているとみるべきだろう。

このように、日米で少しだけ事情が異なるが、共通して言えるのは、打撃力の向上した現代野球において防御率0点台の投手はなかなか現れにくいということだ。ＭＬＢ・２０２１年シーズン前半を通じ、ジェイコブ・デグロム投手（メッツ）が、防御率1・08（1イニング中に許す平均走者数は0・55人）という圧倒的成績を誇っていたが、残念ながら7月以降、故障で戦線を離脱してしまった。復活後、いつの日か世紀の大記録を達成できるか、興味が尽きない。

コラム❷ 打者有利な投球カウントと投手有利な投球カウント

統計データの豊富なＭＬＢについては、カウント別の打撃成績をみることができる。まず、初球から積極的に振りにいくタイプの打者と、初球は慎重に見るタイプの打者がいるが、打撃成績にどのような違いがあるのだろうか。統計をみる限り、ＭＬＢ全体で初球をスイングした打席の割合は概ね3割前後であり（図表4Ｃ‐1①）、初球から積極的に振りにいく方が、打率について1分強ほど高くなっている（図表4Ｃ‐1②）。安打に占める長打の割合につい

（図表 4C-1）MLB において、初球から積極的にスイングした場合と見送った場合の打撃成績の比較

①初球をスイングした打席の割合

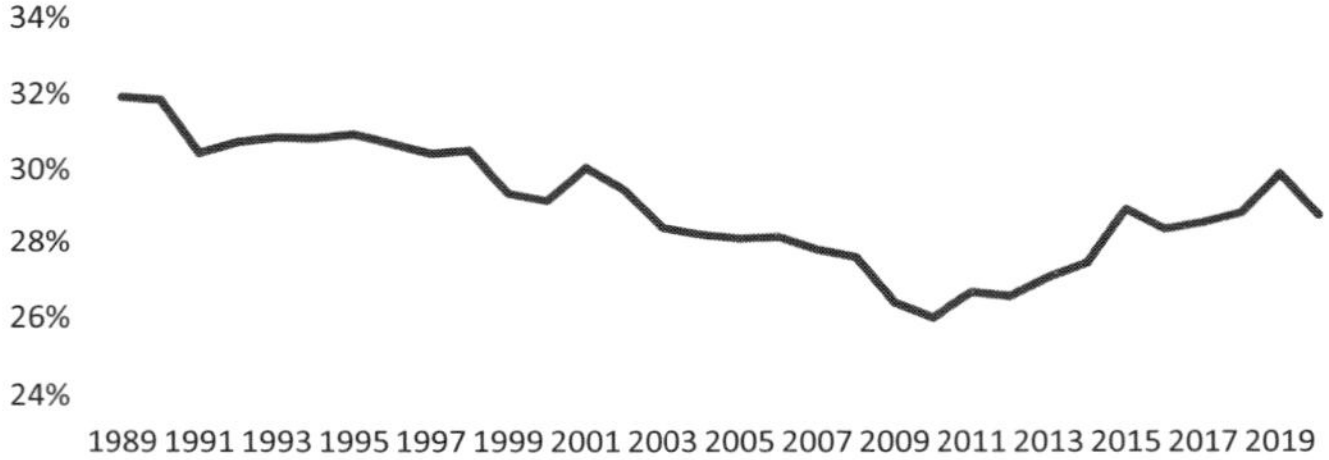

②初球をスイングした打席と見送った打席との打撃成績比較（1989 ～ 2020 年）

	出塁率	打率	長打率－打率	三振率
初球をスイングした打席	.294	.273	.161	.170
初球を見送った打席	.343	.255	.149	.214

（出所）Baseball-Reference の公表データに基づき筆者作成

ては、いずれのタイプも同程度であり、積極的な姿勢で臨んだ方が、打率が高い分だけ長打力指標も高めとなっている。一方、出塁率については、初球を慎重にみる方が5分近く上回っている。なお、三振率については、一見、積極的にスイングしにいく方が高そうな気がするが、どちらかというと初球を見送った打席の方が高めとなっている。

次に、ストライクが先行した場合と、ボールが先行した場合とでは、打撃成績

（図表 4C-2）MLB において、ストライクが先行した場合とボールが先行した場合の打撃成績比較（1989 ～ 2020 年）

	出塁率	打率	三振率	四球率	
1ボール0ストライク	.389	.275	.171	.153	
2ボール0ストライク	.513	.289	.150	.313	
3ボール0ストライク	.757	.295	.151	.671	（うち敬遠 .121 ）
0ボール1ストライク	.272	.229	.279	.052	
1ボール1ストライク	.313	.242	.254	.085	
2ボール1ストライク	.396	.259	.220	.170	
3ボール1ストライク	.588	.282	.177	.391	
0ボール2ストライク	.203	.172	.445	.042	
1ボール2ストライク	.234	.184	.418	.054	
2ボール2ストライク	.298	.199	.383	.114	
3ボール2ストライク	.463	.223	.334	.307	
ボール先行	.452	.268	.197	.244	
平行カウント	.307	.227	.300	.095	
ストライク先行	.247	.205	.353	.051	

（出所）Baseball-Reference の公表データに基づき筆者作成

にどのような違いが生まれるのだろうか（図表４Ｃ‐２）。ご想像のとおり、ボールが先行した場合の方が、明らかに出塁率が高い。特に３ボール０ストライクからは最終的に67％の割合で四球になっており、四球を含む出塁率が・757に上る。また、出塁率だけでなく打率についても、ボールが先行した場合の方が高くなっており、３ボール０ストライクからの打率は・295となっている。この数字をみると、投手の側からみたとき、１点を争う攻防で、走者が二塁、一三塁ないし二三塁という被安打即失点の状況で３ボール０ストライクとなった場合に、その打者を歩かせて次の打者との

（図表 4C-3）3-0 カウントから四球を出した場合と勝負した場合の得点確率比較（試算）

①3-0 カウントから四球を出した場合の得点確率

		得点確率(a)	3-0カウントから四球を出したときの得点確率(b)		(b-a)
無死	二　塁	60.3%	一二塁	60.7%	+0.4%
	一三塁	83.5%	満　塁	82.6%	-0.9%
	二三塁	82.8%	満　塁	82.6%	-0.2%
一死	二　塁	39.4%	一二塁	41.0%	+1.6%
	一三塁	65.7%	満　塁	64.5%	-1.2%
	二三塁	62.5%	満　塁	64.5%	+2.0%
二死	二　塁	21.6%	一二塁	22.4%	+0.8%
	一三塁	25.1%	満　塁	31.4%	+6.3%
	二三塁	27.1%	満　塁	31.4%	+4.3%

②3-0 カウントから勝負する場合と次打者と勝負する場合の被打率の比較

3-0カウントからの平均被打率(x)	その次の打者との対戦における平均被打率(y)	(y-x)
.295	.261	-3.4%

（注）アウトカウント・走者状況からの得点確率は、2014 ～ 18 年の NPB の実績値に基づく。
（出所）蛭川皓平（2019）、Baseball-Reference の公表データに基づき筆者作成

勝負に賭けるのは合理的たり得る。なぜなら、NPBのデータをみる限り、例えば一死二三塁から四球を出すと失点確率が+2・0%高まるものの（図表4C‐3①）、まっさらなカウントでの勝負に仕切り直した方が、不利なカウントで無理に勝負するより被打率を▲3・4%（平均・295から・261）引き下げられるからだ（図表4C‐3②）。

この状況を打者の側からみると、出塁することを目的とするならば、3ボール0ストライクからだと約3分の2の確率で四球を選べるうえ、仮に次の一球がストライクだったとしてもなお打者優位に変わりはないことから、ひとまず一球待つのが合理的となる。ただ、自身の打席での走者の生還を目指すならば、3ボール0ストライクは最も打率の高いカウントであり、好球必打の構えで臨むべきだろう。

一方、0ボール2ストライクからだと、打率は・172、三振率が・445となっている。仮にその次の一球がボールになったとしても投手優位が崩れないため、投手にとって無理に三球勝負に挑む必要はない。やはり投手にとってストライクが先行した方が、打者との対戦を有利に運べるということだ。

最も張り詰めた勝負はフルカウントだ。三振率、四球率はともに3割程度であり、出塁率が・463となっている。まさに丁か半かという状況であることが数字からも読み取れる。

コラム❸ ゴロを打たせてとるタイプの投手は投球数を節約でき、被本塁打も少ないというのは本当か？

かつてMLBでは、グレッグ・マダックス投手（カブス、ブレーブスなど）が球速140キロ台ながら卓抜した制球力と切れ味鋭い変化球を武器に、1990〜2000年代を代表する名投手となった。いわく内野ゴロの山を築き27球で完投するのが究極の理想だそうで、事実、キャリアを通じ100球以内での完投を13回達成している（MLBファンの間では俗に100球以内での完投のことを「マダックスする」というらしい）。マダックス投手のゴロアウト率（＝ゴロアウト率÷フライアウト率）はMLB平均を大きく上回っており、また、極端に被本塁打が少ないことも特徴の一つとなっている。

ただ、マダックス投手がこうしたプレースタイルで殿堂入りまで果たせたのは精密機械と喩えられる制球力の高さによるところが大きいのであって、ゴロ打球を打たせて取るタイプの投手（グラウンド・ゴロ・ピッチャー）が一概に投球数を節約でき、ないし被本塁打を抑えられるわけではない。

（図表 4C-4）MLB における三振率・ゴロ打球率の高低による
タイプ別の投球成績比較（1989 ～ 2020 年）

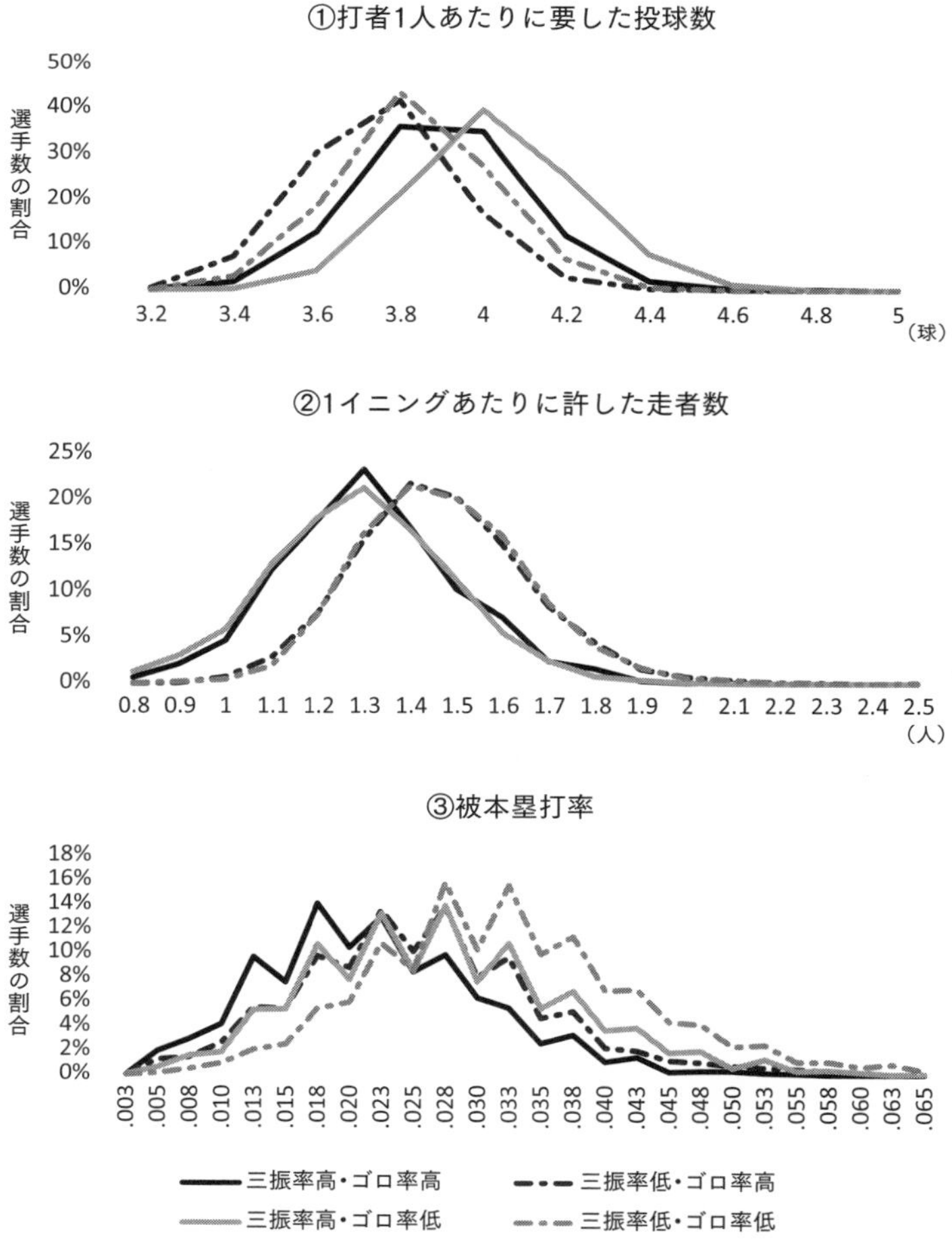

（注）シーズン投球回数 55 イニング以上の投手について集計。
（出所）Baseball-Reference の公表データに基づき筆者作成

なぜなら、ゴロアウト率の高さにかかわらず、奪三振率の低い投手は、対戦相手の打者１人当たりに要する投球数を節約できる半面（図表４Ｃ‐４①）、出塁を許す確率も高くなりがちだからである（図表４Ｃ‐４②）。被本塁打の多さについても、ＭＬＢ全体の傾向をみる限り「ゴロアウトが多いが奪三振は少ない投手」の被本塁打率は、「奪三振数が多いがゴロアウトが少ない投手」と大差ない（図表４Ｃ‐４③）。なお、マダックス投手は、決して奪三振率が低かったわけではなく、確かにＭＬＢ全体の傾向をみても、奪三振とゴロアウトがともに多い投手については、被本塁打率が低めとなっている。

近年、ＭＬＢではリーグ全体の傾向として「奪三振数と与四球数が上位３分の１」に属するパワーピッチャーと「下位３分の１」に属する軟投派ピッチャーとを比較したとき、パワーピッチャーの優位が高まっている（図表４Ｃ‐５）。つまり、マダックス投手のように、できるだけゴロを打たせて抑えるよう志向し、そして輝かしい成績を残した投手はもとより少数派で、ますます希少性を高めているということだ。奪三振能力の向上は投手陣の努力の成果にほかならず、敬意を表したいが、今日、希少性の高さが一層際立つマダックス投手はとてつもなく偉大だったと改めて思う。

（図表 4C-5）MLB におけるパワーピッチャーと軟投派ピッチャーの被打率等の比較

①被打率

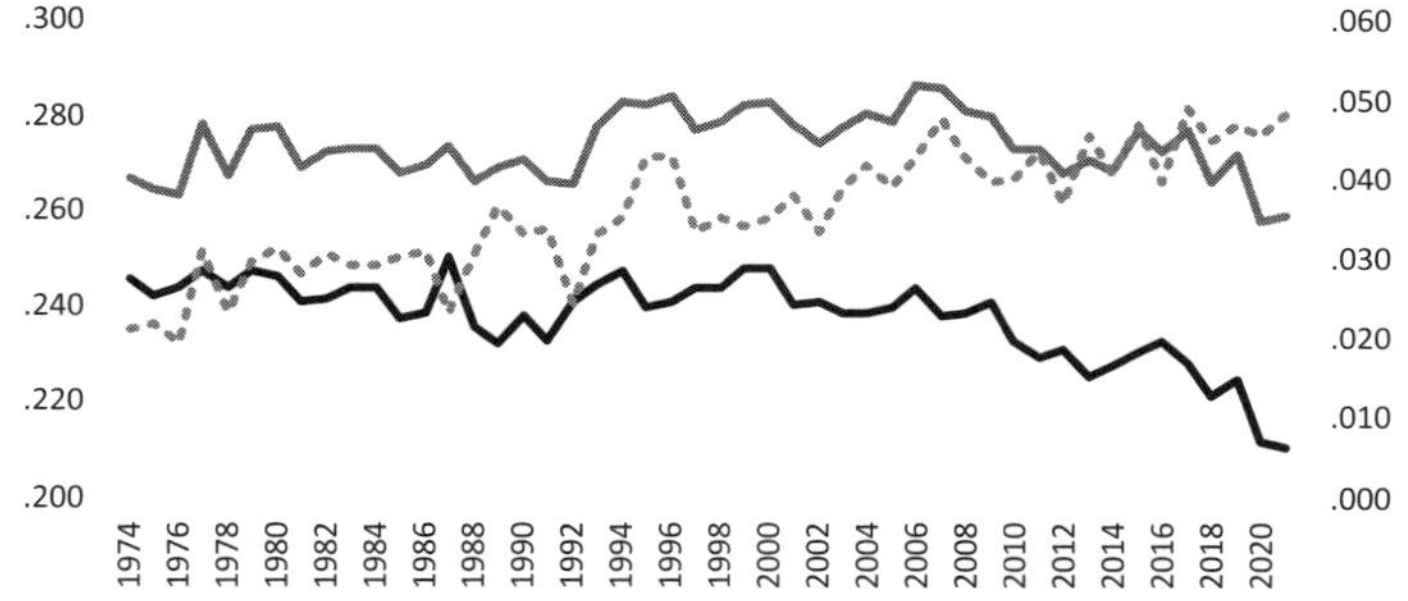

②被長打に関する指標（被長打率－被打率）

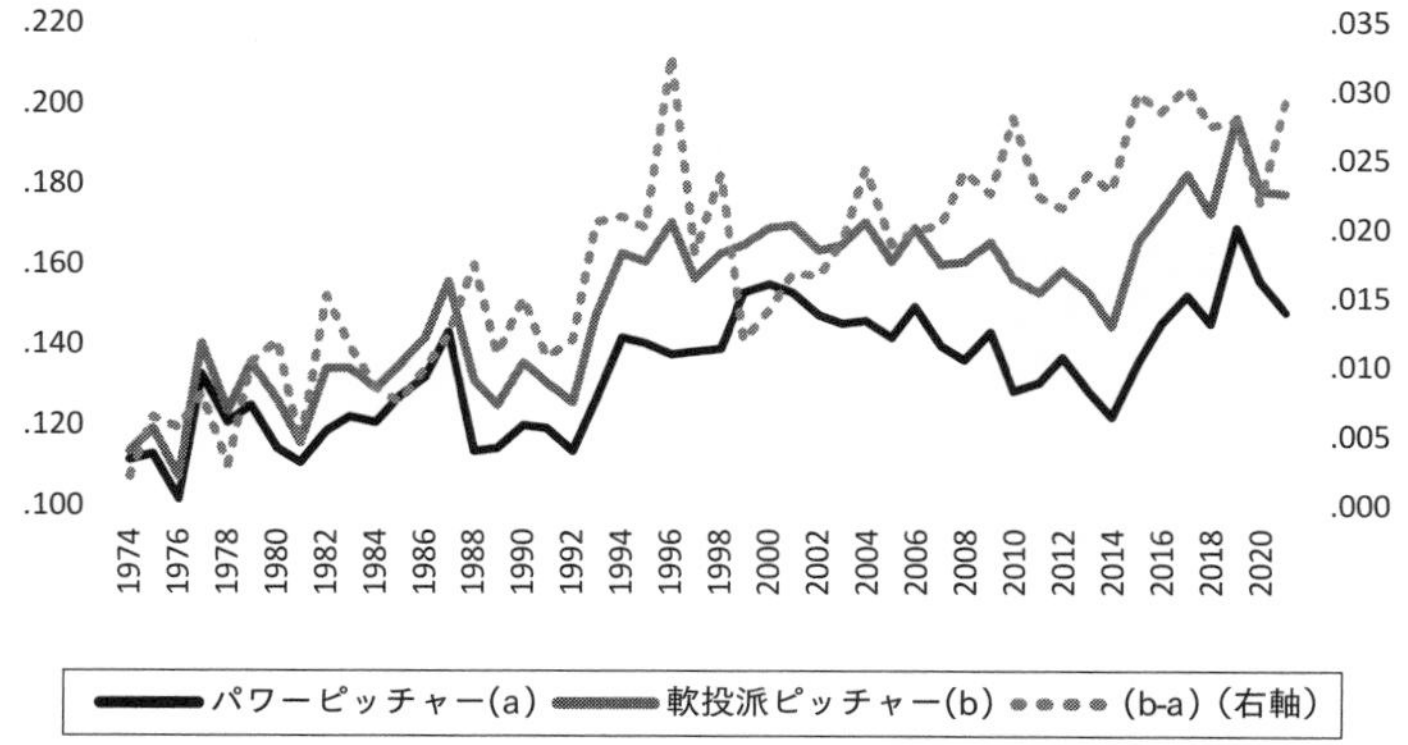

（注）パワーピッチャーとは「奪三振数と与四球数が上位３分の１」に属する投手、軟投派ピッチャーとは「下位３分の１」に属する投手を指す。

（出所）Baseball-Reference の公表データに基づき筆者作成

第五話　沢村賞のような「先発完投型」信仰がなくならないのはなぜか？

伝統的な理想形「先発完投型」スタイルへの批判

日本球界では古くは、エースが数多くの試合で先発し、ゲームセットまでマウンドに立ち続けるのが憧れの対象となってきた。１９５９年日本シリーズでの杉浦忠投手（南海）の４連投４連勝は今なお語り草になっているし、高校野球では決勝までエースが一人で投げ抜いた事例が数知れない。ＮＰＢ指折りの表彰制度である沢村栄治賞（沢村賞）も、先発完投型投手を対象としている。

ただ、こうした伝統的スタイルには近年、批判が出始めている。議論の端緒は高校野球における投手の投球数過多にあるといって良いだろう。高校野球では強豪校を除けば投手を何人も揃えるのは容易でなく、エースへの依存は無理からぬ事情もあろうが、かといって成長期にある高校生を連戦連投させるのはスポーツ医学的見地からみて問題が多い。

そして、高校野球を巡る議論に引きずられる形で、プロ野球でも投手運用のあり方が時折論点となる。例えば、ＮＰＢにおける先発投手の運用について、「ＭＬＢと比べ投球数制限が不徹底であり、投手の肩・肘の負担への配慮が足りない」という批判が聞かれる。また、完投数などを重視する沢村賞の選考基準はしばしば「時代遅れ」と陰口をたたかれるようになっている。一方、これとは反対に「登板間隔中４日が主流のＭＬＢと異なり、ＮＰＢでは中６日が主流なのだから、もっと長いイニングを投げてくれないと困る」という指摘も聞かれる。

このように、プロ野球の投手の分業のあり方を巡って様々な議論がみられる中、どのように整理すべきか、というのが本話のテーマなのだが、本論に入る前に、まずは投手の分業制確立の歴史を振り返ってみよう。

投手の分業制確立の歴史

投手の分業制には、先発投手の登板間隔の確保（ローテーション制の確立）と、試合中の投球イニングの分担（救援投手陣の拡充）の２つの側面があり、ＮＰＢ・ＭＬＢとも「分業化」は、長い球史を通じ進行してきた。いち早く分業化が始まったのはＭＬＢであり、戦後まもなく救援専業の投手が現れ、1960年代頃までには先発投手のローテーション制の運用が始まった。先発投手の登板間隔については、概ね1980年代以降、中4日制が定着し、現在に至っている。この間、救援投手の充実化がますます進み、やがて先発投手について投球数100前後で交代させる運用がとられるようになった。「投球数100球以内」の運用は、2010年代以降一段と徹底されている。

NPBにおける投手の分業化は、MLBよりワンテンポ遅れて進んだ。1950〜60年代までは、エース投手が連日先発したり、救援登板したりと、少数の好投手に重度に依存していた。「権藤権藤雨権藤」というフレーズもあながち誇張でなく、1961年の野球シーズン中、権藤博投手（中日）の登板もなく、かつ、中京圏（愛知県、岐阜県、三重県）に雨も降らなかった日数は半分に満たない（188日中79日）（図表5-1）。

NPBで先発投手のローテーション制を初めて導入したのは1975年の広島であり、NPB初の外国人監督であるジョー・ルーツ氏がもたらしてくれた。その後、NPBの先発投手のローテーション制の運用はMLBと少し異なる歩みとなる。今日に至るまで中4日制が主流のMLBと異なり、NPBでは1980年代後半以降、徐々に登板間隔の拡大——中6日制がとり入れられ始めた（図表5-2）。中6日制が普及した背景には、一つには当時故障持ちだった村田兆治投手（ロッテ）や郭泰源投手（西武）の負担への配慮という事情があるのだが、月

（図表5-1）権藤投手（1961年）の登板日と中京圏で降雨があった日

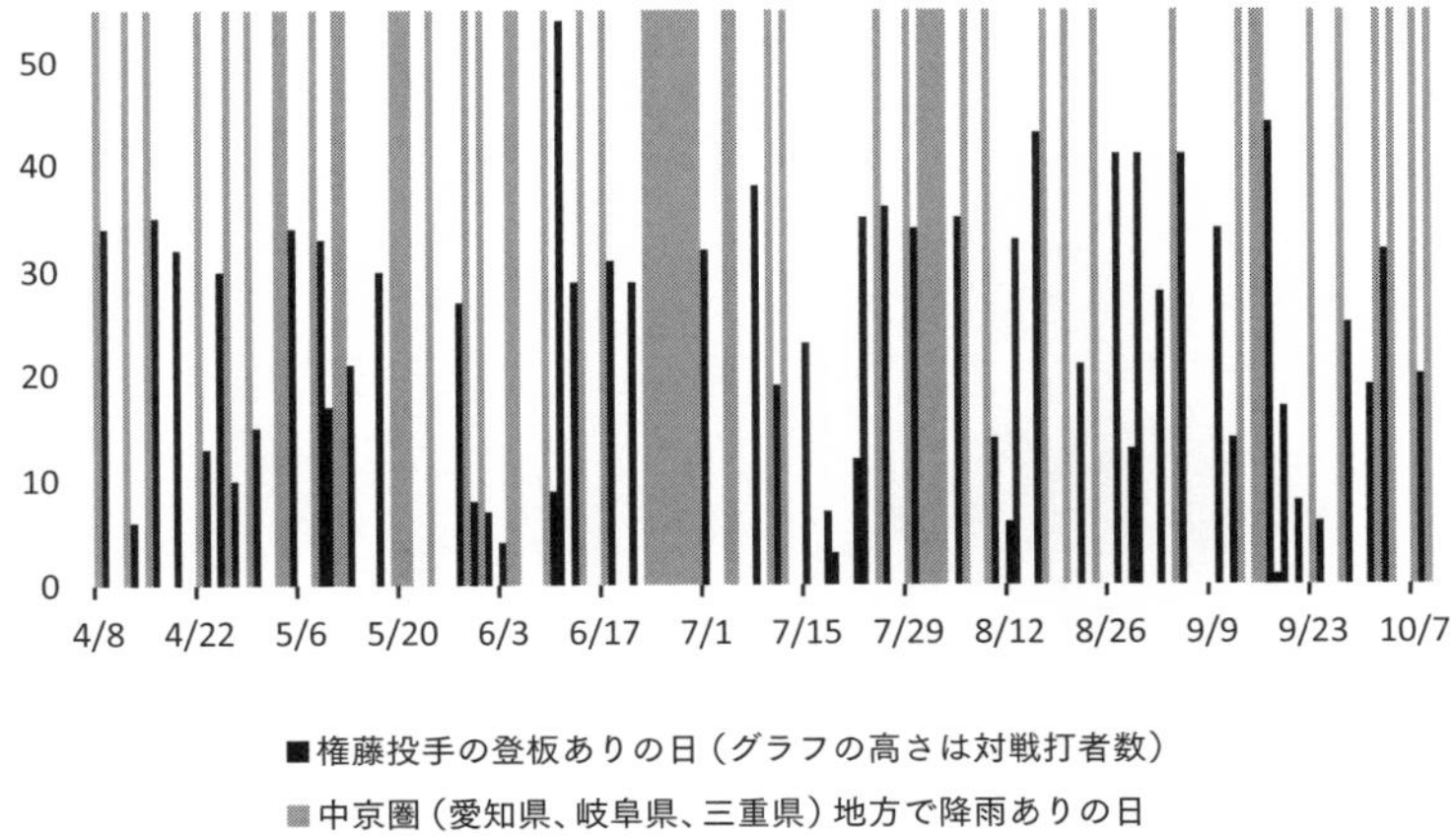

（出所）日本プロ野球記録、goo天気（過去の天気）の公表データに基づき筆者作成

曜を移動日とし、火曜～日曜に試合を行うという規則的な日程が組まれるようになったことも普及を後押しした。こうした試合日程のもとでは、先発投手６人を中６日で回すのが最も安定的なローテーション運営を図りやすいわけだ。

先発・救援の分業化についても、１９７０年代以降、優れた投手に終盤を任せる運用が定着し、１９７９年には初めて救援投手がシーズンＭＶＰ（江夏豊投手［広島］）に輝き、その江夏投手に見初められた大野豊投手（広島）も救援で大活躍した。ただ、１９８０年代頃までは、先発と救援で併用される投手も少なくなく――さすがに「カラスが鳴かない日はあるが鹿取（義隆投手、読売）が

（図表5-2）NPB先発投手の登板間隔の推移

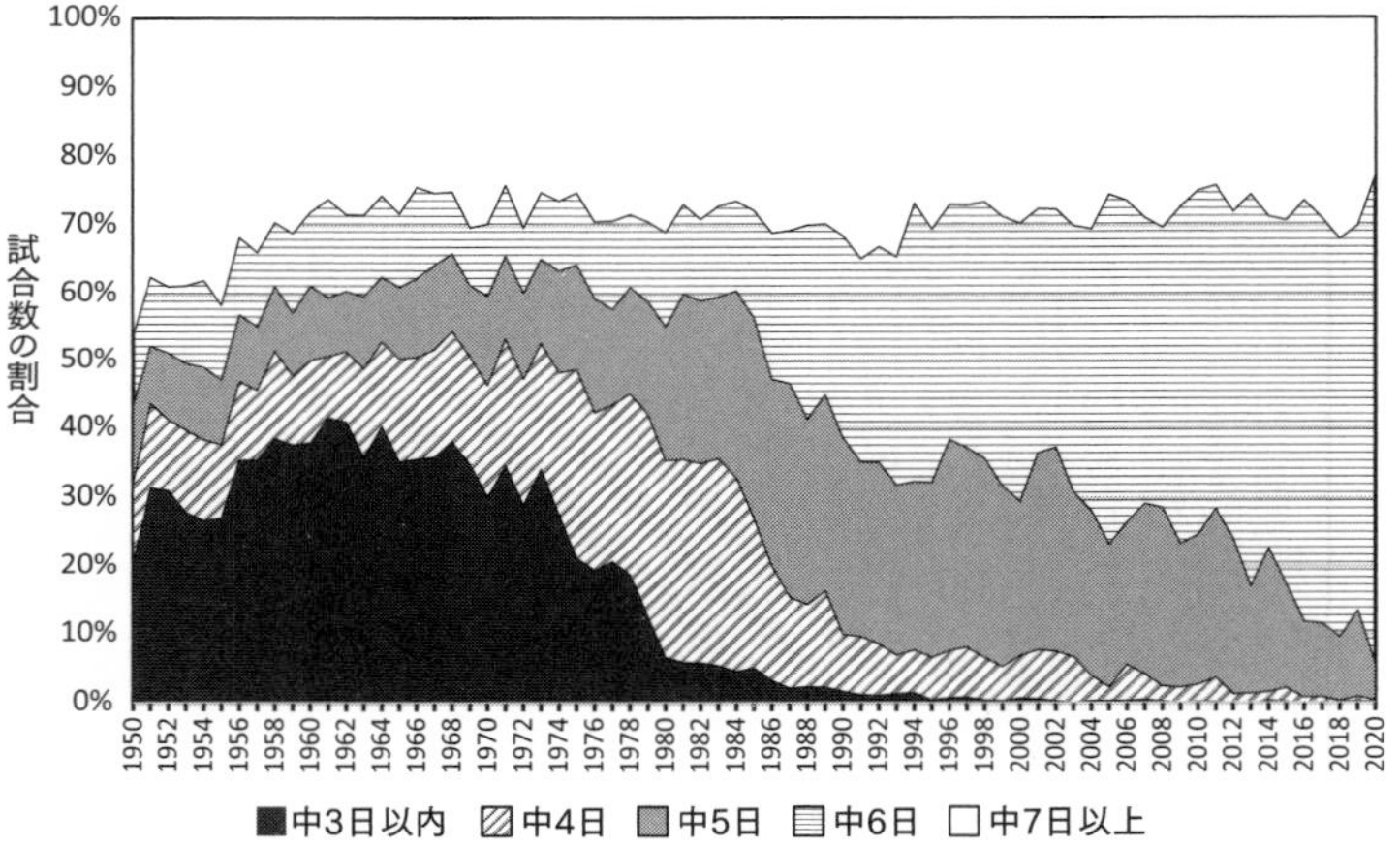

（出所）スタメンデータベース、スタメンアーカイブの公表データに基づき筆者作成

投げない日はない」という言い草は誇張が過ぎるのだが――、救援での登板機会でも投球イニング数が５回、６回に及ぶケースが少なくなかった。こうした救援投手に過度に長いイニングを任せる運用も、時代とともに救援投手「陣」の整備が進み改善した。２０００年代に入ると、先発投手の投球回数が短くなったものの（図表５－３①）、試合中に投入する救援投手数の増加に伴い（図表５－３②）、救援専業の投手の投球回数は平均１イニングを下回るようになった（図表５－３③）。

このように、ＮＰＢでは、かつてのかなり「ブラック企業」的な投手運用と比べ、「ホワイト化」したかのようにみえる。ただ、本当の意味で「ホワイト化」したといえる

（図表 5-3）先発投手と救援投手の平均投球回数等

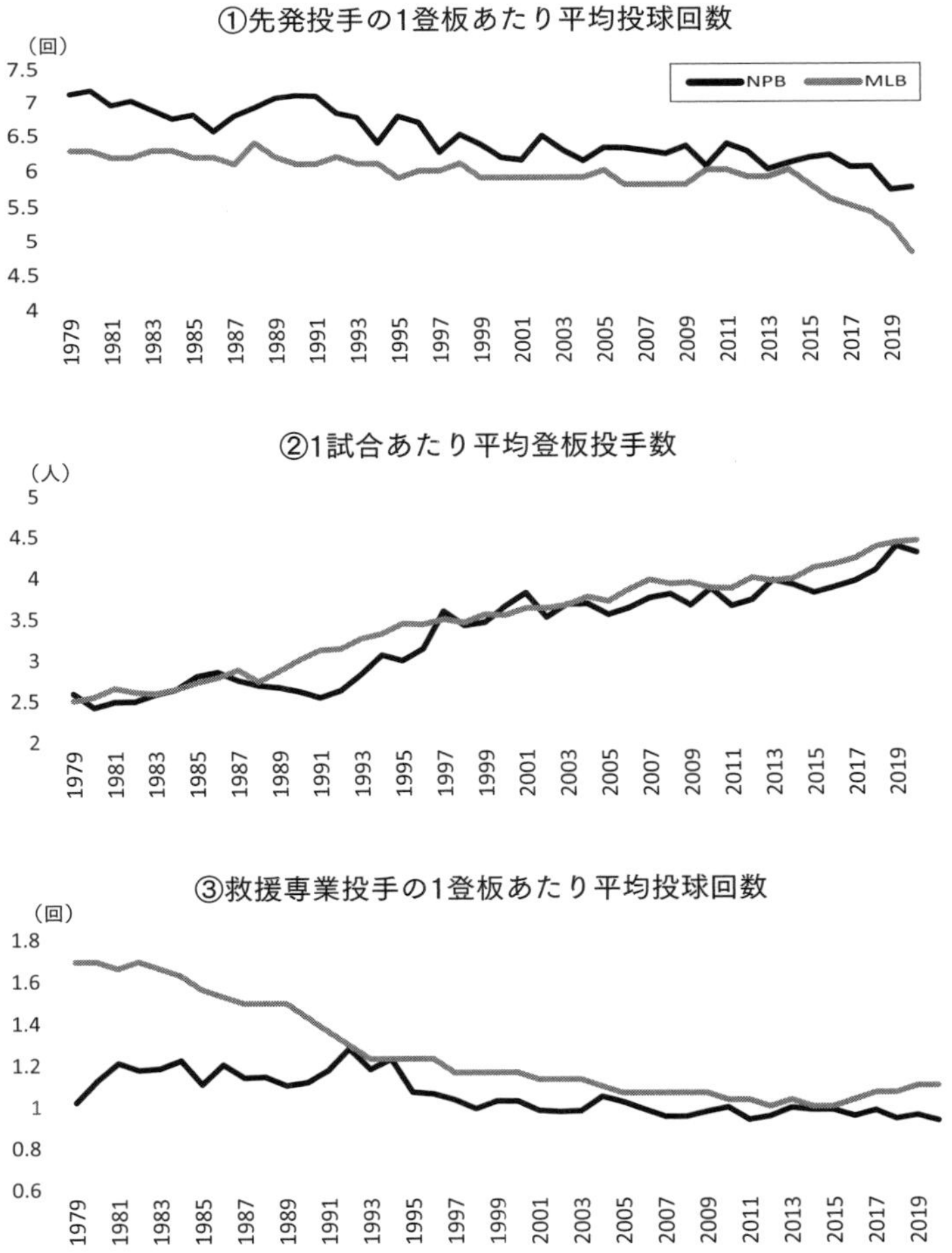

（注）NPB については、先発投手を「先発登板数が年 15 回以上であり、かつ、年間登板数の 8 割以上が先発である投手」、救援投手を「登板数が年 30 回以上、かつ、登板数に占める先発登板数が 2 割以下の投手」として集計。一方、MLB については、Baseball-Reference 社の公表データに準拠。

（出所）日本プロ野球記録、Baseball-Reference の公表データに基づき筆者作成

かどうか結論づけるためには、投手の分業化が不可欠となった理由について考える必要がある。

なぜ投手の分業化が必要になったのか

投手の分業化が必要となった最も根本的な理由は、第四話で述べたとおり打者の打撃力向上にある。投手陣は、それに対抗するため、奪三振力の強化が求められるようになった。奪三振を増やすためには、球速アップや変化球の質向上が重要となり、一球あたりの負担が重たくなる。現代野球において投手にかかる負担は、昔よりも一層重たくなっていると言って良い。

打者の打撃力が向上し、投手の投球負担が重たくなるに伴い、投手の分業化を図らないと、投手の故障リスクがますます高まるし、そればかりか、試合中の投球数が増えるにつれ失点リスクの増大も一層懸念されるようになった。

このうち故障リスクについては、筆者はスポーツ医学の門外漢なのでよく分からないが、投球数や打者との対戦回数が増えるにつれ、被打率や長打を浴びる確率が高まっていくことは、ＭＬＢのデータ（１９８９年～２０２０年）からもうかがえる（図表５‐４）。これは投手の疲労度が増すとともに打者の目が慣れてくるためであり、先発投手の投球数に制限を設け、継投を図るのが解決策となろう。

（図表 5-4）MLB における投球数・対戦回数と被打率等との関係（1989 ～ 2010 年）

①投球数と被打率・長打率（25球目までの被打率等との較差）

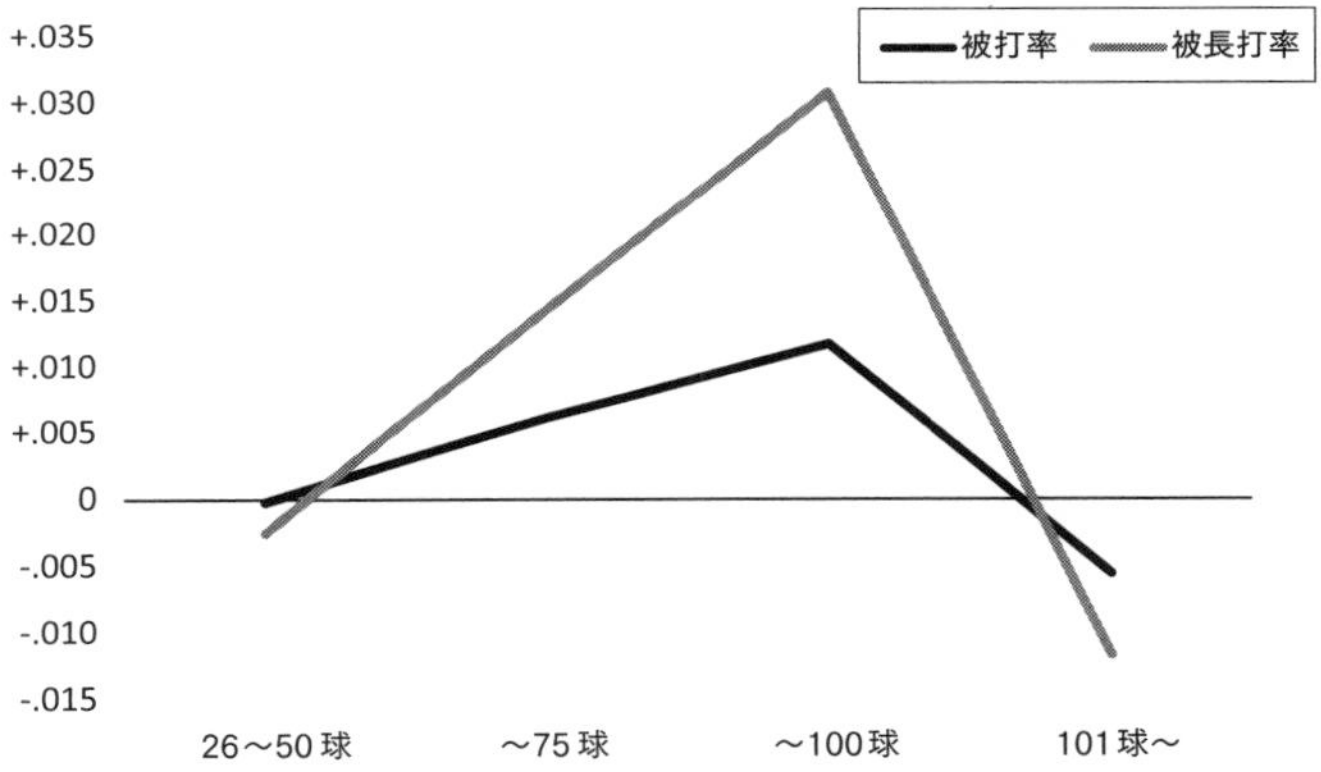

②対戦回数と被打率・長打率（対戦１回目までの被打率等との較差）

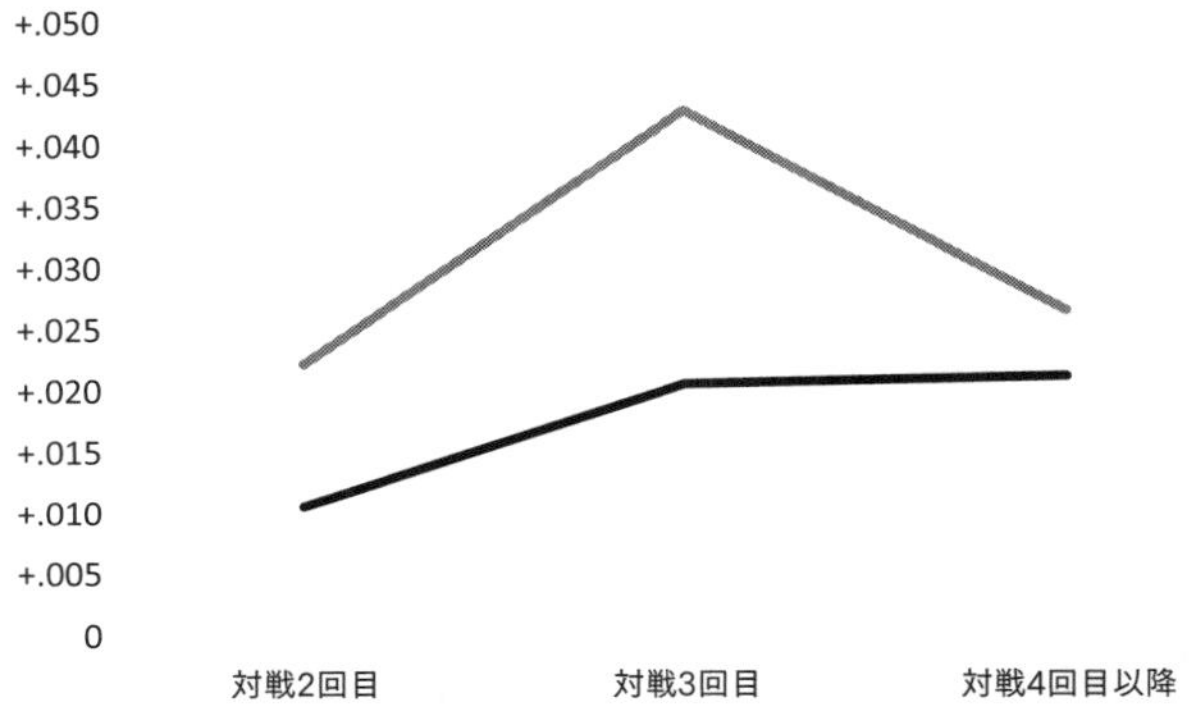

（注）投球数101超ないし対戦4回目以降の投手成績がよいのは、それだけの投球数を任されるときの先発投手は好投できているケースが多いからとみられる。
（出所）Baseball-Referenceの公表データに基づき筆者作成

ＭＬＢにおいて先発投手の登板間隔の拡大よりも試合中の投球数制限が広まった背景には、投球数とともに高まる先発投手の失点リスク制御の観点が強く意識されている可能性がある。加えていえば、投手の出場可能人数枠（ロスター）が厳格でＮＰＢほど入れ替えが自由でない、というルール要因が作用している可能性もある。

ＮＰＢの先発投手「中6日」は救援投手の負担を高めている

これに対し、ＮＰＢにおいては、前述のとおり先発投手の「中６日」が主流となっており、一軍の出場登録制度もＭＬＢほど厳格でない。これだけみるとＮＰＢはＭＬＢより「ホワイト企業」のようにみえるが、先発投手の登板間隔の長さの裏腹として救援投手の負担がかさんでいることを見逃すべきでない。

救援投手の負担増大の背景についてみていこう。まず、投球数がかさむにつれ失点リスクが高まるのは日米共通の現象であり、ＮＰＢにおいて先発投手の1試合あたり投球イニング数は平均５回前後に過ぎない。平均５回前後、という投球イニング数は、「１００球以内」の運用が厳格化された２０１０年代以降のＭＬＢと比べれば長めであるが（前掲図表５‐３①）、登板間隔２日分の差を埋められるほどの長いイニング数とは言い難い。それでは、登板間隔を長

**（図表 5-5）MLB における登板間隔と
先発投手の被打率等との関係（1989 ～ 2010 年）**

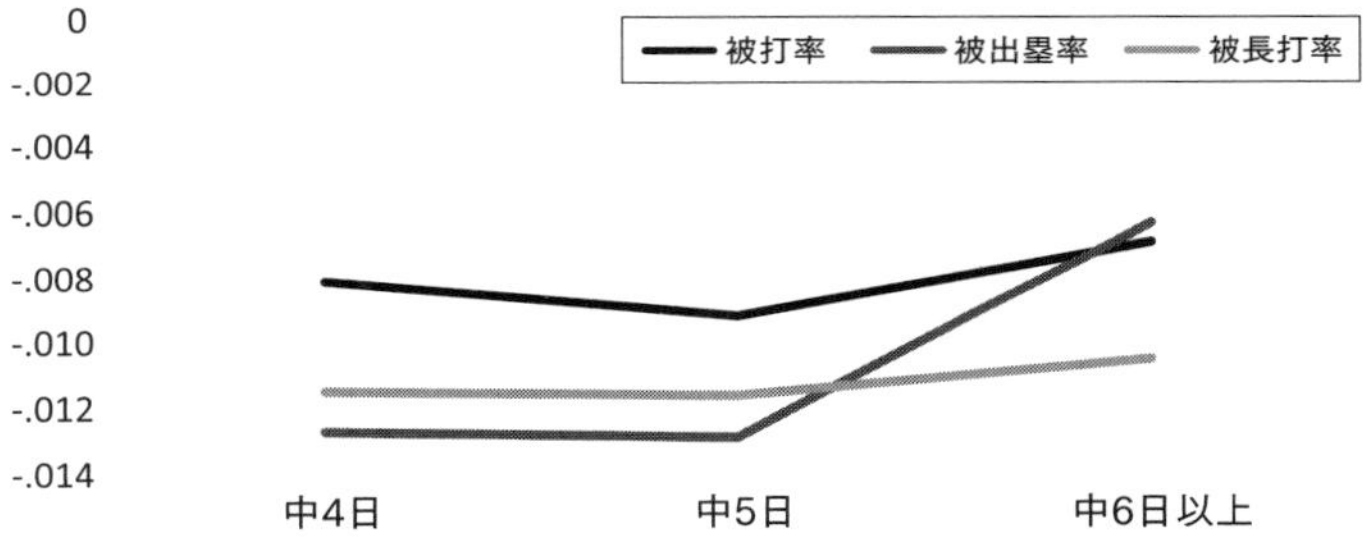

（注）中 3 日以内の登板機会における被打率等との較差を表示している。中 6 日以上の投手の成績が悪いのは、先発登板する投手がローテーションの谷間である場合があるためとみられる。
（出所）Baseball-Reference の公表データに基づき筆者作成

**（図表 5-6）年間 30 登板以上を達成した救援投手が、
キャリアで再び達成できる確率（1989 ～ 2020 年）**

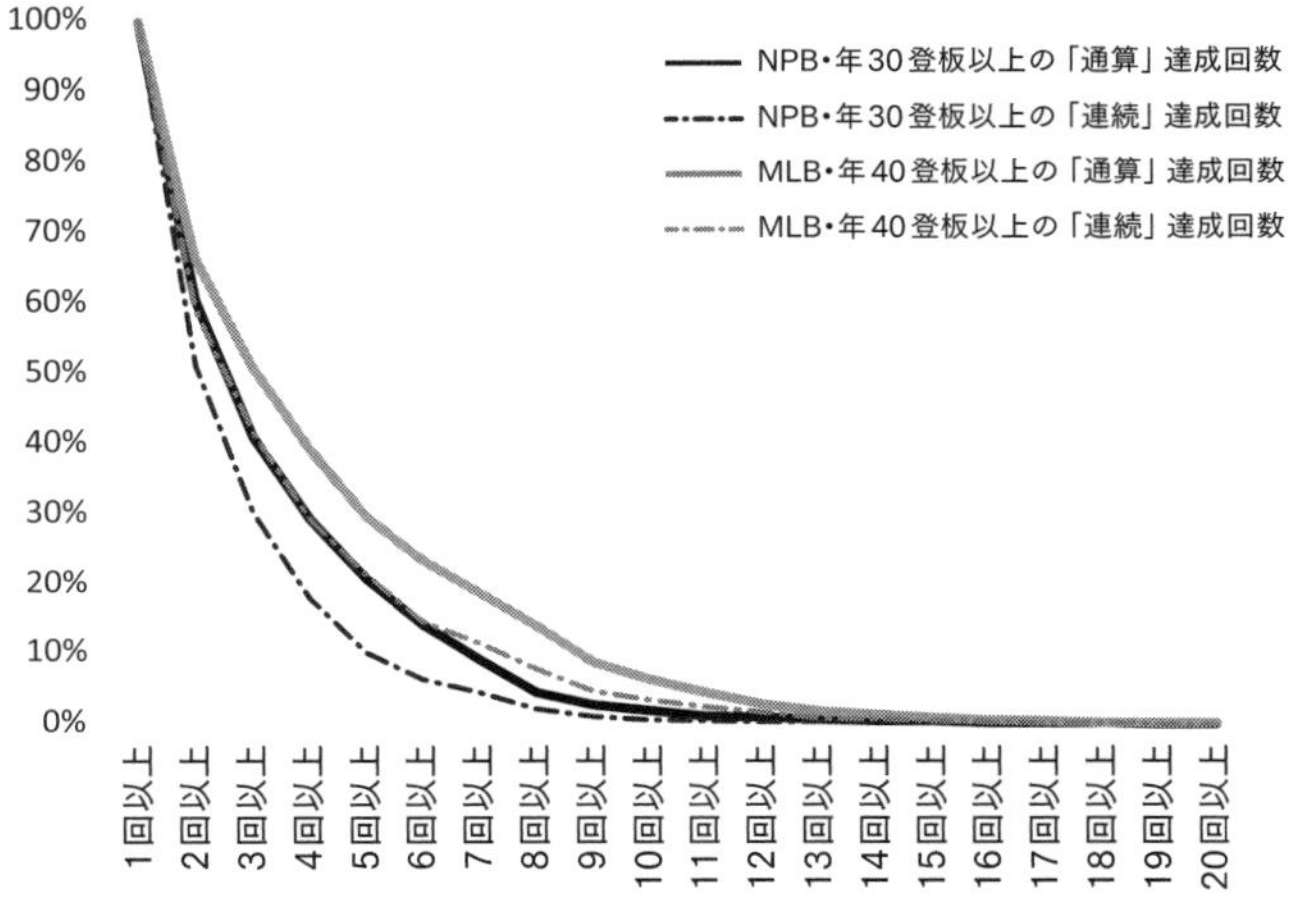

（注）1989 ～ 2020 年のいずれかのシーズンで救援で 30 登板（MLB については 40 登板。ただし 2020 年は 15 登板）以上した投手を対象として、その通算達成回数・連続達成回数を集計。
（出所）日本プロ野球記録、Baseball-Reference の公表データに基づき筆者作成

くすればその分先発投手の投球の質が向上するのかといわれると、必ずしもそうとはいえず、実際、ＭＬＢの投手成績をみると中４日でも中５日でも大差はない（図表５‐５）。

先発投手が「中６日」でも早々にマウンドを下りるようだと、自ずと救援投手の負担が高まる。また、ＮＰＢの方がきっちり１イニングごとの小刻みな継投が仕組まれることが多く、先発投手の登板間隔の長さの割に数多くの救援投手を必要としてしまう（前掲図表５‐３②）。

しかも、何年にもわたり好成績を残し続けられる救援投手は必ずしも多くなく、30登板を５年以上達成した投手はＮＰＢの全救援投手の21％しかいないし、それを５年以上「連続」で達成した投手となると10％に過ぎない。長年にわたり救援投手として大活躍した投手というと、佐々木主浩投手（横浜）や岩瀬仁紀投手（中日）、高津臣吾投手（ヤクルト）、藤川球児投手（阪神）ら数々のビッグネームを立ちどころに想起するが、確率論的には極めて稀な成功例である。ＭＬＢとの単純な比較は難しいものの、事実として、何年も続けて多くの登板数を記録した救援投手の割合はＮＰＢの方が低い（図表５‐６）。かくも救援投手の摩耗度が激しいと、強いチーム作りをするうえで、次から次へと優秀な救援投手を確保することが重要になっている。[11]

11　救援投手の摩耗度の激しさを痛感するネット上のファンの間では、投手の活躍度を測る指標として、多くのセイバーメトリクス指標と比べ格段に救援投手に比重を置いた「小松式ドネーション」（＝投球イニング数×３＋（勝利数＋

こうした見方に立つと、NPBの「中6日」運用は、先発投手の故障リスクの制御に寄与できているとしても、救援投手陣への負担しわ寄せという不合理な面もある。ただ、次に述べるとおり、「中6日」運用は、エースが好調で多少投球数がかさんでも続投してもらうのが一番安心、というときに役に立つ。

救援投手の負担を軽減できるのがエースの矜持？

広島が25年ぶりに優勝した2016年の4月2日、黒田博樹投手が9回も「志願の続投」でNPB復帰後初の完封勝利をあげたのは、筆者にとって忘れられない記憶となっている。救援投手の負担を少しでも軽減し、できるだけ長いイニングを投げ抜くのは男気あふれるエースの矜持に違いない。

監督の立場からみても、先発投手の調子が良いときは、あえて継投に踏み切った挙句、救援に失敗するリスクの方が懸念される。ヤクルト・岡林洋一投手と西武・石井丈裕投手の息詰まる投手戦となった1992年日本シリーズ第7戦（於・明治神宮球場）を述懐して、西武の森

ホールド数＋セーブ数）×10）が好評を博している。因みに、「小松式ドネーション」と呼称されるのは、小松聖投手（オリックス）が自身の投球結果に応じ愛犬保護団体に寄付するプロジェクトで使った寄付金額の計算式に由来するからである。

祇晶監督は「投手が代われば、当然、隙ができるからつけ込みやすくなる」ため、岡林投手を「早く代えて欲しい」と思い、一方のヤクルトの野村克也監督も「早く石井を代えて欲しい」と念じていたという。特にヤクルトの1点先制後、西武が7回表に二死一二塁のチャンスをつくり石井投手に打順が巡ってきたとき、「石井に代打を送って欲しい」という野村監督の願いをよそに、森監督は「石井に代打は送れない」と判断し、結果として壮絶な投手戦を制した。[12]統計をみても、NPB・MLBとも先発投手が完投勝利した試合の防御率は0・6未満となっており（図表5－7）、監督にしてみると、先発投手が絶好調なときは続投こそ最善の安全策に違いない。

とはいえ、「中4日」運用のMLBでは、たとえ先発投手が絶好調でも、次回登板への影響を意識し、投球数次第で継投に踏み切らざるを得ない。実際、NPBではMLBと比べ、完投勝利の試合における平均投球数が10球以上も多い（図表5－7）。NPBの方が、先発投手が好調な場合には、次回登板までの日数は長いし、むしろ救援投手の登板過多の方が問題なので、躊躇なく続投させやすい。

12　長谷川晶一著『詰むや、詰まざるや　森・西武vs野村・ヤクルトの2年間』（インプレス、2020年）。蛇足ながら、この打席で石井投手は同点に追いつくタイムリーヒットを放ったから、野球の試合展開は予見しがたいものだ。

（図表 5-7）先発投手が完投した試合における投球数の分布（2016 ～ 20 年）

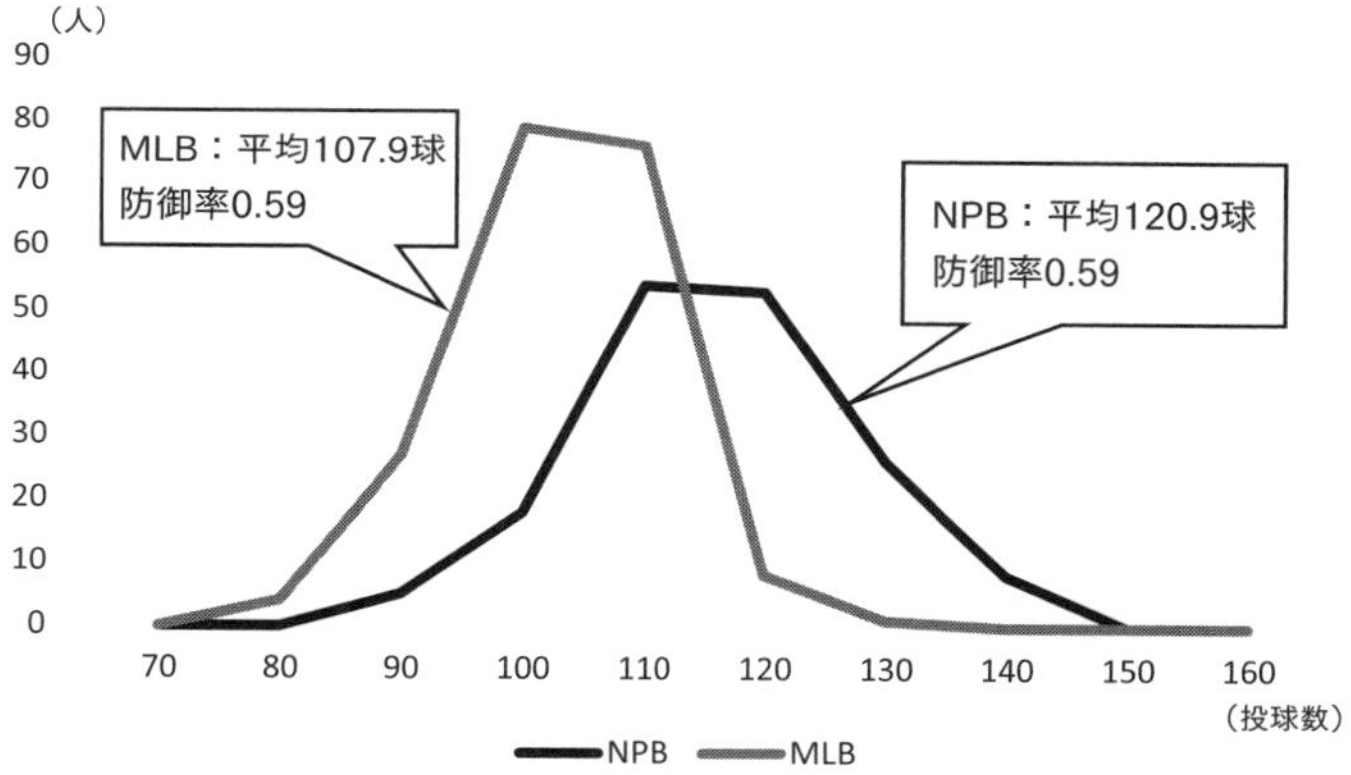

（出所）データで楽しむプロ野球、Baseball-Reference の公表データに基づき筆者作成

「先発完投型信仰」のニュアンスの変化

こうした見方に立つと、日本の野球ファンが「先発完投型信仰」というときのニュアンスは無意識のうちに変容してきているように思える。現代の「中6日制」下での「先発完投型」投手像とは、絶好調時以外にまで完投は求めないものの、できるだけ長いイニングを投げ救援投手陣の負担を減らし、多くの勝利数を稼げる投手、と理解されているのではなかろうか。

「先発完投型信仰」の具現化ともいうべき沢村賞も、「現代的な先発完投型」投手を表彰するべく選考基準が内在的に変化してきている。「文春砲」のおかげで１９８２

年に設けられた選考基準は次のとおりなのだが、[13]もとより全要件を満たしている必要はなく、実際、完投試合数（②）や投球回数200イニング以上（⑤）の要件は達成者数が激減し、死文化しつつある（図表5‐8）。[14]そうした中、近年は実態として、勝利数に比重を置いた選考になってきているようにみえる。[15]

13　1982年からマスコミ記者から投手OBたちによる選考に変更され、選考基準も明確化されたのは、1981年に最多勝、最優秀防御率、最多奪三振などを総ナメした江川卓投手（読売）が選外となった経緯が物議をかもしたからである。週刊文春（1981年10月29日号）は、当時、選考権者だったマスコミ連中が有楽町の中華料理店「ろん」に集まり「江川投手の人格を許せない」などと論じた一部始終をすっぱ抜き、選手・ファンからの非難を呼んだ。因みに、江川投手は1982年も7要件すべてを満たす活躍ぶりだったが、最多勝利・最多投球回数を記録した北別府学投手（広島）の前に苦杯をなめ、結局、沢村賞を受賞することなく引退した。

14　2000年代以降、7要件すべてを満たして受賞したのは、ダルビッシュ有投手（日本ハム、2007年）、涌井秀章投手（西武、2009年）、田中将大投手（楽天、2011年）、菅野智之投手（読売、2018年）の4例のみである。

15　セイバーメトリクスの信奉者たちからは、勝利数を重視する見方にも疑義が呈されており、いわく勝利数は打線の援護などに大きく左右されるため、投手本人の能力を正確に投影していないという。そのこと自体は正しいのだが、本来、味方選手同士の連係プレーの結果としかいいようのない得点や勝利を、フィクションと承知の上であえて一選手に帰属させて指標化するのは、サッカーの得点数ランキングなど多くの団体競技でみられる現象である。勝利数は能力指標としての精度を欠くが、競り勝って勝利を刻んだ記録として、選手やファンが重視するのは無理もない話であろう。

（図表 5-8）沢村賞選考基準の充足状況

［イ］充足した項目数別の推移

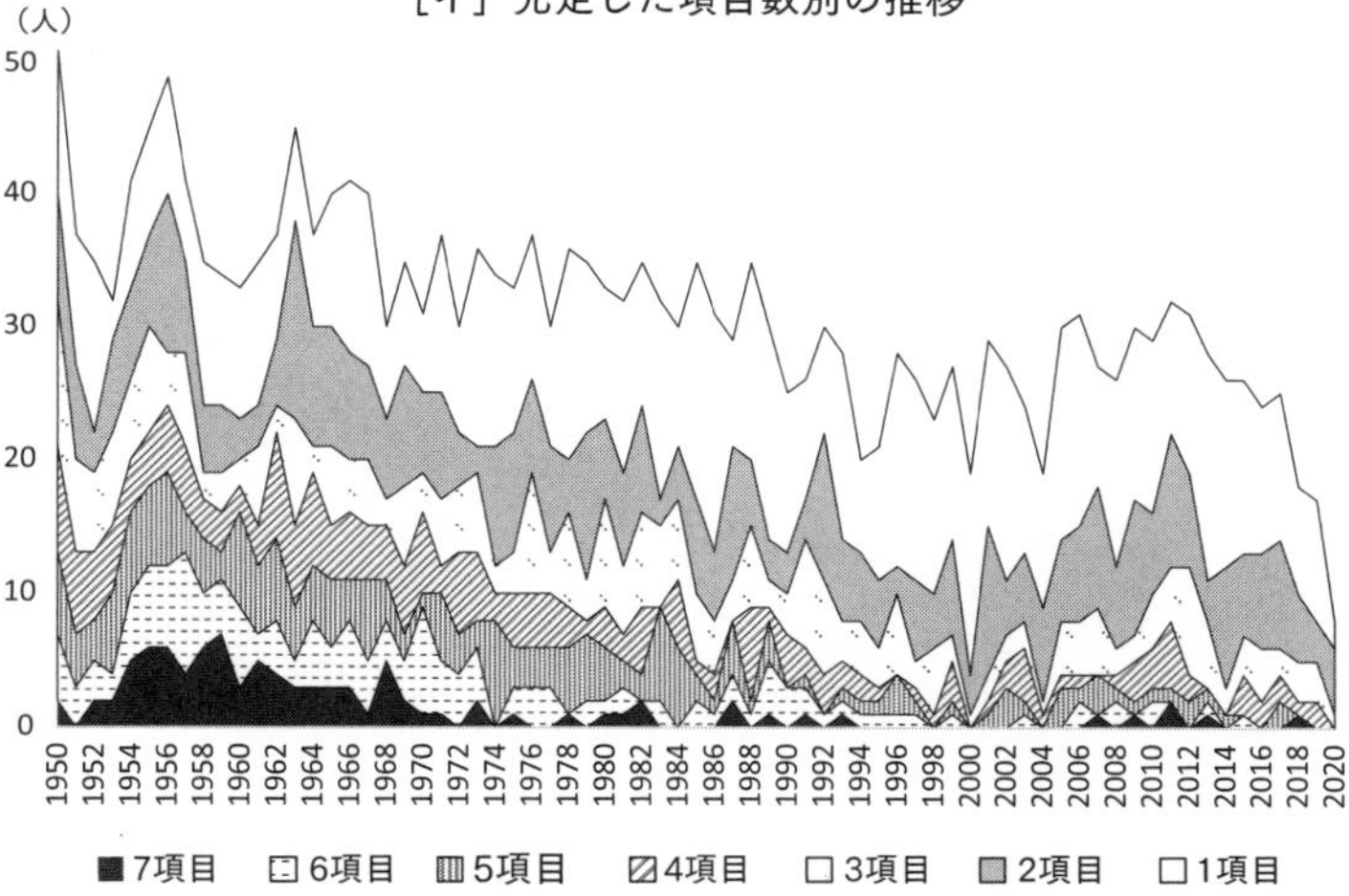

［ロ］特に充足の難しくなった要件について到達できた投手数

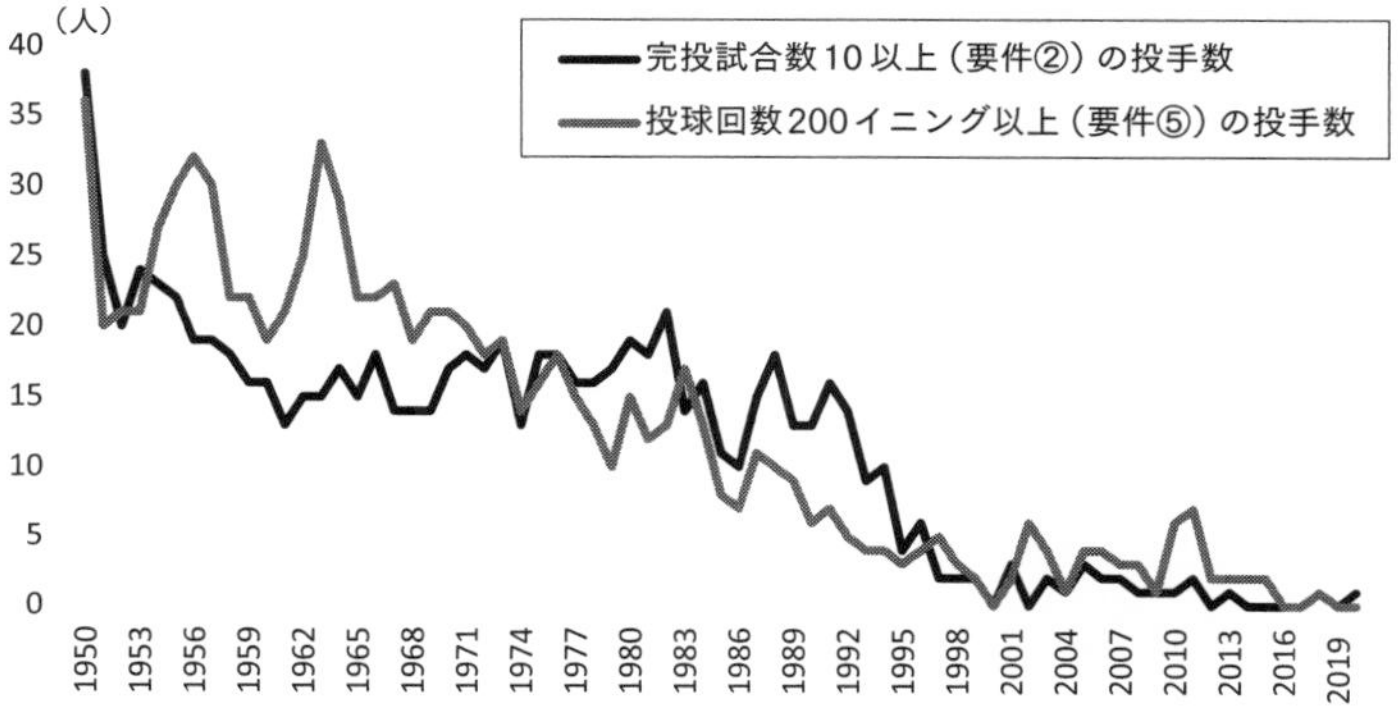

（注）7項目を軸とした選考基準が実施されたのは1982年以降であるほか、1988年までは受賞対象がセ・リーグに限られていたが、ここでは年代・リーグにかかわらず、要件を充足する投手数を集計している。
（出所）日本プロ野球記録の公表データに基づき筆者作成

【沢村賞の選考基準】
①登板試合数　–　25試合以上
②完投試合数　–　10試合以上
③勝利数　–　15勝以上
④勝率　–　6割以上
⑤投球回数　–　200イニング以上
⑥奪三振　–　150個以上
⑦防御率　–　2・50以下

2018年以降の選考では補足項目として「先発登板試合数に占める投球回数7以上で自責点3以内」の達成率を勘案することとされた。これは2000年代以降MLBで注目されるようになったQS率（クオリティースタート。投球回数6以上で自責点3以内の達成率）に似ているが、投球回数「7」以上とされている点が興味深い。独特な指標であるが、面白いことに工藤公康監督（ソフトバンク）の提言「米国は中4日だからQSが素晴らしいと言われてるので……（中6日が主流のNPBでは）もう少し伸ばして7回くらいでいいんじゃないですか」と[16]も符合する。ここで2016～20年に規定投球回数に達した投手（日米とも各チーム1～2人程度ずつ）についてみると、NPBではQS率が66％、「7回3失点以内」達成率が46％なのに対し、MLBではQS率が54％、「7回以上3点以内」達成率が25％である。つまり、工藤監督の指摘のとおり、NPBではMLBよりQS達成のハードルが低いが、さりとて「7回3失点以内」となるとMLBのQSよりも厳しめの要求といえそうだ。この厳しめの要求こそ、現代型の「先発完投型」エースに期待する「できるだけ長いイニング」の水準なのかもしれない。

16　2021年6月5日スポニチ記事

第六話　野球にホームアドバンテージはどれくらいあるのか？

野球に限らず、多くのプロスポーツリーグでは、お互いの本拠地（ホーム）を行き来しながらリーグ戦を戦っている。一般にホームでの試合は、敵地（アウェー）よりも勝率が高い。ホームアドバンテージの大きさは競技により異なる。野球については、ＮＰＢ・ＭＬＢとも、長い目でみればホームチームの勝率が概ね54％となっている（図表6－1）。このホームチームの勝率は、この後みていくとおり、サッカーやバスケットボールなどと比べ低い方だ。また、野球について日米でほぼ同水準なのが興味深い。ホームアドバンテージの大きさは、リーグによる違いよりも、端的に競技の性格の違いが表われているようにみえる。

ホームアドバンテージの要因は何か

（図表6-1）NPB・MLBにおけるホームチームの勝率

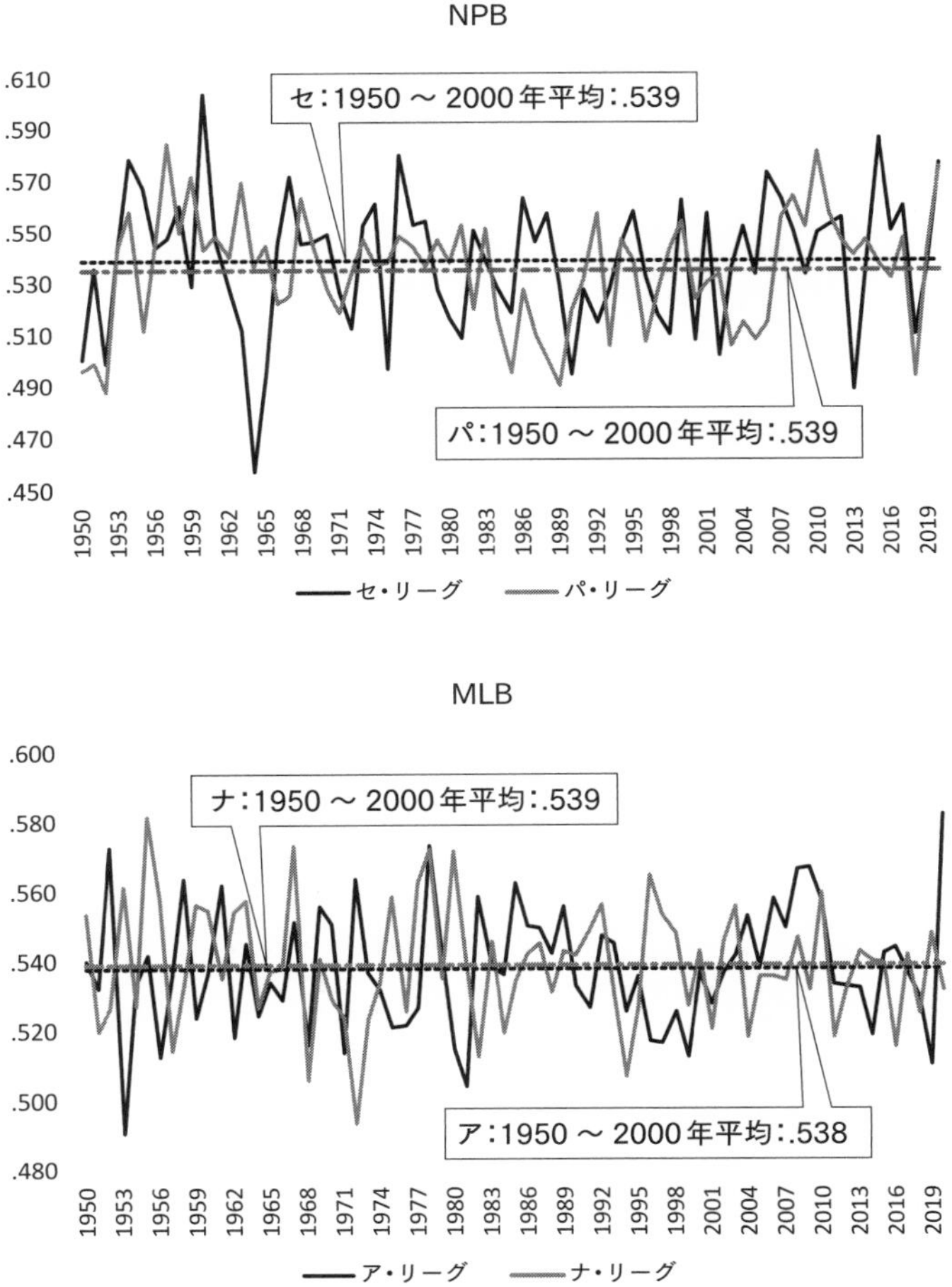

（出所）日本プロ野球記録、Baseball-Referenceの公表データに基づき筆者作成

団体競技全般に関し、ホームアドバンテージが生じる理由について、学術的には①習熟要因、②移動要因、③ルール要因、④観衆要因という主に４つのファクターに整理されることが多い。[17]

これらの要因の寄与度を正確に分解することは難しいが、プロ野球に関し、①習熟要因と②移動要因は限定的と考える。なぜなら、①習熟要因については、毎年のリーグ戦を通じ敵地でも数多くプレーしているし、選手の移籍もある。②移動要因についても、リーグ戦を繰り広げる中では、ホームゲームだって、直前の試合がアウェーだった場合には遠征地からホームへの移動が生じるわけで、一概にホームチームの移動負担が軽いとは言えない。そこで、以下では、まず④観衆要因について考察し、ホームチームの勝率から観衆要因を除いた分が、概ね③ルール要因に相当するものと捉えることにしたい。

ホームの大声援はホームチームをどの程度有利にするか

野球など各競技における観衆要因の大きさについては、２０２０年以降、コロナ禍に伴う無観客試合が増えたため、統計的に十分な試合数とはいえないが、無観客でのホームチームの勝

17　Courneya, K.S. & Carron, A.V.（1992）The home advantage in sport competitions: A literature review. In Journal of Sport & Exercise Psychology

（図表 6-2）コロナ禍前後でのホームチームの勝率の比較

	NPB	MLB	NBA	NFL	NHL
2003-2018	.542	.540	.595	.573	.618
2019（コロナ前）	.541	.529	.561	.518	.611
2019（再開後）	—	—	.443	—	—
2020	.576	.557	.544	.498	.605

	サッカー（ドイツ）	サッカー（イングランド）	サッカー（イタリア）	サッカー（スペイン）
2003-2018	.612	.620	.628	.628
2019（コロナ前）	.551	.597	.526	.654
2019（再開後）	.419	.597	.556	.567
2020	.590	.485	.549	.583

（出所）日本プロ野球記録、Baseball-Reference、worldfootball.net、Bascketball-Reference、ProFootball-Reference、Hockey-Reference の公表データに基づき筆者作成

率を平年と比べることによりある程度占うことができる（図表６‐２）。

この点、野球については、２０２０年シーズンにおけるホーム試合の勝率は平年よりむしろ高めとなっており、ホームアドバンテージが喪失したようにはみえない。これに対し、ヨーロッパのサッカーでは、既に散々報道されているとおり、２０１９シーズンのコロナ禍以降、ホームチームの勝率が低下気味だ。

この他のいくつかの人気競技についてもみていくと、まず、バスケットボール（ＮＢＡ）については、元来ホームアドバンテージが大きいのだが、２０１９年シーズンはコロナ禍による

中断からの再開後、全対象チームを中立地に参集させ無観客試合を行った結果、主催チームの勝率は44・3％にまで落ち込んだ。無観客で実施されている2020年シーズンもコロナ禍以前と比べればホームチームの勝率がやや低めとなった。

アメフト（NFL）については、もとより試合数が少ないため統計的な推量が難しいうえ、コロナ禍のもとでの観客の受け入れ方針について各チームが州ごとに大きく異なる規制に準拠しただけに事情が複雑である。2020年シーズンはホームチームの勝率が49・8％にまで低下し、確かにホームアドバンテージが縮小したようにみえるが、ホームチームの勝率は、どういうわけかコロナ禍がおきる前の2019年シーズンも低めとなっており、何とも言い難い。

アイスホッケー（NHL）については、2019年シーズンは、コロナ禍によりそのままレギュラーシーズンが終了となってしまい、再開後はポストシーズンのみの実施となった。無観客で開始された2020年シーズンのホームチーム勝率は平年よりわずかに低いが、目立った変化とまではいい難い。アイスホッケーでは、ホーム有利に仕組まれているルール[18]があり、観衆要因よりもルール要因がホームアドバンテージとして効いている可能性がある。

このように、無観客試合によるホームチームへの影響は競技により異なり、どうやら野球は

18　試合中断時の選手交代はアウェーチームが先に終える必要がある（ホームチームは相手の出方をうかがうことができる）など。

あまり影響を受けない部類のようにみえる。

ホームの大声援は、ホームチームをなぜ有利にするか？

それではなぜ観衆要因の影響度が競技によって異なるのだろうか。学術的な解明は今後の研究を待つ必要があるが、ここでは筆者の大胆な仮説を述べさせて頂く。

その仮説は、審判の主観的判断を要するプレーの多い競技ほど、審判の判断がホームの大声援に影響されるから（ないし「審判はホームの歓声に応えた判定をするべきもの」という興行上の暗黙の「お約束」があるから）、というものだ。その根拠は、NBAにおける長期的なホームアドバンテージの縮小傾向にある。この間、NBAでは3ポイントシュートが増加した半面、その裏腹として2ポイントシュートの攻防を巡るファウルなどに起因するフリースローが減少している（図表6‐3①）。これがNBAにおけるホームアドバンテージ縮小の主因だとすると、審判のファウル判定が微妙にホーム有利に行われてきたことを暗示している。また、サッカーでも、イエローカードやレッドカードはアウェーチームの方に多く出されやすい傾向があり（図表6‐3②）、このことも判定のホーム有利をうかがわせる。このように観衆要因の正体が審判の「ホーム贔屓」なのだとすると、ほとんどのプレーを客観的に判定可能な野球

（図表 6-3）バスケットボール・サッカーにおける ホームアドバンテージと審判の判定

①NBAにおける3ポイントシュート・
フリースロー試行数とホームチーム勝率の推移

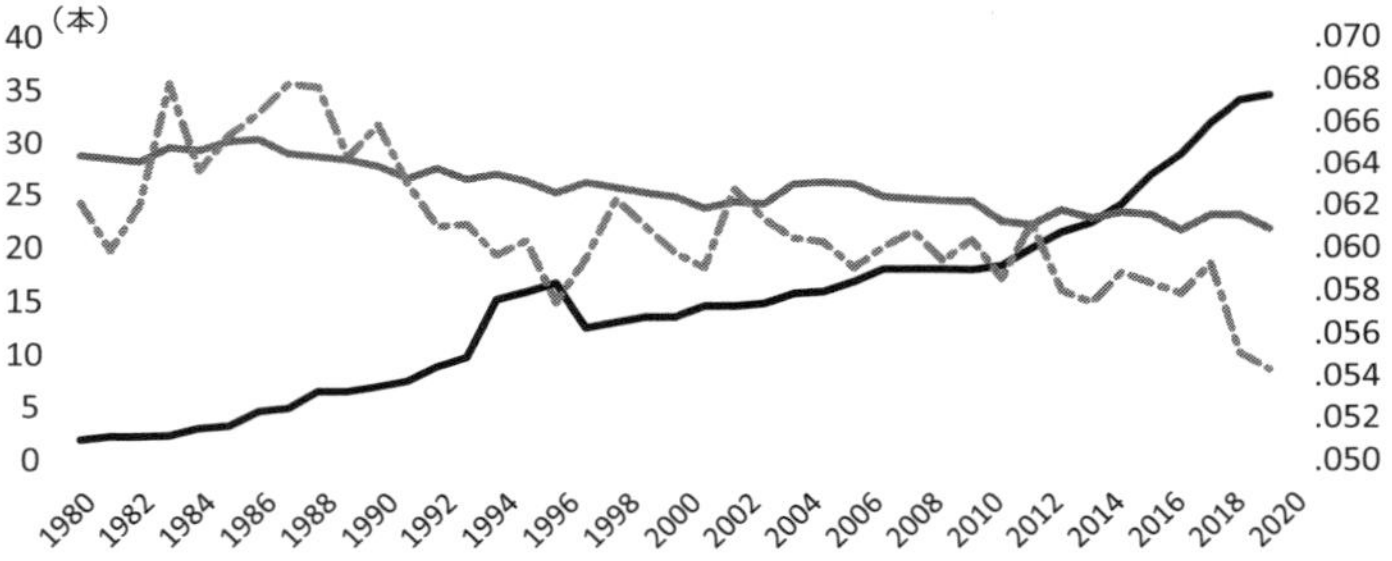

②欧州サッカーにおけるホーム・アウェー別の1試合あたり
平均イエロー・レッドカード数（2010～2021年）

（枚）

	ドイツ	イングランド	イタリア	スペイン
イエローカード				
ホーム	1.63	1.48	2.14	2.41
アウェー	1.92	1.74	2.37	2.66
レッドカード				
ホーム	0.07	0.06	0.12	0.12
アウェー	0.09	0.08	0.16	0.15

（出所）Bascketball-Reference、WhoScored.com の公表データに基づき筆者作成

において観衆要因が働きにくいことの説明もつく。

むろん、観衆要因がホームチームを有利にする理由はこれだけではないかもしれない。例えば、応援による「精神面の後押し効果」は最も運動量に作用しやすく、運動量の多さが得失点・勝敗に直結する競技ほど、応援が勝利を後押しする効果が大きい、という仮説も成り立ち得るだろう。そうした見方にたったとき、確かに野球については、相対的にみれば、運動量の多さより一瞬のタイミングを捉えて正確にパワーを出し切る技術力の方が重要なのかもしれない。

球場で声を枯らして応援しているファンの立場からすると少々切ないが、野球において観衆要因はあまり大きくないということだ。ホームアドバンテージの大半は、ルール要因によるのではないか。そして、野球におけるルール要因の最たるものは、先攻か後攻かの違いである。

延長戦において、後攻のアドバンテージはどうなるか？

以上でみてきたとおり、ホームチームの勝率「54％」は、そのアドバンテージの大半が「後攻であることによる利」なのではないかと考えられる。後攻が有利な理由について巷間では、表のイニングでの失点数を踏まえ、裏の攻撃回で目標とすべき得点数を認識できるから、といった説明がよく聞かれる。ただ、筆者は、そういう説明よりも、終盤まで僅差でもつれた場合、後攻の方が、守備イニングが早く消化され、攻撃イニングが遅くまで残るため、積極的にリスクテイク行動をとりやすいから——例えば、代打や継投など選手起用や、盗塁やエンドランなどの作戦を積極的に仕掛けやすい——、という説明の方が正しいとみている。その根拠は、9回までの戦いと比べたときの延長戦における後攻のアドバンテージの変化にある。以下、延長戦における後攻のアドバンテージについて分析していこう。

延長戦ではホームアドバンテージが強まるＮＰＢと弱まるＭＬＢ

２０１０年代における延長戦でのホームチームの勝率をみると、ＮＰＢでは58％（３３９勝２４１敗２０３分）であり、全試合平均（54％）よりもホームアドバンテージが強まっている。これに対し、ＭＬＢについては52％（１０９９勝１０２３敗）と全試合平均（54％）よりホームアドバンテージが薄れている。なお、ＮＰＢ・ＭＬＢとも延長戦に突入した試合数の割合は、ともに全試合数の９％程度となっている。

ＮＰＢ・ＭＬＢの延長戦におけるホームチームの勝率の違いをもたらした背景として、延長戦を12回までとするＮＰＢと、決着がつくまで無制限に行うＭＬＢとのルールの違いが挙げら

（図表 6-4）延長戦で決着のついたイニング別の 先攻・後攻の勝利数（2010 ～ 19 年）

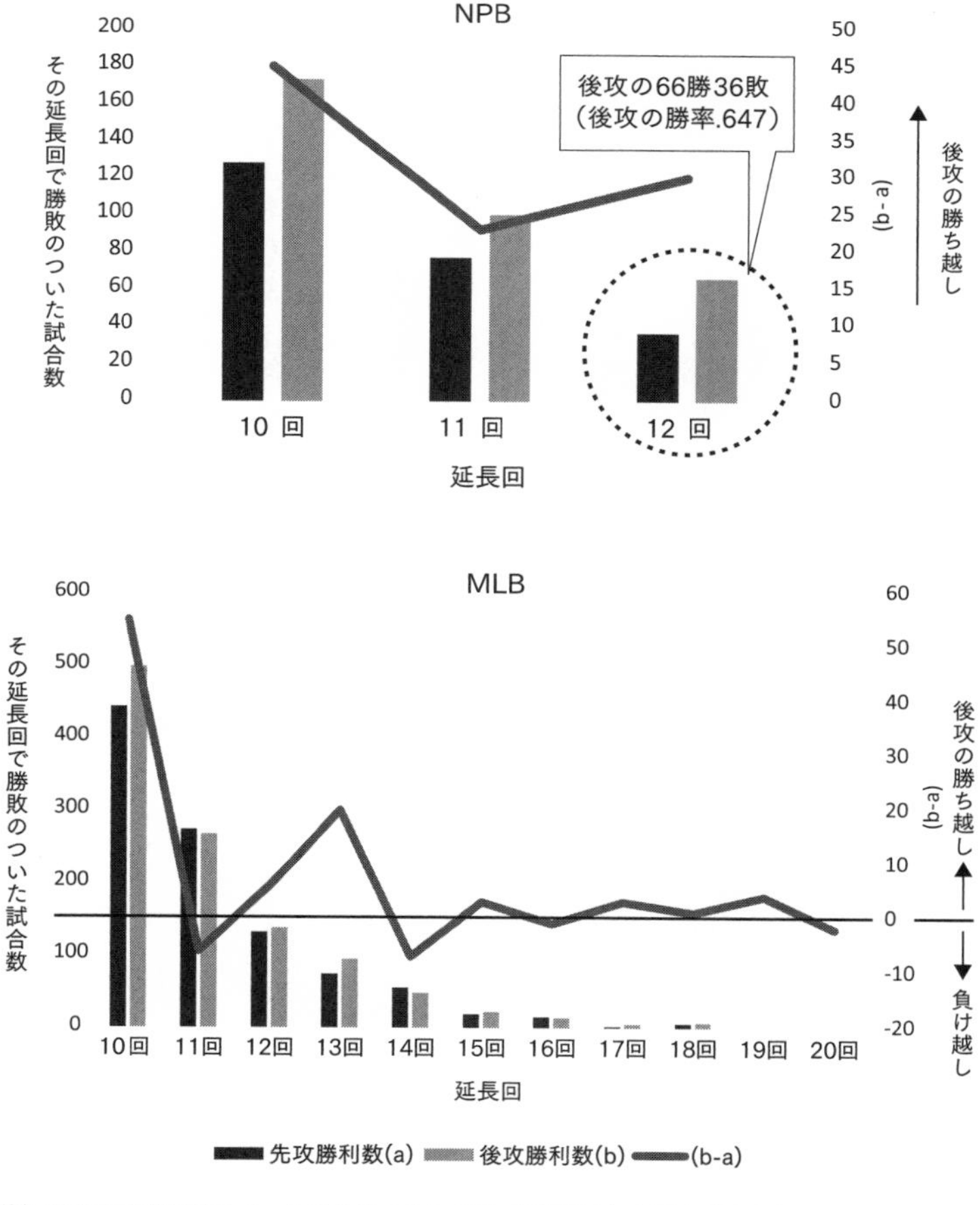

（注）NPB では延長戦となった試合数のうち 26％（203 試合）が引き分けとなっている。
（出所）日本プロ野球記録、Baseball-Reference の公表データに基づき筆者作成

れる。2001年～19年シーズンのMLBで延長戦になった全試合について、決着がついた延長イニング別の勝敗分布をみると、延長10回で決着した試合では後攻の勝率が高く、一方、延長回が長引くにつれ、どちらが有利ともいえなくなっている（図表6‐4）。

延長戦入り後まもなくは後攻有利も、徐々に利が薄れていくのはなぜか

延長戦入り後まもなくは後攻有利となる背景については、後攻チームの方がサヨナラを狙って積極的な選手起用や作戦をとる傾向が強いからではないだろうか。例えば、同点で9回を迎えた場合、後攻チームは9回表のマウンドにクローザーを送り込むケースがよくみられる。

ただ、こうした積極的な作戦行動は、目先の勝利可能性を高め得る半面、成果があがらなかった場合、先行きの勝利可能性を低下させる。そのため、延長イニング数が長引くにつれ、継投や代打などの切り札を後出しする先攻チームが盛り返し、最終的にはイーブンとなるのではなかろうか。

この仮説に基づくと、NPBにおいて延長戦でのホームアドバンテージが強まるのは、後攻チームの利が薄くなりきる前に試合が打ち切られるから、ということになる。また、後攻チームは12回裏の攻撃において、後先を考えず、ベンチに残っているありったけの選手を代打・代

走に動員できるメリットもある。ＮＰＢにおいて延長12回で勝敗の決した試合のホームチームの勝率をみると、10回、11回で決した試合での勝率と比べ明らかに高い（前掲図表６‐４）。

コロナ禍のもとでの特例として、延長10回までとしたＮＰＢとタイブレーク制を導入したＭＬＢ

コロナ禍に見舞われた２０２０年シーズンにおいて、ＮＰＢ・ＭＬＢとも選手の負担への配慮から延長戦に特例措置を設けた。ＮＰＢにおいては延長イニングを10回までに制限する措置がとられ、さすがにここまで延長イニング数が少ないと、端的に引き分け数の増加を招いた（２０２０年シーズンの延長戦は後攻の８勝11敗40分）。

一方、ＭＬＢではタイブレーク制を導入した。タイブレーク制とは、試合の決着を早めるべく、走者を置いた状態から攻撃回を開始する仕組みをいい、２０２０年からのＭＬＢでは、延長10回以降、無死二塁の状態からのイニング開始となる。因みに、タイブレーク制は、アメリカではメジャーに先駆けマイナー最上級リーグ（ＡＡＡ）で２０１８年から導入され、東京五輪やワールド・ベースボール・クラシック（ＷＢＣ）などの国際試合でも採用されている。高校野球でも２０１８年大会からとり入れられている。タイブレーク制導入は、試合の早期決着という所期の目的どおりの成果をもたらしており、２０２０年ＭＬＢでは、延長戦となった試合の７割前後が延長10回のうちに決着し、延長12回以上までもつれる試合は５％に満たない（図表６‐５）。試合の決着が早まる理由について本書版得点数推計モデルを使って机上計算すると、通常、イニングが無得点で終わる確率は71・３％であるが、無死二塁からの攻撃開始だと44・６％にまで低下する（図表６‐６①）。たとえ好投手であってもイニング中に１人前後の走者を許すものなので（第四話参照）、高い確率で二塁走者が生還できるからだ。イニングを無得点で終わる確率が低下し、期待される得点数分布のバラツキが大きくなると、表裏の得点数が同じになる確率が下がるため、その分、試合の決着が早まるわけだ（図表６‐６②）。[19]

実力が拮抗しているチーム同士の対戦なのに、短いイニングで勝敗が決するということは、タイブレーク制での勝敗は運不運に左右される面が大きいことを意味する。かくも運に左右される要素が高まると、パフォーマンスに劣るチームにも勝機が出てくる。ここで、ＮＰＢ

19　救援投手は先発投手以上に高い奪三振率が武器であり、特にタイブレークにおいては奪三振能力の高さがものをいう。ＮＰＢのクローザー史上屈指の奪三振率（９イニングあたり奪三振数）といえば、なんといっても２０１７年のデニス・サファテ投手（ソフトバンク）の13・91だろう。競技が異なるが、東京五輪のソフトボール日本代表において、主に試合終盤を任された後藤希友投手（トヨタ自動車）の奪三振率は驚異の18・56だった。野球の日本代表でクローザーを務めた栗林良吏投手（広島）も、２０２１年シーズンの奪三振率は13・93に上る。

（図表 6-5）タイブレーク制のもとでの試合の早期決着

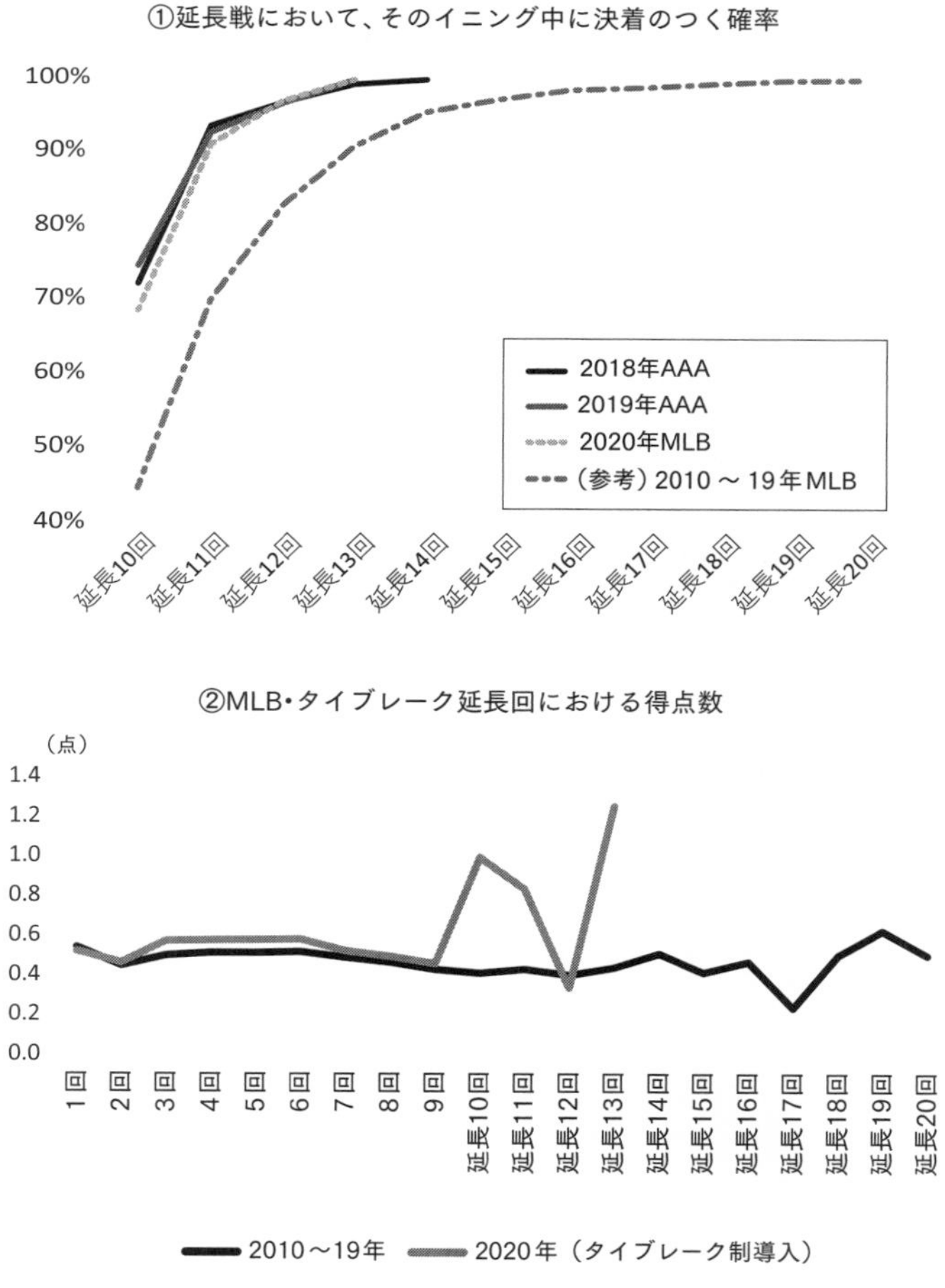

（出所）MLB.com（メジャーリーグ公式サイト）、MiLB.com（マイナーリーグ公式サイト）、Baseball-Reference の公表データに基づき筆者作成

（図表6-6）タイブレーク制で試合の決着が早まる理由（試算）

①イニング中に期待される得点数の分布

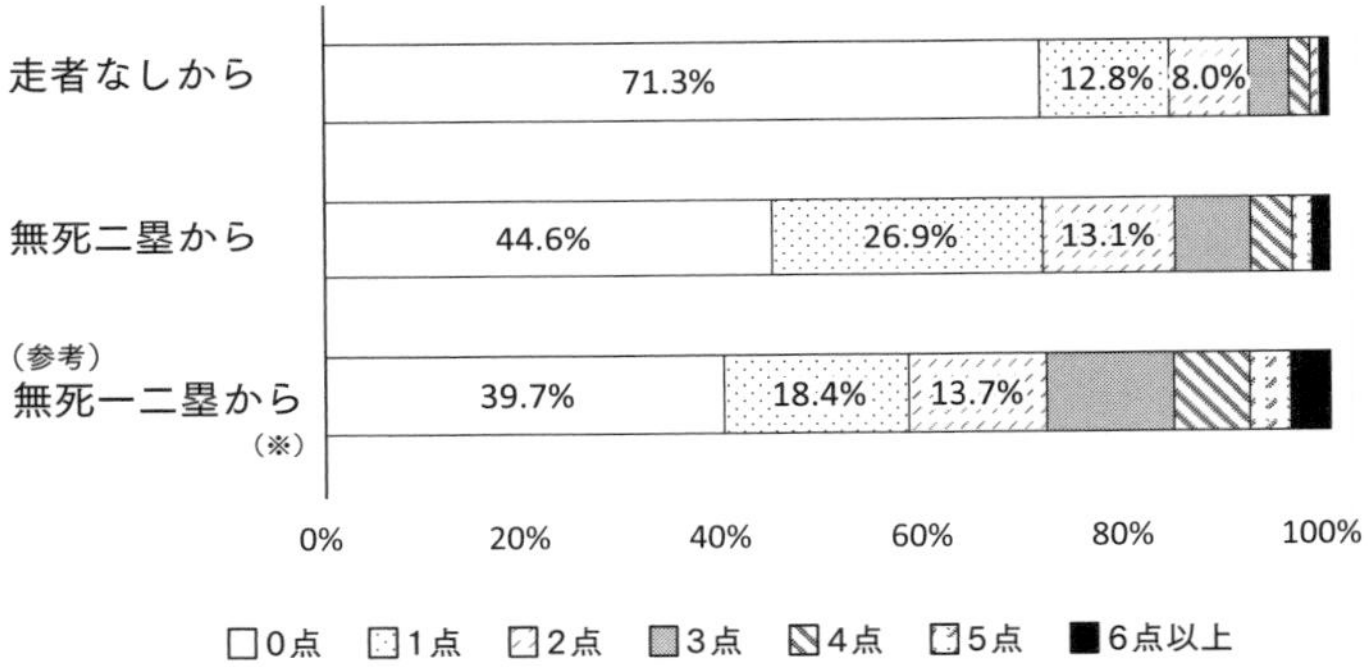

②タイブレーク最初のイニングで試合の決着がつく確率

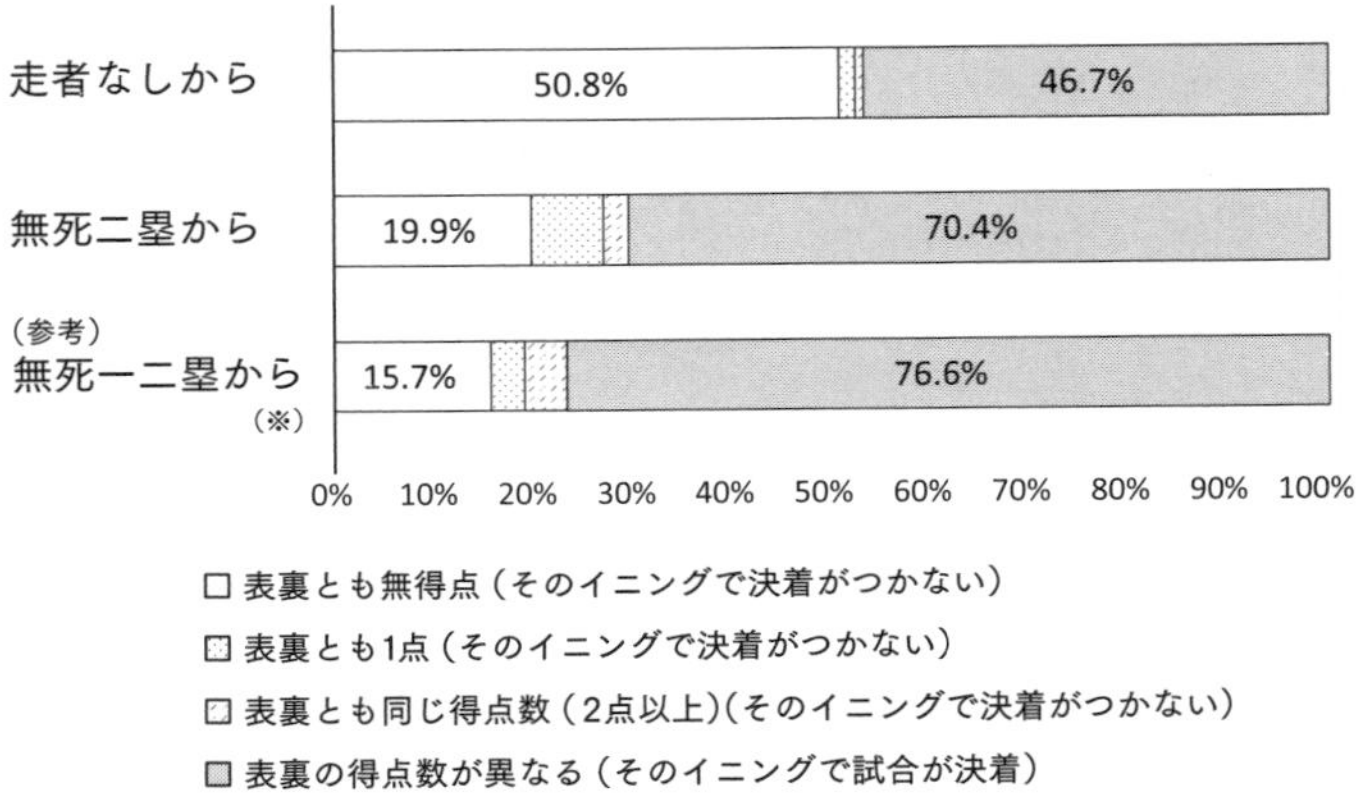

（※）東京五輪（延長10回以降）や高校野球（13回以降）では無死一二塁からタイブレークを開始する仕組みとなっている。

（注）平均的な打者（（図表1-1）と同じ想定に基づく）9人からなるチームを想定し、本書版得点数推計モデルにより試算。

（出所）日本プロ野球記録の公表データに基づき筆者作成

の歴史上、戦後まもなくを除き最も得点力の高かった「１９８０年・近鉄いてまえ打線」と「２０２０年ＮＰＢの平均打者並みのチーム」とをコンピュータ上で戦わせてみよう。すると、通常の延長戦であれば、延長10回のうちに「ＮＰＢチーム」が勝てる確率は22・6％しかないが、タイブレークであれば33・6％にまで高まる。作戦運用の積極性云々とは無縁の運不運が雌雄を決する度合いが高まるほど、後攻の有利は消失すると考えられる。

タイブレーク制では先攻有利

ただ、驚くことに、タイブレーク制のもとでは、ＡＡＡ（２０１８・１９年）において先攻１５５勝１５０敗、ＭＬＢ（２０２０年）において先攻36勝32敗と、いずれも先攻が勝ち越している。前述のように、タイブレークにおいて運の要素が強まることは、後攻の有利がなくなることまでは説明し得ているが、五分五分を通り過ぎて先攻有利となる理由は何なのだろうか。

この点、筆者は、選手心理へのプレッシャーが影響している可能性が高いとみている。選手へのプレッシャーは、「丁か半か」以上の高い確率で成功できるが、失敗すると即敗退となるケースにおいて最も高くなるのではなかろうか。タイブレークでは得点が入りやすいため、後攻チームは表のイニングで失点しても裏の攻撃回で挽回できる確率は高いが、挽回できなければ即負けである。こうした状況は、サッカーのＰＫ戦と似ていて、事実、サッカーのＰＫ戦では先攻有利といわれている。ロンドン・スクール・オブ・エコノミクスのイグナシオ・パラシオス・ウエルタ教授によると、ＰＫ戦における先攻の勝率は約6割であり、先攻・後攻を決めるコイントスに勝った主将の90％以上は先攻を選択している、とのことだ。そして、先攻有利の理由は「ポイントを先行されることからくる精神的なプレッシャーが、後に蹴るチームのパフォーマンスに明らかに影響を及ぼしている」からだという。[20]

ただ、日本の高校野球の場合、投手力中心に捉える観念が強いだけに、たとえ客観的にはタイブレークがやや先攻有利だとしてもなお、投手が強い心理的重圧を受け、その結果として後攻有利となる可能性は否定できない。

20　J. Apesteguia and I. Palacios-Huerta, "Psychological Pressure in Competitive Environments: Evidence from a Randomized Natural Experiment"（2010年）

コラム❹ クライマックス・シリーズにおいてホームチーム（レギュラーシーズンの上位チーム）はどの程度有利か？

NPBでは、2007年以降、各リーグの日本シリーズ進出チームを決定するためのクライマックス・シリーズが導入されている。[21] 同シリーズではまずファースト・ステージが行われ、シーズン2位・3位チームが2位チームの本拠地にて2戦先勝制で対戦する。その後まもなくファースト・ステージの勝者とシーズン優勝チームが、優勝チームの本拠地にてファイナル・ステージを4戦先勝制で戦う。ただし、ファイナル・ステージではホームチームに予め1勝分のアドバンテージが与えられるため、ホームチームは先に3勝すれば勝ち上がりが決定する。また、やや細かなルールとして、引き分けの試合が生じた場合、ややホームチーム有利に働く。すなわち、ホームチームは、最大6試合のシリーズで勝率5割以上を確定させれば勝ち抜けられることになっており、例えば1勝のアドバンテージを含めホームチームの「3勝1分」「2勝3分」などとなった場合、直ちにホームチームの勝ち上がりが決定する。

21　ただし、2020年シーズンはコロナ禍のため、パ・リーグのファイナル・ステージのみの実施となった。

このようにやや特殊な仕組みとなっているクライマックス・シリーズにおいてホームチームはどの程度有利なのだろうか。

まず、ファースト・ステージについてみると、これまでのところホームチームの勝ち上がり率は42・3％（2020年まで26回中11回）であり、試合ごとの勝率も・448にとどまる。ホームチームのアドバンテージがみられない理由は2戦先勝制という超短期決戦のせいであり、ホームであれアウェーであれ、勢いを得た側がそのまま勝ち上がりやすい傾向があるようだ。

次にファイナル・ステージについてみてみよう。ホームチーム（シーズン優勝チーム）の勝ち上がり率は77・8％（2020年まで27回中21回）であり、試合ごとの勝率も・573とレギュラーシーズンより高めとなっている。その背景には、ルール上、ホームチームに与えられた次の3つのアドバンテージが考えられる。①1勝のアドバンテージ、②ファースト・ステージの免除、③全試合をホームで戦えることである。これらの要素がそれぞれどの程度ホームチームを有利にしているか、試算してみた（図表6C-1［イ］）。

これらの要素のうち、最も分かりにくいのは②のファースト・ステージ免除の影響なのだが、一般的に先発ローテーションの投手間でも防御率にバラツキがあり、先発投手の防御率が相手チームより良いと、試合の勝利確率が高まる傾向にある（図表6C-2）。そのため、ファースト・ステージが免除されるホームチームは、シリーズ序盤にエースを投入して、ファース

（図表 6C-1）クライマックス・シリーズ・ファイナルステージにおいてホームチームが勝ち上がる確率（試算）

［イ］試算結果

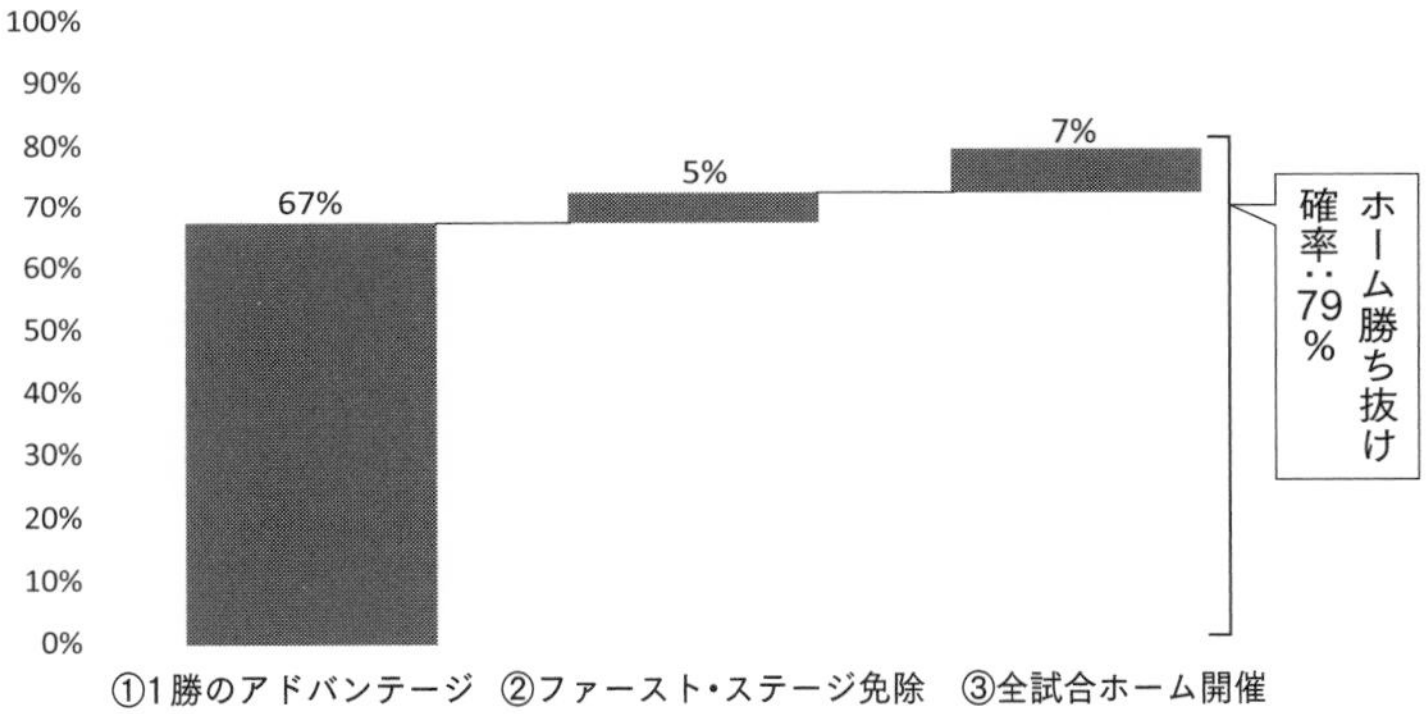

［ロ］［イ］のうち、②のファースト・ステージ免除の影響試算

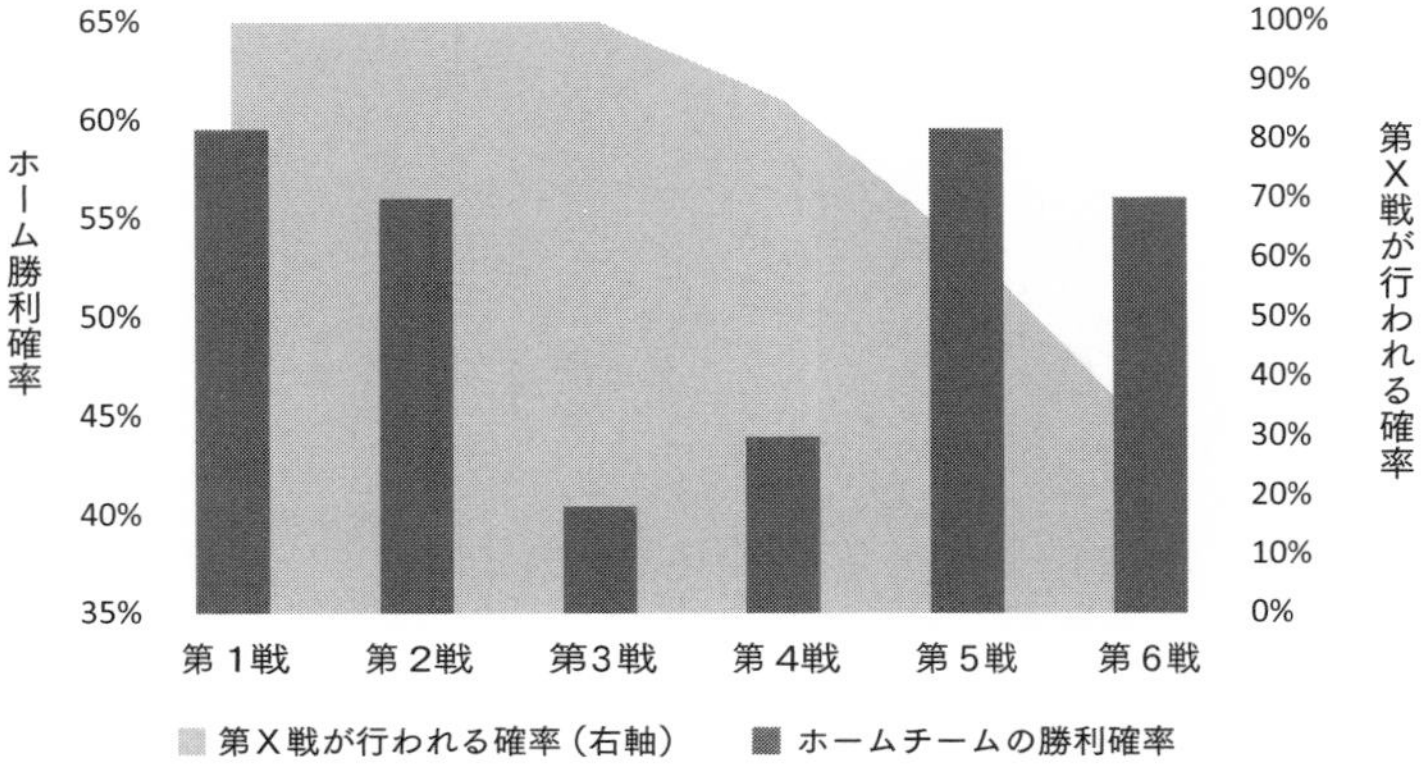

（注1）［イ］について、引き分けの発生確率は、2000年代以降のレギュラーシーズンにおける引き分けの確率どおり、2%と仮定。
（注2）［ロ］について、NPB全体の先発投手（2000～20年）の防御率の分布に基づき、先発1～6番手の防御率を仮定。この仮定に基づく、双方の先発投手の防御率の較差を（図表6C-2）に当てはめることにより、勝率を試算。
（出所）日本プロ野球記録の公表データに基づき筆者作成

（図表6C-2）対戦両チームの先発投手の年間防御率の較差と勝利確率

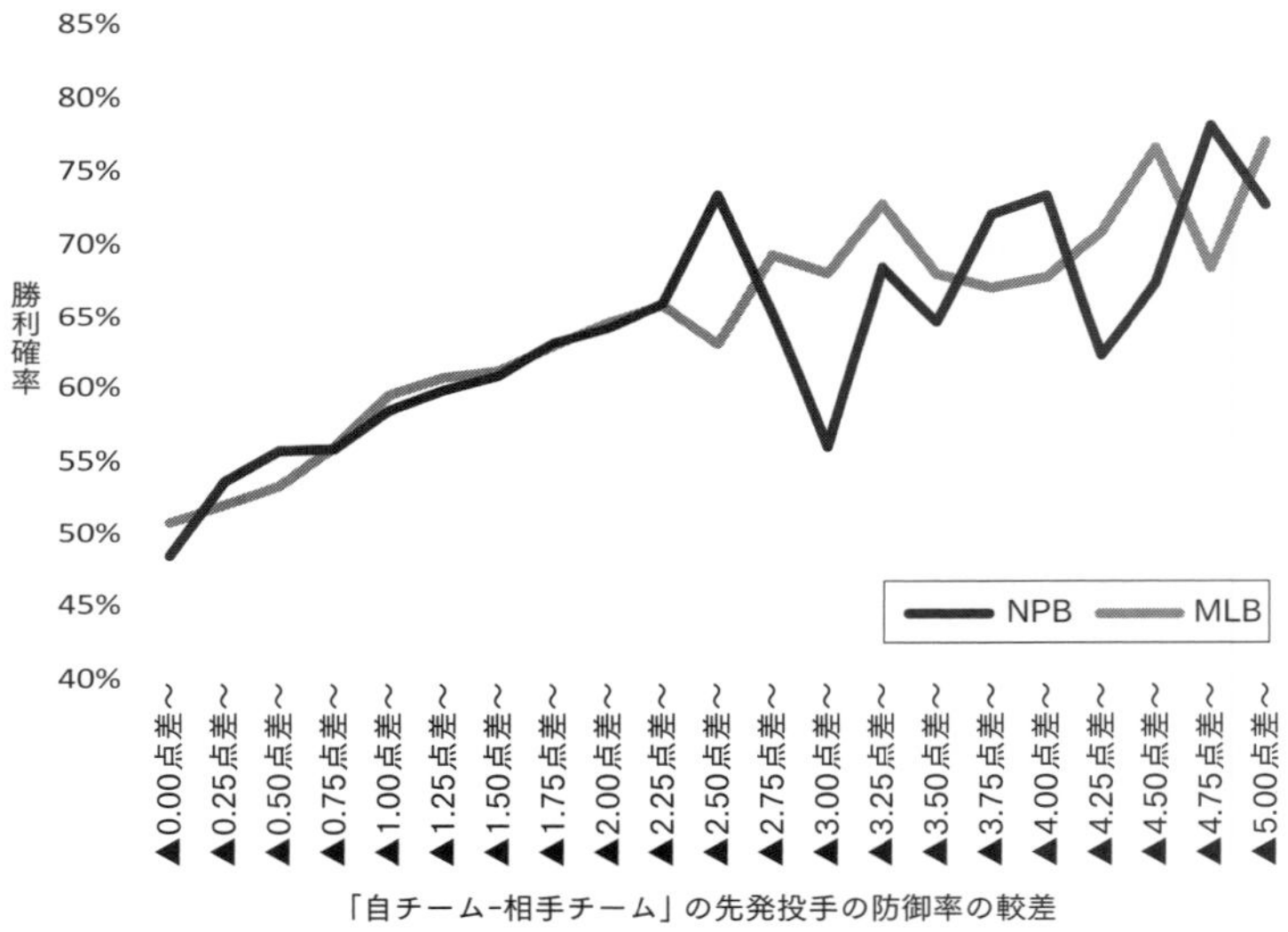

（出所）日本プロ野球記録、Baseball-Reference の公表データに基づき筆者作成

ト・ステージでエースを使ってしまったアウェーチームより優位に立つことができる（図表６Ｃ‐１［ロ］）。

こうやってみると２０１０年ロッテの「史上最大の下克上」は、改めて奇跡的だ。この年、リーグ３位から臨んだロッテのポストシーズンは、投打ともレギュラーシーズンと大差ない成績であり、[22] 破竹の勢いの連戦連勝というわけ

22　日本シリーズでのチーム76安打は史上最多記録なのだが、この年のロッテはレギュラーシーズンのチーム打率・２７５を誇っていたため、日本シリーズでまるで「確変」を起こしたように打撃好調となったわけではない。

ではなく勝ったり負けたりだったのだが、クライマックス・シリーズのアウェーチーム不利を粘り強く跳ね返し、日本シリーズまで勝ち切ったという勝負強さが感動を呼んだ。

コラム❺ NPBの本拠地球場がMLBより手狭というのは本当か？

昔からの野球ファンのなかに、時々、NPBの本拠地球場はMLBより手狭ではないかという人がいるが、それは本当なのだろうか。結論からいうと、かつては狭い球場が多かったが、今日においてはそれほど違いがない（図表6C‐3）。

球場の広さに関しては、アメリカの野球規則が事実上の国際基準となっており、わが国においてもそれに準じた公認野球規則が設けられている。ただ、かつては公認野球規則どおりでない球場が多かったため、MLBより手狭だったわけだ。明治神宮球場や横浜スタジアム、阪神甲子園球場など、昔からの本拠地球場は今なお公認野球規則の基準に未達である。一方、ロサンゼルス五輪（1984年）以降、国際標準との適合性が意識されるようになったため、それ以降に建造された球場のサイズは、MLBと遜色がない。

（図表6C-3）NPB・MLBの本拠地球場の広さ比較

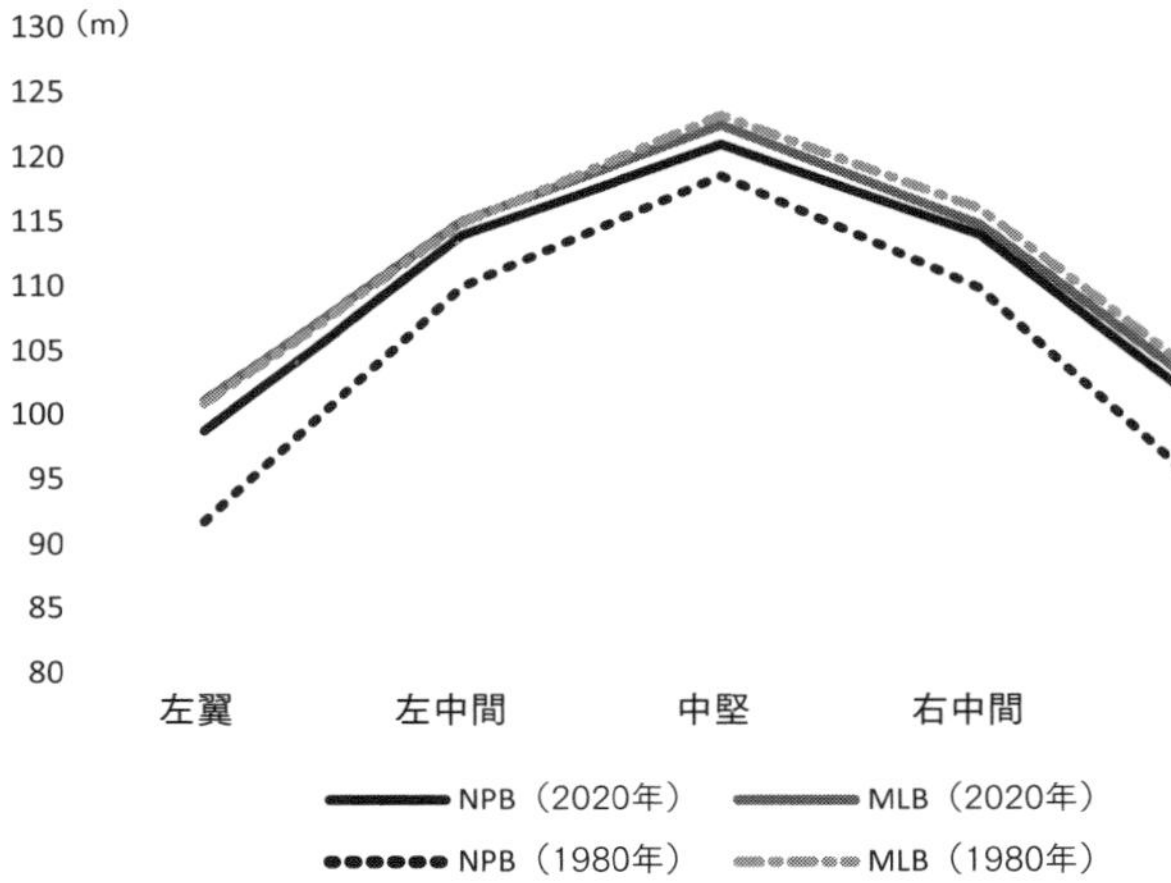

（出所）各球団・球場のホームページ等に基づき筆者作成

本塁打の出にくい阪神甲子園球場が公認野球規則に未達といわれると違和感を持つ人が多いだろう。実は、公認野球規則は両翼と中堅までの距離についてしか定めがなく、阪神甲子園球場は、右中間・左中間が深いのだが、両翼が公認野球規則に満たない。これに対し、東京ドームは、規則を守りつつ右中間・左中間のふくらみが小さく設計されており、このことが阪神甲子園球場などと比べ本塁打が出やすい理由の一つとなっている。ホームランテラス設置後の福岡ドームについても同様である。

一方、ＭＬＢの本拠地球場は古くから公認野球規則どおりの規格となっているところが多いが、例外がないわけではない。ＭＬＢ本拠地球場として最古のフェンウェイパーク（レッドソックスの本拠地）は、両翼の長さが規則未満となっている（右翼：92メートル、左翼：94・5メートル）。とはいえ左翼には高さ11・3メートルもの壁（グリーン・モンスター）がそびえ立つため、左翼席への本塁打は、概ね１１８メートルの飛距離に相当する。一方、右翼側はフェンスも低いため、右翼方向に本塁打の出やすい球場となっている。

本塁打の出やすさは、球場の広さによっても影響されているとみられ、このことは、球場の改修や移転前後で比較するとよく分かる（図表６Ｃ‐４）。例えば阪神甲子園球場では、１９９１年オフのラッキーゾーン撤去後、本塁打数が減少した。また、広島の本拠地試合での本塁打数も、手狭な旧・広島市民球場からマツダスタジアムへの移転（２００９年）後、減少している。これとは反対に、福岡ドームではホームランテラス設置（２０１４年オフ）後に本塁打数が増加した。もっとも、球場の改修・移転による「得点数」への影響は本塁打数に比べれば限定的であり、狭い球場が一概に打者有利とはいえなさそうだ。

（図表 6C-4）本拠地球場改修等前後の 1 チーム・1 試合あたり本塁打数・得点数の変化

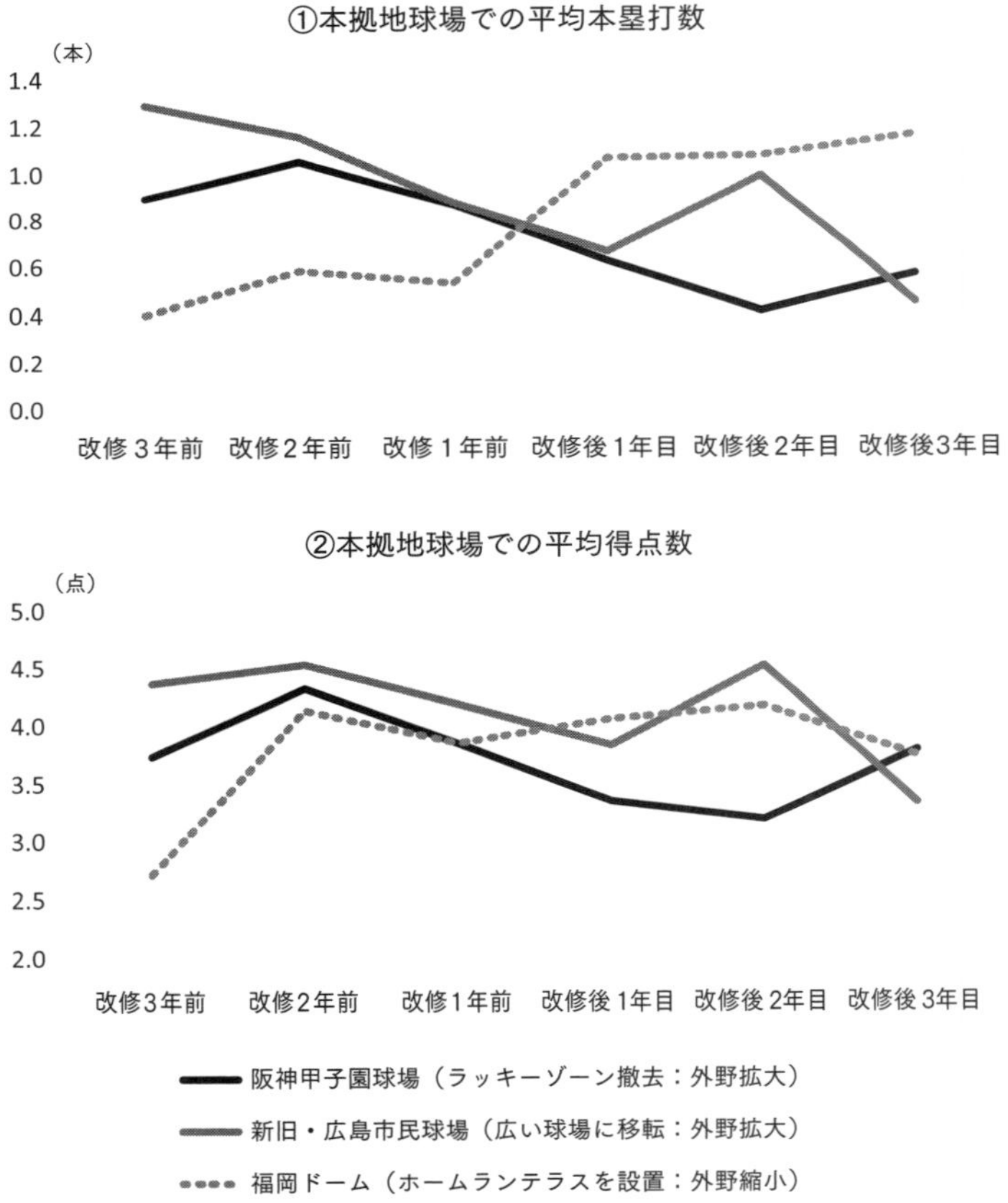

（注）各本拠地球場での試合における対戦両チームの本塁打数・得点数を合計し、1 チーム・1 試合あたりの値を求めたもの。
（出所）日本プロ野球記録の公表データに基づき筆者作成

第七話　ルーズヴェルト・ゲーム（8対7）が本当に最も面白い試合なのか？

ルーズヴェルト・ゲームとは何か？

「ルーズヴェルト・ゲーム」とは8対7で決着した野球の試合のことを指し、アメリカのフランクリン・ルーズヴェルト大統領が、１９３７年1月、野球記者協会から招待されたディナーへの欠席を詫びた手紙の中で「一番面白いゲームスコアは8対7だ」と記したことが由来とされる。ルーズヴェルト・ゲームは20世紀以降のＭＬＢの歴史上、全試合の１・２％程度なので、偶然にもこの「一番面白いゲームスコア」の試合を観戦できたファンは、年末ジャンボ宝くじを１００枚購入して4等（5万円）が当たるのと同程度にラッキーということになる。そして、ルーズヴェルト・ゲームがなぜ面白いのか、というと、それをタイトルとする池井戸潤さんの小説が２０１４年にＴＢＳ系列でテレビドラマ化されたときのキャッチフレーズ（「決して諦めないサラリーマンに贈る逆転につぐ逆転の物語」）のとおり、エキサイティングな逆転劇が期待できるからなのだろう。

しかしながら、「8対7」が本当に逆転につぐ逆転がみられる、多数ファンの愛好するゲームスコアなのだろうか。以下、ルーズヴェルト・ゲームについて考察していこう。

ルーズヴェルト大統領の時代の野球のトレンド

まず前置きとして、ルーズヴェルト大統領が「8対7」のスコアを好んだ背景からみてみよう。そこには、20世紀前半のMLBにおける投打バランスの劇的な変化が影響している可能性がある。

1900～10年代のMLBは、「死せるボール」時代——試合中にほとんどボールを交換せず、ボールの傷や汚れにより打球の飛距離が伸びにくかった投手優位の時代——といわれる。実際、1900～10年代は1試合あたり平均得点数（約3・5点）が現代（約4・5点）より約1点も少なかった（図表7‐1①）。また、勝利チームの得点が3点以内というロースコアな試合数の割合をみても、現代（2割前後）の1・5倍程度（3割前後）に上り、MLBの防御率などの歴代ランキングの多くはこの時代に集中している（図表7‐1②）。

（図表 7-1）MLB の歴史における１試合あたり得点数の振れ

①1 試合当たり平均得点数の推移

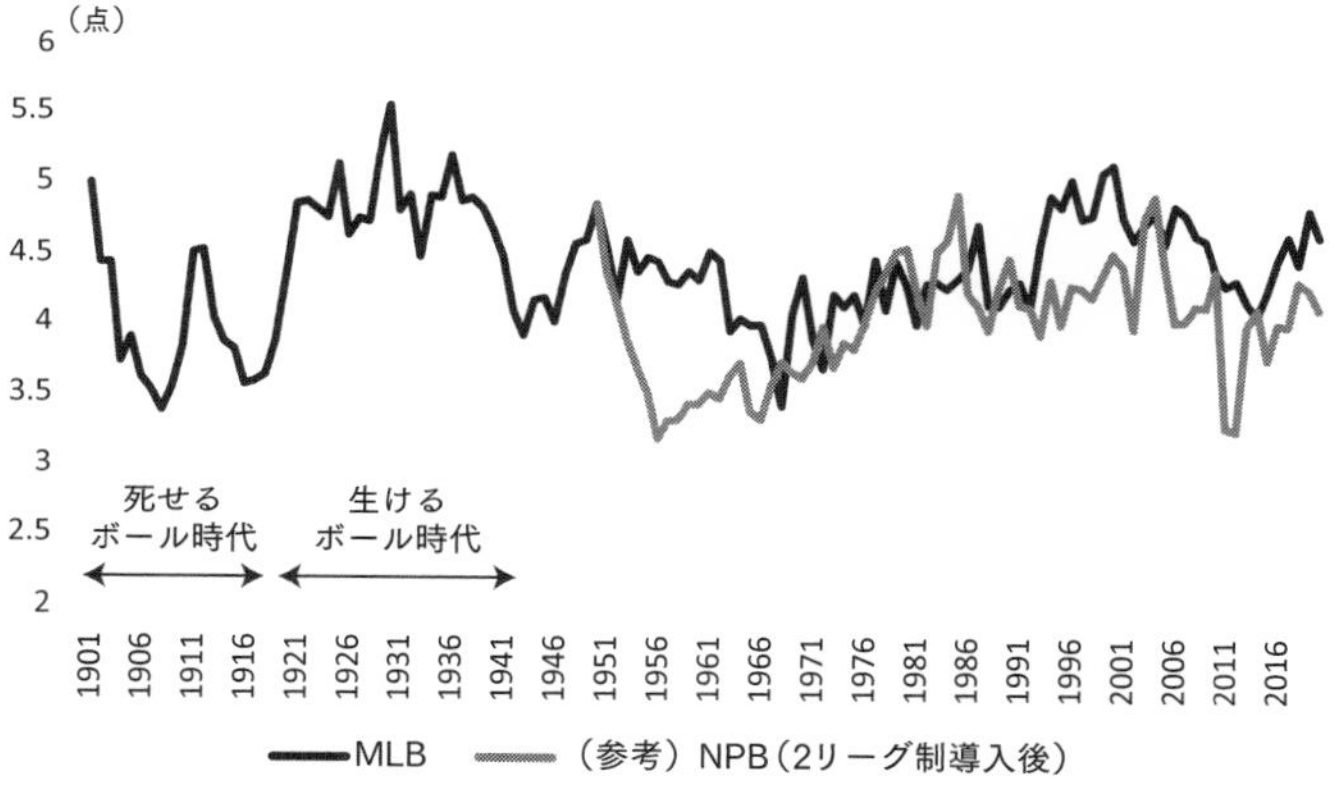

②MLB におけるロースコアな試合の割合の推移

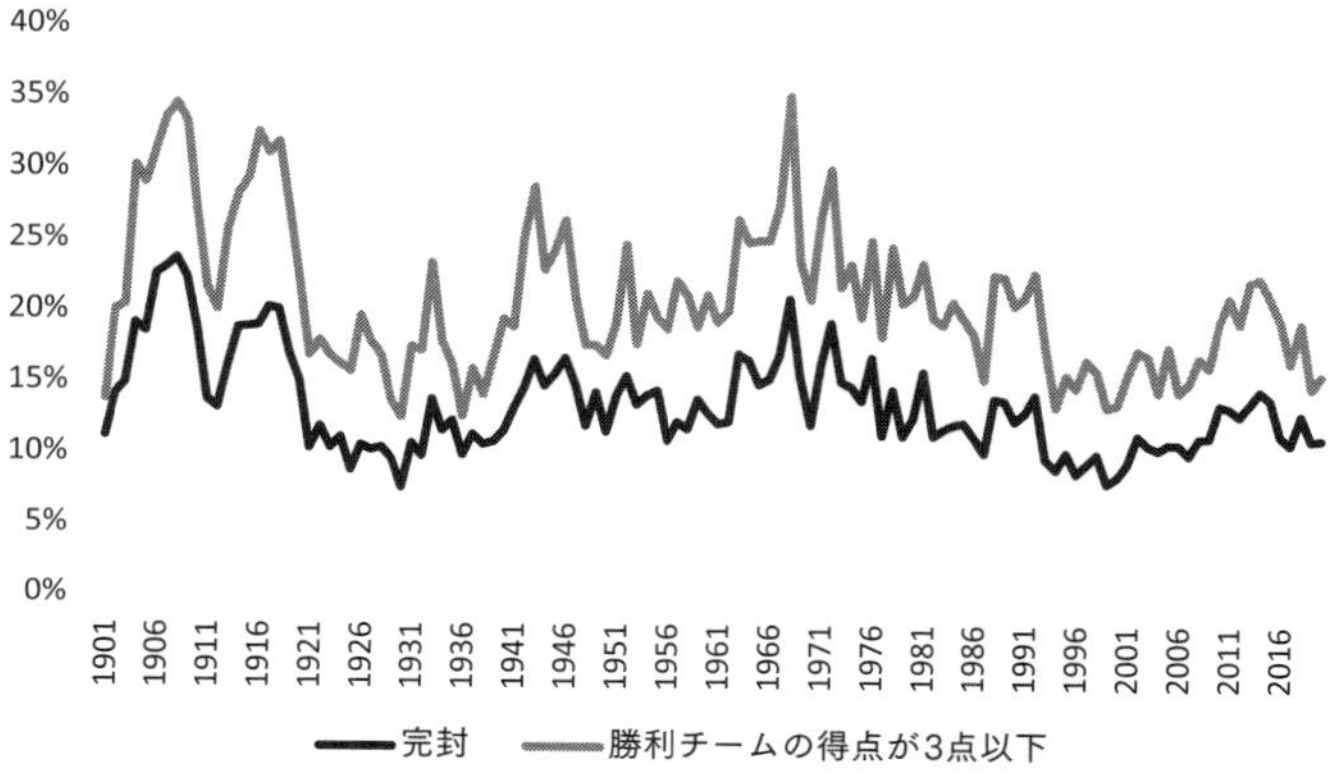

（出所）日本プロ野球記録、Baseball-Reference の公表データに基づき筆者作成

そこから一転、１９２０年〜４１年にかけては、ベーブ・ルース選手らのスターに牽引される形で打者優位の「生けるボール」時代となった。

「８対７が最も面白いゲームスコア」という見方は、アメリカで野球人気を高めた「生けるボール」時代の打ち勝つスタイルへの賛辞だったのではなかろうか。

ルーズヴェルト・ゲームにおいて逆転が多いことは確か

いよいよ本論に入ろう。８対７の試合では、本当に逆転につぐ逆転がみられるのだろうか。

ＭＬＢにおける２００１〜２０年のルーズヴェルト・ゲーム（全５２０試合）を調べると、８割近い試合で逆転がみられ、試合中の逆転回数に何度も逆転をみられる試合も珍しくない（図表７-２）。

むろん、ロースコアの接戦であっても逆転が生じる確率は相応にあるのだが、「８対７」のようなハイスコアの接戦となると、逆転が生じる確率が高まり、試合中に期待される逆転回数も多くなることは確からしい。

（図表 7-2）21 世紀入り後の MLB における
ルーズヴェルト・ゲームでの逆転回数等

①逆転回数

0回	115試合 (22.1%)
1回	174試合 (33.5%)
2回	126試合 (24.2%)
3回	70試合 (13.5%)
4回	27試合 (5.2%)
5回	6試合 (1.2%)
6回	2試合 (0.4%)

②逆転したビハインド

1点	78試合 (19.3%)
2点	107試合 (26.4%)
3点	71試合 (17.5%)
4点	63試合 (15.6%)
5点	46試合 (11.4%)
6点	27試合 (6.7%)
7点	13試合 (3.2%)

※複数回の逆転があった場合には、試合中最大ビハインド

（出所）Baseball-Reference の公表データに基づき筆者作成

逆転が多くなる条件は？

それでは、より一般的にどのような条件が整った場合、逆転が多くみられるのだろうか。ごく素朴に打高投低なチームは逆転が多いのではないか、と思われがちだが、実はＭＬＢのデータをみる限り、チームの得失点数の多さと逆転試合数の多さとはおよそ関係がない（図表７‐３）。これは、得点力の高いチームは大量得点をあげて圧勝する試合がある一方、僅差の試合に限ってみると必ずしも高得点での競り合いになっていないからだとみられる。得点力の高いチームが得点力の低いチームと僅差の試合結果となったということは、それはすなわち、普段、得点力の高いチームであっても、その日に限っては得点力の低いチームと競る程度の得点しかとれなかったということなのだろう。実際、Ｍ

（図表 7-3）チーム の得失点数と逆転勝利数との関係（MLB・2009 ～ 20 年）

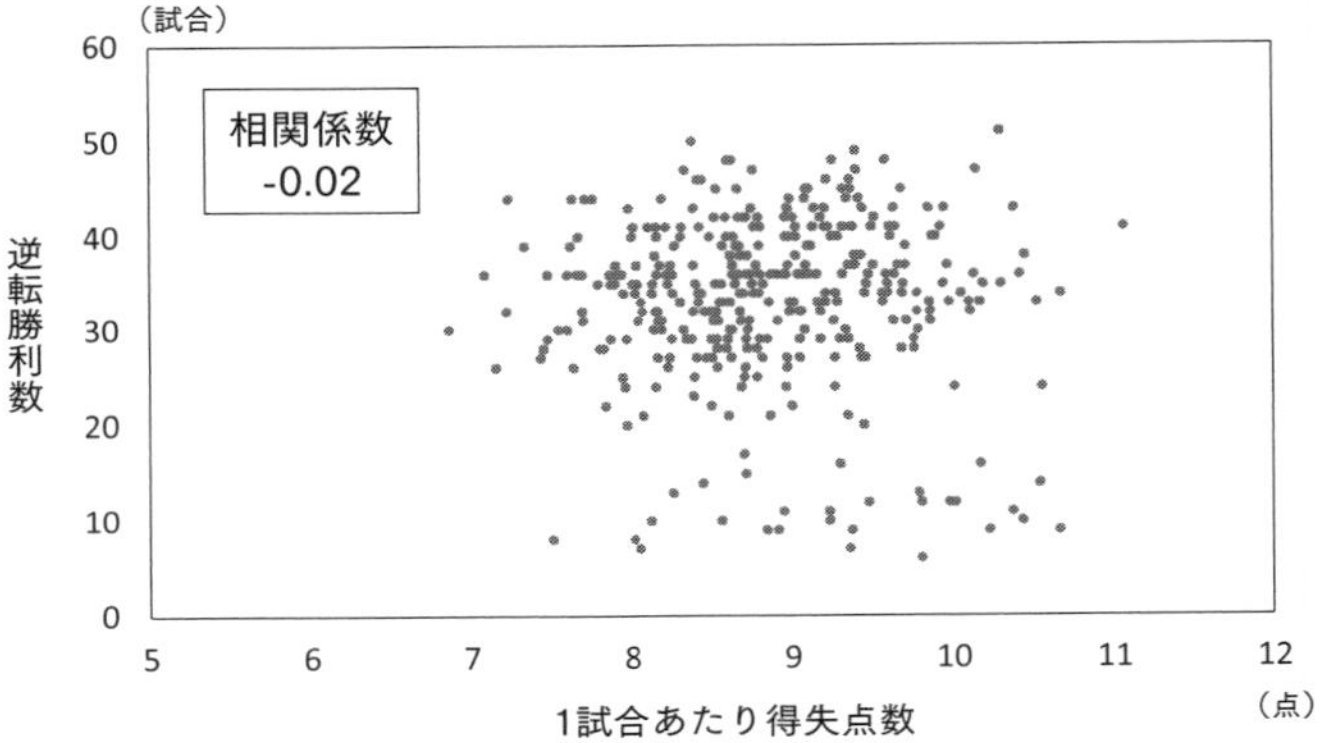

（出所）Baseball-Reference の公表データに基づき筆者作成

（図表 7-4）チーム得点力の高さと、1 点差試合での得点数との関係（MLB・2009 ～ 2020 年）

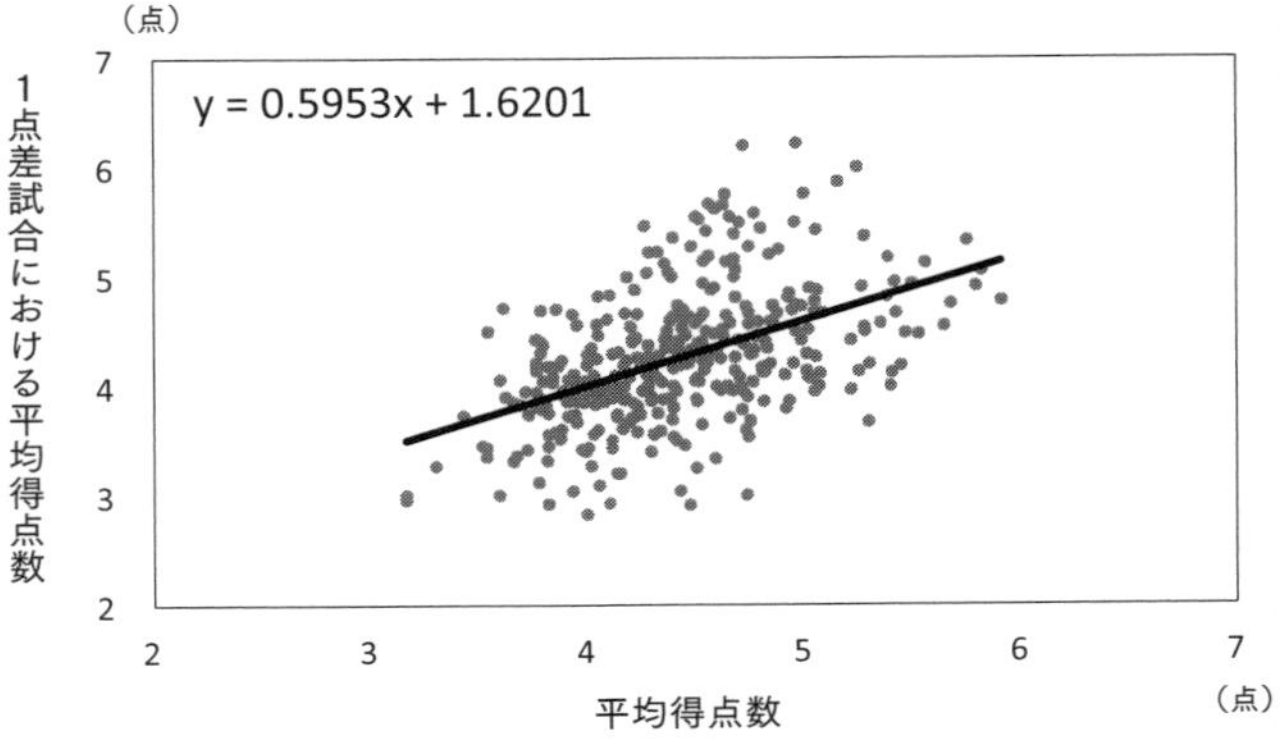

（出所）Baseball-Reference の公表データに基づき筆者作成

ＬＢのデータをみると、チームの得点力が1試合あたり平均＋1点高まっても、1点差試合に限ってみれば得点数の上昇幅は＋０・６点程度にとどまる（図表７‐４）。

ただ、この議論は、自チームの得失点数だけが多いことを前提としており、対戦相手も含めリーグ全体の得点数水準が高い場合には、結論が大きく異なる。ＭＬＢの長期データをみると、リーグ全体の得点水準が高いほど、逆転試合数が多くなる、という関係がはっきり認められる（図表７‐５）。

投打のバランスは「設計」するもの？

アメリカの古生物学者にして大の野球ファンであったスティーヴン・ジェイ・グールド氏は、投打バランスは人為的に「設計」されるもの、と主張している。[23] 氏いわく、ＭＬＢのリーグ打率が戦後ほぼ一貫して・２５０前後で安定的に推移している理由は、ルール管理者が無意識的ながらも人為的に、ボールやマウンドの規格、ストライクゾーンの広さなどの細部ルールを調整したからだという。

23　スティーヴン・ジェイ・グールド著『フルハウス　生命の全容―四割打者の絶滅と進化の逆説』（早川書房、２００３年）

（図表 7-5）MLB におけるリーグ全体の得点力水準と逆転試合数の割合の推移

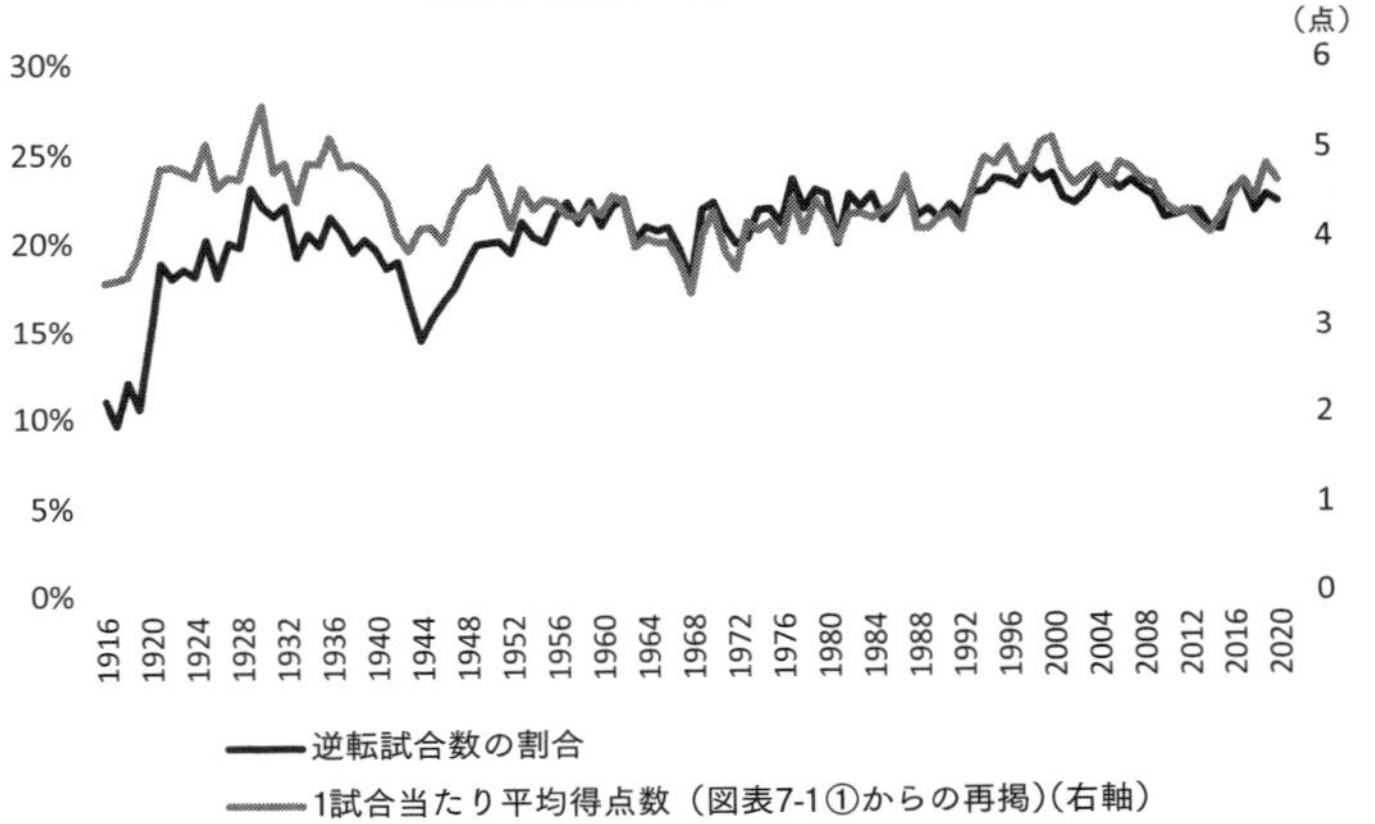

（出所）Baseball-Reference の公表データに基づき筆者作成

（図表 7-6）MLB におけるリーグ全体の得点水準とワンサイドゲームの割合の推移

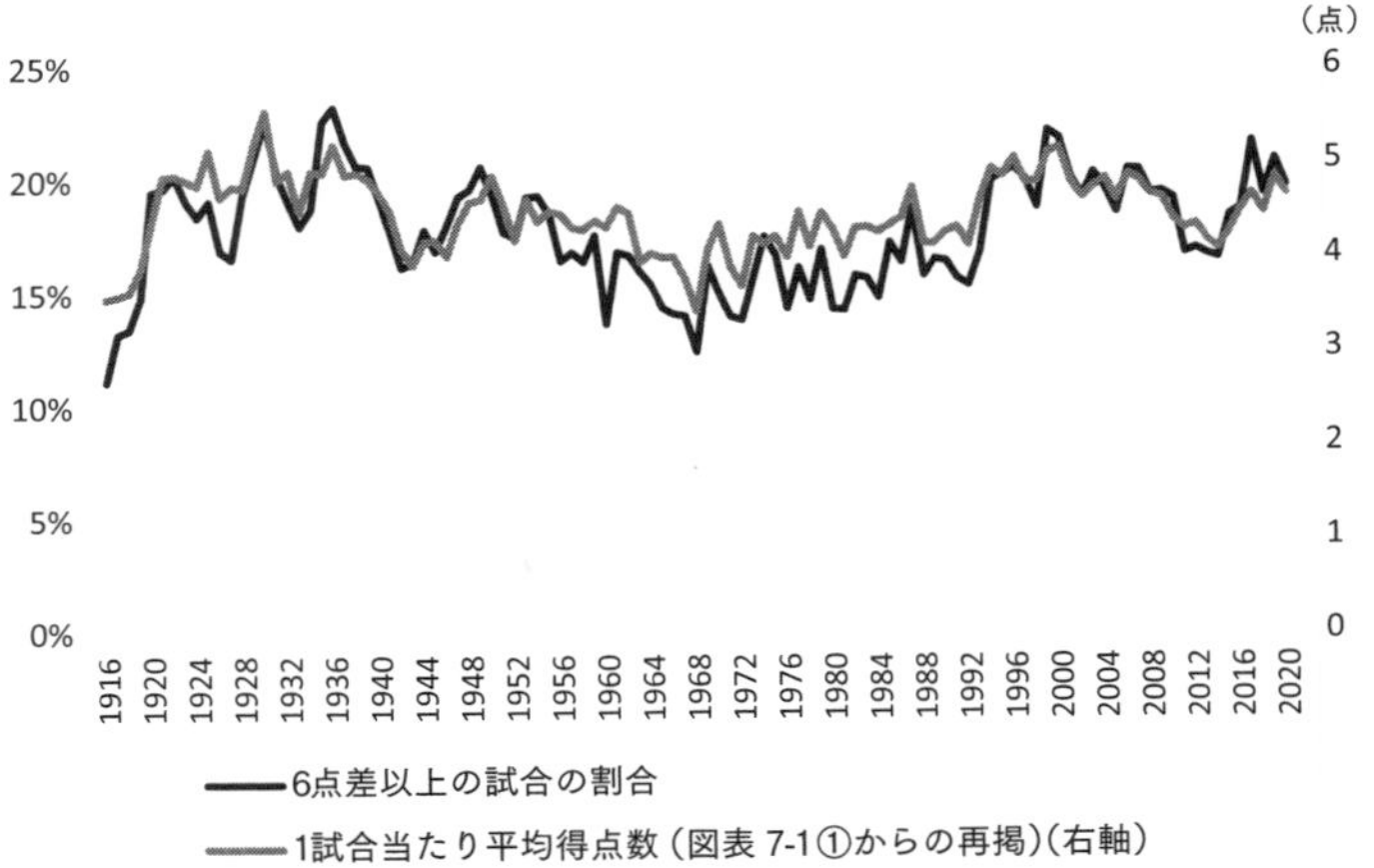

（出所）Baseball-Reference の公表データに基づき筆者作成

この説に従うと、もし興行上の観点から逆転試合数を増やしたいならば、リーグ全体を打高投低となるよう細部ルールを調整すべきということになるかもしれない。ただ、その場合、逆転も増えるがワンサイドゲームも増加するという副作用に留意する必要があるだろう。ＭＬＢの長期データをみても、リーグ全体の得点数が高いほどワンサイドゲームの試合数が増える傾向がみてとれる（図表７‐６）。また、投高打低か打高投低かにかかわらず、いつの年代も逆転できた最大ビハインドは概ね７～10点の範囲内で推移しており、逆転可能な点差には自ずと限度がある（図表７‐７）。

一方、「１対０」のようなロースコアな試合は、得点シーンが少なく味気無さが否めないし、実際に生じる逆転回数も少なくなるが、ワンチャンスで逆転できるかもしれない、という緊張感がある。そして、リーグ全体が投高打低の場合、ワンサイドゲームの試合数も少なくなる。

最も面白いゲームスコアに関するファンの暗黙の了解は「５対４」ないし「４対３」なのでは

このように、ファン目線からみたとき、打高投低なリーグにも投高打低なリーグにも良し悪しがあるわけだが、そのうえで、ファンの多数派が最も面白いと感じているゲームスコアはど

（図表7-7）MLBにおけるリーグ全体の
得点水準と逆転できた最大得点差の推移

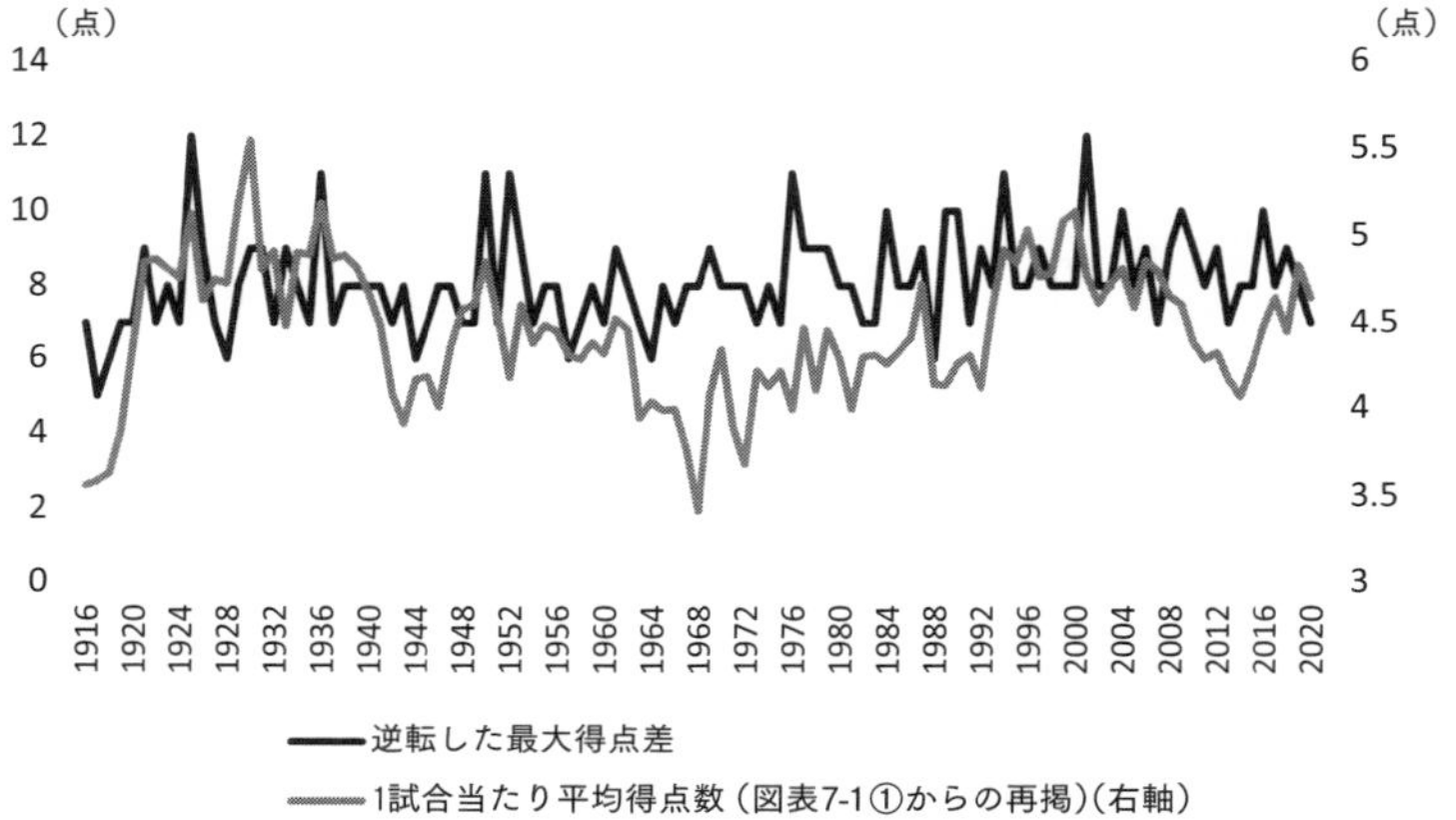

（出所）Baseball-Reference の公表データに基づき筆者作成

のようなものだろうか。結論からいうと、多数ファンの暗黙の合意は、「5対4」ないし「4対3」なのではなかろうか。なぜなら、日米のプロ野球の1試合平均得失点数が4点台であり（前掲図表7－1①参照）、グールド氏の説に即していうと、これこそルール管理者が無意識的に、けれど人為的に着地させてきた得失点水準となるからだ。

そして、得失点水準に対するファンの評価が顕在化したのが、2011～12年の「加藤球」だったのではないかと思う。「加藤球」とは、当時の加藤良三コミッショナーが導入を決めたNPB統一球をいうが、反発係数の低さから1試合あたりの得点数が3点台前半（平年対比▲1点程度）、1試合あたりの本塁打数も0・5本台（平年対比▲0・3〜0・4本程度）にまで落ち込んだ。ファンからの評判はすこぶる悪く、「加藤球」と言っている時点で既に揶揄が入っているのだが、中には「違反球」と呼称する人が現れたり、この2年間を「暗黒時代」と称する向きまでみられる始末だ。

このことは、「加藤球」の2年間の投打バランスがファンにとってあまり心地良いものではなかったことをうかがわせる。裏を返せば、ファンはこの2年間を除く時期の水準感を暗黙の裡に支持しているのではないだろうか。

コラム❻ 2021年のMLBが「飛ばないボール」により投手優位になったのは本当か？

第七話では、2011年からのNPBにおける統一球（いわゆる「加藤球」）の導入が、結果的に投高打低を招いたことに触れたが、2021年・MLBの気になるニュースの一つは、近年増加傾向にある本塁打数の抑制を目的として、低反発の使用球に変更したことだ。実際、

２０２１年シーズンは序盤からノーヒット・ノーランが続出（史上最多となる９回［継投による無安打無得点試合を含む］）しており、使用球変更の影響がささやかれている。

使用球変更による影響については、まだ確たることを言えないのだが、２０２１年シーズン序盤（約60試合消化時点［6月10日］）までで推認できることは次の3点である。

第一に、趨勢的に高まる一方だった長打力の水準（各打者の長打率 - 打率の分布）については、概ね２０１０年代の平均水準あたりで落ち着いており、程良く所期の目的を達成できているようにみえる（図表７Ｃ - １①）。また、三振以外の打数に占める安打の比率についても、２０２１年シーズンは歴史的な上昇（第四話［図表４ - ２］参照）に歯止めがかかり、２０１０年代の平均に近い分布で落ち着いている（図表７Ｃ - １②）。つまり、もし三振率が一定だったならば、２０２１年の打撃成績はうまい具合に２０１０年代の平均水準に調整された……はずである。

しかしながら、実際には長年にわたる三振率の上昇に歯止めがかかっていないため、そのとおりになっていない。その結果として、第二に観察される事象は打率の低下が続き、リーグ打率水準が歴史的な低さになっていることだ（図表７Ｃ - ２①）。打率の分布をみたとき、最頻値のゾーン（・２５０～・２７５）自体は２０１０年代と不変であるが、高打率の打者がはっきりと減少している（図表７Ｃ - ２②）。

（図表7C-1）2021年MLB
（6月10日現在［約60試合消化時点］）の打撃成績の分布

①長打力指標（長打率－打率）の分布

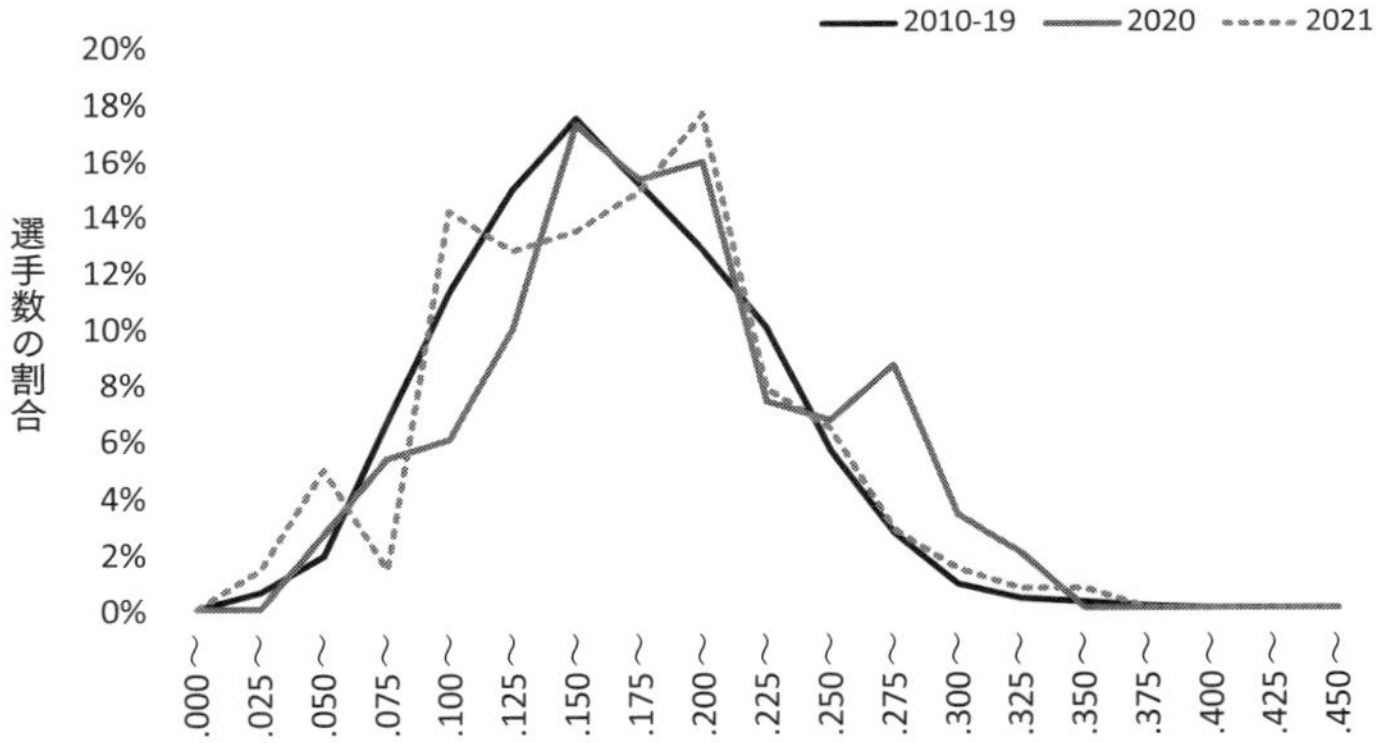

②三振以外の打席に占める安打数の比率の分布

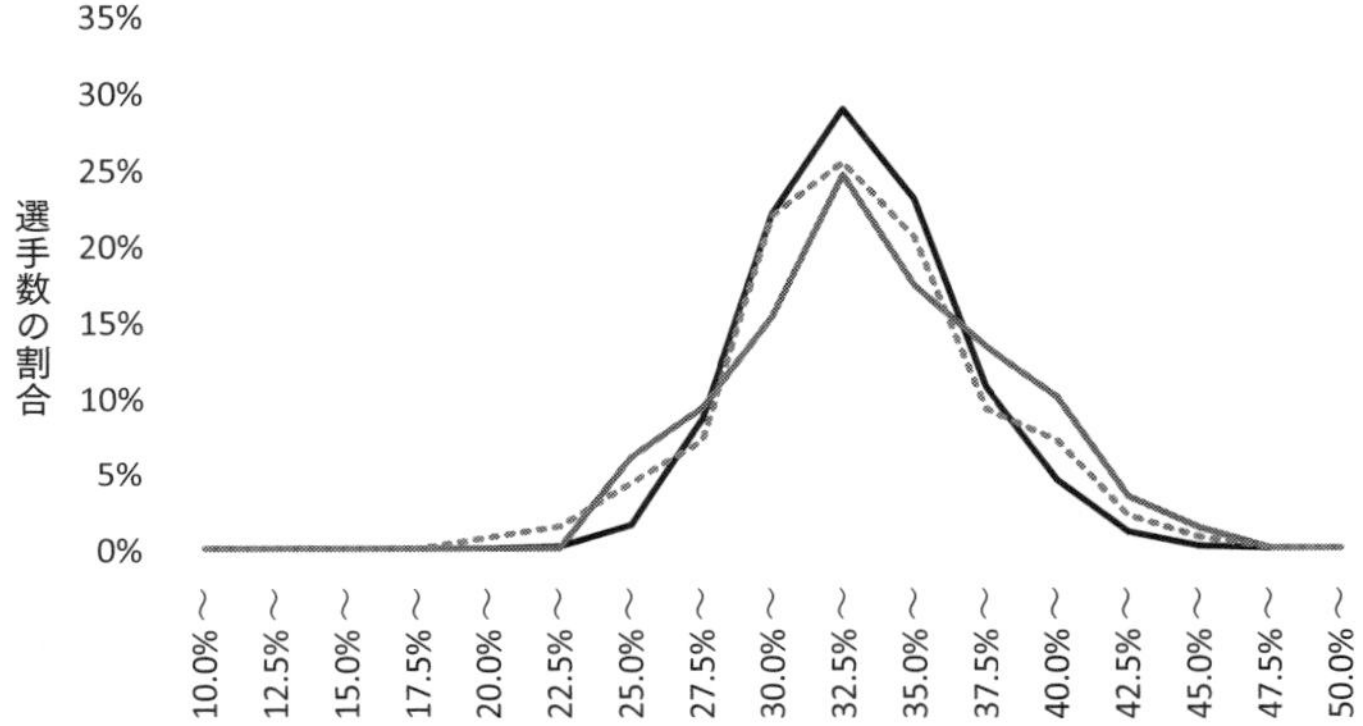

（出所）Baseball-Referenceの公表データに基づき筆者作成

（図表7C-2）2021年MLBにおける打率の低下

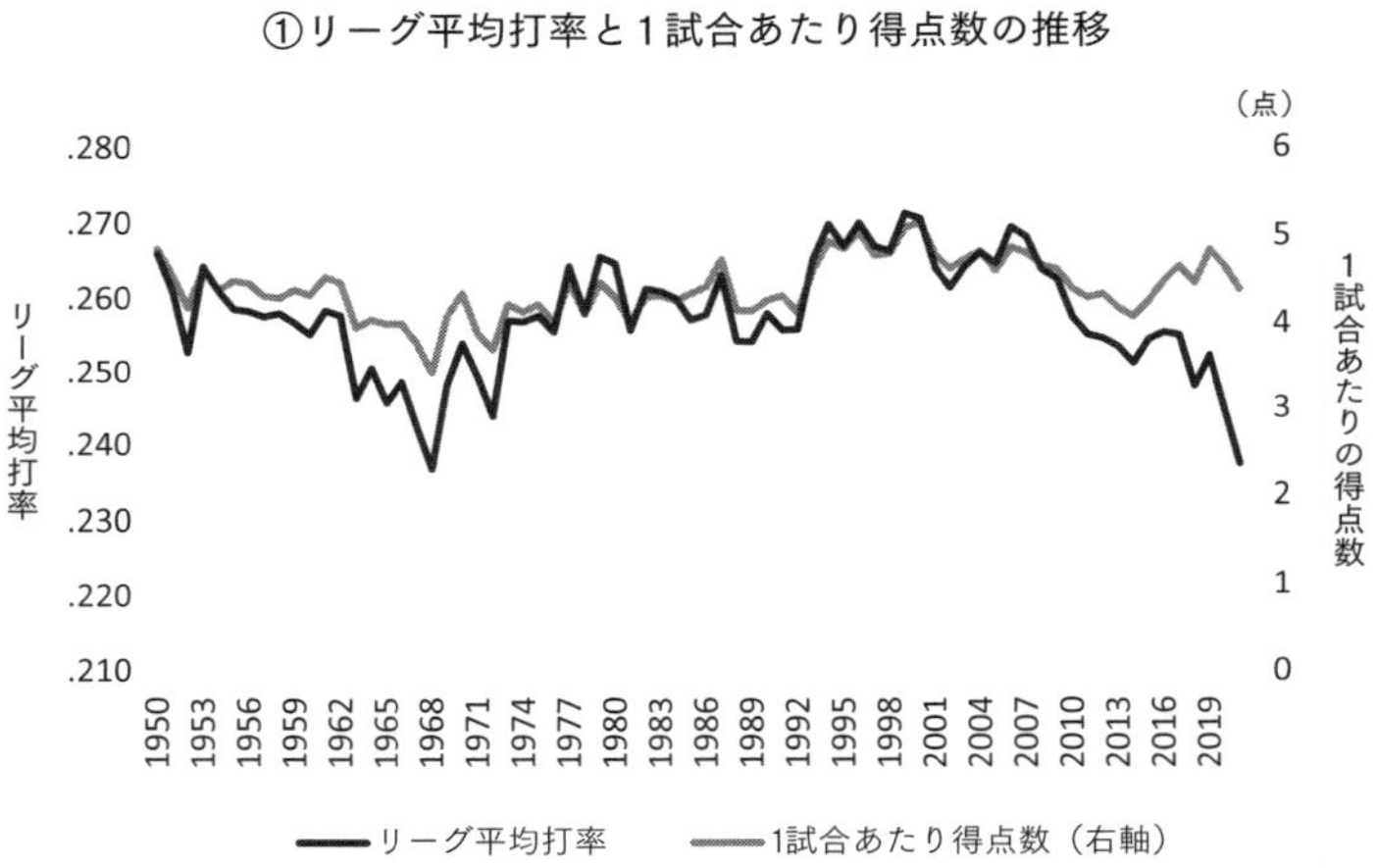

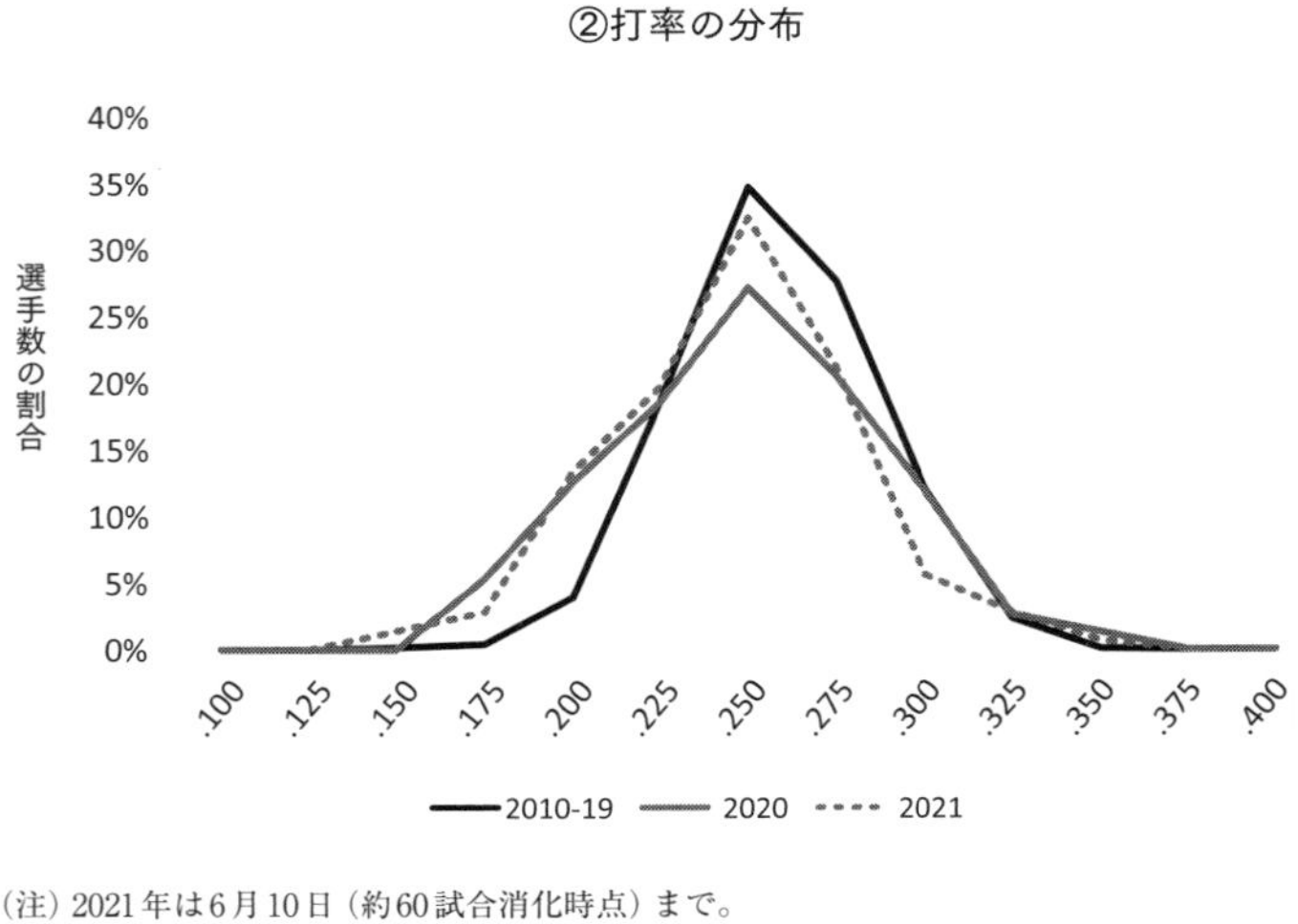

（注）2021年は6月10日（約60試合消化時点）まで。
（出所）Baseball-Referenceの公表データに基づき筆者作成

２０２1年における1試合あたり得点数は、打率の低下にかかわらず概ね２０１０年代の平均並みの水準（４・４点）を確保できているため、一概に投手優位になったとはいえない。ただ、第四話で触れたとおり、近年のＭＬＢでは長打による打点の割合が高まっており、やや大味な展開の試合が増えたとの見方はあり得る。

そして使用球の変更の影響として推認できる事象の第三は、優れた投手がより低い防御率を達成しやすくなっていることだ（図表７Ｃ‐３）。約60試合消化時点で防御率が２・５点未満の投手数をみると、シーズン試合数が60だった２０２０年と比べても著しく増加している。低反発球への変更があまねく投手に福音《ふくいん》をもたらしたとは限らないが、優れた投手にとっての追い風になったようだ。

６月21日以降、投手の粘着物質の不正使用について検査・取り締まりが強化され、その結果、それまでの投手優位が修正されたのではないかとの報道がみられる。確かに、各試合の得点数の分布をみると、６月21日以降の平均得点数は、６月20日以前より０・19点ほど増加し、２点以内のロースコアの試合の割合が低下している（図表７Ｃ‐４）。ただ、この程度の得点数の変動であれば、シーズン中に生じ得る振れ幅の範囲内とみる余地もあり、取り締まり強化の影響なのかどうか、現時点では何ともいえない。

いずれにせよ、以前からささやかれていた粘着物質の話が今頃になって取り沙汰されたあた

（図表7C-3）2021年MLBの防御率の低い投手数

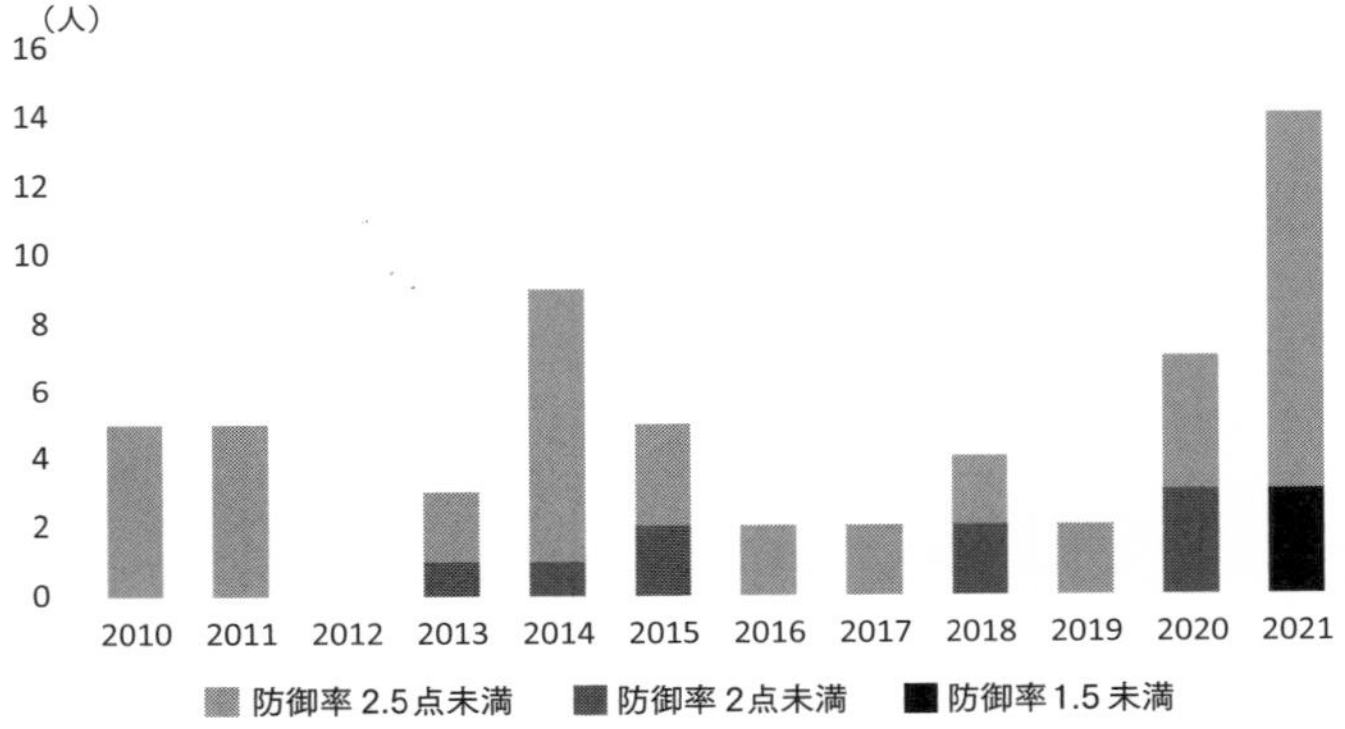

（注）2021年は6月10日（約60試合消化時点）まで。
（出所）Baseball-Referenceの公表データに基づき筆者作成

（図表7C-4）2021年MLBにおける、
粘着物質取り締まり強化前後の得点数分布の変化

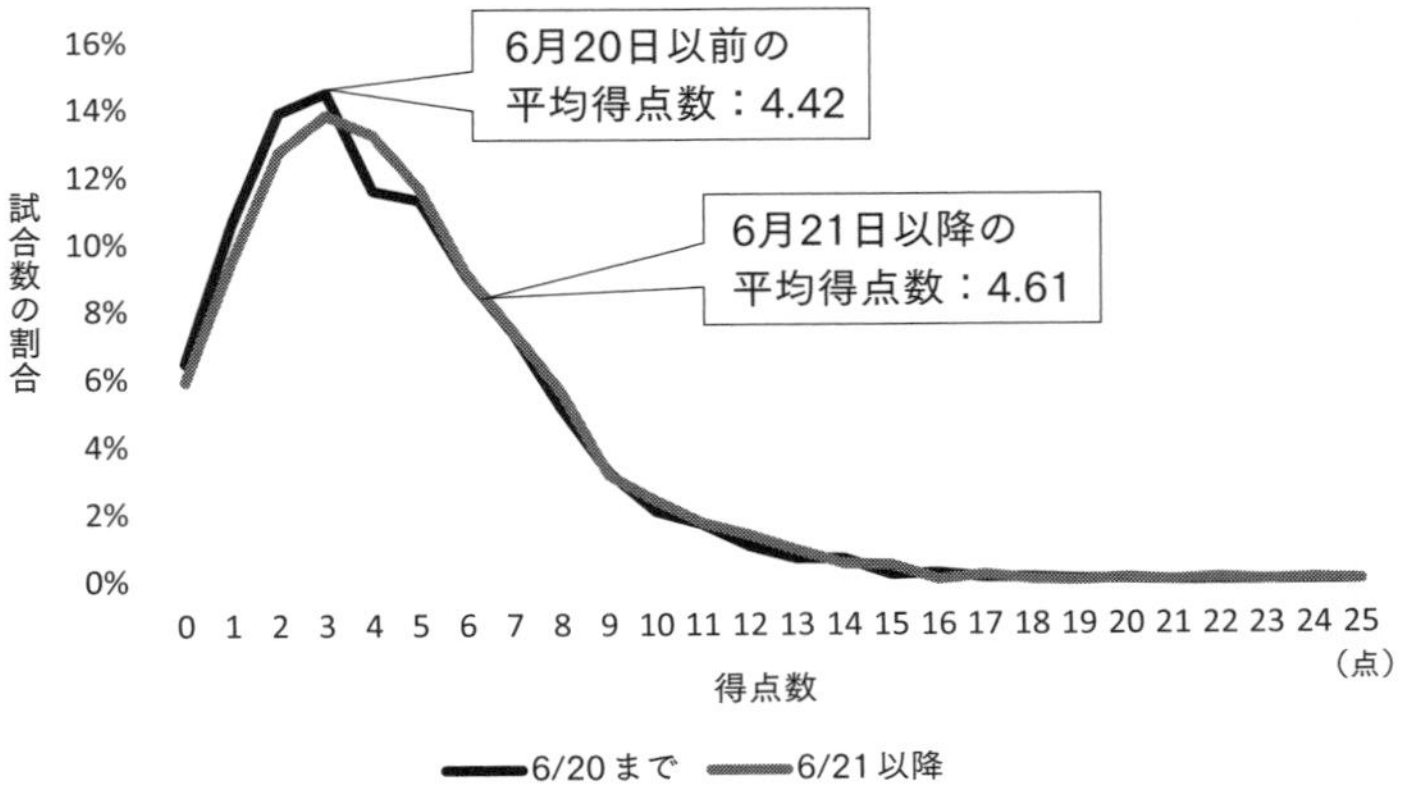

（出所）Baseball-Referenceの公表データに基づき筆者作成

（図表7C-5）1990年代末から札幌移転までの
日本ハムの本拠地・東京ドームでの本塁打の出やすさ

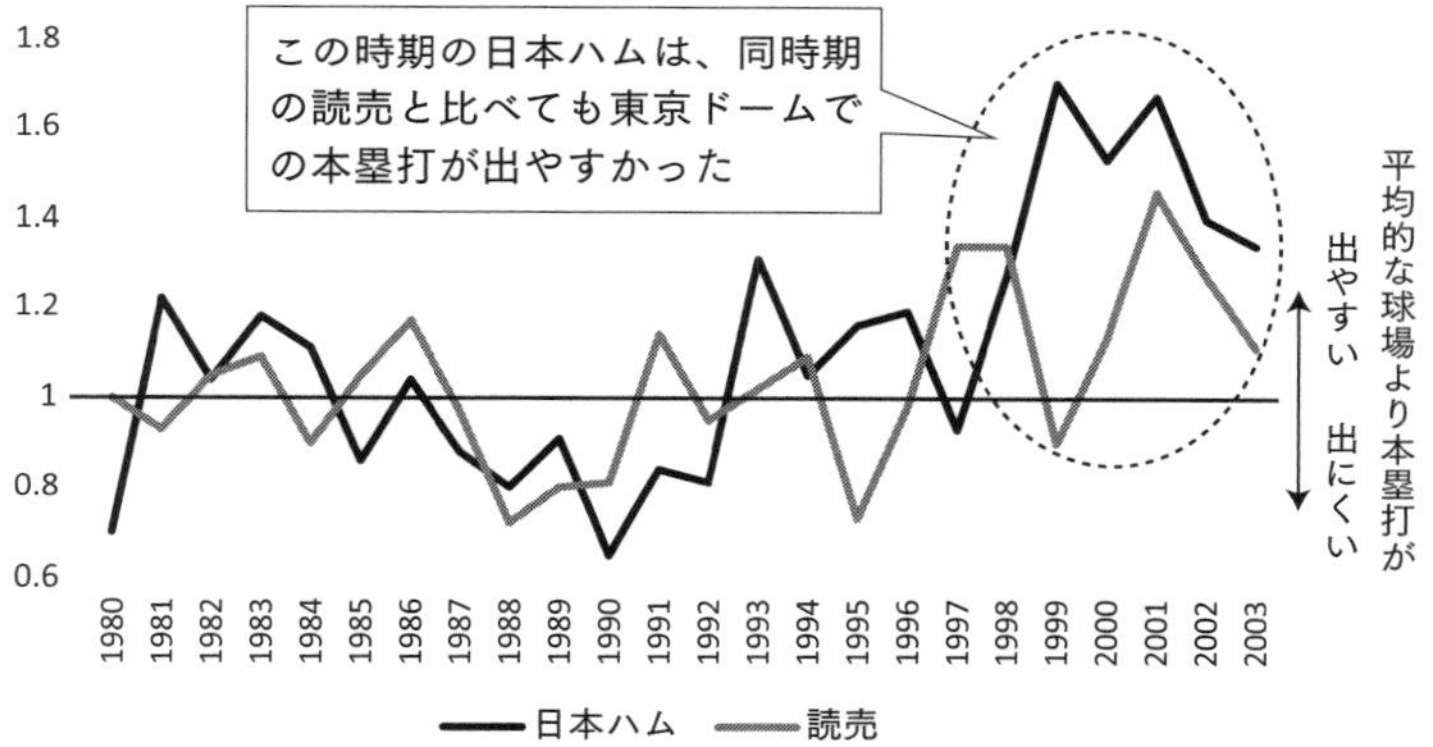

（注）例えばX球団の本拠地xでの本塁打の入りやすさについて、｛(x球場でのX球団本塁打＋x球場でのX球団被本塁打）÷x球場での試合数｝÷｛(x球場以外の球場でのX球団本塁打＋x球場以外の球場でのX球団被本塁打）÷x球場以外の球場での試合数｝により計算。
（出所）日本プロ野球記録の公表データに基づき筆者作成

り、使用球変更の所期の目的であった投打バランスの調整が、ふたを開けてみるとリーグ打率を引き下げ過ぎと不評だったのだろう。使用球による投打バランスの調整が難しいのは日米共通ということなのだろうが、２０１１年からのＮＰＢの統一球導入の狙いは、あくまで触感を国際大会試合球に近づけることと、各チームの使用球のバラツキ解消にあった。第七話では「不評」と述べてしまったが、これはＮＰＢがどこかで通るべき道であったと考えており、以下本コラムの趣旨とそれるが、その意義について述べさせて欲しい。

統一球の導入前、すなわち主催チームが使用球を選定する仕組みとなっていた時代には、使用球要因によって各本拠地球場での本塁打の出やすさが違っていたとみられる。例えば、1990年代末から札幌移転（2004年）までの日本ハムは、ナイジェル・ウィルソン選手やシャーマン・オバンドー選手、片岡篤史選手らを中心とした「ビッグバン打線」で名をはせたが、本拠地を同じくする読売と比べても本塁打の多さが東京ドームに偏っていたわけで、飛びやすいボールを使っていた可能性がある（図表7C‐5）。これとは反対に、例えば1970年代までの広島は飛びにくいボールを使っていたという説があり、山本浩二選手の本塁打数がキャリア後半に伸長しているのはそのせいではないかという。[24] 興行主催者の立場としては、観客が最も盛り上がるようボールの仕様を調整するのは合理的行動だろうが、個人タイトル争いを含む競技の公平性を損ねており、使用球の統一は加藤コミッショナーの英断だったというべきだろう。

24　ベースボールチャンネル「セイバーメトリクスの視点でみるNPB歴代最強打者ランキング」

第八話　セ・リーグとパ・リーグの野球の違いは何か？

ここ十年ほど、セ・パ交流戦をみても日本シリーズをみても、パ・リーグの優勢が目立つ（２０２１年の交流戦はセ・リーグが勝ち越したが）。勝敗数にここまでの差がみられると、リーグ間の実力格差を認めざるを得ないだろう。さりとて、実力差の原因については様々な議論があるが、結局のところよく分からない。一部球団は、指名打者（ＤＨ）制の有無が実力差の主因だと訴えているが、さて、どうだろう。本話では、その謎に少しでも迫るべく、データからみてとれるセ・パの野球の違いについて整理する。

ドラフト２位以下の活躍度の高いパ・リーグ

まず、各リーグについて、選手の獲得経緯（ドラフトやトレード、フリーエージェント［F

（図表8-1）本書版投打貢献度指数の分布（1989～2020年）

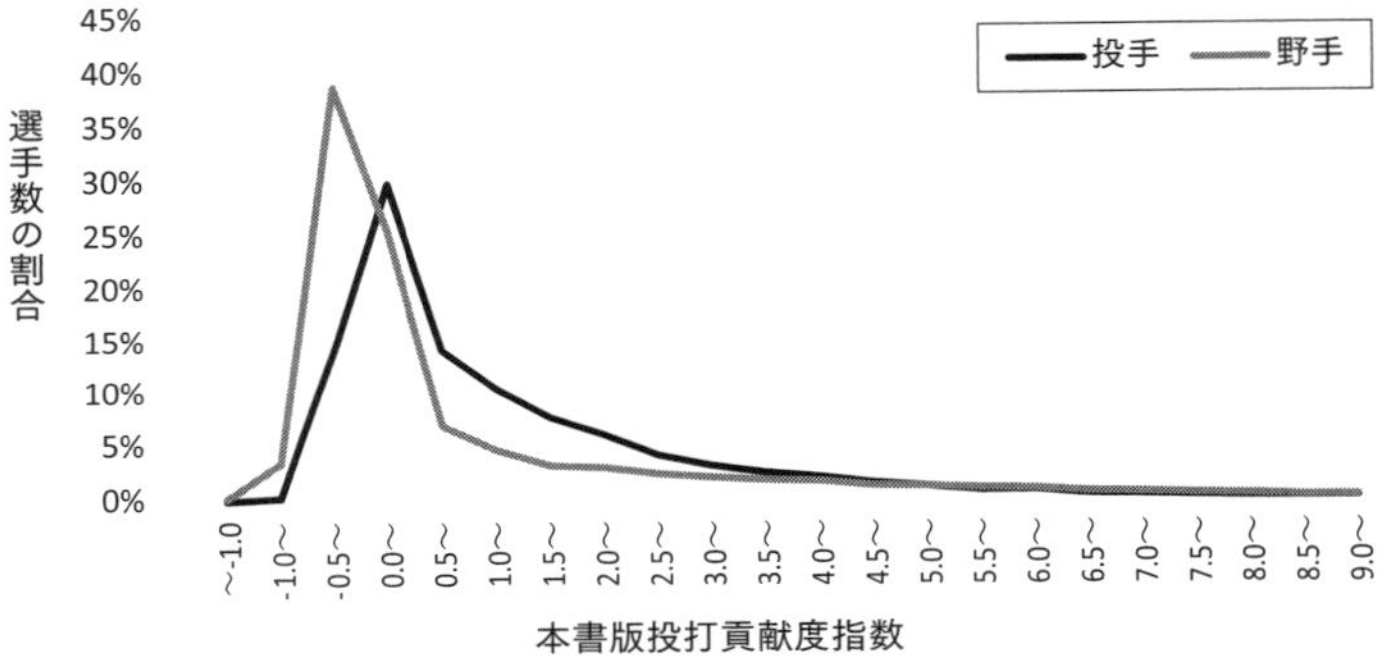

（出所）日本プロ野球記録の公表データに基づき筆者作成

A」、外国人選手獲得など）ごとの戦力構成を分析してみよう。分析にあたって、セイバーメトリクスの考え方を踏まえ、選手の勝利貢献度を指数化してみた（以下「本書版投打貢献度指数」という。具体的な算出方法は巻末の付録資料2参照）。セイバーメトリクスでは、投手・野手が平凡な選手と比べて、どの程度多く勝利に貢献したかを示す総合評価指標が開発され、データ分析企業（アメリカではBaseball-Reference、FanGraphsが代表的）各社から公表されている。ただ、NPBに関してはデータ制約があるため、ここでは入手可能なデータを基にした「本書版」指数を用いることにする。本書版投打貢献度指数は、野手については加重出塁率や打席数をベースに、投手については、打線の援護や守備力の影響を除いた純粋な投手のパフォーマンスを示す指標をベースに算出され、投手につき「2以上」、野手につ

（図表8-2）野手の入団経緯別戦力構成の推移

①全体像

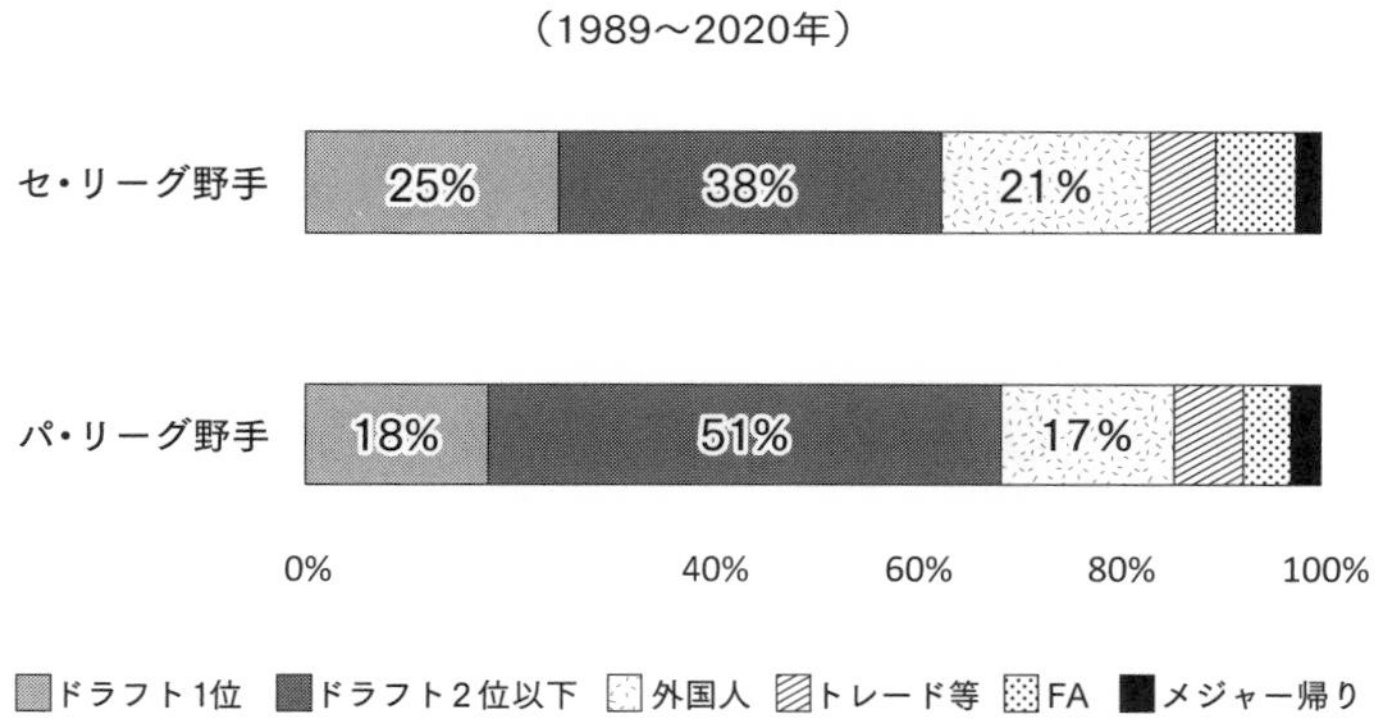

②ドラフト1位の野手のチーム打撃戦力に占めるウェイトの推移

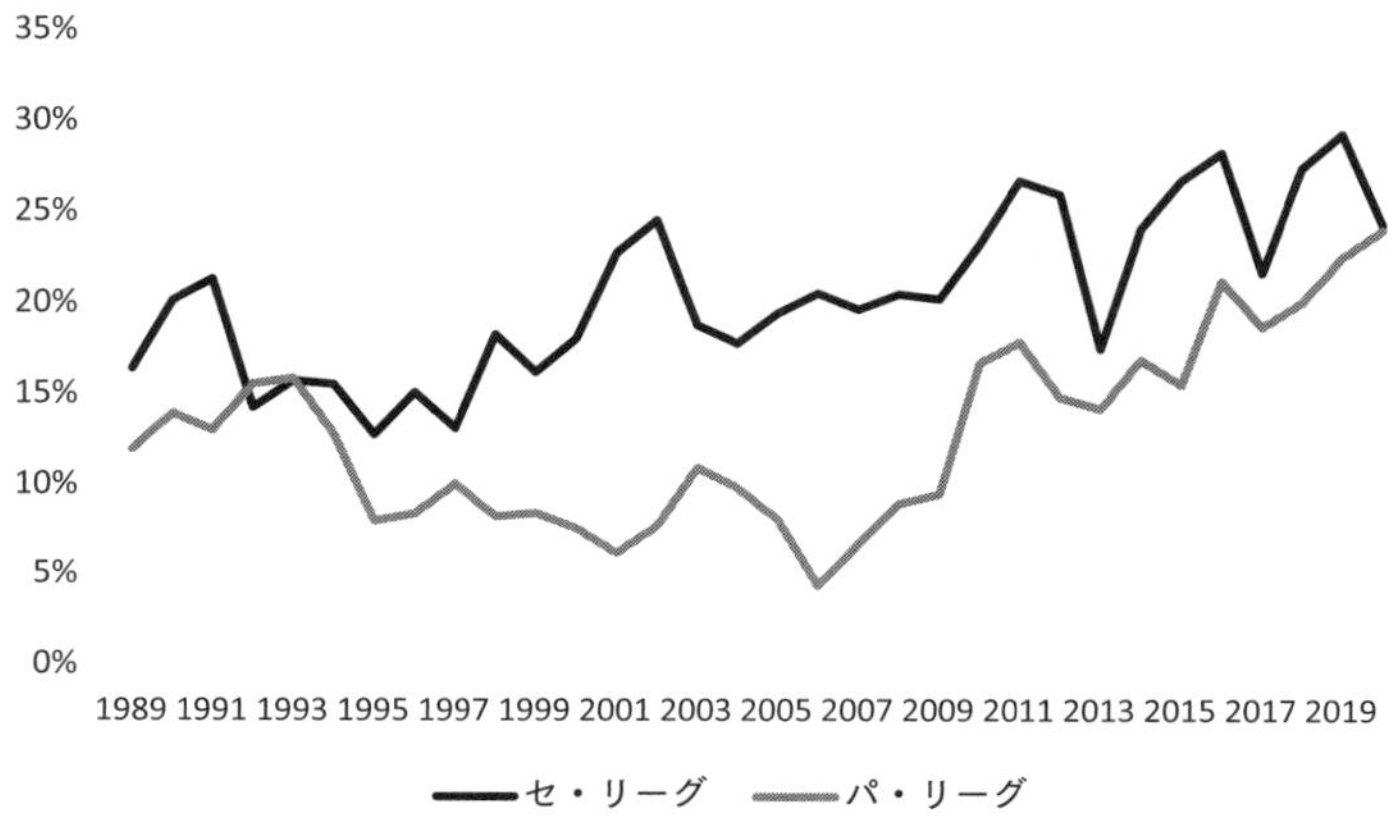

（出所）日本プロ野球記録の公表データに基づき筆者作成

き「1・5以上」であれば概ねレギュラークラス（一軍出場選手の上位2割相当）、投打とも「5以上」であれば概ねオールスター出場クラス（一軍出場選手の上位4～5％相当）となるイメージだ（図表8－1）。

本書版投打貢献度指数を使って、入団経緯別の各リーグの戦力構成をみていこう。まず野手に関してみると、平成以降、セ・リーグの方がほぼ一貫して、ドラフト1位指名した選手のチーム打撃戦力に占めるウェイトが高めとなっている（図表8－2）。

その理由として、セ・リーグの方がドラフト1位指名に占める野手の比率がやや高いことがあげられる。ドラフト1位指名はセ・パとも総じて投手の割合が高いのだが（後述第十話参照）、セ・リーグでは筒香嘉智選手（横浜）や山田哲人選手、村上宗隆選手（ともにヤクルト）のようなドラフト1位の強打者の活躍が目立つ。これに対し、パ・リーグの方が田中将大投手（楽天）やダルビッシュ有投手（日本ハム）など、投手の1位指名が特に多い。

このように、セ・リーグの方がドラフト1位で野手を多く指名し、高い活躍度を発揮していることの裏腹として、パ・リーグでは2位以下指名の野手のチーム打撃戦力に占めるウェイトが高くなっている。パ・リーグの攻撃力の水準がセ・リーグと遜色ないのだとすると、このことは、パ・リーグの方が2位以下指名で良い打者を獲得し、育成することに成功できていることを意味する。

この間、FAで獲得した選手がチーム打撃戦力に占めるウェイトは、制度導入以降ほぼ一貫して、一部球団の積極参戦に押し上げられる形で、セ・リーグの方が高くなっている。

次に投手についてみると、驚くことにドラフト2位以下のチーム戦力に占めるウェイトの高さは、こちらもパ・リーグの方が上回っている（図表8‐3①）。その一つの背景として、パ・リーグの方がドラフト1位で入団した投手のMLB進出が多いことは確かであり、その影響を取り除いてみるとドラフト1位の寄与度は両リーグとも概ね同水準と試算される（図表8‐3②）。ただ、パ・リーグは外国人選手への依存度がセ・リーグより低く、エース投手のMLB流出の穴をドラフト2位以下でよく埋めていると言えそうだ。

これらのデータをみると、投打ともパ・リーグの方がドラフト2位以下の選手の活躍度が高いことが確認でき、下位指名まで含めた選手のスカウトや育成の巧さにパ・リーグの強さの一因が垣間見える。

それではパ・リーグのスカウト力・育成力の高さの理由は何なのか、という核心を突く疑問がでてくるわけだが、残念ながら試合のデータだけから答えを導くことは難しい。ただ、日本ハムの札幌移転や、ソフトバンクや楽天などのIT企業の参入を契機に、パ・リーグの球団経営が変わってきたことは間違いない。これらの球団では、親会社の広告宣伝媒体からスポーツ・ビジネスへと改革していく中で、より手厚くスカウトや育成に投資するようになったこと

（図表 8-3）投手の入団経緯別戦力構成

①全体像

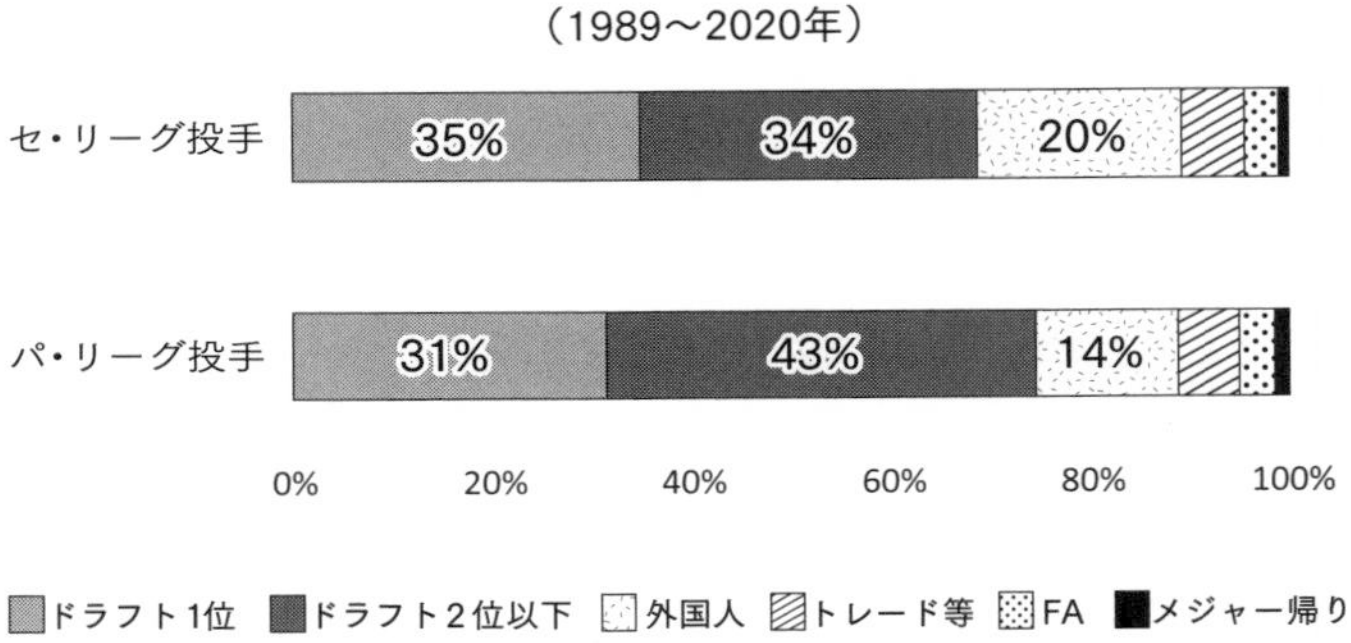

②ドラフト1位の投手のチーム投手戦力に占めるウェイトの推移

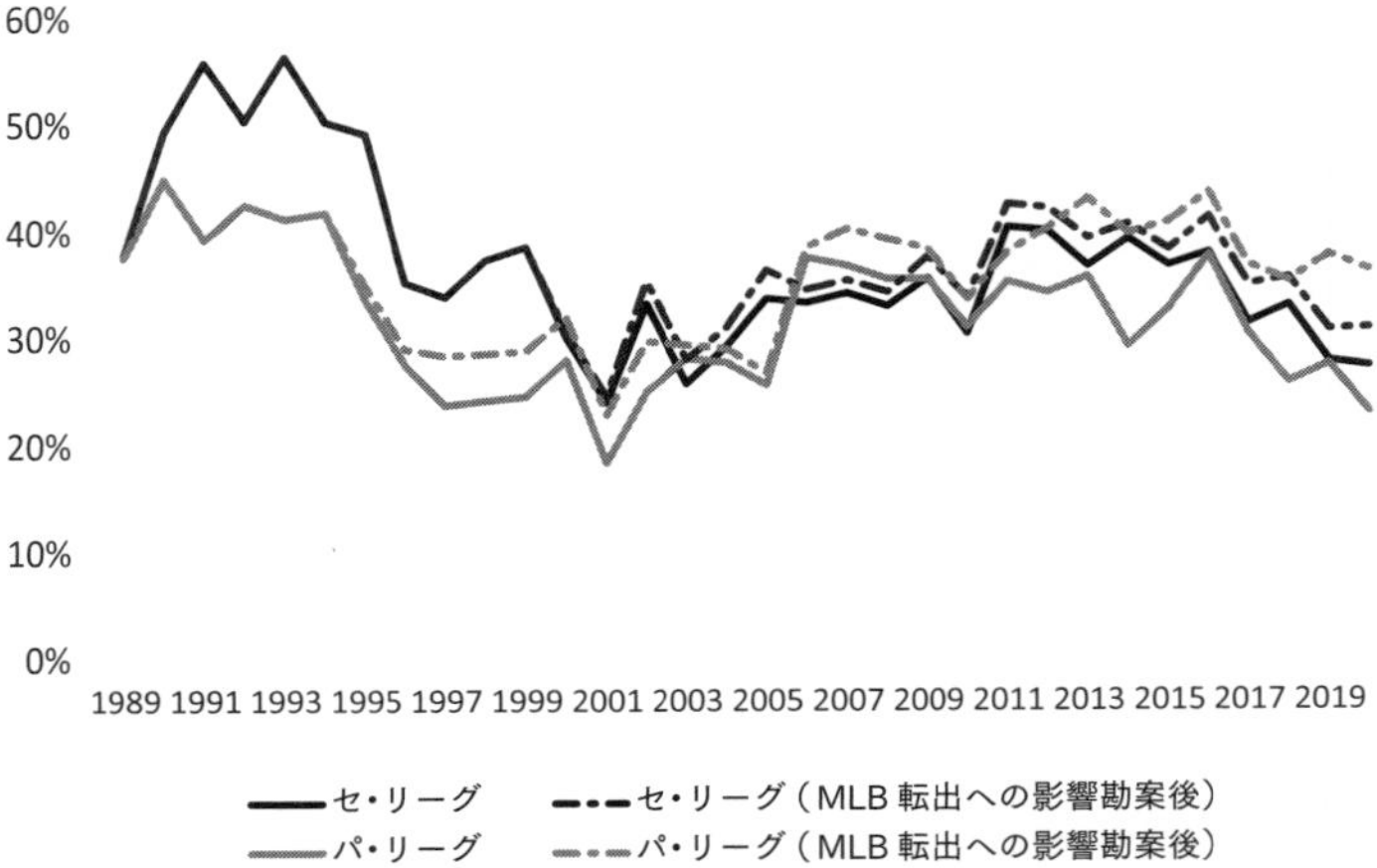

（注）「MLB 転出の影響勘案後」は、その投手が MLB 在籍期間中を通じ、NPB において MLB 転出直前年並みの貢献度を続けたと仮定したときの試算値。
（出所）日本プロ野球記録の公表データに基づき筆者作成

の成果が現れているのではなかろうか。

ＤＨ制を導入したリーグは平均０・２〜０・３点程度得点数が増加

ところで、セ・リーグとパ・リーグのルール上の違いといえば、やはり指名打者（ＤＨ）制の有無だろう。ＤＨ制は野球をどのように変えるのだろうか。

そもそもＤＨ制は、ＭＬＢのア・リーグにおいて過度に投高打低な状態を改善する目的で１９７３年に導入されたのが端緒であり、ＮＰＢでも１９７５年にパ・リーグで導入された。ＤＨ制は、投高打低の是正にどのくらい効果を及ぼしたのだろうか。結論からいえば、ＤＨ制導入は１試合あたり平均０・２〜０・３点程度、得点数を押し上げたとみられる（図表８‐４）。

ＭＬＢでＤＨ制を導入したア・リーグと導入していないナ・リーグとを比べると、１試合あたり得点数は、ア・リーグの方が平均０・29点上回っている。また、打撃成績をみても、ほぼ一貫してア・リーグの方が上回っている。得点創出力の高さを示す加重出塁率（第四話参照）に着目しても、ア・リーグの方が・００９上回っている。ＮＰＢについてみても同様の傾向がみてとれる。ＭＬＢと比べればリーグ間の較差《かくさ》が小さめなのだが、平均するとパ・リーグの方が、１試合あたり得点数について０・16点、加重出塁率について・００４上回っている。

（図表 8-4）DH 制の有無によるリーグ平均得点数、リーグ平均加重出塁率の比較

①得点数

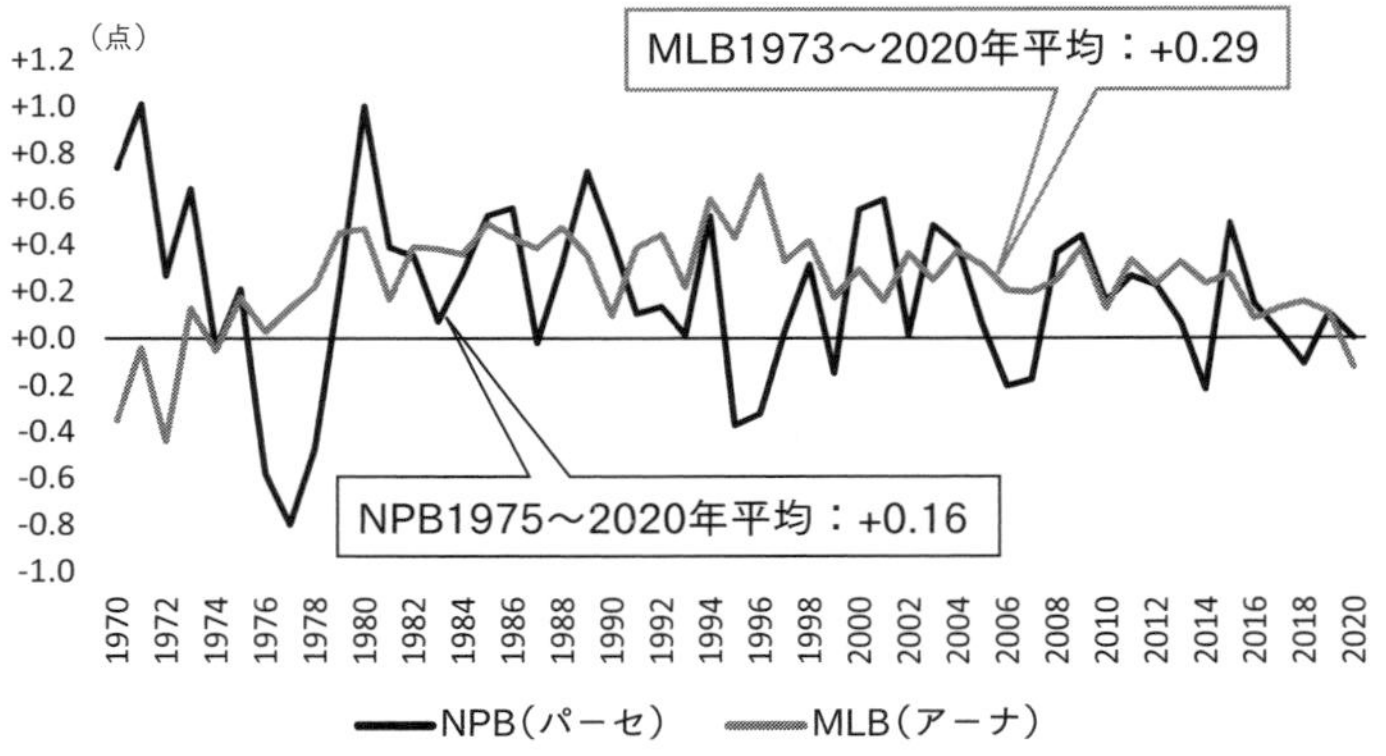

②加重出塁率

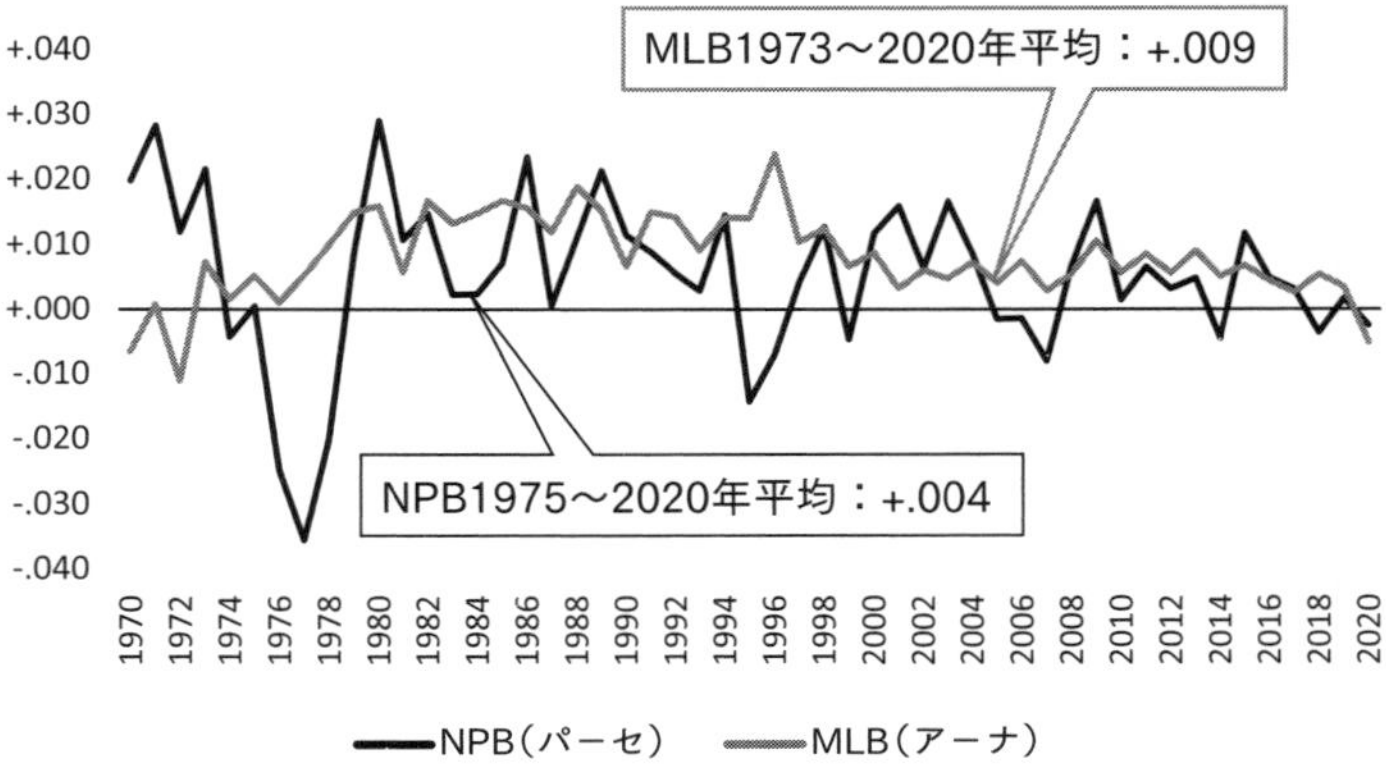

（出所）日本プロ野球記録、Baseball-Referenceの公表データに基づき筆者作成

ＤＨ制ありのリーグの方が高得点となる理由は、いうまでもなく投手より打撃専門の打者の方が、格段に打力が高いからである。パ・リーグの２０１１〜２０年の各守備位置の平均打撃成績どおりの「ＤＨ制ありチーム」と、このチームのＤＨだけ投手打撃成績に置き換えた「ＤＨ制なしチーム」チームを仮定し、本書版得点数推計モデルを使って1試合あたり平均得点数を比較してみた。すると、「ＤＨ制ありチーム」３・78点に対し、「ＤＨ制なしチーム」は３・11点にとどまる。[25] 一つ断っておくと、両者の差は０・67点と、実際のセ・パの得点数の較差（０・２〜０・３点）を大幅に上回っている。その最大の理由は、この試算において投手への代打起用を勘案していないからなのだが、それだけではない。

ＤＨ制を導入していないリーグでは、打撃力を重視して野手を起用

ＤＨ制を導入していないリーグでは、打撃力を重視して野手を起用することにより得点力の

25　机上計算の前提につき、各打者の打席は、セ・パ両リーグの守備位置ごとの平均打撃成績（２０１０〜２０年）に基づく（後掲［図表８‐５］と同じ）。打順について、パ・リーグ（ＤＨ制あり）は外野手→三塁手→一塁手→指名打者→外野手→外野手→遊撃手→二塁手→捕手、パ・リーグ（ＤＨ制なし）およびセ・リーグ（ＤＨ制なし）は外野手→外野手→三塁手→一塁手→外野手→遊撃手→二塁手→捕手→投手との前提を置いた。

（図表8-5）「DH制あり」リーグと「DH制なし」リーグのポジションごとの加重出塁率の比較（2010～20年）

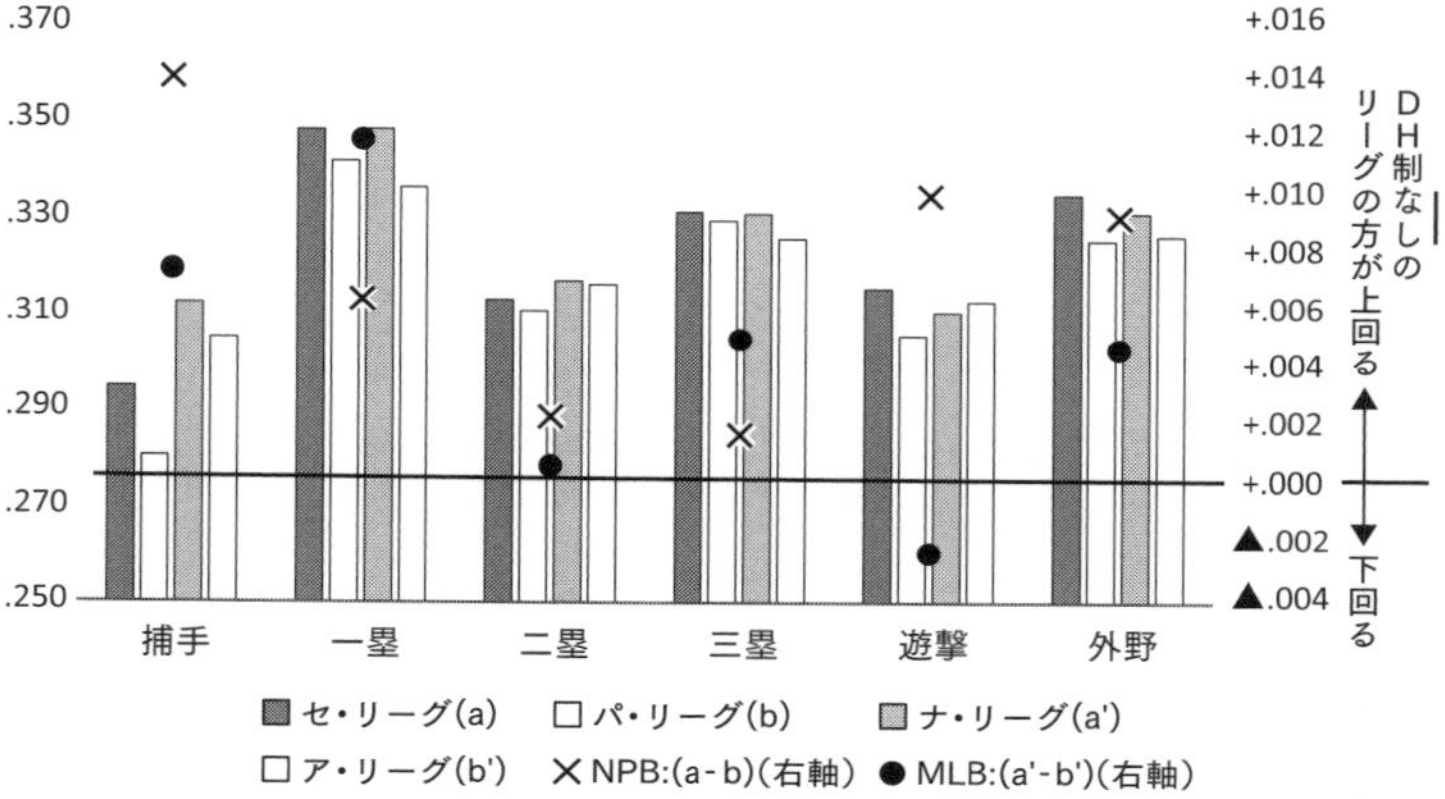

（出所）Baseball-Referenceの公表データに基づき筆者作成

確保に努めている。その証拠に、「DH制なし」のリーグと「DH制あり」のリーグの守備位置ごとの加重出塁率のリーグ平均値（2011年～20年）を比べると、日米ともほとんどのポジションで「DH制なし」のリーグが上回っている（図表8-5）。

前述の机上計算について、パ・リーグの「DH制なしチーム」における野手8人の打撃成績をパ・リーグの野手ではなく、セ・リーグの野手に置き換えて計算し直すと、セ・リーグ野手の打撃力の高さのおかげで平均得点数は3・35点となり、「DH制ありチーム」との較差は前述「0・67点」から0・44点にまで縮小する。

（図表 8-6）MLB における DH 制の有無による守備力（Defense 指標）の比較（2016 ～ 20 年）

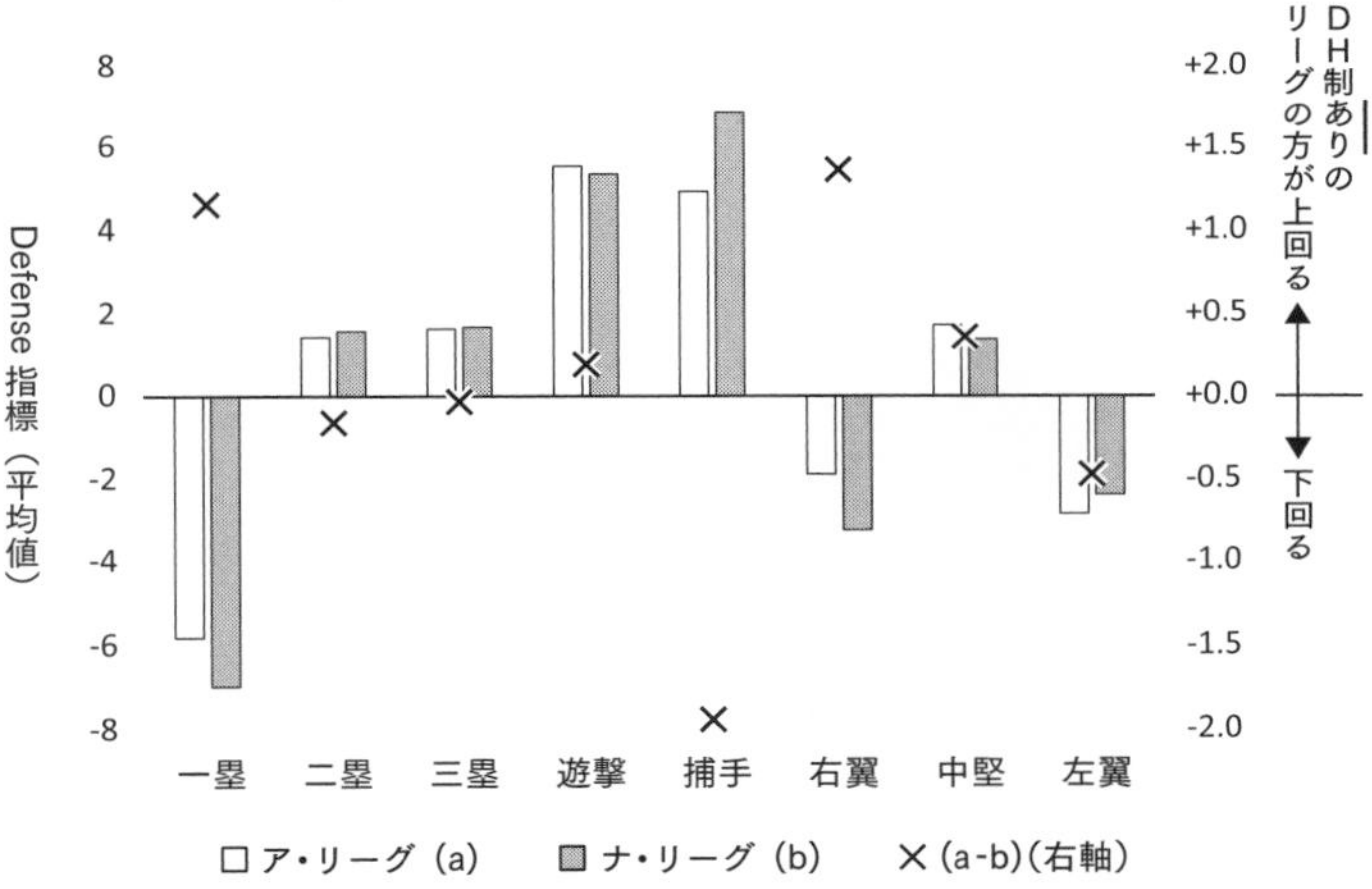

（出所）FanGraphs の公表データに基づき著者作成

打撃力重視の起用方針の代償は守備力の低下

もっとも、「DH制なし」のリーグにおける打撃力重視の起用方針には、守備力低下という代償を伴う。守備力の評価方法について、セイバーメトリクスでは、打球のビデオ分析を交え、打球のコースや速度などの別にアウトにした確率を集計する手法が提唱されている。FanGraphsの「Defense指標」もその一つであり、MLBについて同指標（2016～20年）を使って分析してみた。すると、チーム全体の守備力についてはア・リーグ、ナ・リーグとも遜色ないのだが、相対的に守備負担の重たく

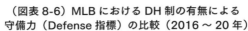

（図表8-7）パ・リーグにおけるDH制の運用（1975～2020年）

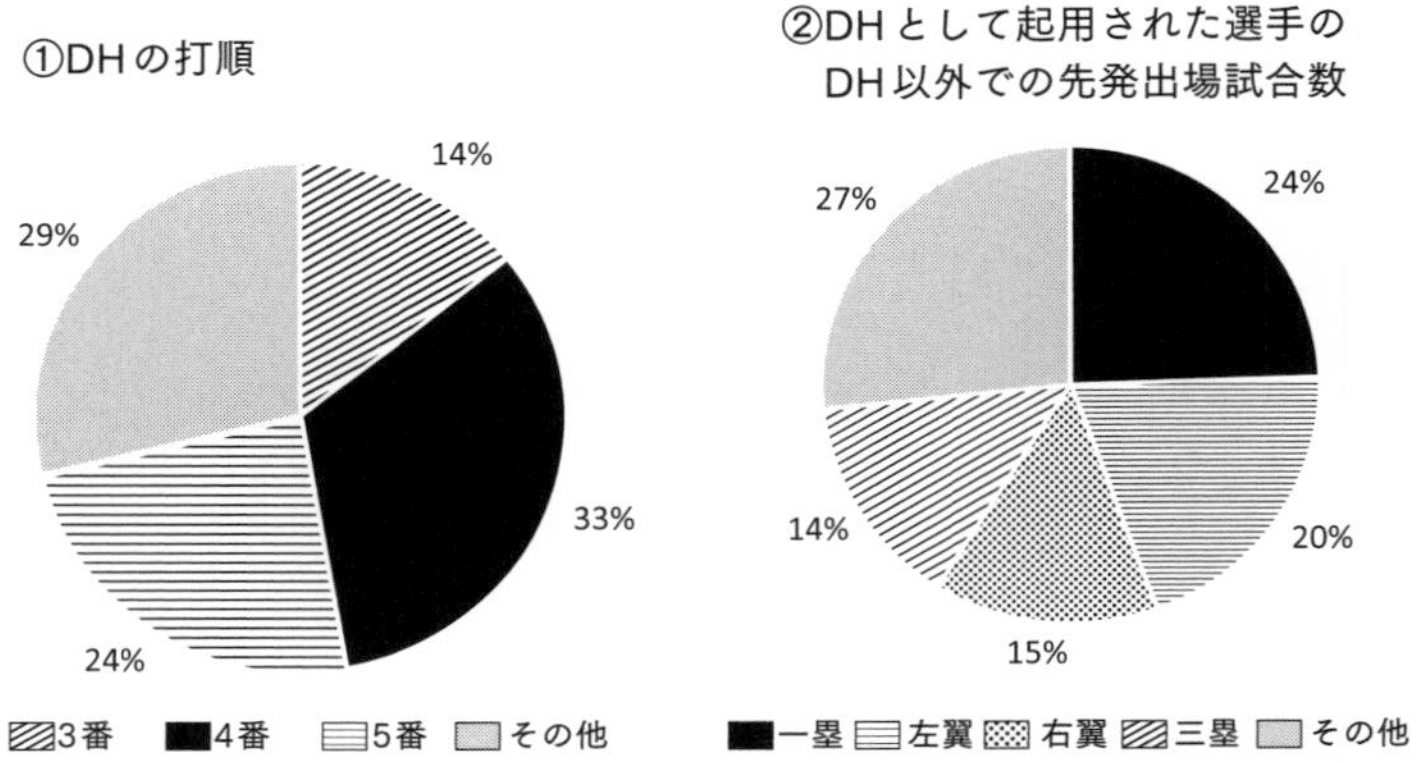

（出所）スタメンデータベース、スタメンアーカイブの公表データに基づき筆者作成

ない一塁や右翼などの守備力については、「DH制あり」のア・リーグが上回っている。「DH制なし」のリーグでは、打撃力重視の野手起用方針の代償として、相対的に守備負担の重たくないポジションの守備力を犠牲にする傾向があるようだ（図表8-6）。

パ・リーグのDHは外国人・中軸・一塁等との併用が主流

次に、パ・リーグにおけるDHの運用についてみていこう。まず打順別の分布（DH制導入以降の1975年～2020年）をみると、四番が最も多く、三番、五番まで含む中軸で7割超を占める（図表8-7①）。次いで、DHとして先発出場した打者に占める外国人選手の比率をみると44・5％となっている。

また、シーズン中、どの程度ＤＨを任せる打者が固定されているか、についてみると、ＤＨとして先発出場したことのある選手数のうち、シーズン中１００試合以上でＤＨとして先発出場した「ＤＨ専業」打者は３％程度しかおらず、複数の選手を分業的にＤＨに起用する運用の方が主流である。分業的にＤＨを務めた打者が、ＤＨ以外で出場する場合の守備位置については、最も多いのが一塁で、次いで左翼となる（図表８‐７②）。このように分業的にＤＨと一塁手・左翼手などとの併用を図っているチームでは、選手のコンディション調整や相手投手との相性を踏まえた柔軟な選手起用を企図していると推察される。

「ＤＨ制あり」のリーグの方が代打数と敬遠数は少ない

ＤＨ制の有無による試合中の作戦運用への影響についてもみておこう。ＮＰＢ・ＭＬＢともに、ＤＨ制の有無による違いが大きいのが、代打数と敬遠数である（図表８‐８）。

まず、代打数は、「ＤＨ制なし」のリーグの方が、「ＤＨ制あり」のリーグより倍近く多い。セ・リーグ（２０１１~２０年）では１試合平均１・９人の代打が組まれているのに対し、パ・リーグでは平均１・０人にとどまる。ＭＬＢでも似た傾向がみられる（ナ・リーグ１・４

（図表 8-8）DH 制の有無による作戦運用の違い

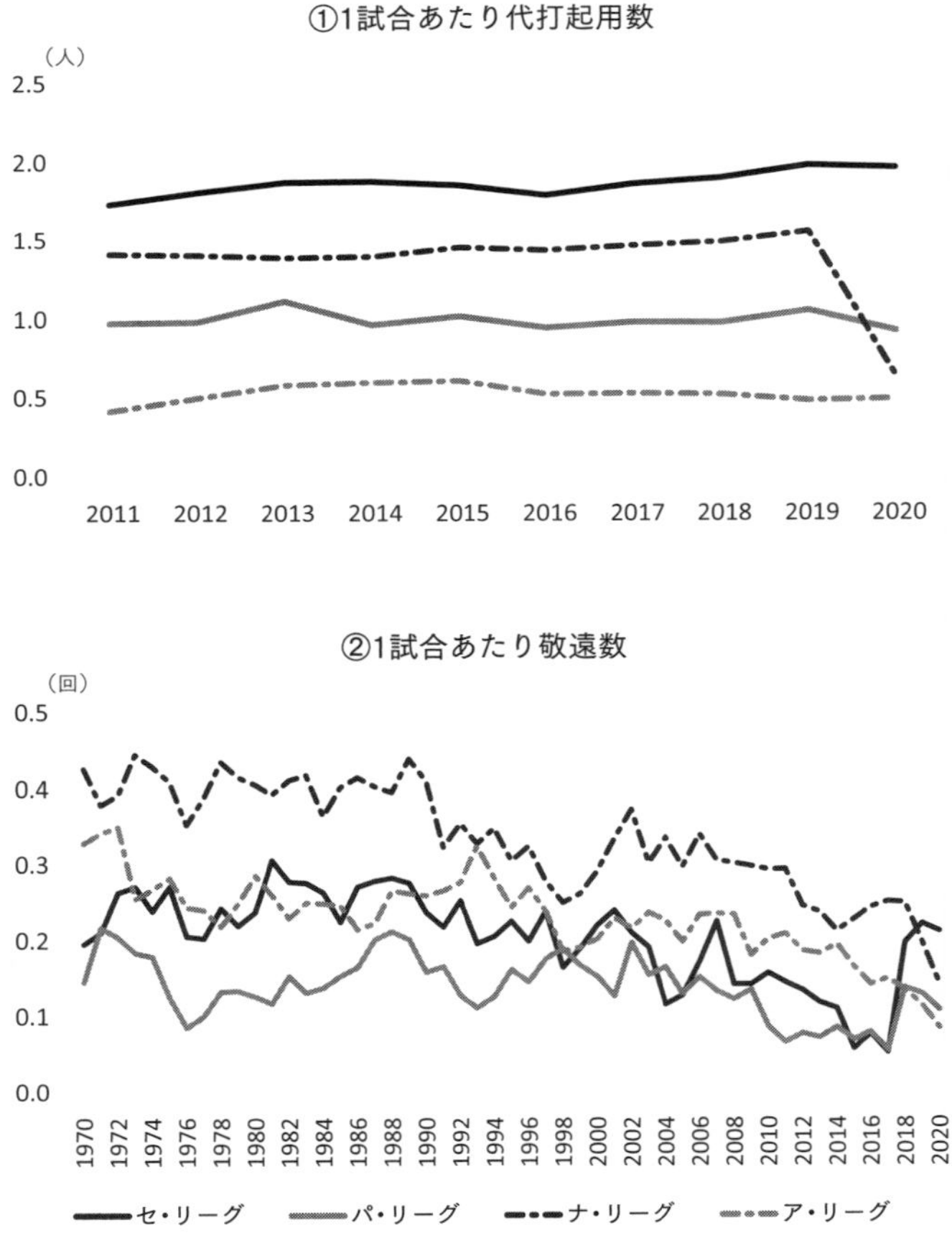

（注）2020 年のナ・リーグの代打起用数等が減少しているのは、コロナ禍のもと、同年に限りDH 制を採用したため。
（出所）日本プロ野球記録、Baseball-Reference の公表データに基づき筆者作成

人に対し、ア・リーグは０・５人）。これは、「ＤＨなし」のリーグでは、試合終盤にかけて投手の打席に代打を送る戦術がとられるからだろう。また、敬遠数についても、「ＤＨ制なし」のリーグの方が顕著に多い（２０１１～１９年における1試合あたり平均敬遠数は、セ・リーグ０・12回に対し、パ・リーグは０・08回。ナ・リーグ０・24回に対し、ア・リーグは０・16回）。これは、「ＤＨ制なし」のリーグでは、スコアリングポジションに走者を置いた状況で八番打者を迎えた場合に、九番・投手との勝負を選択し、八番打者を敬遠する確率が高いからだろう。

ＤＨ制導入への賛否は、野球に対する見方次第

ＤＨ制の有無による野球の違いに関する以上の説明を要約すると、ＤＨ制を導入した場合、①打撃・守備の専門化により、得点力アップや守備力の確保を図りやすくなる、②試合によってＤＨと一塁手、左翼手などとを繰り回す運用を通じ、選手のコンディション調整に資する、といったメリットが認められる。

一方、ＤＨ制導入に否定的な見方の根拠は何だろうか。これを端的に物語っているのが、パ・リーグでのＤＨ制導入時にセ・リーグが公表した、ＤＨ制を採用しない９つの理由である。

面白いのでそのまま抜粋すると次のとおりである。[26]

野球規則6・10には、「リーグは、指名打者ルールを使用することができる」と定められており、DH制を使用するかどうかは、各リーグの判断に委ねられています。

大リーグでは1973年にアメリカン・リーグがDH制を初めて採用し、日本ではパ・リーグが1975年からDH制を採用しました。しかし、当時、セ・リーグでは以下の観点から、DH制は採用しませんでした。


1・1世紀半になろうとする野球の伝統を、あまりにも根本的にくつがえしすぎる。

2・投手に代打を出す時期と人選は野球戦術の中心であり、その面白みをなくしてしまう。

3・投手も攻撃に参加するという考え方をなくしてしまう。

4・DH制のルールがややこしくファンに混乱をおこさせる。

5・ベーブ・ルースやスタン・ミュージアル[27]は投手から野手にかわって成功したのだが、

26　セ・リーグ「ご隠居様の野球問答」（2012年2月13日時点のオリジナルに基づくアーカイブ）
27　1940〜60年代のカージナルスのスター選手。1938年の入団時には投手だったが、1940年に肩を故そのような例がなくなる。
6・仕返しの恐れがないので、投手が平気でビーンボールを投げる。
7・いい投手は完投するので得点力は大して上がらない。
8・投手成績、打撃成績の比較が無意味になる。
9・バントが少なくなり野球の醍醐味がなくなる。

DH制の導入から四半世紀が過ぎましたが、セ・リーグでは現在も大筋で考えは変わっておらず、DH制を導入する予定はありません。
2005年から導入されたセ・パ交流戦では、パ・リーグ球団の主催試合のみDH制を採用しています。」

この公表文はとがった表現が目立つだけに、突っ込みどころも多い。例えば、DH制のルールが「ファンに混乱」をきたすほどに「ややこしい」のか（理由4）。「いい投手は完投する」という前提はもはや維持できていないし（第五話参照）、「得点力は上がらない」との見方は実

障してからは野手（外野手、一塁手）に専念。MVP3回、首位打者7回、通算安打数3630本（歴代4位）。

証的に誤りである（理由7）。それに投手のビーンボールは「仕返し」の手段だったのだろうか（理由6）。ただ、冷静に読むと、ＤＨ制導入の是非が「野球の競技性とは、各選手が走攻守の全てをこなすことにある」という見方にどこまでこだわるか、という論点であることがみえてくる。「投手も含め全員が守備し、全員が攻撃する」という競技の伝統を維持し（理由1、3）、もって、その中でファンに支持されてきた醍醐味――投手交代機を巡る駆け引き（理由2）や送りバントという作戦選択（理由9）――を確保し続けたいという主張は、野球に対する一つの価値観に根差すものだ。むろん、「歴史とともにルールは変わる」（東尾修さん）[28]という価値観もあり、どちらを支持するかは人それぞれだろう。筆者自身は、一面において、野球の高度化は分業化・専業化の進行と不可分であり、ＤＨ制もその一環として位置づけられるとみている。ただ、同時に、今なおファンの間で野球の競技性に対する価値観が分かれているのだとすると、そうした状況のまま、国内のトップリーグをいずれも「ＤＨ制あり」とすることは、アマチュア球界への影響も含め、慎重な検討を要するのではないかと考える。

いずれにせよ、最近約十年で拡がったリーグ間格差について、１９７０年代に導入されたＤＨ制をスケープゴートにするのは無理がある。今日のパ・リーグの強盛は、端的にスポーツ・

28　AERA.dot の連載記事（「ときどきビーンボール」２０２０年12月26日）

ビジネスとして、スカウトや育成に経営資源を手厚く投下し続けてきた結果というべきだ。この点、セ・リーグにおける朗報はＤｅＮＡの参入であり、南場智子オーナーのもと、ＪＲ横浜駅へのビアカフェ開業といった斬新な取り組みを含め、新風を巻き起こしている。ＤｅＮＡの経営下で観客動員数は倍増し、[29] かつての暗黒時代（後述第十三話参照）からは見違えるほどに戦力が充実した。各球団がこうした経営努力をさらに続け、球界全体としてますますのレベルアップが図られていくことを期待したい。

29　入場者数は参入直前の２０１１年：１１０万人↓２０１９年：２２８万人（日本プロ野球機構［ＮＰＢ公式サイト］）。

第九話　プロ野球選手の成績がピークとなる年齢は実際のところ何歳か？

筆者がセイバーメトリクスの入門書を一読して[30]最もショッキングだったのは、「投手に関しては21歳がピークでその後は年齢を経るごとに防御率が悪化していく」という記述である。打者についても得点創出能力のピークは26歳だという。これらの分析は果たして額面どおり受け止めて良いものなのだろうか。違和感を持ちつつかつてのスター選手を思い起こすと、例えば衣笠祥雄選手（広島）の打点や長打率のピークは37歳（１９８４年）だし、山本昌投手（中日）は41歳のシーズン（２００６年）に奪三振数１２４を記録している。野球選手の成績がピークとなる年齢について考察しよう。

３０　蛭川皓平（２０１９年）。なお、「投手のピーク年齢は21歳」説に関しては、この入門書でも「これが実態として正しいのかどうかについては色々と議論がなされて」おり、「統計処理の仕方を改めればもう少し打者に近い年齢曲線になるはずだという見解」もあるとされている。

（図表9-1）野球、サッカー、バスケットボールのピーク年齢比較（2015～19年）

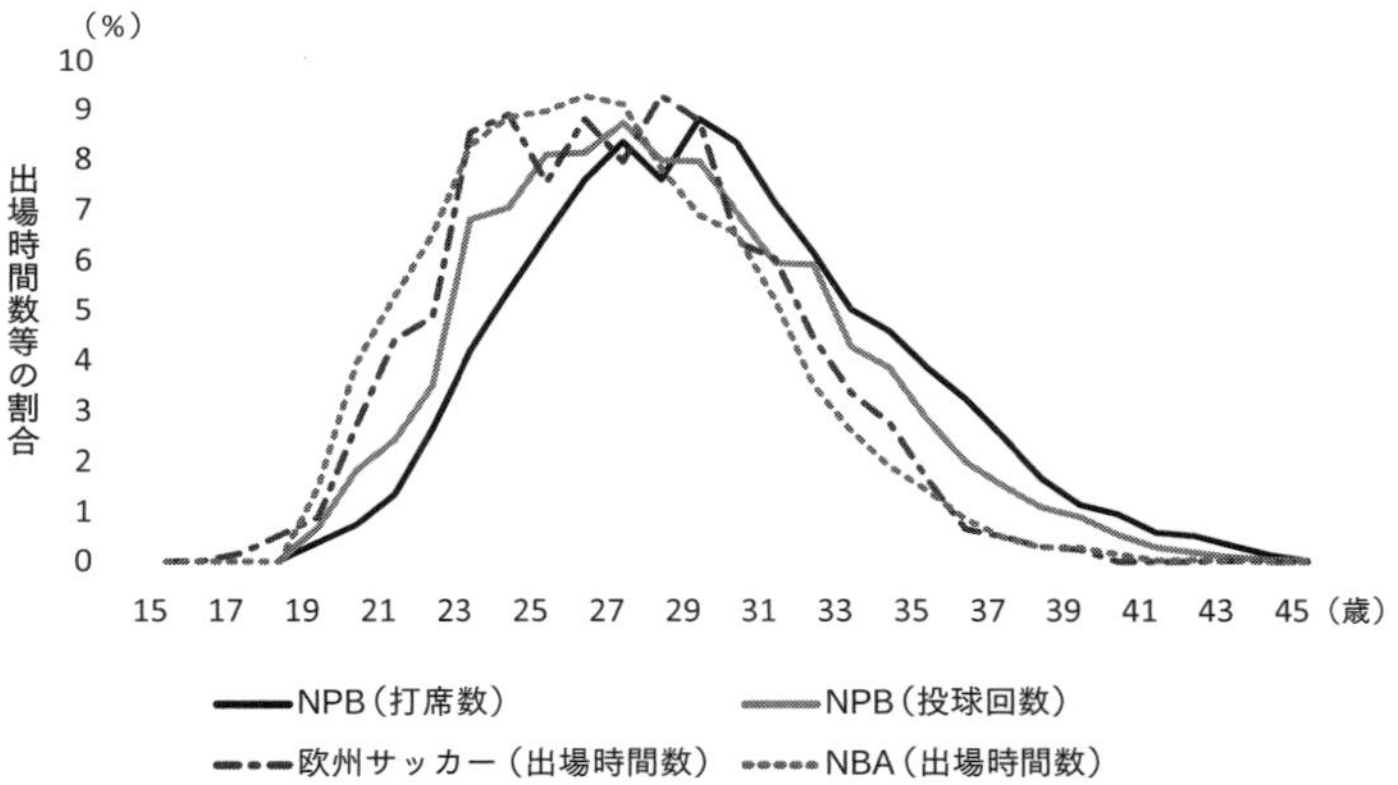

（出所）日本プロ野球記録、WhoScored.com、Bascketball-Referenceの公表データに基づき筆者作成

野球におけるピーク年齢はサッカーなどと比べて高め

冒頭、衝撃的な分析結果を紹介したが、恐らく多くのファンは、どちらかというと野球は他競技と比べやや高めの年齢に至り成熟していく印象をもっているのではなかろうか。ここで、NPB、サッカー、バスケットボールの3競技について、選手の出場時間（野球については、打席数ないし投球回数）の年齢別割合を比較してみた（図表9‐1）。

すると、やはり野球は他競技と比べ、10代のうちからトップリーグで出場するのが難しい半面、30代後半でも出場機会

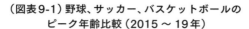

（図表9-2）打者・本書版投打貢献度指数の集計値の年齢別内訳

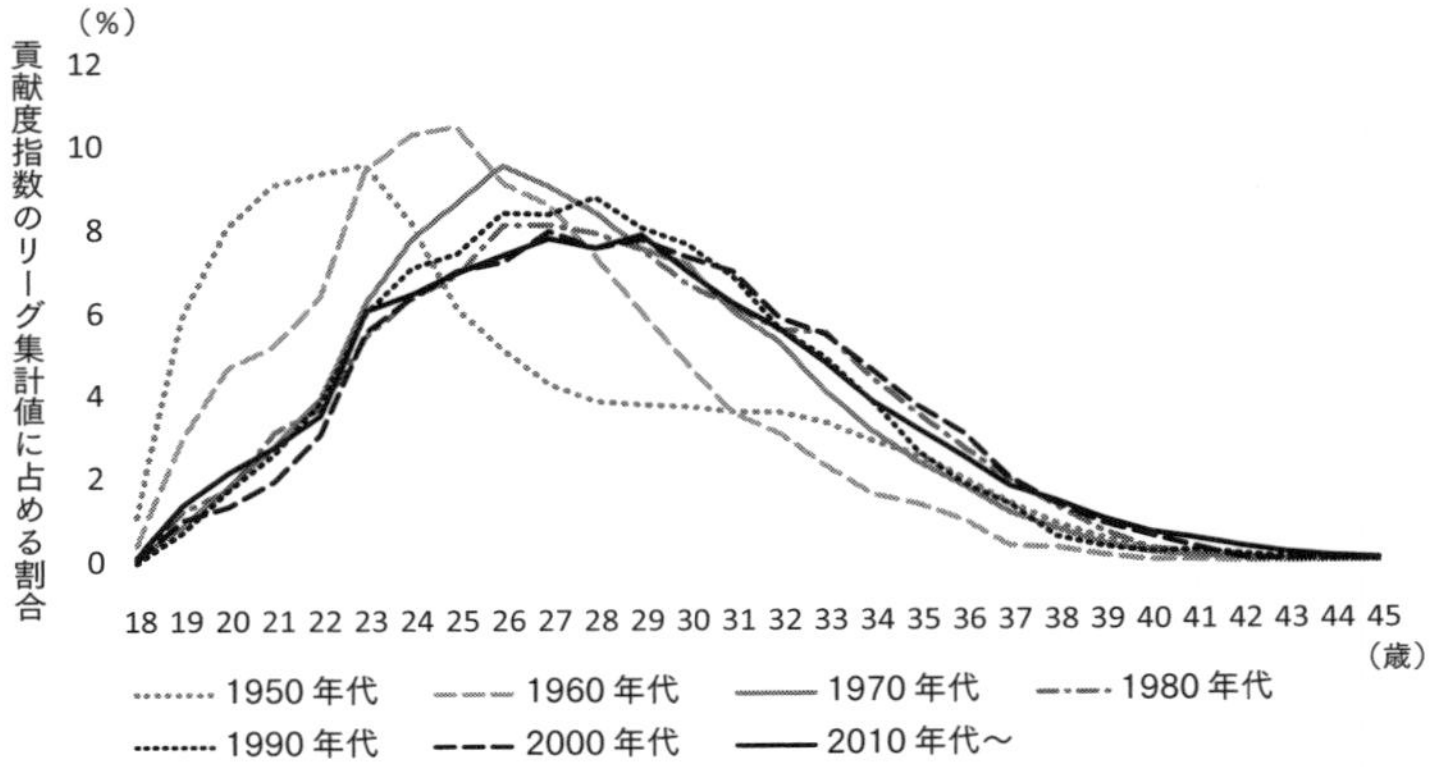

（注）各年について全選手の本書版投打貢献度指数を合計し、年齢別に仕分け。
（出所）日本プロ野球記録の公表データに基づき筆者作成

を維持できている選手が相対的に多いことが分かる。それでは、このことと前述「投手のピーク年齢は21歳」説との関係については、どのように考えれば良いだろうか。野手、投手の順にみていこう。

〈野手編〉27~29歳が中心世代

まず、全打者の本書版投打貢献度指数を足し上げ、年齢別に仕分けてみた（図表9-2）。ここから分かることを3点述べると、第一に、出場機会や貢献度が最高となる中心世代は27~29歳だということだ。

また、第二に、27~29歳がチームの中心となるという傾向は、1980年代以降変わっていないことだ。1950年代は戦争の影響もあってか戦力の中心が23歳前後で、そこから１９７０年代にかけて徐々に年齢が上がり、１９８０年代以降、概ね現在の水準に落ち着いている。

そして第三に、２０１０年代になると、過去の年代と比べ、30代後半から40歳代に至るまでのベテランの貢献度が高まっている。このことは、近年、選手寿命の長期化に成功した選手が増えてきていることを意味する。

出場機会を維持できているベテランの打撃成績は若手に劣らない

前述の分析で着目したのは、年齢別に全選手の貢献度を足し上げた値であったわけだが、次は、出場機会を得た選手一人あたりのパフォーマンス水準に注目してみよう。

まず、打率および得点創出能力を示す指標（加重出塁率）について年齢別の平均水準を整理すると、驚くことにベテランも若手と遜色なく、加重出塁率についてはむしろベテランの方が高めの数値となっている（図表９-３）。このことが意味するのは、加齢とともに打撃力が向上するということではなく、多くの選手たちが衰えとともに出場機会を失っていく中、なお出場できているベテランは若手を凌ぐ打撃力を持っている、ということだ。それでもなお、この事実には驚愕すべきであり、なぜなら人間の動体視力は誰しも加齢に伴い低下するため、やが

（図表9-3）野手の年齢ごとの打率・加重出塁率（2000～20年）

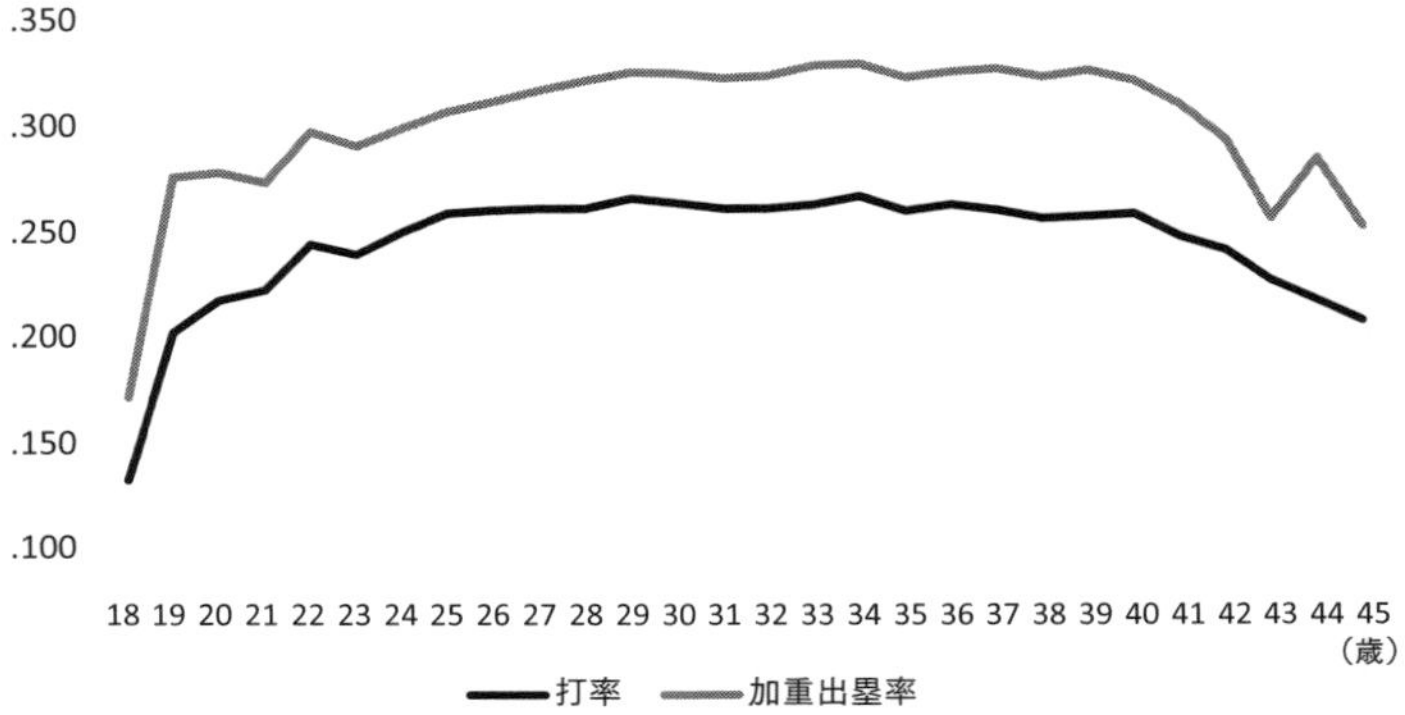

（出所）日本プロ野球記録の公表データに基づき筆者作成

（図表9-4）野手の年齢ごとの長打力指標（長打率－打率）（2000～20年）

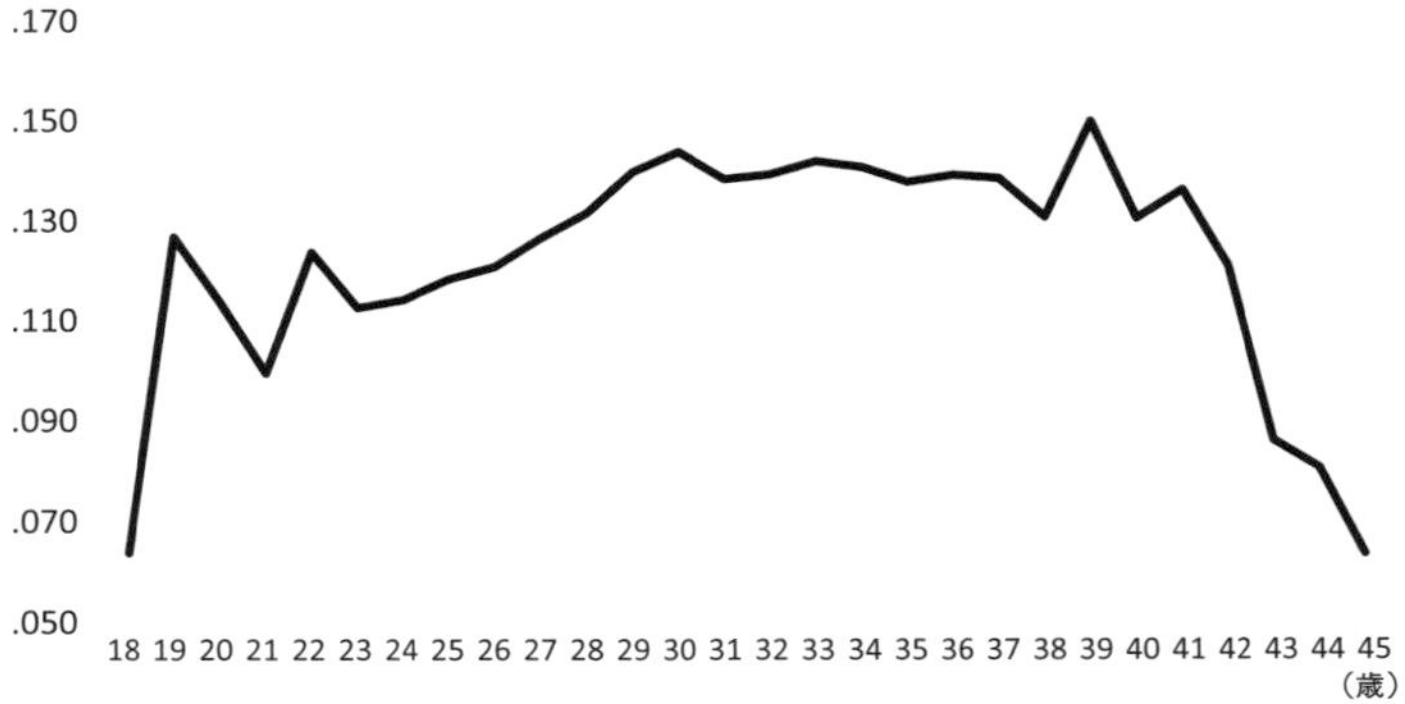

（出所）日本プロ野球記録の公表データに基づき筆者作成

て三振率が高まり、それにつれ打撃成績が悪化していくはずだからである。にもかかわらず、現実にそうなっていないのはなぜだろうか。

出場機会の多いベテランは、長打力の高さと制球眼の良さで勝負する傾向

若手と遜色ない打撃成績を維持できているベテランたちの秘訣のうち、まず得点創出力の高さについては、長打力の高さによるところが大きい。このことは、出場機会を得ているベテランの長打力指標の高さから分かる（図表9‐4）。

次にベテランたちの打率の高さについては、どのように説明できるのだろうか。ここで注目したいのが年齢別の三振率と四球率である。まず、三振率については、20代前半が最も高く、それ以降はベテランの域に達してもほとんど変わらない（図表9‐5①）。その理由を解き明かすヒントは、年齢別のスイング率とコンタクト率（第四話参照）にみてとれる。MLBのデータをみる限り、確かにコンタクト率は加齢とともに低下しており、ボールを捉える能力は年々低下する。ただ、コンタクト率の低下と軌を一にするようにスイング率も低下しており、配球の読みなど技量向上により、バットを振るべき球をよく選ぶようになっているということ

（図表9-5）野手の年齢ごとの三振率

①野手の年齢ごとの三振率（2000 ～ 20年）

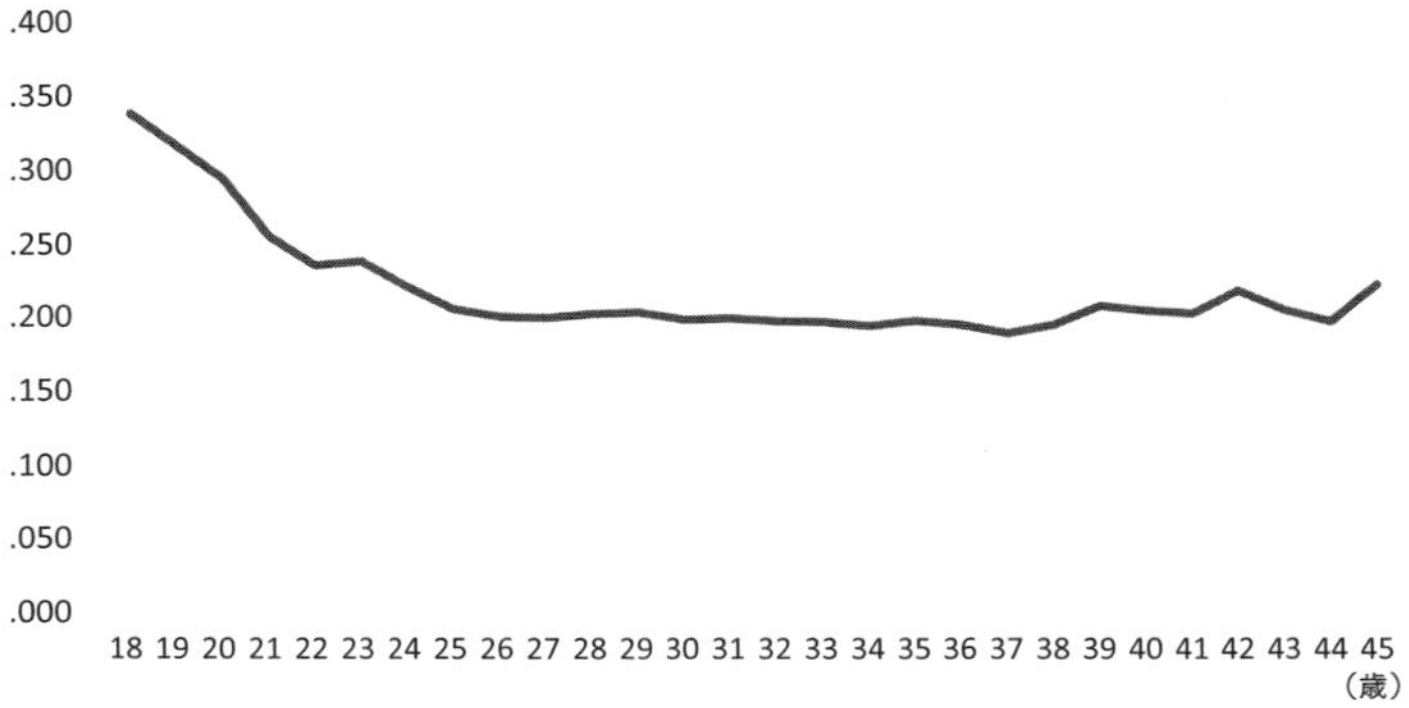

（出所）日本プロ野球記録の公表データに基づき筆者作成

②MLBにおける野手の年齢ごとの
スイング率・コンタクト率（2000 ～ 20年）

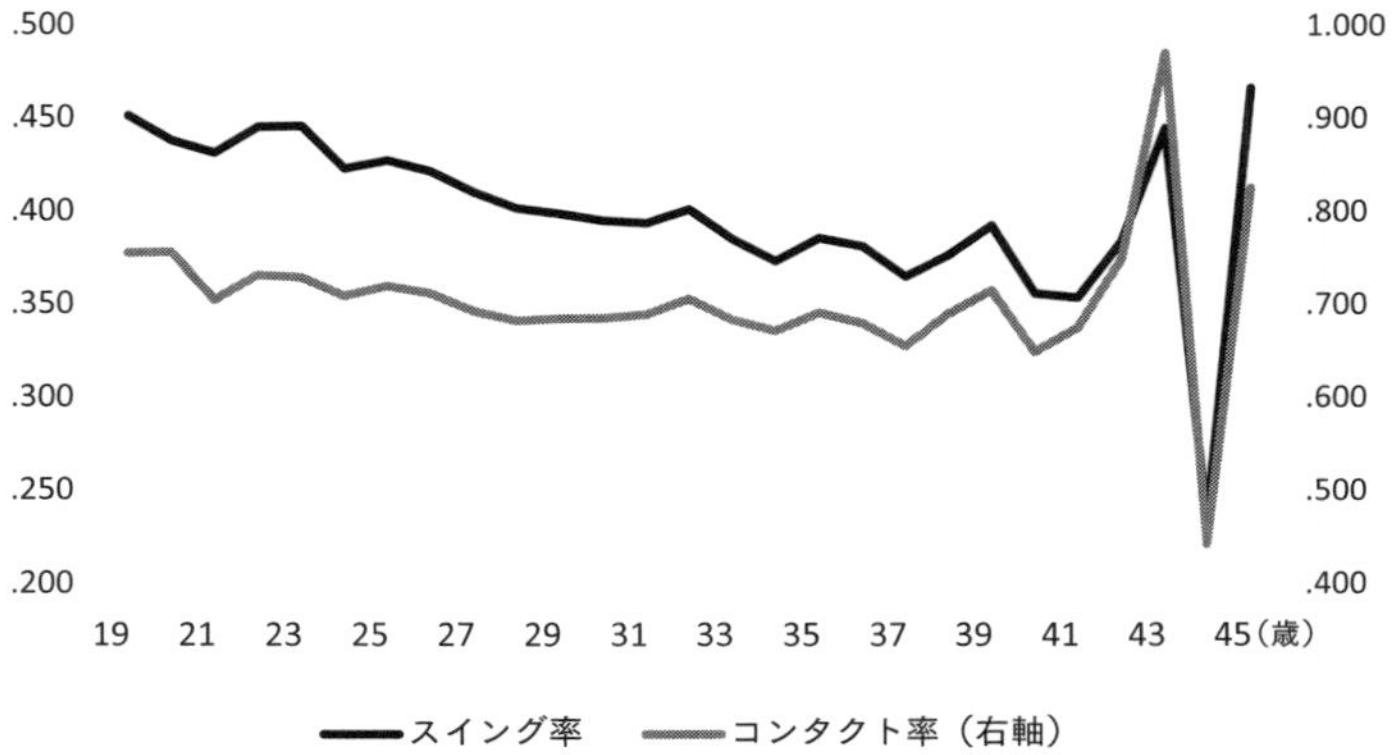

（出所）Baseball-Referenceの公表データに基づき筆者作成

だろう（図表９‐５②）。また、第四話で触れたとおり、スイング率が低い選手は四球が多い傾向がある。年齢別の四球率水準をみても、ベテランたちはよく四球を選んでいる（図表９‐６）。要するに、ベテランたちが高打率を維持できているのは、制球眼の高さゆえとみられる。

野手の守備力についてはどうだろうか。FanGraphs の「Defense 指標」（第八話参照）が７以上（全選手数の５％未満）とされるＭＬＢの名手たちについて、年齢別の分布をみてみよう（図表９‐７）。集計対象となる選手数は、守備位置別にみると、捕手、遊撃、三塁の順に多い。そして年齢別にみると、捕手や三塁手についてはピークが28～30歳頃であり、遊撃手や外野手については25～27歳頃となっている。打撃力の衰えに伴う出場機会の減少が影響している可能性もあるのだが、守備力もやはり20代後半がピークということなのではなかろうか。

〈投手編〉投手は25～27歳が中心世代

打者編と同様に、まず、全投手の本書版投打貢献度指数を足し上げ、年齢別に仕分けると、25～27歳あたりが中心世代であることが分かる（図表９‐８）。ただし、この年齢を過ぎれば直ちに衰えるのか、というとそうではなく、30歳前後までは高い勝利貢献度を維持し続けられている確率が高い。また、投手についても２０１０年代にかけてベテランの貢献度が高まり、

（図表9-6）野手の年齢ごとの四球率（四球数÷打席数）（2000～20年）

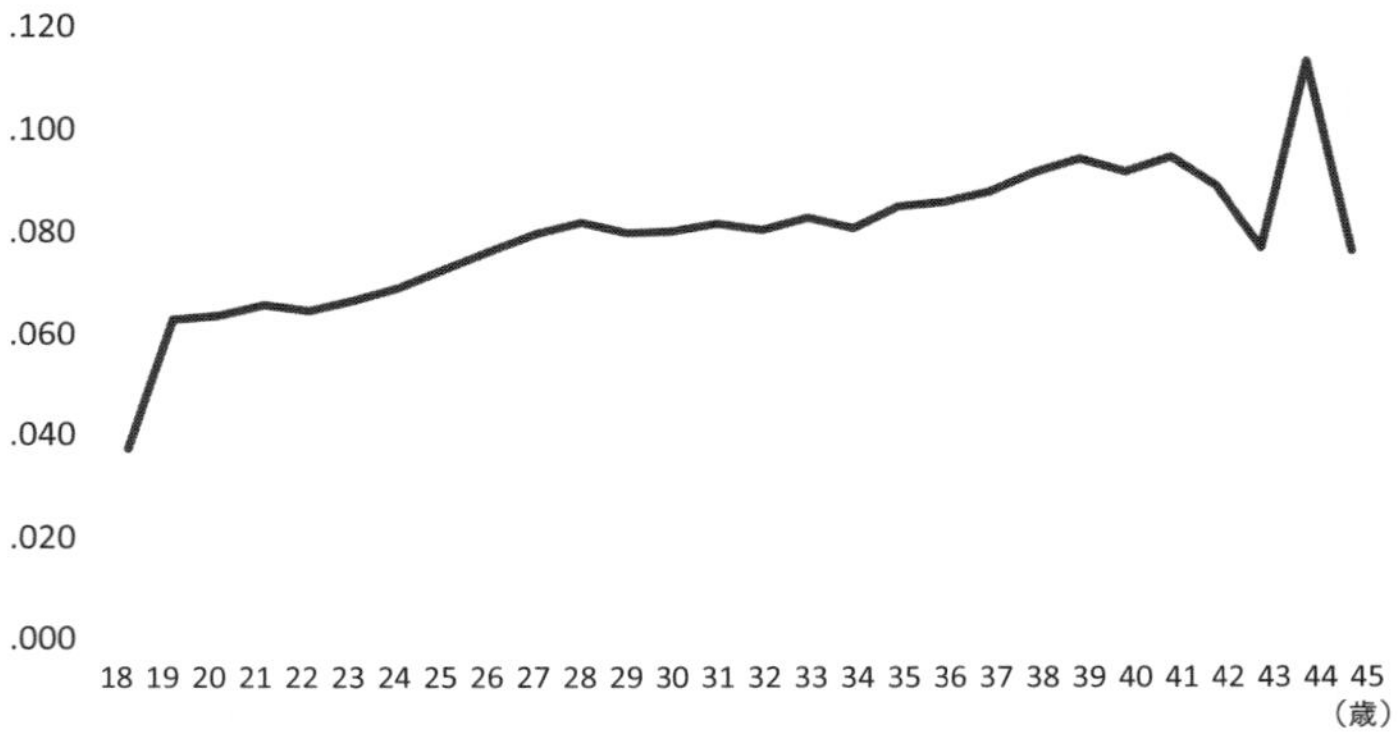

（出所）日本プロ野球記録の公表データに基づき筆者作成

（図表9-7）MLBにおいて守備力の高い野手（Defense指標7以上）の年齢別分布

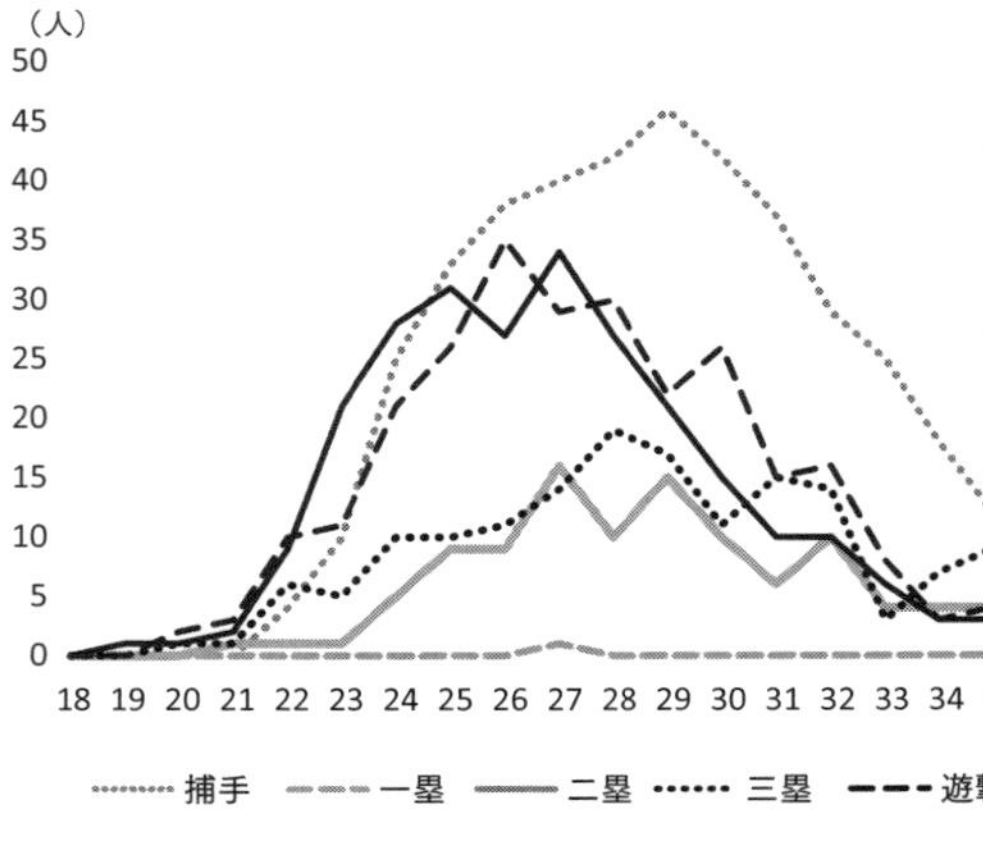

（参考）Defense指標が7以上の選手の比率

捕手	19.3%
一塁	0.0%
二塁	3.6%
三塁	5.0%
遊撃	10.9%
外野	2.2%

（出所）FanGraphsの公表データに基づき筆者作成

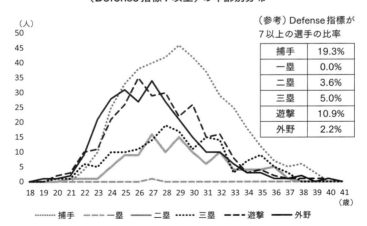

（図表9-8）投手・本書版投打貢献度指数の集計値の年齢別内訳

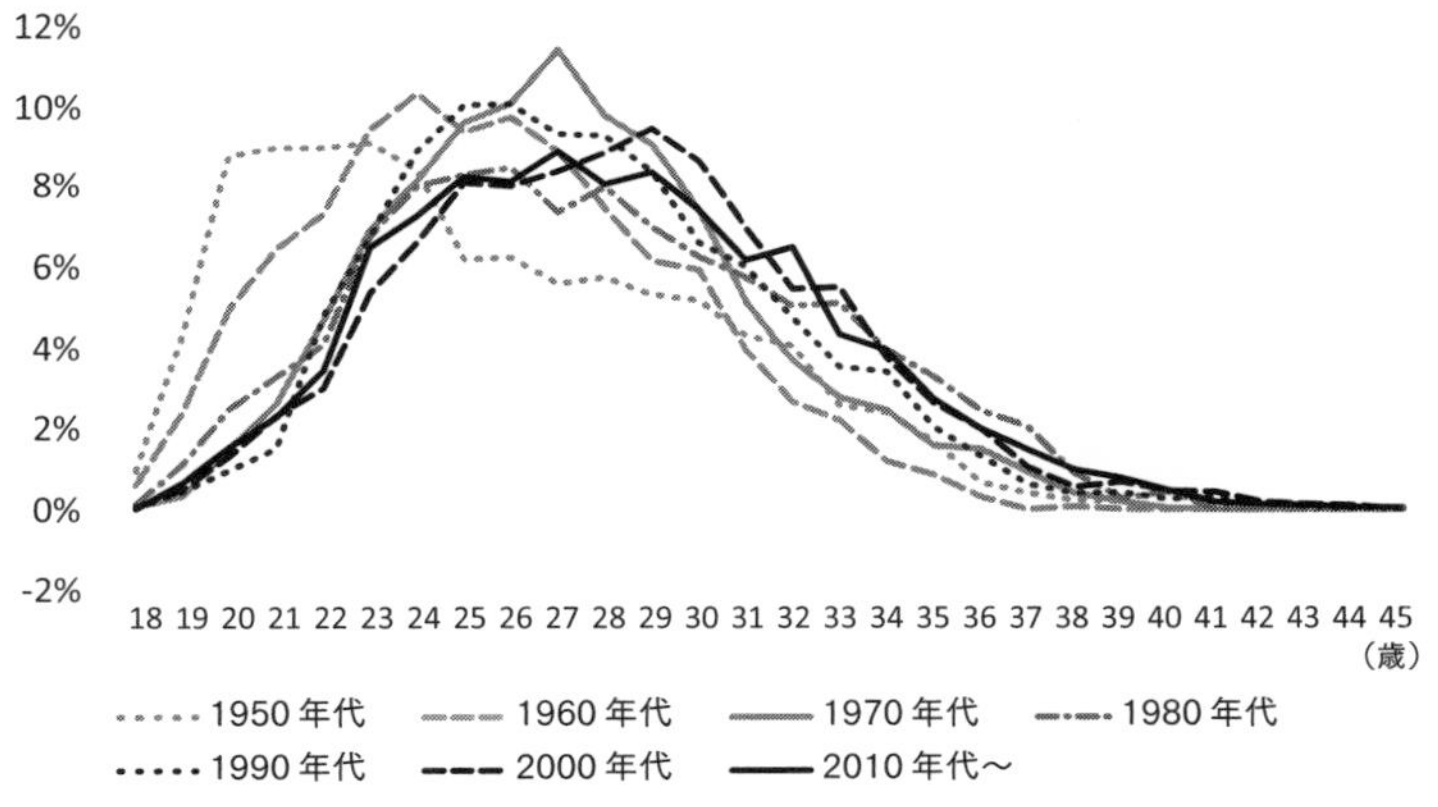

（注）各年について全投手の本書版投打貢献度指数を合計し、年齢別に仕分け。
（出所）日本プロ野球記録の公表データに基づき筆者作成

（図表9-9）投手の年齢ごとの防御率（2000～20年）

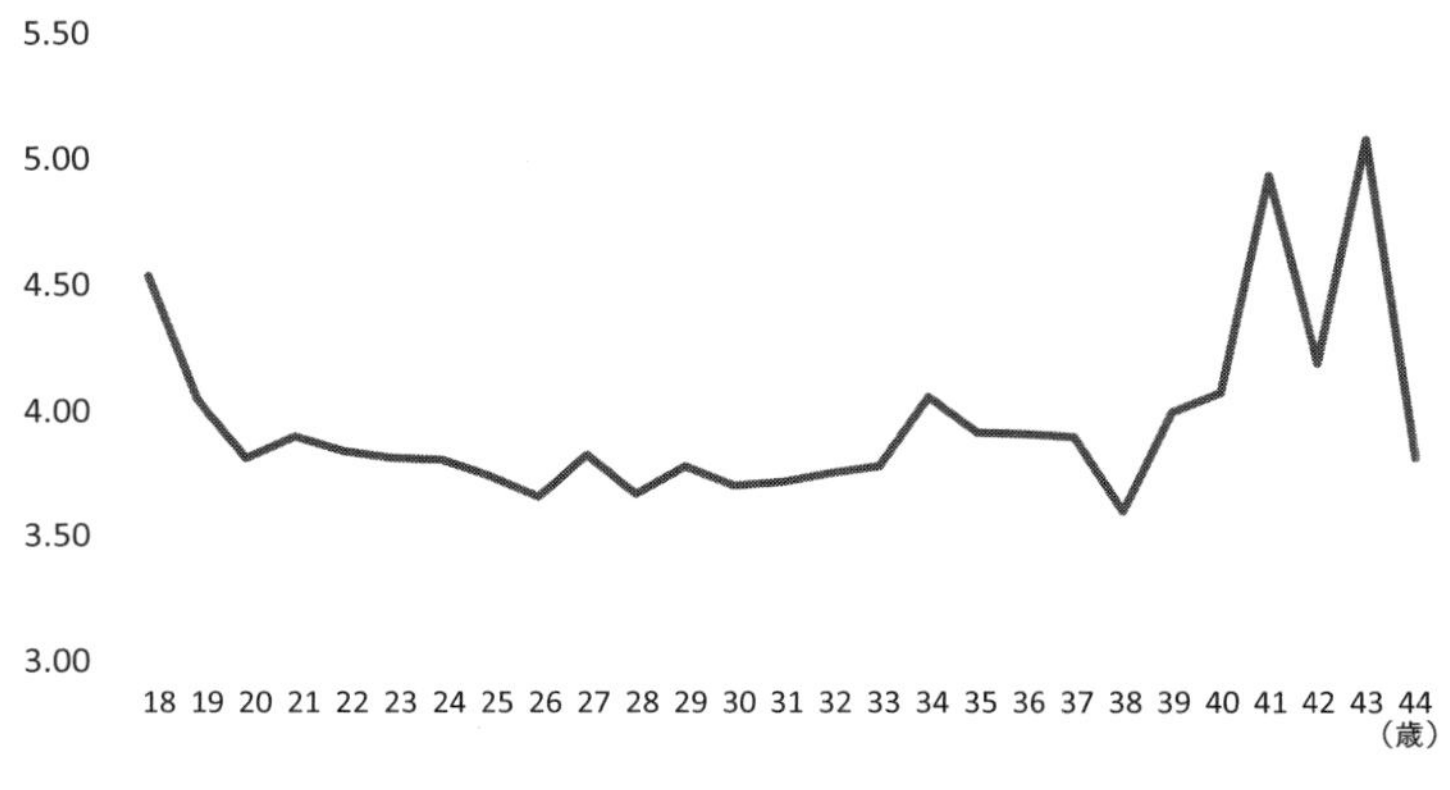

（出所）日本プロ野球記録の公表データに基づき筆者作成

選手寿命の長期化がうかがえる。

ベテラン投手は制球力の高さにより防御率悪化を防いでいる

次に、投手一人あたりのパフォーマンス水準に着目し、防御率の平均値を比較すると、実は年齢による差がほとんどない（図表9‐9）。

ベテラン投手は、加齢とともにボールの力の衰えに伴い、奪三振率が低下し、被打率もじわじわと高まっていく（図表9‐10①・②）。にもかかわらず、若手に負けない防御率水準を維持できている背景には、若手より低い与四球率があげられる（図表9‐10③）。つまり、ベテランになっても出場機会を維持できる投手は、ボールの力の衰えを制球力の高さや打者とのかけ引きの巧さで補っているということだ。[31]

31　元広島監督の野村謙二郎さんは、著書の中で「佐々岡真司は若い頃は150キロのストレートを投げていたが、球威が落ちてからはカーブやツーシームを覚えたり、コントロールに磨きをかけたりと技巧派に転向した。肉体の衰えを、新たな技術を身につけることや、打者との心理戦で優位に立つことでカバーできたからこそ、彼はあれだけ長く現役でプレーすることができた」と述べている（『変わるしかなかった。』ＫＫベストセラーズ、2015年）。

（図表9-10）投手の年齢ごとの奪三振率、被打率、与四球率

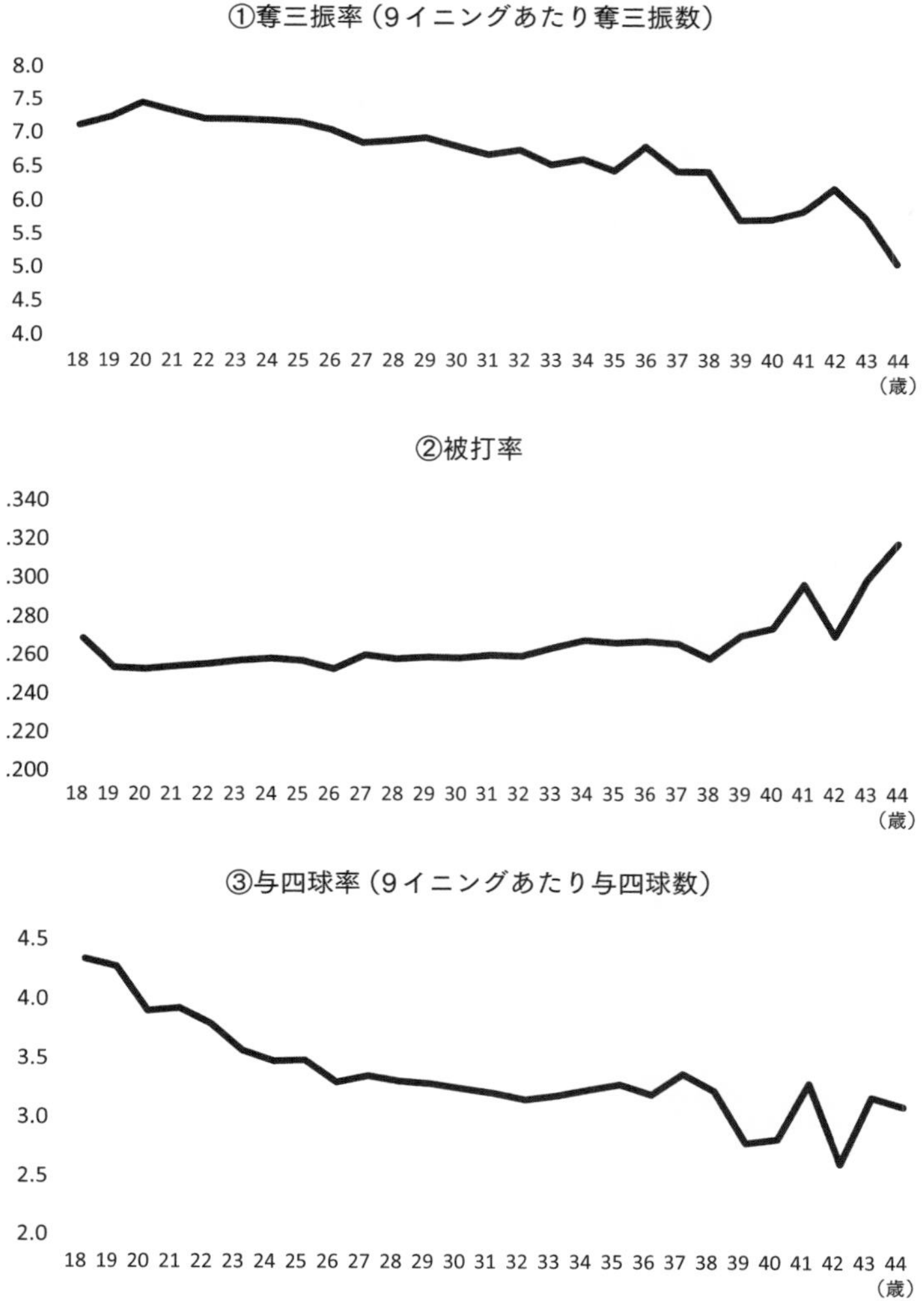

（出所）日本プロ野球記録の公表データに基づき筆者作成

「投手のピークは21歳説」について考える

それでは、ベテラン投手が若手に負けない防御率水準を確保しているという説明と、「投手のピークは21歳説」との関係については、どのように考えるべきなのだろうか。

セイバーメトリクスの専門家のいう「投手のピークは21歳説」の積算方法は、ごく簡潔にいえば、全選手について当年と前年の成績指標の差をとって、年齢別にその差の平均値（ないし中央値）を求め、その値を1年の加齢に伴う能力の変化幅とみなす、というものである。

この分析手法のメリットは、個別の選手ごとに丹念に加齢に伴うパフォーマンスの変化を追っている点である。ただ、弱点もあり、選手ごとに年齢曲線が大きく異なるため、成績指標の前年差の平均値ないし中央値が、リーグ全体の傾向を適切に反映できていない可能性はないだろうか。本書版投打貢献度指数について、「投手のピークは21歳説」の論拠とされる計算方法に従って集計してみても、選手ごとの違いが大き過ぎて一般的に投手のピークが20歳過ぎとは断じがたく、特に30代初頭までについては、無視できない割合の選手が前年並み、ないし前年よりも優れたパフォーマンスを残している（図表9‐11）。一人のファンとして、ピーク年齢の低さを言い連ねることより重要なのは、ベテラン選手が野手であれば選球眼、投手であれば制球力などの技量を高め、選手寿命を長期化させていることではないか。ネット上などでは

（図表9-11）野手・投手の本書版投打貢献度指数の年齢別・対前年比増減幅（1989～2020年）

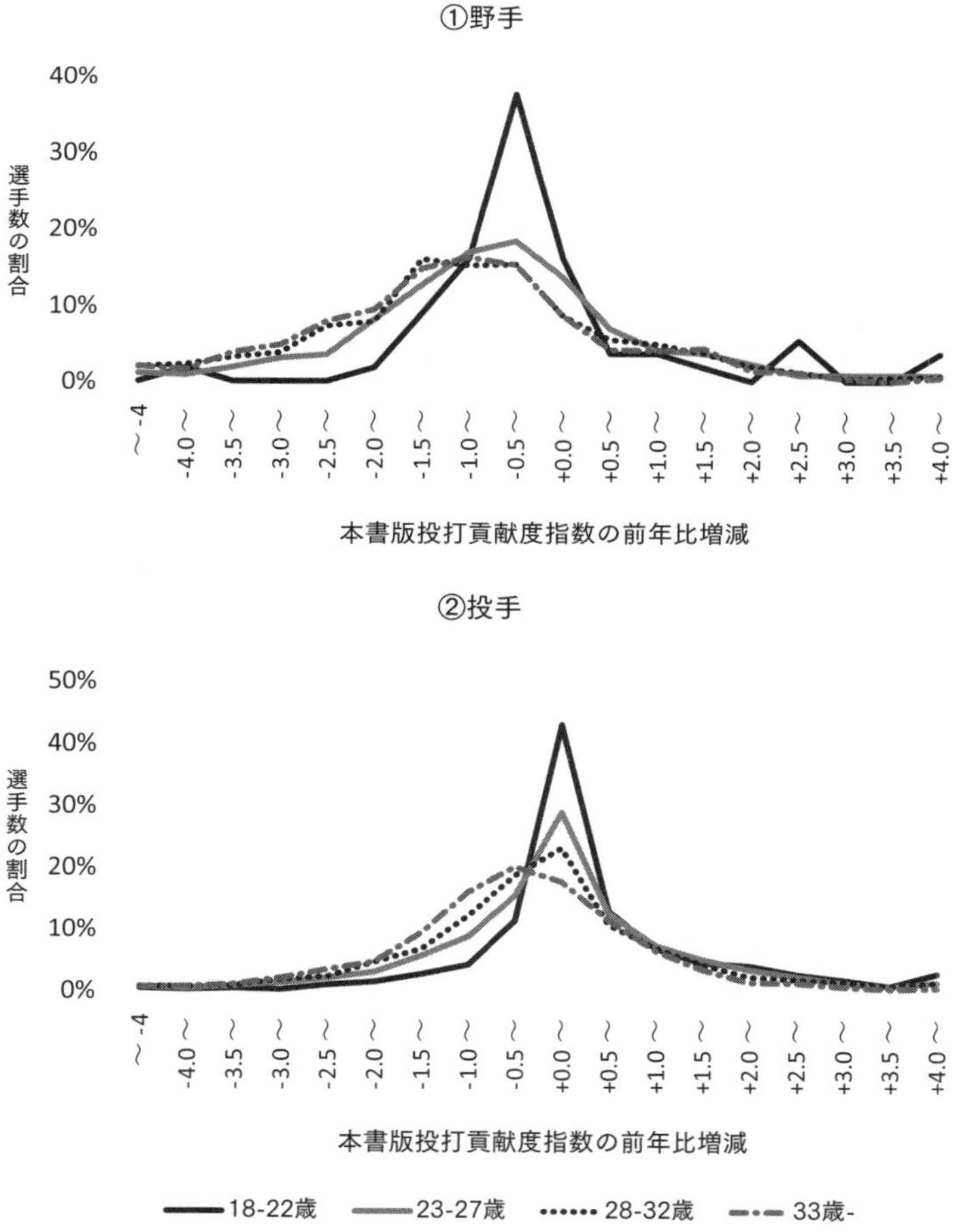

（出所）日本プロ野球記録の公表データに基づき筆者作成

時々、球界の誇る名手・菊池涼介選手（広島）のセイバーメトリクス守備指標が低下気味であり、ピークアウトを指摘する声が聞かれるが、「人は加齢とともに衰える」と雄弁に語られても、そこに発見はない。本人がインタビューに答えているように「正直、プロに入って1年目、2年目と比較すれば、スピードが落ちていたり、守備範囲も狭くなっているのかもしれない。だが、今は風やグランド状態から飛んでくる打球を想定、読む力が経験でアップしたり、バッターが打った瞬間、どうゴロをさばけば、4秒以内にファーストにボールが届き、一塁でアウトにできるかという動き」[32]を究めた結果こそ、二塁手としての連続守備機会無失策記録（569機会。2019〜21年）につながったのではないか。セイバー厨たちよ、注目すべきポイントを誤るべきでない。こうした選手たちの努力にこそ敬意を表すべきであろう。

FAはコストパフォーマンスが悪い？

さて、このようにみていくと、FAでの獲得は、選手の年齢曲線を踏まえると、球団にとってコストパフォーマンスが悪いようにみえる。なぜなら、NPBにおいてFAの権利は、基本

32　AERA.dot のインタビュー記事（2020年12月31日）

的に一軍在籍7～8年経過時点で取得できる仕組みとなっており、22～23歳から一軍出場し始めた選手の場合、権利取得時の年齢は概ね30歳前後となる。この年齢は、前述の年齢曲線の説明に照らすと一般的にピークであるか、あるいはピークを少し過ぎた頃合いになる。移籍前の華々しい成績を引っさげ、高額年俸で複数年契約を結ぶケースが多いが、確率論的には、移籍前と同程度以上に活躍できないことの方が多いわけだ。実際、FAにより国内で移籍した選手について、移籍前3年間と移籍後3年間の成績とを比較すると、ほとんどの選手が移籍後、成績を悪化させている（図表9－12）。

このようにFAによる選手獲得は、球団経営の合理という観点からみると、高額の年俸・長期の契約に見合うかどうか、不確実性が高い。ただ、それではFAが球団にとって無意味かというとそうではない。FAで移籍した選手は、野手を中心として、移籍前より悪化したとはいえなお高いパフォーマンスを発揮しているケースが多いからである。このことをデータに即してみると、オールスター級というべき本書版投打貢献度指数が「5」を超える選手は、リーグ全体では野手・投手とも全体の4～5％程度ずつしかいないが、FAで移籍後3年間の平均値が5を超える選手の割合は、野手について23・8％、投手について7・1％も存在する。つまり、FAでの選手獲得はコストパフォーマンスが良いとはいえないが、「とにかく来年こそ優勝したい」という場合には、当面の手っ取り早い戦力補強策として有効ということだ。

（図表9-12）FA移籍前3年・後3年の本書版投打貢献度指数の比較

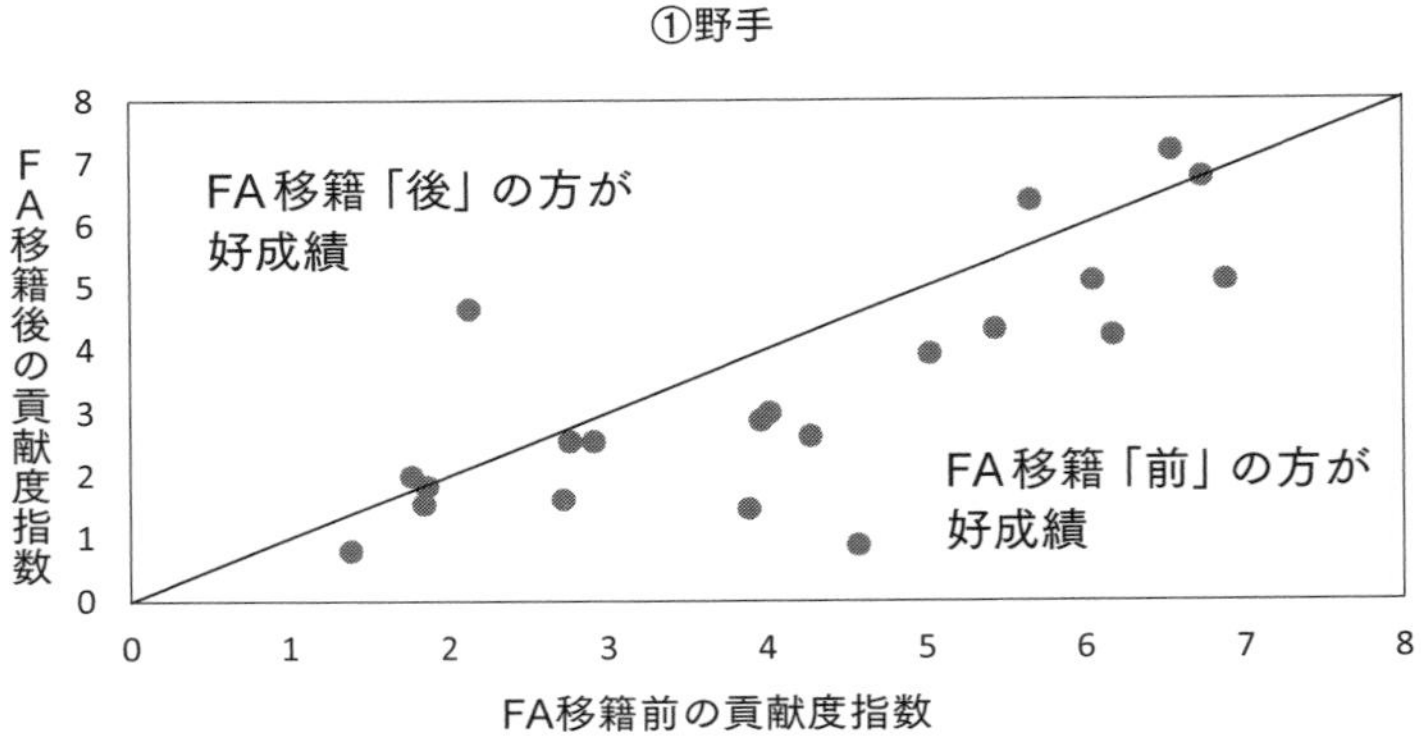

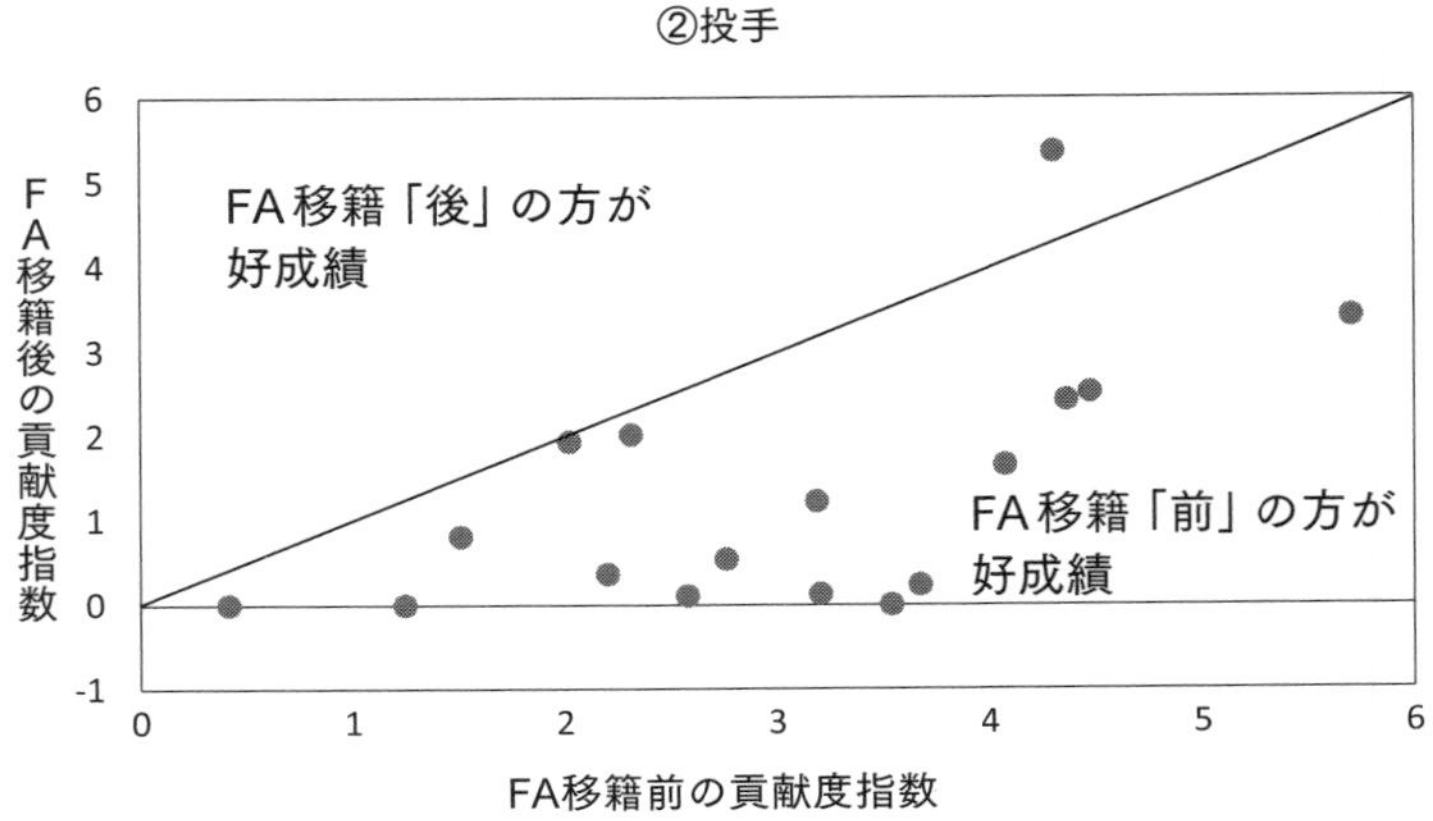

（出所）日本プロ野球記録の公表データに基づき筆者作成

なお、念のため、以上で述べたのはファンや球団経営者の理屈であって、ＦＡ制は選手にとっての貴重な権利であることは言うまでもない。また、こういう説明を目にすると、最短6年でＦＡ権を取得できるＭＬＢを参考に、ＦＡの権利取得をもっと早めるべきではないか、という主張もあり得るだろう。ただ、制度のあるべき論は本書の主題でないのであまり立ち入らないが、ＭＬＢではマイナーリーグでの下積みも長いため、プロ入りから権利取得までの平均年数はＮＰＢと大差ない（いずれも11年程度）ことだけは指摘しておく。[33]

33　1.02 Essence of Baseball コラム「プロ野球でＦＡ宣言が活発にならない理由」

第十話　ドラフトの当たり外れの確率と「2年目のジンクス」の真偽は？

ドラフト会議は、アマチュア球界のスターたちの進路が決まる運命の一日として、毎年、センセーショナルに報道され、会議後にＴＢＳ系列で放送される『ドラフト緊急特番！　お母さんありがとう』と併せ、秋の風物詩となっている。ファンとしては金の卵たちの躍動を期待するわけだが、現実には不完全燃焼のままユニフォームを脱ぐ選手も多い。

１９９０年代以降の入団選手たちが期待どおりに活躍してくれる確率について調べてみた。また、新人の年に大活躍した選手がなぜか翌年不調に陥りがちという「2年目のジンクス」についても、その真偽に迫ってみた。

ドラフト指名の内訳をみると…

（図表10-1）平成以降（1989～2020年）のドラフト指名選手の内訳

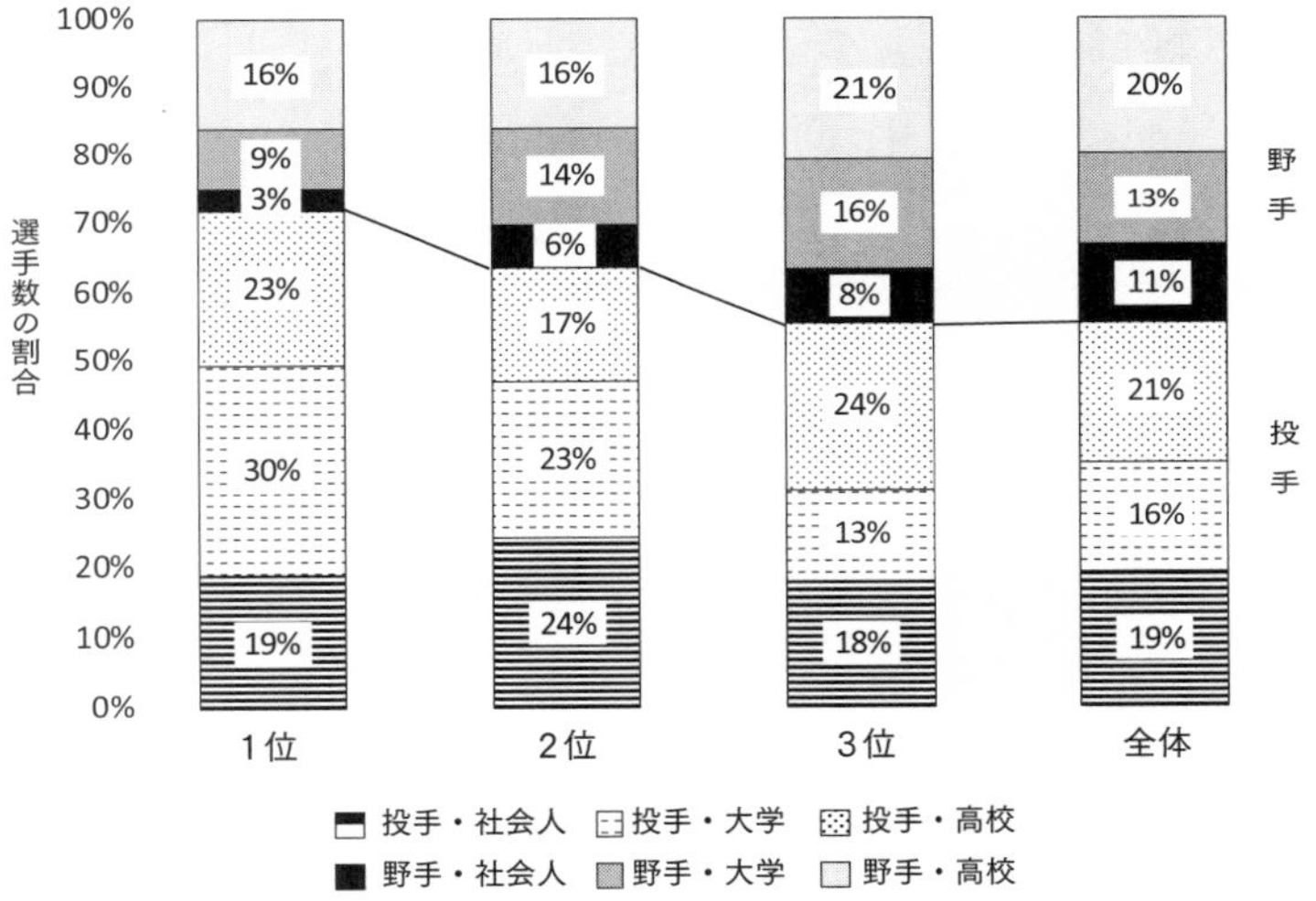

（出所）日本プロ野球記録の公表データに基づき筆者作成

平成以降のドラフトで指名された選手の内訳をみると、56%が投手となっている。特にドラフト1位に限ってみると72%が投手であり、さらに投手のドラフト1位指名の内訳をみると、その3分の2のケースが大学・社会人となっている。つまり、ドラフト1位では、何よりもまず即戦力投手が欲しいと考えるチームが多いようだ（図表10-1）。

投手については、ドラフト2位以下まで含めてみれば、大学、社会人、高校からの獲得数が概ね同じくらいで、やや高校生が多い。これに対し、野手については高校生の比率がより高めとなっており、特にドラフト1

（図表10-2）ドラフト指名順位別のレギュラー級の活躍をした選手の割合

①投手・野手別

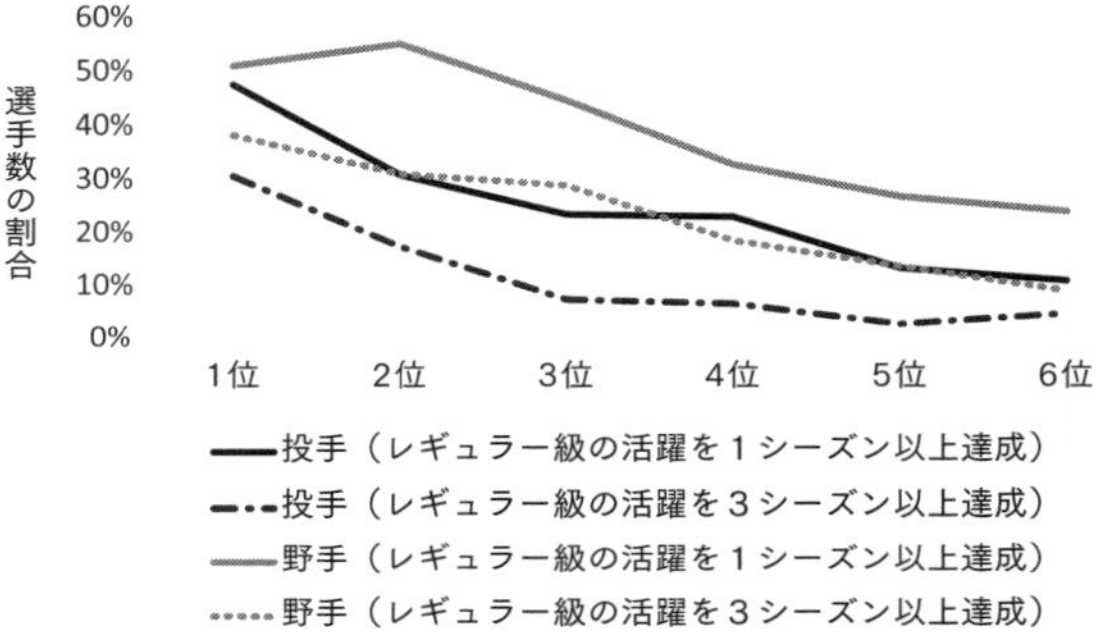

②投手：
大学社会人・
高校の別

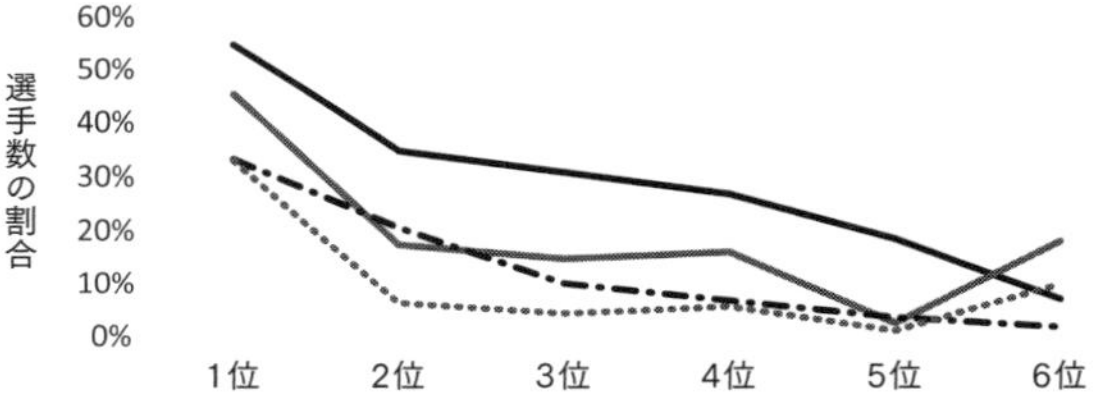

③野手：
大学社会人・
高校の別

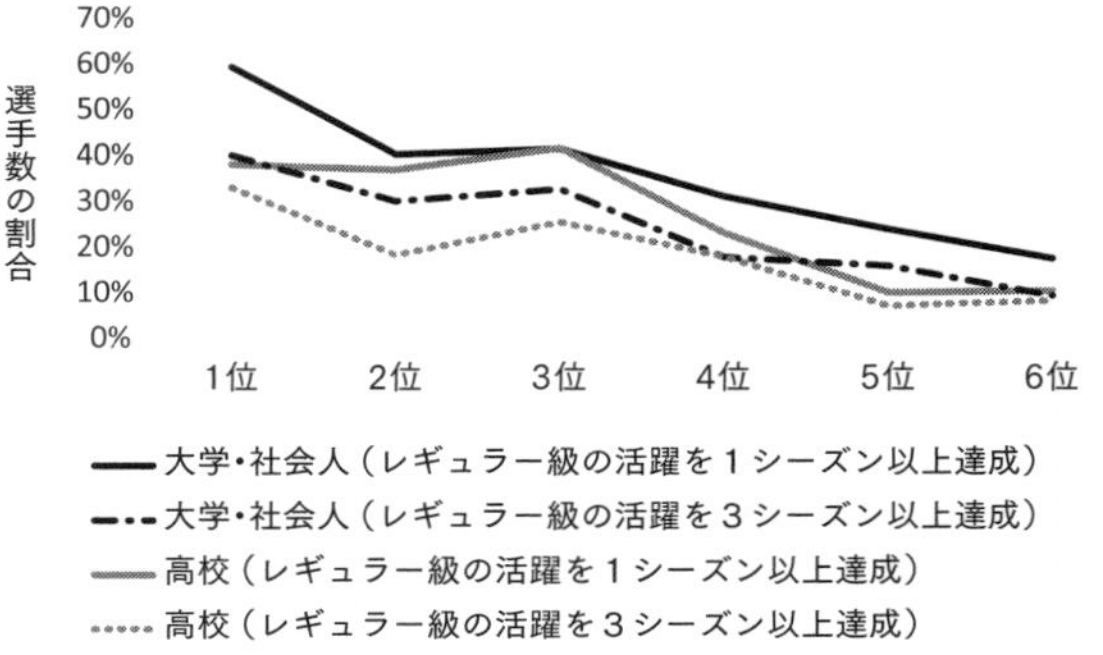

（注）1989年ドラフト以降の入団選手について本書版投打貢献度指数を集計。レギュラー級の活躍とは、本書版投打貢献度指数が、野手につき1.5以上、投手につき2以上であることをいう。
（出所）日本プロ野球記録の公表データに基づき筆者作成

（図表10-3）ドラフト指名順位別のオールスター級の活躍をした選手の割合

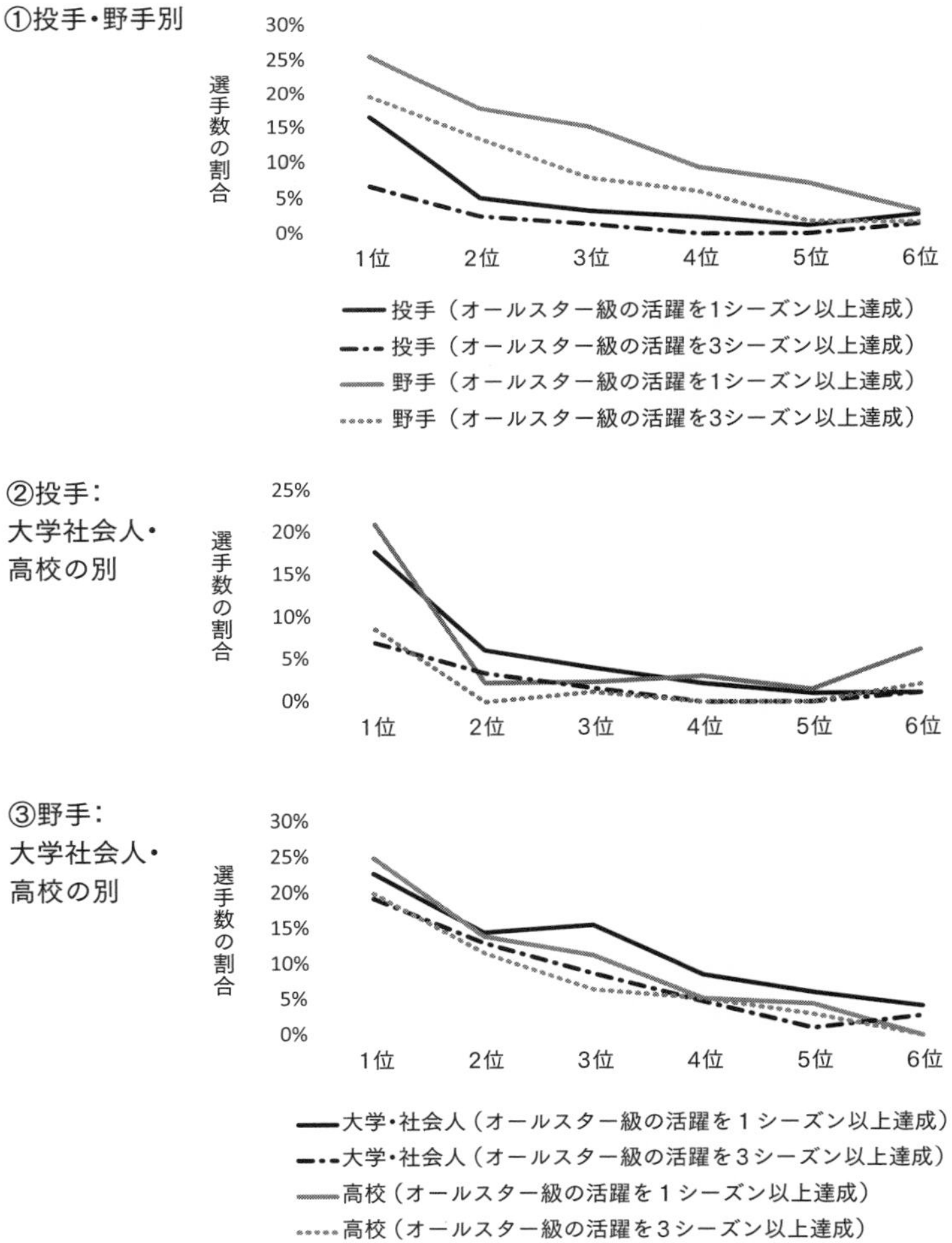

（注）1989 年ドラフト以降の入団選手について本書版投打貢献度指数を集計。オールスター級の活躍とは、本書版投打貢献度指数が５以上であることをいう。
（出所）日本プロ野球記録の公表データに基づき筆者作成

位指名される野手は、その過半が高校生である。特に野手についてはポテンシャルの高い高校生の獲得が重視されているらしい。

概ねレギュラー級の活躍がどの程度期待できるか

いよいよ本題であるドラフト指名選手の活躍度についてみていこう。まず、レギュラー級の活躍をしてくれる（本書版投打貢献度指数が野手について1.5以上、投手について2以上）確率についてみると、まず、ドラフト1位指名選手はさすが、5〜6割の確率で最低1シーズンはレギュラー級に活躍してくれる。ただ、レギュラー級の活躍を3シーズン以上にわたってしてくれる確率となると、ドラフト1位指名選手でも3〜4割となってしまう（図表10－2①）。

この「当たり」率はドラフト指名順位に割と素直で、総じて指名順位が下位にいくほど低下していく。ドラフト5〜6位になってくると、少なくとも1シーズンはレギュラー級の活躍してくれる選手数は、投手で1割程度、野手で2割5分程度となる。さらに3シーズン以上で達成する選手数となってくると、例えば6位だと投打とも1割を割り込む。最近、一部球団が積極的に育成選手ドラフトを活用しているが、千賀滉大投手や甲斐拓也選手（ともにソフトバンク）のような成功例は、確率論的にはかなり稀と考えて良いだろう。

次に、プロ入りが大学・社会人からなのか、高校からなのか、の別に「当たり」の確率をとってみると、投手・野手とも、総じて大学・社会人から獲得する方がレギュラー級の活躍をしてくれる確率が高い（図表10‐２②・③）。特に投手についてはドラフト順位にかかわりなく大学・社会人の方が「当たり」の確率が目立って高いようだ。

概ねオールスター級の活躍がどの程度期待できるか

今度は、オールスター級の活躍（本書版投打貢献度指数が5以上）をしてくれる確率についてみていこう。各チームで、１シーズンでもオールスター級の活躍をしてくれるのは、ドラフト１位指名選手でも野手につき２割５分前後、投手につき２割弱しか現れない（図表10‐３①）。こうした活躍を３シーズン以上にわたってみせてくれる選手となると、ドラフト１位指名選手でも野手につき２割程度、投手に至っては１割に満たなくなる。また、ドラフト５～６位から１シーズンでもオールスター級に輝ける確率は３％程度に過ぎない。プロ入りが大学・社会人からなのか、高校からなのか、の別による「当たり」の確率についてみると、特にドラフト１位に関しては、高校から即プロ入りした選手の方が、オールスター級の活躍をしてくれる確率が高い（図表10‐3②・③）。高校生でドラフト1位指名されるような選手は、かなり大器と期待される選手ということだろう。つまり、ドラフト1位の獲得戦略として、レギュラー級の活躍をしてくれる選手を確実に獲りたいならば大学・社会人、リスクをとってでもスター候補が欲しいなら高校生の方がお薦めということだ。

ドラフト1位でくじ引き競合、一本釣り、外れ1位の別の活躍度合いは

ドラフト1位の交渉権獲得の経緯（くじ引き競合、一本釣り、外れ1位）別の活躍度は違うのだろうか。平成以降（ただし、逆指名制度がとられていた1993～2007年を除く）の選手の活躍度を比べてみると、実は一本釣りの方がくじ引き競合より「当たり」の確率が高めで、外れ1位については目立って低い（図表10‐4）。

統計的に十分な選手数といえない上、「一本釣り」には選手側から「意中の球団」が特定されていたケースが複数含まれるなど、このデータだけから一概に一本釣りがくじ引き競合より高パフォーマンスと断定することはできない。ただ、ドラフト1位はスカウト陣の「失敗が許されない」、「ファンやオーナーに納得される指名をしたい」という意識が働いてか、有望な即戦力がいる場合には「即戦力」、あるいは甲子園で全国民の注目を集めた「スター」、ないし

（図表10-4）ドラフト1位のうち、くじ引き競合・一本釣り・外れ1位の貢献度の比較（1989～92年、2008年～2019年ドラフト）

（人）

	投手			野手		
	くじ	一本釣り	外れ1位	くじ	一本釣り	外れ1位
レギュラー級の活躍をした選手数	12	25	22	3	11	9
オールスター級の活躍をした選手数	5	8	2	0	6	2
全指名選手数	22	44	70	14	16	24

（注）「レギュラー級」、「オールスター級」の定義は（図表10 - 2）、（図表10 - 3）と同じ。
（出所）日本プロ野球記録の公表データに基づき筆者作成

チーム事情にかかわらず何人でも欲しい「投手」が競合となりやすい。そうした中、間隙《かんげき》を突くように高校生野手の有望株を獲って成功した例がみられるのは興味深い――例えば、菊池雄星投手（西武）が競合となった2009年ドラフトでの筒香嘉智選手（横浜）の獲得例、有原航平投手（日本ハム）が競合となった2014年ドラフトでの岡本和真選手（読売）の獲得例など。

また、外れ1位の選手が大成功する確率が、くじ引き競合や一本釣りより低い、つまりドラフト1位の12名の中にも格差があるという事実は、後述のとおりMLBでも観察される。かつて逆指名制がとられ、ドラフト上位選手の獲得が実質的にチームの資金力に依存していた時代にチーム間の戦力格差が拡大したのは無理もない。

豊作の年と不作の年があるのか

後年から振り返ってみると、ドラフトには、時々当たり年がある（図表10 - 5）。平成以降のドラフトで最高の「当たり年」は野茂英雄投手（近鉄）らの指名された1989年で、次いで前田健太投手（広島）や田中将大投手（楽天）らの指名された2006年である（図表10 - 5①）。

ドラフト年ではなく、選手の生年別でみても、マスコミでよく報道されているとおり、いくつかの「黄金世代」がみられる（図表10 - 5②）。特に有名なのは1980年度生まれの「松坂世代」、1988年度生まれの「ハンカチ世代」、それから1994年度生まれの「大谷世代」といったあたりだろう。ただし、これらマスコミ辞令による黄金世代は、多分に甲子園のスターに引きずられており、実際には他にもたくさんの豊作年がある。

平成以降のドラフトの成否をチーム単位でみると、本書版投打貢献度指数の集計値は年によって大きな格差があり、結果として「豊作年」「不作年」との大きなムラが生じていることが分かる（図表10 - 6①）。最高のドラフト（同指数のキャリア最高値の同期全員分の集計値が20超）となった学年は、同期のほぼ全員が少なくとも一シーズンはチームを代表するような活躍をしたことを意味しており、一方、下位2割くらいの不作年（同5未満）には一度はレ

（図表10-5）NPBにおける「豊作の年」

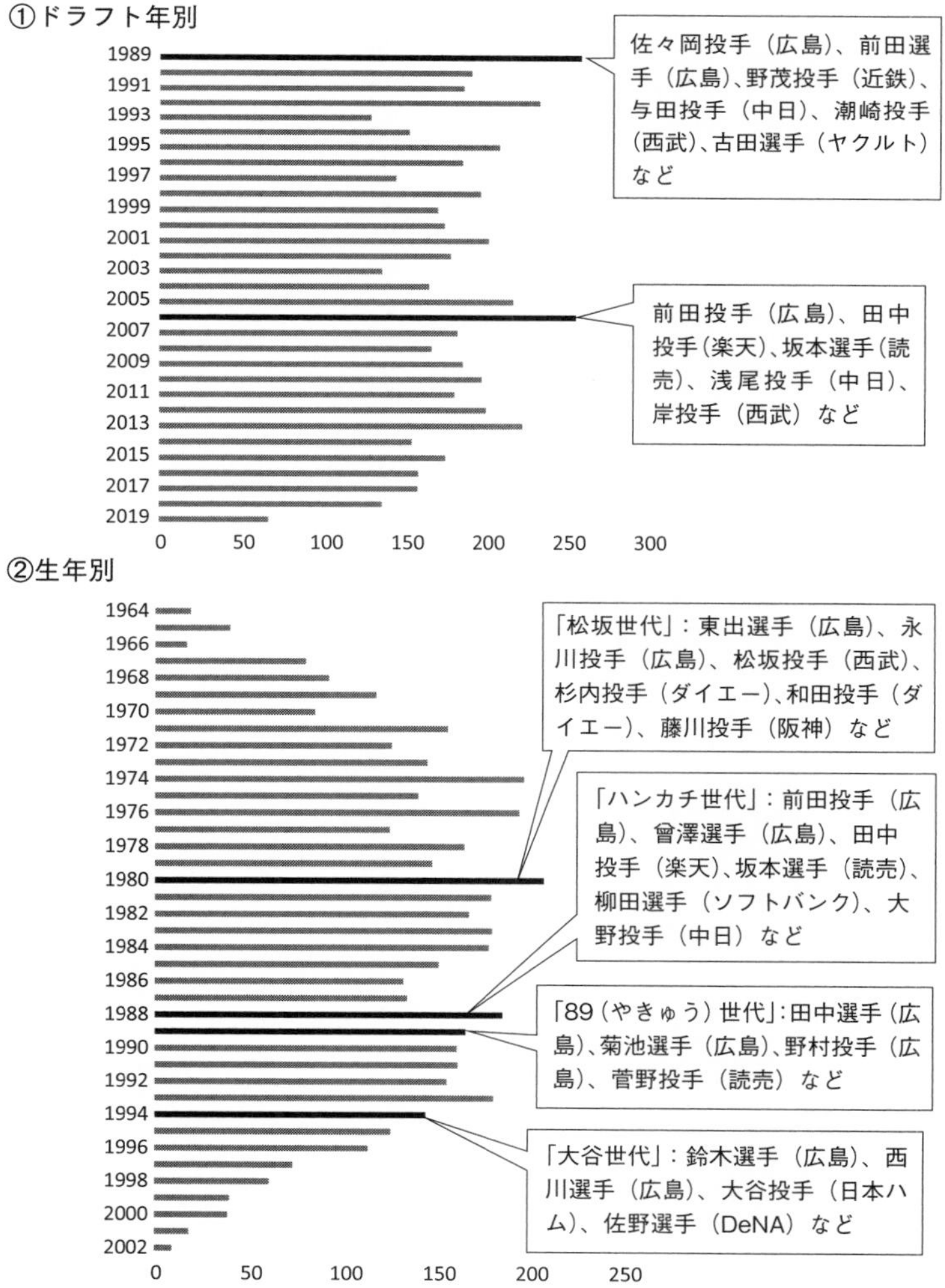

（注）1989年ドラフト以降の入団選手についてドラフト年別（①）ないし生年別（②）にキャリア通算の本書版投打貢献度指数を集計。表示した選手のチーム名は、入団時のもの。
（出所）日本プロ野球記録の公表データに基づき筆者作成

ギュラー級に食い込んだことがある選手が同期に1人か2人、という活躍度にとどまる。その結果、チームの戦力に占める年代別のムラができてしまい、中にはチーム全体の本書版投打貢献度指数の2割超を一学年（同級生）で占めるケースもみられる（図表10‐6②）。こうしたムラは「豊作世代」でチームを一気に強くし、やがて一気に弱体化しやすくしている可能性がある。

MLBはドラフトの門戸が広めだがメジャー昇格の壁が高い

参考までにMLBのドラフト制度についても簡単にみておこう。MLBでは前年度の最下位チームから順に指名する仕組み（ウェーバー制）となっているため、NPBのようなくじ引き競合は生じない。30チームもあるMLBでは同じ1巡目でも1番目の指名（前年最下位チーム）と30番目の指名とでは平均的な活躍度が異なっている（図表10‐7①）。

また、NPBと比べMLBの方が、ドラフトでの門戸は広いが（各チームの選択巡数は平成以降の平均で47・5巡。ただ、指名されても38・1%の選手は入団拒否している）、メジャー昇格の壁が高い。入団年に早速メジャーで活躍する選手は0・5%程度に過ぎず、キャリア通算成績をみても、ドラフト1位でも約3分の1は一度もメジャー昇格することなく引退してい

（図表10-6）チームごとのドラフト年ごとの「豊作」「不作」のムラ（1989～2020年）

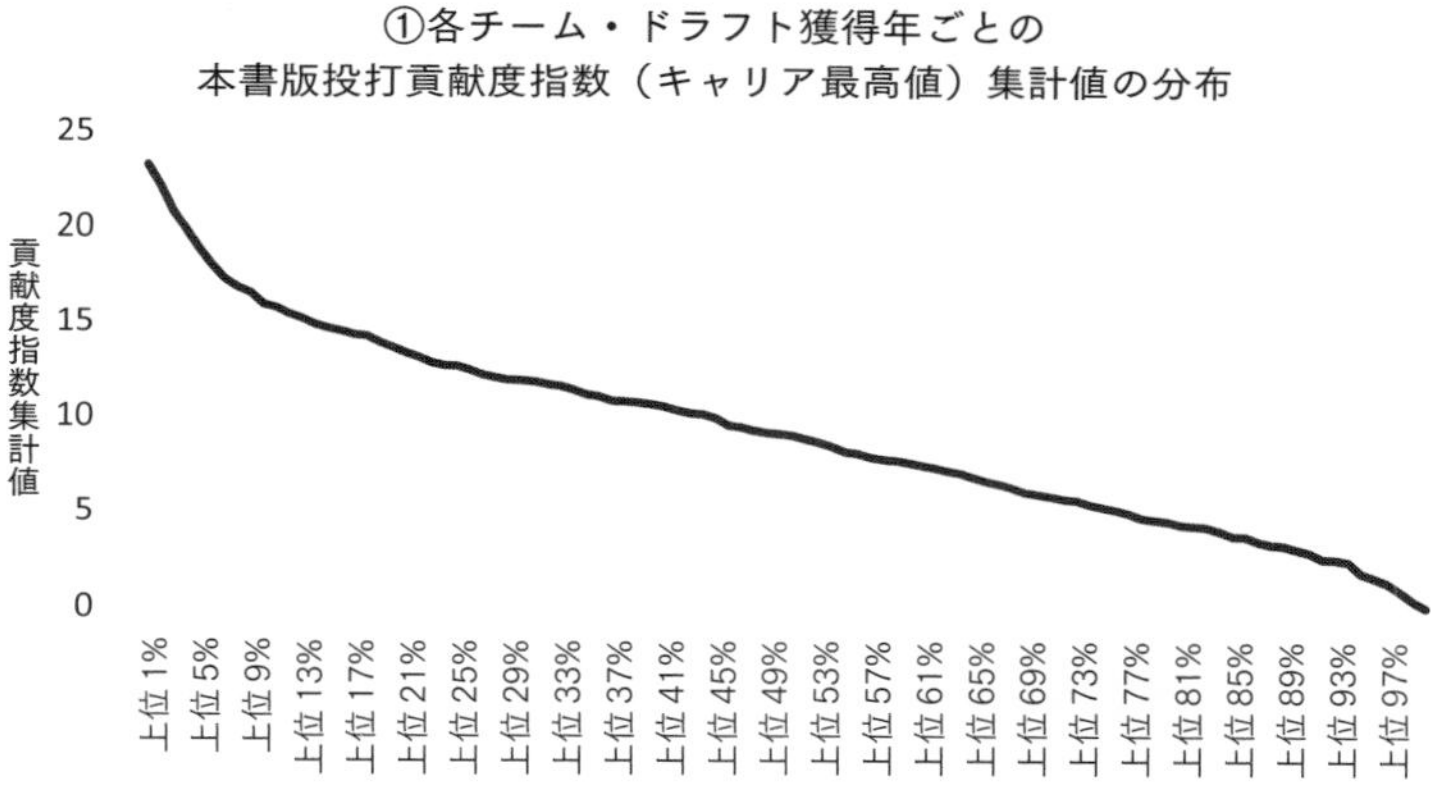

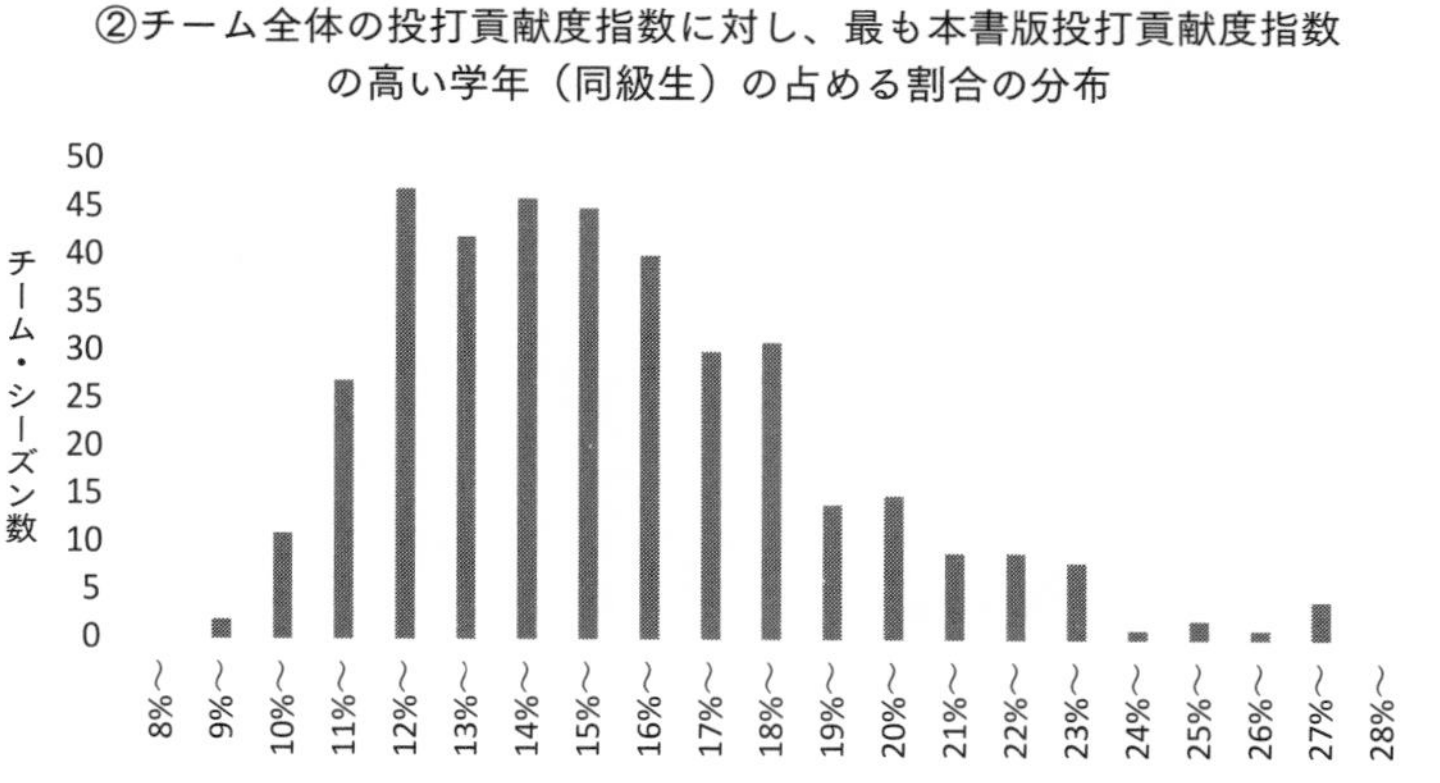

（注1）①のグラフは、各チームのドラフト年（1989年以降）ごとに獲得した選手の本書版貢献度指数のキャリア最高値を集計。②のグラフは、各シーズン・各チームの本書版投打貢献度指数を学年（年齢）別に仕分けし、最も貢献度の高い学年がチーム全体に占める割合を集計。
（出所）日本プロ野球記録の公表データに基づき筆者作成

（図表10-7）MLBにおけるドラフト指名順位と活躍度合い（Baseball-Referenceの総合評価指数［キャリア通算］）

①ドラフト1位の指名順（1～30番目）別の活躍度分布

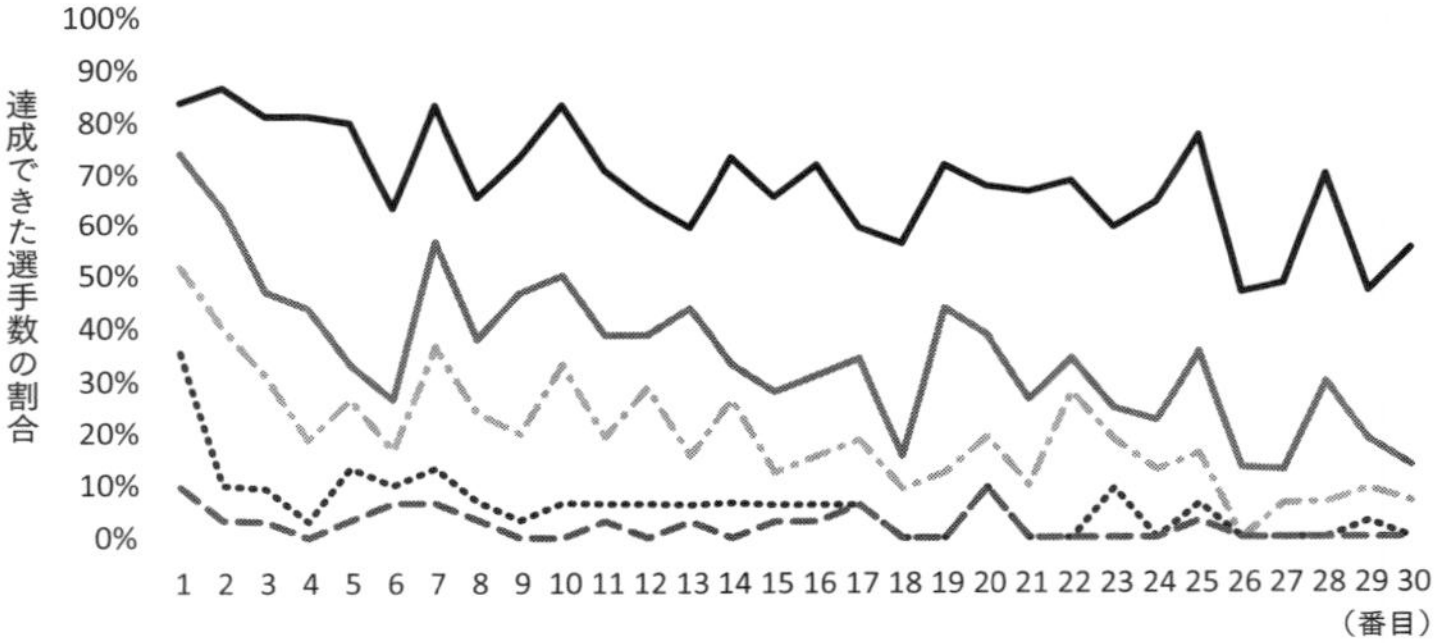

②ドラフト順位別の活躍度分布

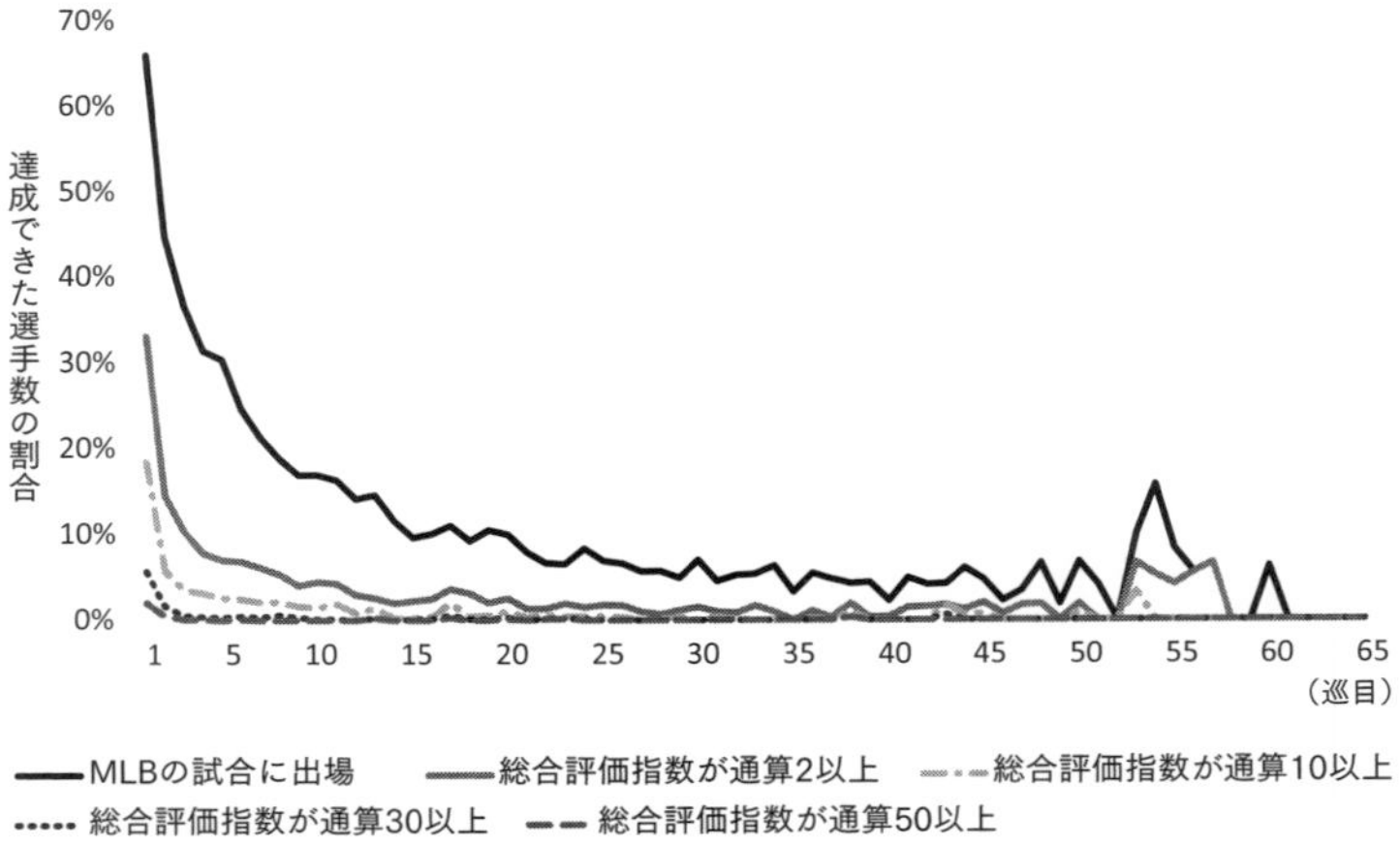

（注）1989年以降のドラフトでの獲得選手について集計。

（出所）Baseball-Referenceの公表データに基づき筆者作成

る（図表10-7②）。

2年目のジンクスの真偽

新人選手の一年目からの活躍は、ファンを大いに喜ばせてくれる。ただ、マスコミなどでよくいわれるのが「2年目のジンクス」という言葉であり、たとえ新人の年に活躍できても翌年不調に陥りがちというのだ。これは本当なのだろうか。

確かに、平成以降で新人王を獲得した選手について本書版投打貢献度指数の推移をみると、72・1％のケースにおいて、2年目の成績が1年目より悪化している。また、選手生涯を振り返ってみて、結局1年目が最高成績だったというケースも50・8％に上る。この数字をみると、やはり2年目のジンクスは根拠のない話ではなかったのだ。

ただ、この数字だけをみて「2年目のジンクスは本当だった」と結論づけるのは、いささか早計である。なぜなら、どんな選手にも年ごとの好不調の波があるため、新人王を獲れるほどに好調だった翌年は、前年より運や調子が悪化する方が多いからである。NPB全体の20代で前年に活躍した選手についてみると、翌年の成績が悪化した者の比率は新人王獲得者よりも高い（図表10-8）。このことは、統計学で「平均への回帰」といわれるとおりだ。な

（図表10-8）新人王を獲得した選手（1989～2019年）の2年目との貢献度指数の変化幅の分布

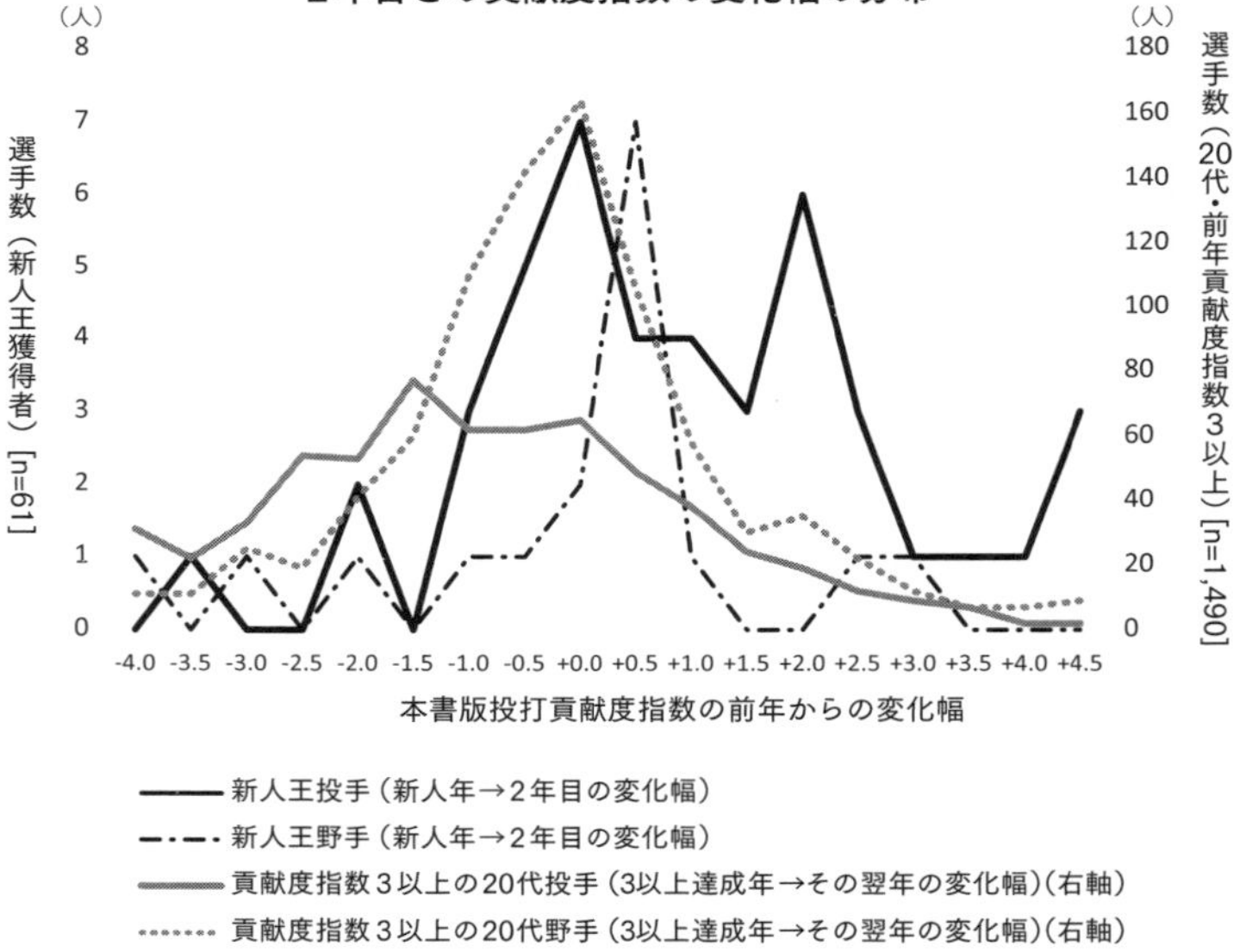

（出所）日本プロ野球記録の公表データに基づき筆者作成

お、MLBでも平成以降の新人王獲得者の総合評価指数（Baseball-Referenceの公表データ）をみると、NPBと同様、62人中40人――3分の2近い選手が2年目のパフォーマンスが新人王獲得年を下回っている。

このように、いささか身も蓋もない結論ながら、ことさらに新人選手の「2年目のジンクス」と言いたてるのは道理がない。にもかかわらずこの言葉がファンに信じられるようになったのはなぜだろうか。

考えられる仮説は大きく2つある。まずもって考えられるのは、若手選手は総じて伸び盛りであるはず、という発想が働きやすいのだが、実際には、新人王の獲得者は、大学・社会人からプロ入りした「既に完成された」即戦力投手が多いことだ（平成以降の新人王獲得者は投手44人に対し、野手は17人）。本書版投打貢献度指数をみても、野手について新人王獲得者は平均2・5程度（野手全体の上位4分の1程度の位置）であり、チームの金看板というべき打者となるためには、伸びしろを残している。これに対し、投手の新人王獲得者は新人の年から平均4程度であり、貢献度「4」以上の投手はリーグ全体で9％程度しかいない。つまり、既にチームで一、二を争うような投手となっているのだ。

そして第二の仮説として考えられるのは、マスコミなどを通じてファンが認識する情報の偏りである。鮮烈なデビューを果たした新人は、翌年に向けた注目度が高く、マスコミへの露出も多いため、他の選手以上に成績の変化が目につきやすい。また、もしかすると、チームの首脳陣や先輩選手から新人選手に対する「新人王を獲ったからといって油断するな」という戒めの言葉が記事になるうちに広まった可能性もあるかもしれない。

こうやって考えていくと、「2年目のジンクス」の本質は、ファンの有望な新人・若手選手に対する過大な期待を含む注目度の高さの表れ、ということにように思えてならない。

第十一話　外国人選手の当たり外れの確率は？

ＮＰＢのストーブリーグ（シーズンオフの戦力補強）で、ＭＬＢと少し違うのが外国人選手獲得報道の賑わいぶりである。ＭＬＢでも日本を含む外国からの選手獲得は珍しくないのだが、ＮＰＢでは、外国人選手獲得の持つ意義がＭＬＢと少し異なる。外国人選手の獲得がＮＰＢでは数少ない各チームの完全自由競争となっているからだ（一方、ドラフトなど他の戦力補強手段は、過度な競争に制限的な制度設計となっている）。

以下では、ＮＰＢにおける外国人選手の獲得を巡る歴史を振り返るとともに、チームにとっての外国人選手の「当たり外れ」について考察する。

外国人選手は1チーム平均7人程度が在籍

外国人選手の獲得は、ヴィクトル・スタルヒン投手（読売など）のように戦前から例が

（図表11-1）NPBにおける外国人選手在籍数の推移

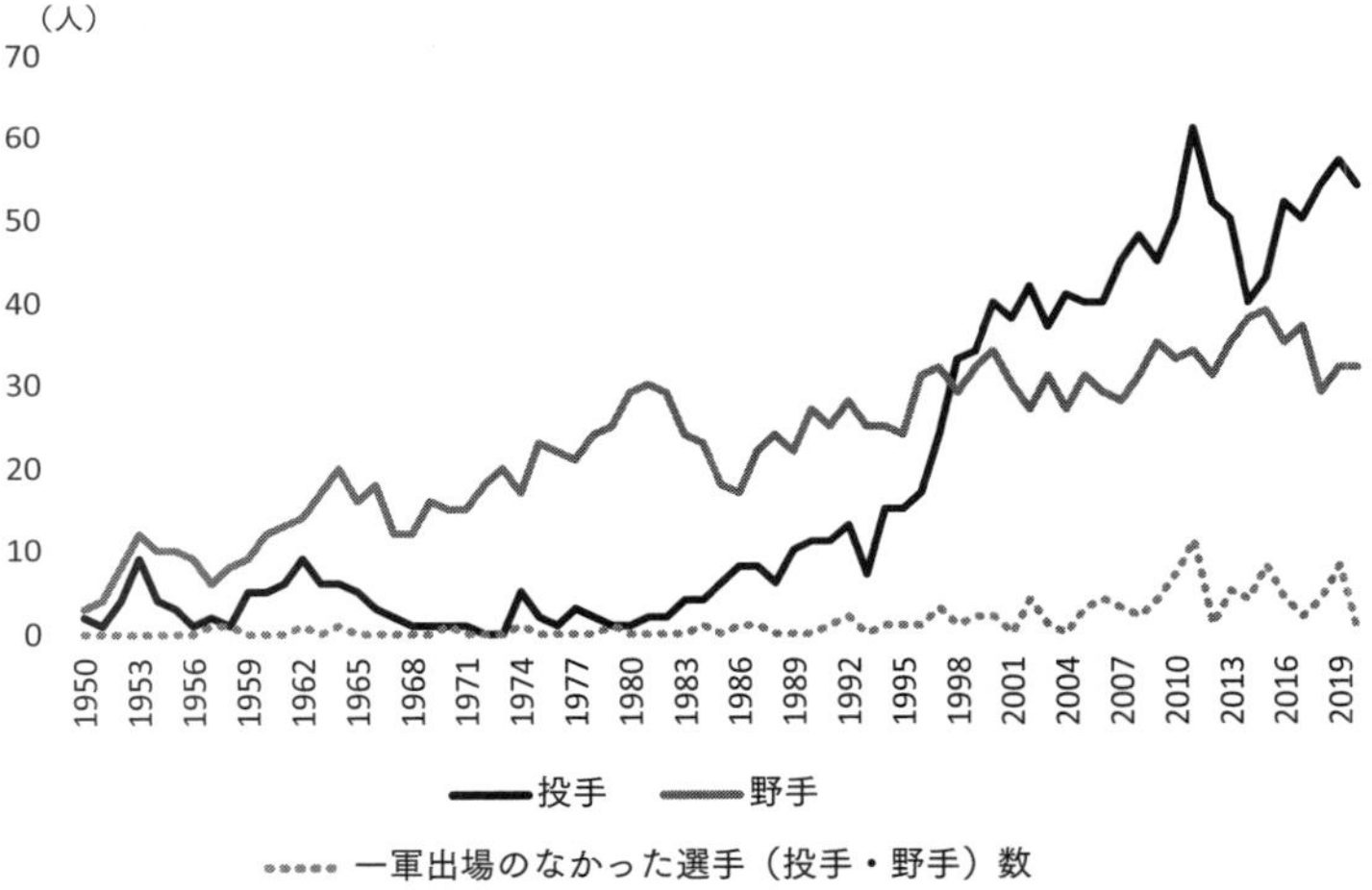

（出所）日本プロ野球記録の公表データに基づき筆者作成

あったが、戦後、徐々に積極化していく。かつては一軍の出場登録枠だけでなく在籍（支配下登録）させられる選手数にも限度が設けられていたが、1996年に支配下登録数の制限が撤廃されて以降、獲得選手数が急増した（図表11-1）。今では外国人選手の在籍数が1チーム平均7人程度に上っており、チーム全選手の1割近くが外国人選手となっている計算だ。かくも外国人選手数が増えてくると、外国人選手イコール即主力の「助っ人」とは限らなくなっており、近年は育成選手契約での獲得例も増えている。また、チームに7人の外国人選手がいたとしても、出場登録は4人までなので、[34]残り3人は二軍生活を余儀なくされる。一度も一軍の試合に出ることなく自由契約になった選手数も増加しており、外国人選手同士のチーム内競争は激しさを増している。

どのリーグからの獲得が多いか

次に、NPBにやってくる直前の所属リーグ別の内訳をみてみよう（図表11‐2）。やはりMLBやAAA（マイナー最上級リーグ）からの獲得が圧倒的に多い。アメリカに次いで多いのが宣銅烈《ソンドンヨル》投手（中日）、李承燁《イスンヨプ》選手（ロッテ、読売）、李大浩《イデホ》選手（オリックス、ソフトバンク）ら韓国プロ野球からの獲得である。タイロン・ウッズ選手（横浜、中日）のように韓国経由でNPB入りした選手も含まれる。台湾については1980〜90年代の球界を湧かせた「二郭一荘」（郭泰源《かくたいげん》投手［西武］、郭源治《かくげんじ》投手［中日］、荘勝雄《そうかつお》投手［ロッテ］）のように、アマチュアからのNPB入りも少なくない。異色なのが、1990年にNPB球団としていち早くドミニカに野球学校を作った広島であり、そこからヤンキースなどで活躍したアルフォンソ・ソリアーノ選手を含め、多くのプロ選手を輩出してきた。

34　ただし、コロナ禍のもとでの特別ルールとして、2020〜21年シーズンにおいては5人までの登録が可能となっている。

（図表11-2）NPB外国人選手のNPB入り直前の所属リーグ別内訳（2010年～2020年）

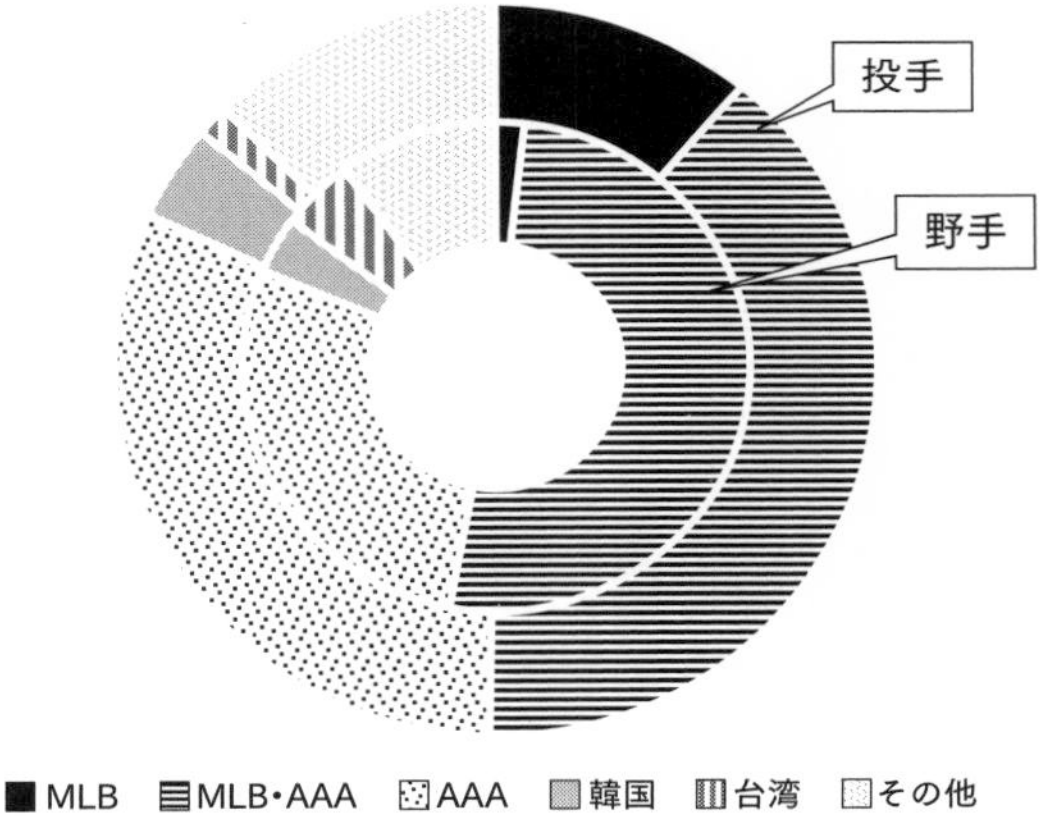

（注）「MLB」ないし「AAA」はNPB加入前シーズンにMLBないしAAAにのみ出場歴のある選手、「MLB・AAA」は同シーズンにMLBおよびAAAの両方に出場歴のある選手を指す。AAAにはメキシカンリーグを含む。
（出所）日本プロ野球記録、Baseball-Referenceの公表データに基づき筆者作成

外国人選手はかつて野手が多く、1990年代以降、投手の獲得が増加

外国人選手の獲得は投打ともに増加傾向にあるのだが、第五話で述べた投手の分業化に伴い、1990年代頃からとりわけ投手の獲得が増加した。その結果、「助っ人といえばまずは野手」というのは今や昔、1998年を境にNPBに在籍する外国人選手数は、投手が野手を上回るようになっている（前掲図表11-1参照）。

一方、チーム全体に占める外国人選手の本書版投打貢献度指数の割合をみると、特に野手については、１９８０年代以降大幅に高まっている（図表11‐３）。つまり、外国人野手については獲得選手数も増加しているが、それ以上に貢献度を高めている。これに対し外国人投手については、貢献度も高まっているが、とにかく獲得選手数が大幅に増えている、という図式がみえてくる。

獲得選手数の増加幅が小さい野手の方が、貢献度の押し上げ幅が大きい理由は、外国人野手の長打力の高さにある（図表11‐４）。外国人野手の平均打率の推移をみると、１９９０年代後半以降ＮＰＢ全体平均と差がなくなっているのに対し、長打力指標については一貫して外国人野手がＮＰＢ全体平均を上回っている。

一方、外国人投手は、言葉を選ばずに表現すると、駒数の不足を補ってくれている。特に救援投手については、投手の分業化が進む中、何人いても余ることがないくらい需要が高い。外国人投手の登板数の推移をみると、先発登板数の増加が２０００年前後で一服したのに対し、救援登板数については天井知らずに増加し続けている（図表11‐５）。獲得選手数の増加ほど貢献度が高まらないのは、救援投手はどうしても年間投球イニング数に限りがあるからなのだが、本書で繰り返し述べてきた投手の分業化の進展に、外国人投手たちが大きく寄与してきた事実を確認できる。

（図表11-3）NPBにおいて外国人選手が占める貢献度の割合

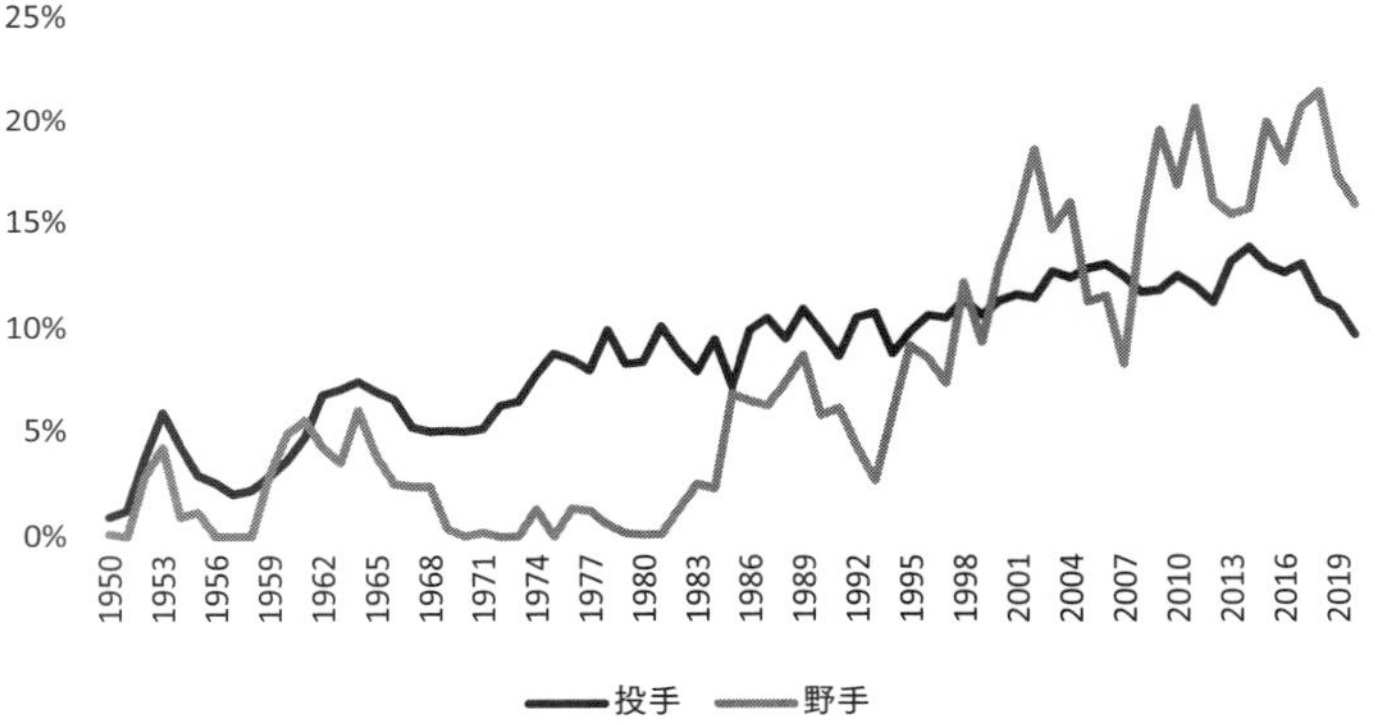

（注）全選手の本書版投打貢献度指数の集計値に対し、外国人選手の占める割合を表示。
（出所）日本プロ野球記録の公表データに基づき筆者作成

（図表11-4）NPBにおける外国人打者の打率・長打力指標（長打率－打率）

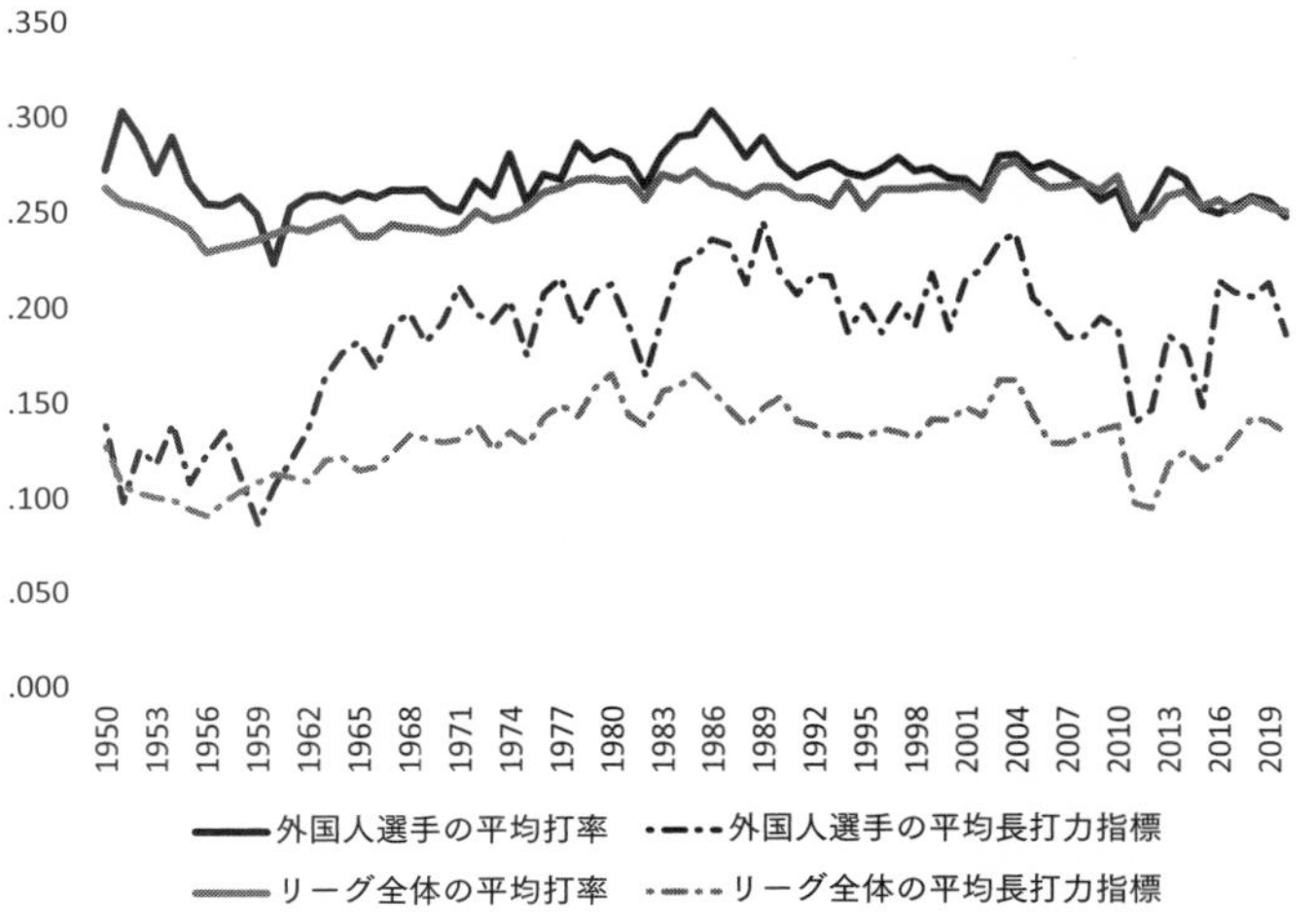

（出所）日本プロ野球記録の公表データに基づき筆者作成

シーズン中の緊急補強は奏功しているか

時々、優勝に必要な最後のピースを埋めたいチームや、想定外の戦力不足に悩むチームが、シーズン中に緊急補強を行うことがある。ただ、アメリカからのシーズン中の戦力補強については、事実上、対象となる選手が8月末をもって確定されるＭＬＢの出場可能人数枠（ロスター）から漏れた者に限られるため、あまり期待できないとの声もある。

この点、開幕前に獲得した選手と、シーズン途中に獲得した選手の勝利貢献度を比較すると、投打ともシーズン途中から獲得選手のパフォーマンスはやや劣るが、著しい実力差があるとまでは言えなさそうだ（図表11－6）。

「優良助っ人」は当たり前には現れてくれない

次に、外国人選手のＮＰＢでの本書版投打貢献度指数の分布をみると、かつてはともかく、獲得選手数の増えた現代において、「助っ人」が特段日本人選手より優位とは限らない（図表11－7）。特に投手については、日本人選手の分布と比べ、貢献度指数がゼロ未満（一軍ではほ

（図表11-5）NPBの全登板数に占める外国人投手の割合

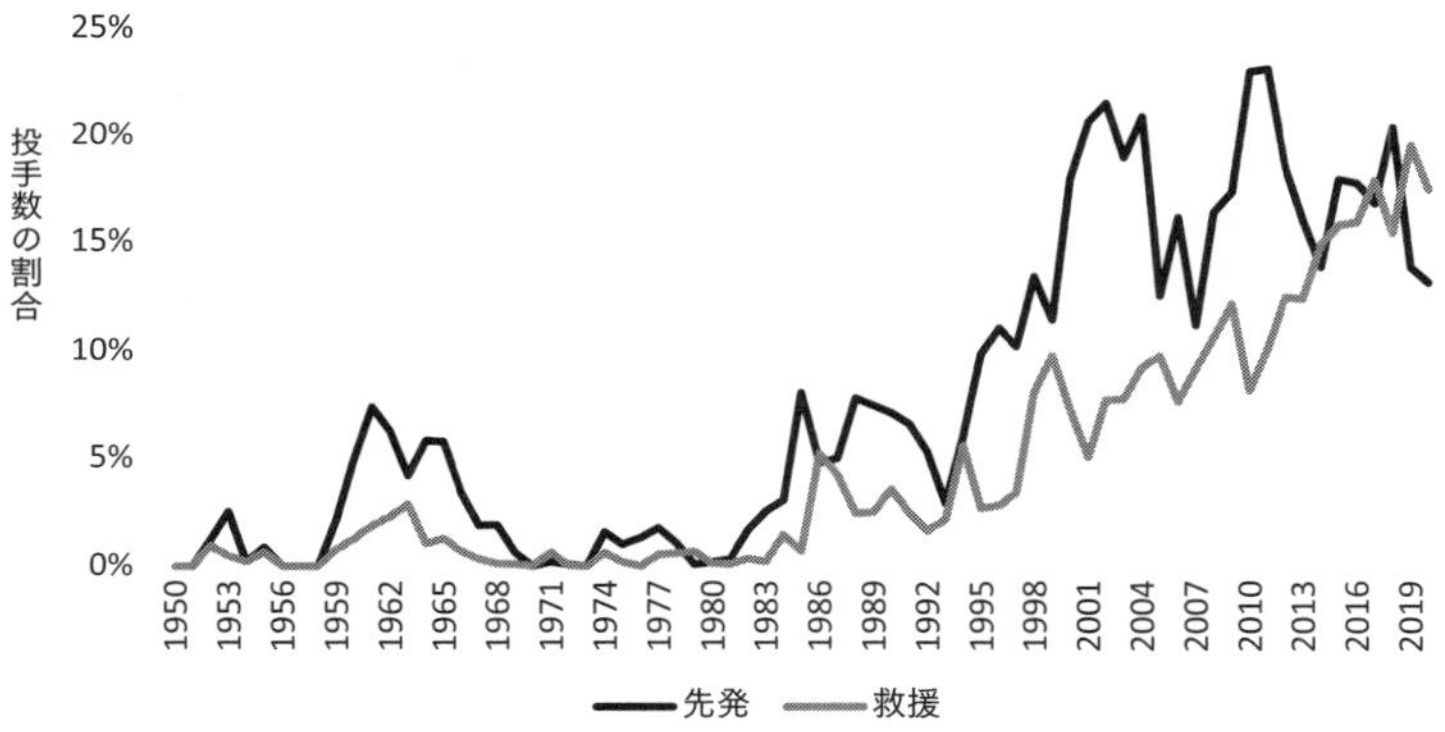

（出所）日本プロ野球記録の公表データに基づき筆者作成

（図表11-6）開幕前に獲得した外国人選手と シーズン途中で獲得した外国人選手の本書版投打貢献度指数の比較

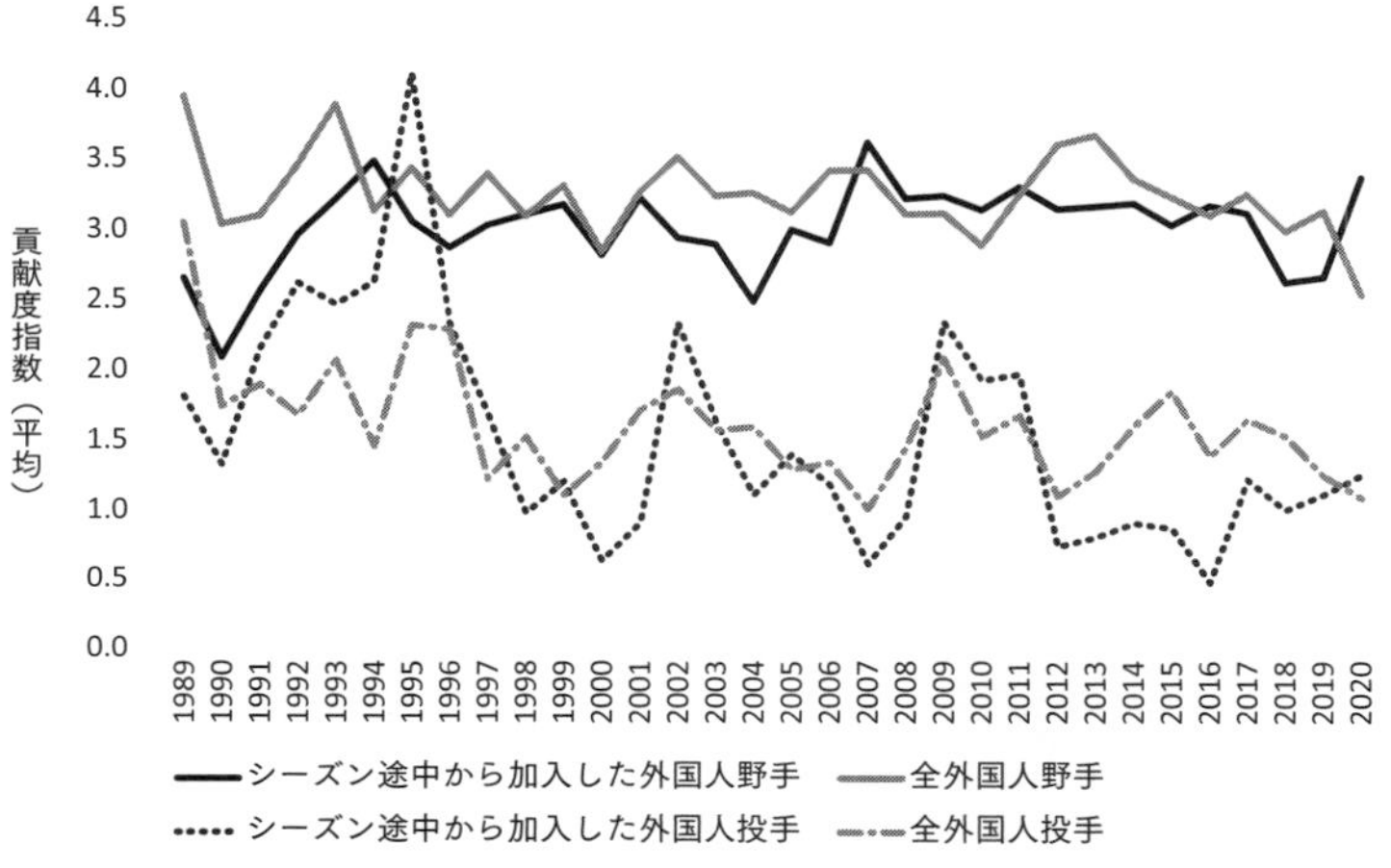

（出所）日本プロ野球記録の公表データに基づき筆者作成

とんど活躍できていないレベル）の割合が低いほかは、概ね同じような分布となっている。野手でこそ長打力の高さに支えられ、ＮＰＢ全体平均と比べ貢献度の高い選手が多いが、四番候補として期待されることが多い割に、チーム内の野手で上位１割に入るような活躍度の選手（同指数が３以上）の割合は３割程度に過ぎず、「優良助っ人」は当たり前には現れてくれない。

来日前の成績からNPBでの成績を占うことは難しい

このように外国人選手の獲得には「当たり外れ」があるわけだが、来日前の成績からＮＰＢでの活躍度を占うことはできないのだろうか。この点、来日直前にＡＡＡでプレーしていた選手について、来日前年のＡＡＡ時代の成績とＮＰＢ入り後の成績とを比較すると、ほとんどの指標について関係ないことが分かる（図表11‐８）。

実は、たとえ同じリーグでプレーし続けている選手についても、前年の成績指標と当年のそれとの相関が明確に認められるのは、本塁打、三振および四球という、投手ないし打者個人の能力で完結する度合いの高いプレー――セイバーメトリクスの専門家たちいわく「３つの真実の結果」――に限られる。

そのため、外国人選手について、打率や勝利数などの指標に関して、ＡＡＡ時代の成績とＮ

（図表11-7）NPBの外国人選手の本書版投打貢献度指数の分布（2010～20年）

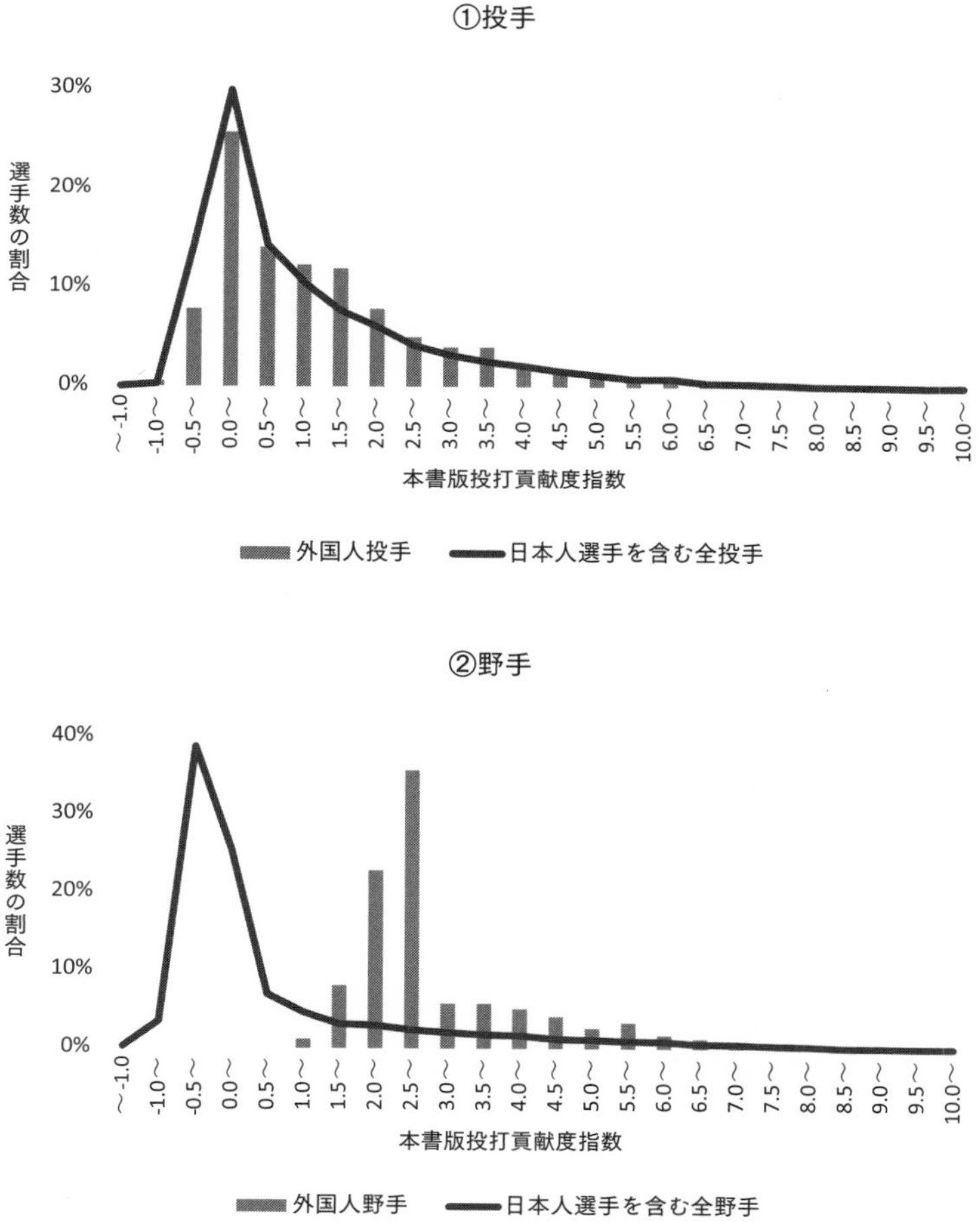

（出所）日本プロ野球記録の公表データに基づき筆者作成

（図表11-8）NPB外国人選手の来日前年（AAA）と来日年の成績の相関（2010年～2020年）

①打率（打者）

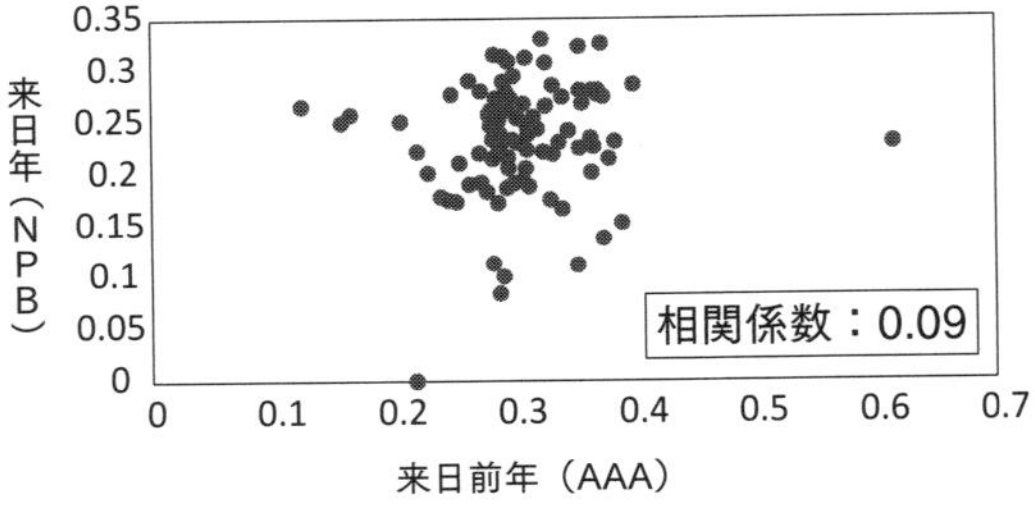

②三振率（打者）

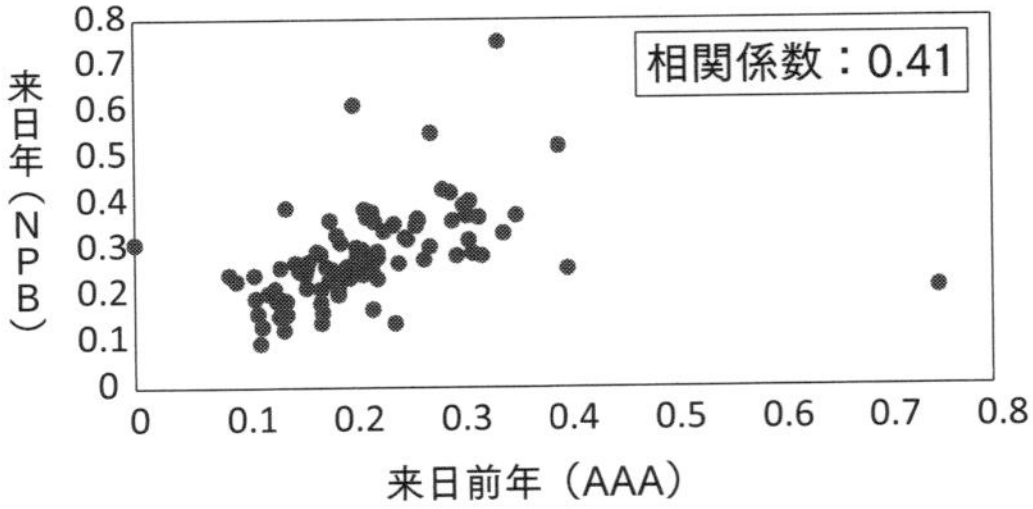

③本塁打率（打者）

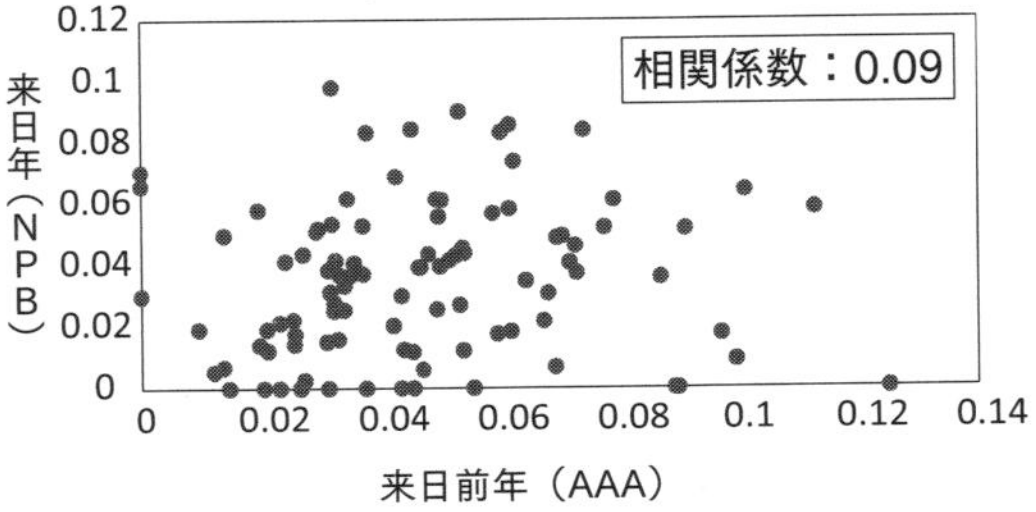

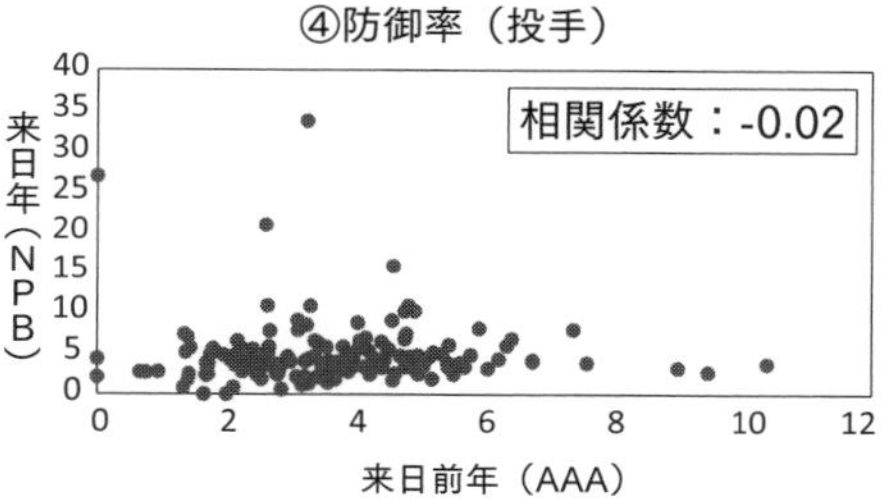

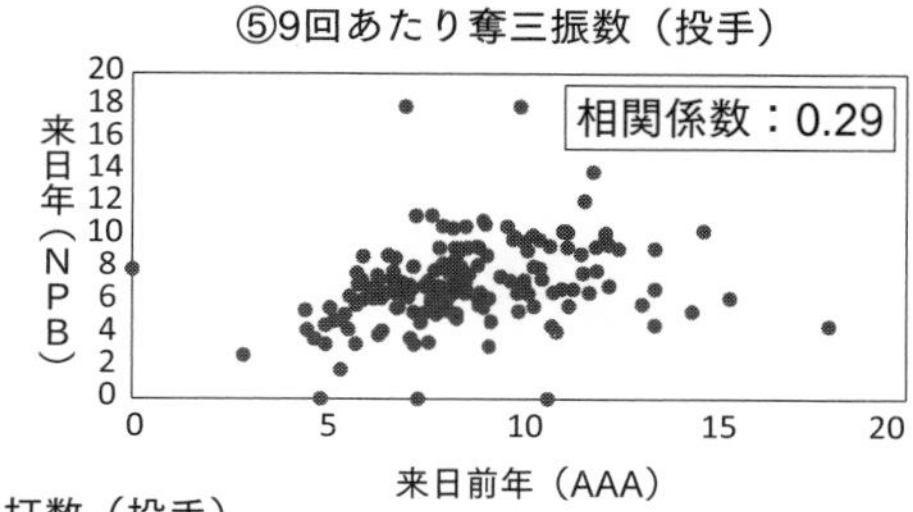

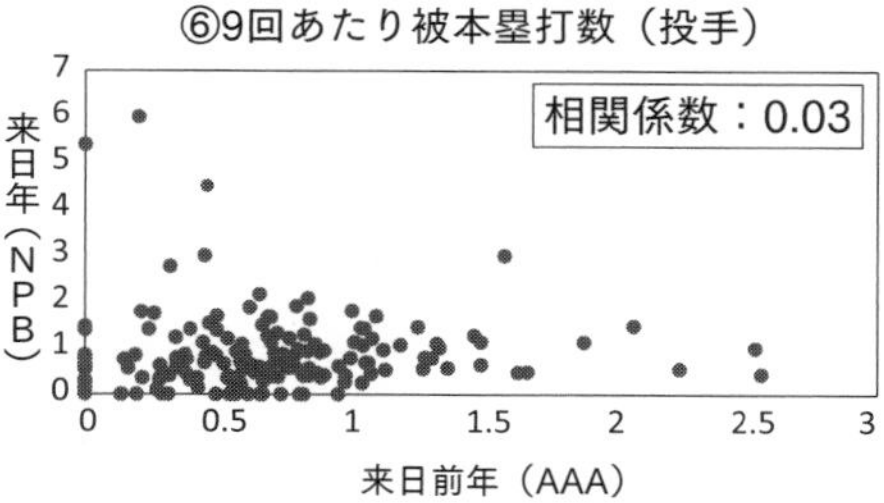

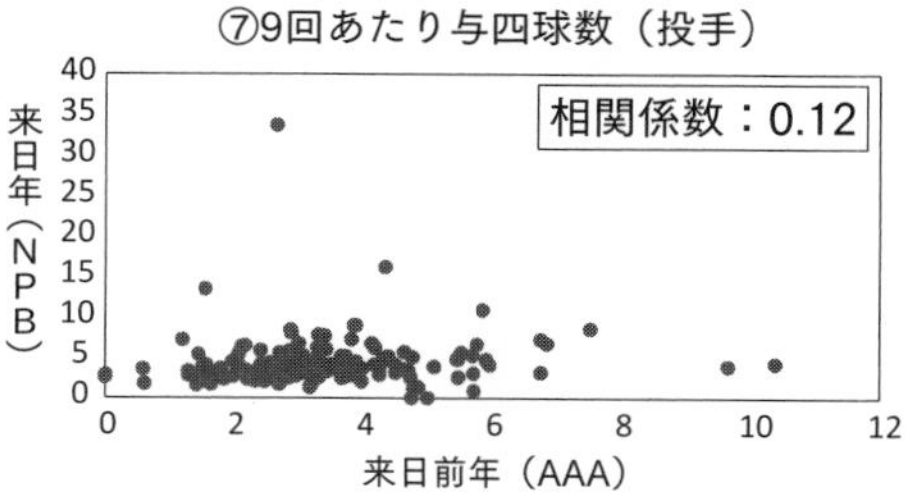

（出所）日本プロ野球記録、Baseball-Referenceの公表データに基づき筆者作成

（図表11-9）AAA各リーグの長打力指標
（長打率－打率）分布の比較（2010～19年）

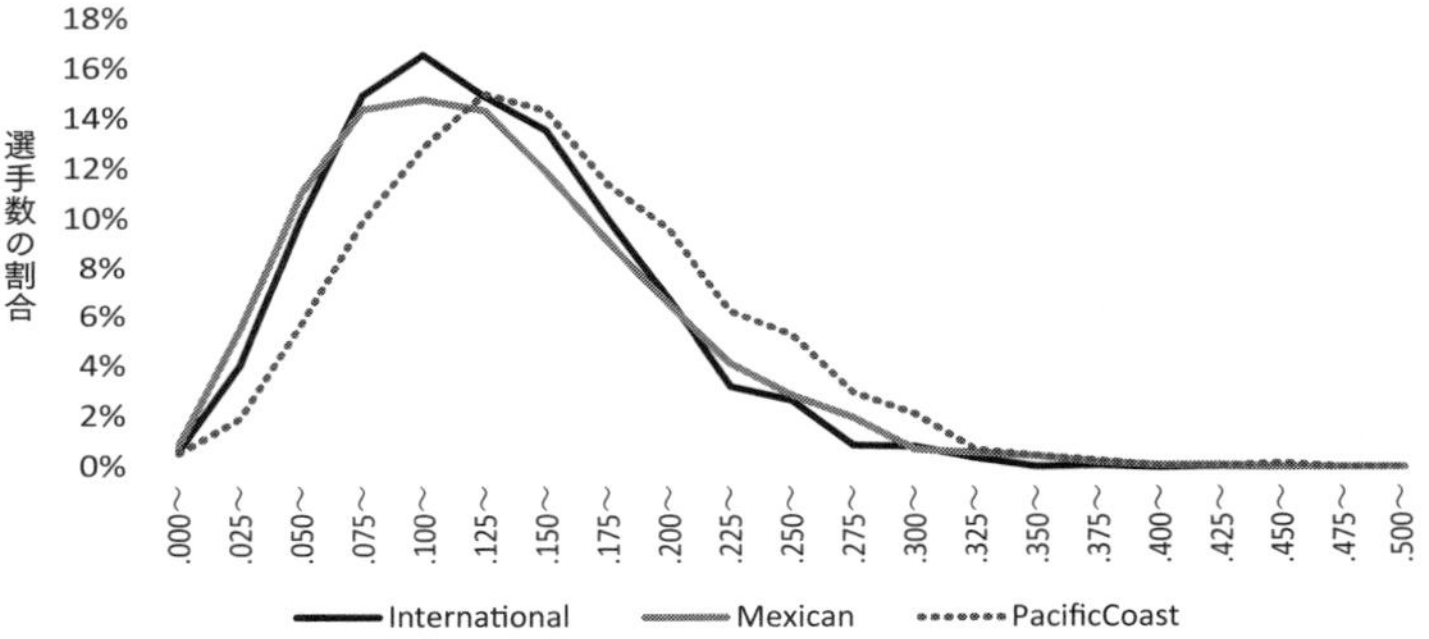

（出所）Baseball-Referenceの公表データに基づき筆者作成

PBでの成績が無関係なのは理論どおりなのだが、驚くべきは、「3つの真実」のうち、曲がりなりにも多少の相関が認められるのは三振率くらいで、残りの本塁打、四球については関係性が薄いことだ（図表11-8）。その理由はよく分からないが、ストライクゾーンなどの微妙な違いが影響しているのかもしれない。

このようにNPBでの成績を占ううえであまりあてにならないと分かっていても、新外国人選手獲得の報道に接したとき、どうしても注目してしまうのが来日前の成績である。ただ、来日前の所属リーグによっては特に注意を要する。

それは、アメリカには高地や乾燥地帯など、空気抵抗の小さい地域を本拠とする球団があり、そんな地域での試合はどうしても打者優位になりやすい。ロッキーズの本拠地（クアーズ・

フィールド）は１６００メートル級の高地にあり、打球の飛びやすい球場として知られる。[35]マイナー最上級リーグ（ＡＡＡ）も、西海岸中心のパシフィックコースト・リーグ（ＰＣＬ）については ロッキー山脈リーグといっても過言でなく、16チーム中5チームの本拠地の標高が１０００メートルを超えている。そのため、ＰＣＬはリーグ全体として著しい打高投低となっており、ここでの長打力に関する成績は多少割り引いてみるべきである（図表11 - 9）。[36]また、韓国プロ野球もかなりの打高投低となっているため、同様に打撃成績の良さは割り引いてみた方が良い。

コラム❼ 20世紀前半のニグロリーグと近年のＭＬＢの国際化戦略

ＭＬＢでは、１９４７年にジャッキー・ロビンソン選手がブルックリン・ドジャースでデ

35　ＭＬＢの歴史上、この球場でノーヒット・ノーランを達成したのは、野茂英雄投手（ドジャース、１９９６年9月17日）しかいない。

36　ＡＡＡにはＰＣＬのほか東海岸中心のインターナショナル・リーグ（ＩＬ）があり、メキシカン・リーグもＡＡＡクラスと認められている。２０２１年にＡＡＡは再編されたが、新・西部リーグについては従来のＰＣＬと同様、高地のチームが多い。

（図表11C-1）MLBのアメリカ本土以外出身の選手数

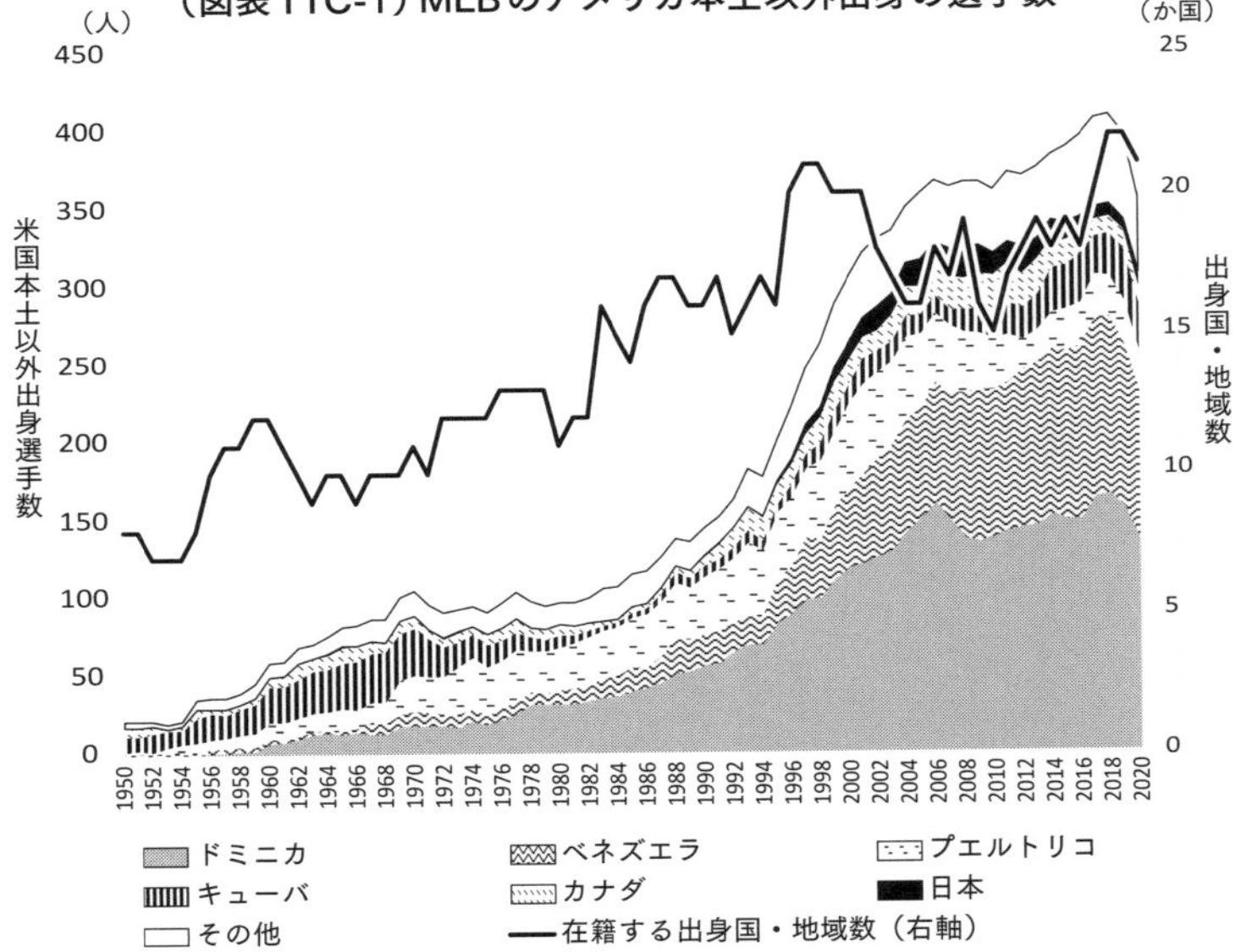

（出所）Baseball-Referenceの公表データに基づき筆者作成

ビューするまで有色人種が排除されていた。そうした中、アフリカ系の選手たちで「ニグロリーグ」が構成され、今般、１９２０～４８年の７つのリーグがＭＬＢの公式記録として位置づけられることになった。ニグロリーグ最高のスター選手として真っ先に出てくる名前は、リーグ戦以外の巡業試合を含めれば通算本塁打数８００本とも９７２本ともいわれるジョシュ・ギブソン選手や、剛速球で名をはせたサチェル・ペイジ投手だろう。因みに、ＭＬＢの第一回サイ・ヤング賞受賞者（１９５６年）であるドン・

ニューカム投手もニグロリーグ出身で、ニューカム投手は後年、ＮＰＢ（中日）でプレーしている。

その後、ＭＬＢは多様な才能を受け入れるようになり、今やアメリカ国内の有色人種はいうに及ばず、アメリカ本土以外出身者の活躍なしには成り立たないほどに多国籍化した。今日、ＭＬＢで活躍する選手の出身国・地域は約20に上る（図表11Ｃ‐１）。アメリカ本土以外の出身選手のうち最も多いのはドミニカであり、次いでベネズエラ、プエルトリコ、キューバ、カナダ、そして日本の順位となっている。完全に小噺であるが、珍しいケースとして、例えばアフガニスタン（ジェフ・ブロンキー投手［ブルワーズほか、１９９３～９５年］）ベトナム（ダニー・グレーブス投手［レッズ、１９９６～２００６年］）、ロシア（ヴィクター・コール投手［１９９２年、パイレーツ］）などの出身選手もいる。因みに、戦前まで遡ったとき、マニアなファンの間で話柄となるのが、エド・ポレ選手（バフェッズ、１９１４年）であり、出生地が「大西洋上」と分類されている。

ＭＬＢの多国籍化は、球団数の拡大が図られる中でのリーグのレベル維持・向上に大いに貢献している。レギュラー級の選手やオールスター級の選手に占めるアメリカ本土以外出身の選手の割合は、今や２～３割に上る（図表11Ｃ‐２）。

（図表11C-2）MLBにおける
アメリカ本土以外出身者の貢献度

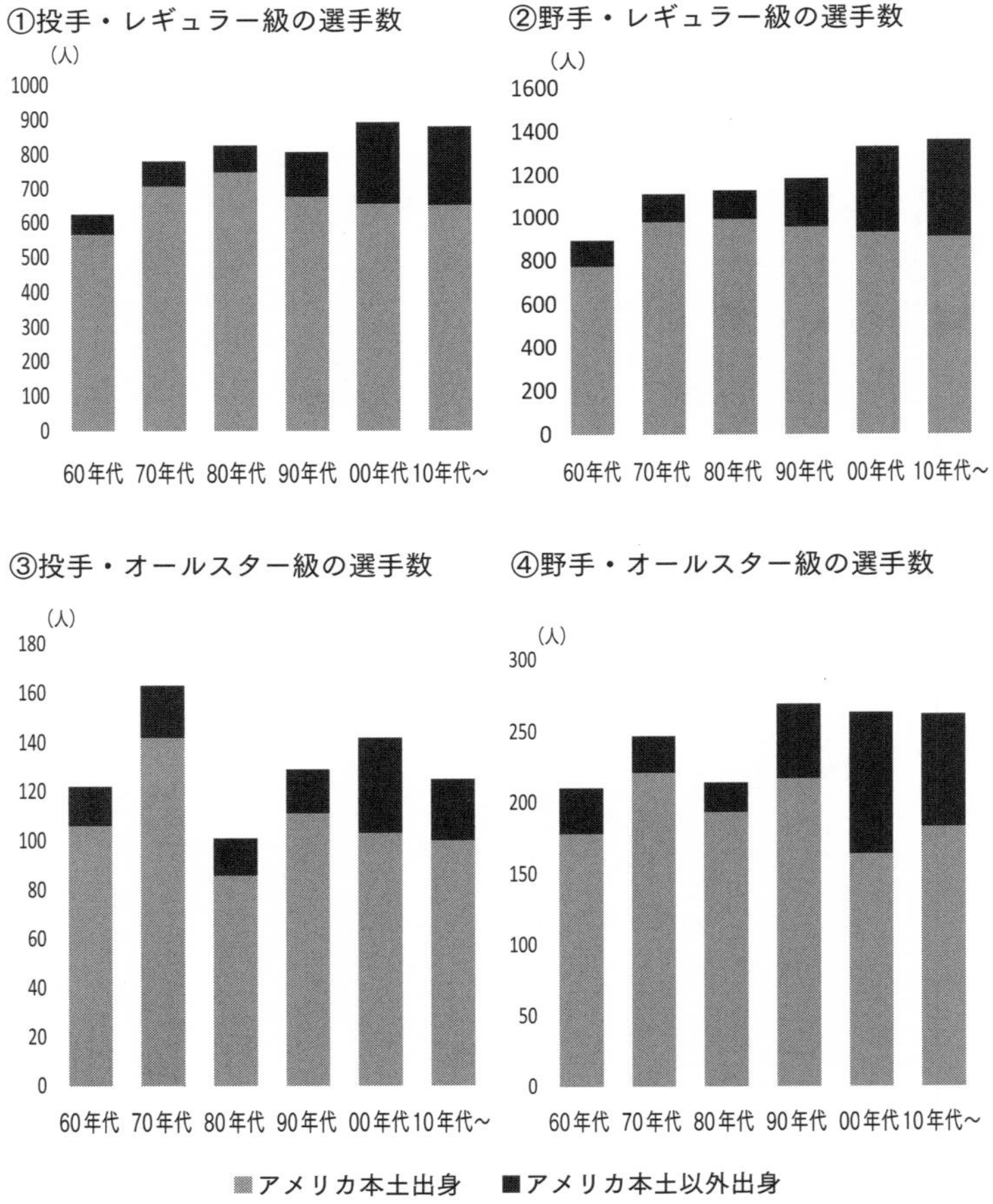

（注）レギュラー級の選手は、Baseball-Referenceの総合評価指数が2以上の選手、オールスター級の選手は、同指数が5以上の選手を指す。
（出所）Baseball-Referenceの公表データに基づき筆者作成

第十二話　「レイルウェイズ」が実在していたらどのくらい強かったのか？

第九話以降、ＦＡやドラフト、外国人選手獲得など、チームの戦力強化策に着目してきた。本話では、戦力強化の結果、チームが果たしてどれくらい強くなれるのか、考察することにしよう。

まずは、架空チーム「レイルウェイズ」がもし実在していたらどのくらい強かったのか、という話から始めたい。１９８６年発売のテレビゲームの初代ファミリースタジアム（ファミスタ）には、レイルウェイズという関西鉄道会社（南海、近鉄、阪急）３球団の混成チームがあり、凄まじい強打を誇っていた。３球団をひとまとめにしてしまうのは当時のソフトウェアの容量制約のせいなのだろうが、今思うとひどい話である。ただ、ファミスタのファンとしては、もしレイルウェイズが実在していたら、どのくらい強かったのか、興味を禁じえない。

（図表12-1）レイルウェイズの勝率試算

（レイルウェイズが最も強力
だった1988年の主力選手）

	主な野手	主な投手
(指)	石嶺　和彦	小野　和義
(一)	ブーマー W.	星野　伸之
(二)	福良　淳一	佐藤　義則
(三)	松永　浩美	山内　和宏
(遊)	村上　隆行	山内　孝徳
(外)	山本　和範	藤本　修二
(外)	佐々木　誠	古溝　克之
(外)	福本　豊	加藤　伸一
(捕)	山下　和彦	

（シーズン得失点数と勝率試算）

	得点数	失点数	ピタゴラス勝率
1986	744.8	612.0	.597
1987	1,089.2	470.1	.843
1988	1,163.5	458.7	.865
1989	1,133.5	545.0	.812
1990	791.0	629.5	.612
1991	1,017.9	640.9	.716
1992	863.4	628.9	.653
1993	786.1	639.3	.602
1994	908.6	653.7	.659
1995	637.5	640.2	.498

（注）試算の基礎とした各選手の成績には、レイルウェイズの構成チーム同士の対戦を含む。
（出所）日本プロ野球記録の公表データに基づき筆者作成

まさかの「勝率・865」!?

１９８６年以降の南海、近鉄、阪急の選手の中から、打者については最も得点創出能力の高い打者を各ポジション１名ずつ選抜し、本書版得点数推計モデルにより１試合あたりの得点期待値を試算した。また、投手については防御率の優れた順に実際の投球イニング数を累計していき、シーズンの全試合・全イニングが埋まるまで選抜した（図表12－1）。

その結果組成されるチームは、初代ファミスタの説明書にいう「最もパワーのある打線」との触れ込みのとおり、１９８８年にはシーズン得点数が１１６０点超（１試合あたり8・95点）という驚異的な打線となる。また、１９８８年には投手陣も最も充実し、シーズン失点数が４６０点未満（1試合あたり３・52点）となる。当時の阪急や近鉄は単体でも強かったのだから当然と言えば当然なのだが、投打ともに穴がない状態となっており、もし実在していれば球史に残る名チームとうたわれたに違いない。

これだけの得点力と失点防御力があるチームは、リーグで何勝できると見込まれるだろうか。ここで、セイバーメトリクスでよく用いられる「ピタゴラス勝率」を使って試算してみよう。ピタゴラス勝率とは、「（総得点の２乗）÷（総得点の２乗＋総失点の２乗）」が実際の勝率と概ね等しくなる、というものである。[37] １９８８年のレイルウェイズについてピタゴラス勝率を計算すると、算術上、実に・８６５もの勝率が見込まれる。因みに、プロ野球の最高勝率は、20世紀以降のＭＬＢでは１９０６年・カブスの・７６３、ＮＰＢでは１９５１年南海の・７５１である。この時代は、現実には西武の黄金期なのだが、もしレイルウェイズが実在していたならば、レイルウェイズこそ黄金期を築けていたに違いない、という計算になる。

レイルウェイズにもやってくる黄昏のとき

３７　因みに、「ピタゴラス勝率」というのは、計算式がピタゴラスの定理と似ているからだといわれる。

ただ、レイルウェイズもその後のドラフト等での選手補強が他球団並みであったと仮定した場合、１９８８年の最強チームを構成した選手たちがやがてピークアウトし、１９９５年には勝率５割を割り込む計算となる。

一般にプロ野球の出場選手は投打とも7～8年で６割以上が入れ替わる（図表12‐２）。そのため、戦力補強に成功し続けないと、いつまでも常勝軍団であり続けることはできない。

新興球団強化の軌跡

今度は、レイルウェイズとは逆に、新設の球団が強くなるまでの軌跡についてみてみよう。

ＭＬＢでは累次球団数を拡大しており、新球団の創設初年度には、基本的に、その前年オフに実施されるエクスパンション・ドラフトによって戦力を確保することになっている。エクスパンション・ドラフトとは、新球団が既存の各球団から均等に獲得を希望する選手を指名していく仕組みをいう。ここでは、ダイヤモンドバックスとデビルレイズの参入にあたっての実施ケース（１９９７年）を例に説明しよう。①２つの新球団の指名機会は、既存28球団から２巡半とする（各球団が１巡あたりで指名できる選手数は14人。３巡目については各チームとも７人ず

（図表12-2）投打の世代は何年で入れ替わるか（X年に登板した投手・打席に立った打者のその後15年にわたる投球回数・打席数）（2010～20年）

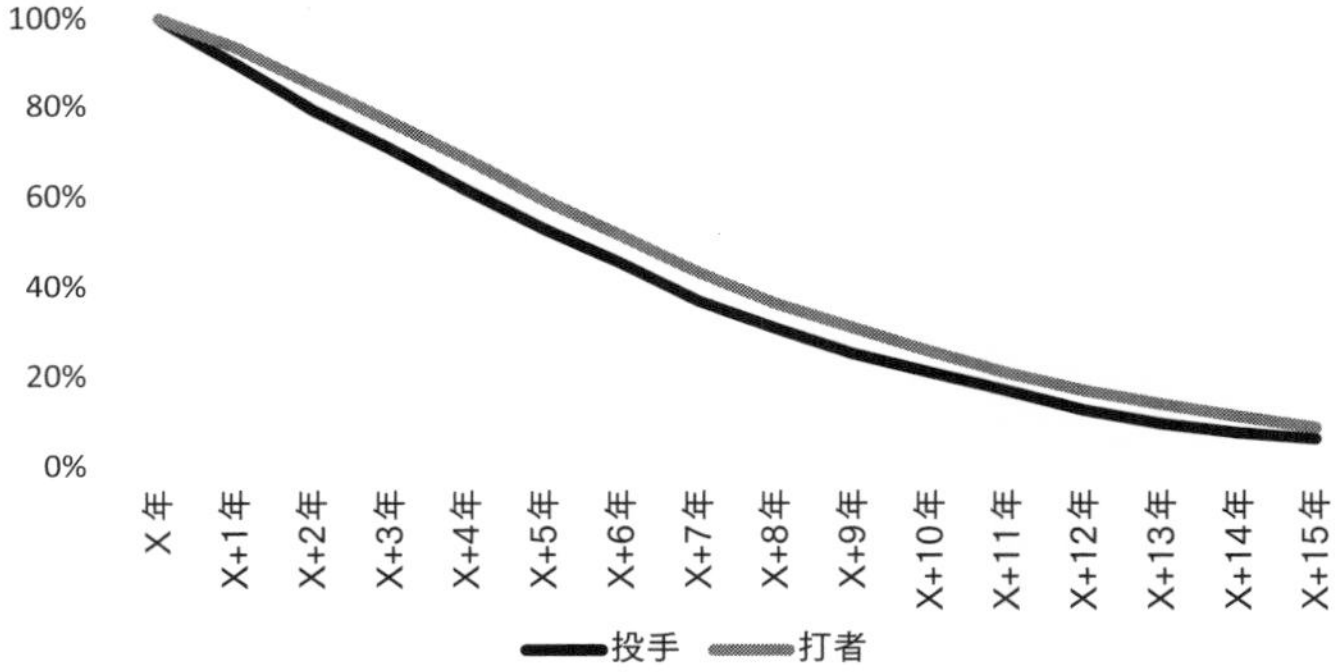

（注）投手については、X年に登板した投手の投球回数の集計値を1とし、これらの投手のその後各年の投球回数を集計。打者については、X年に打席に立った打者（投手を含む）の打席数集計値を1とし、これらの打者のその後のシーズンの打席数を集計。
（出所）日本プロ野球記録の公表データに基づき筆者作成

つの指名が可）、②既存球団は1巡目については15名、2巡目については18名、3巡目については21名をプロテクトできる（このほか、原則としてキャリア3年以内の若手選手は自動的にプロテクト）、という仕組みとされた。

この仕組みを使った創設初年の新球団は、一応の選手数を確保できるわけだが、プロテクトの壁により、どうしても戦力面で既存球団に劣ってしまう。一般に新球団が戦力面でどのくらい既存球団より劣位に置かれるか、机上計算してみると一目瞭然だ。試算の前提として、既存球団・新球団ともにBaseball-Referenceの総合評価指数の分布に基づき上位の選手から順にプロテクトないし獲得していくと仮定したとき、新球団の獲得できる戦力水準は最下位チーム並みにしかならない、との結果が得られる（図表12‐3①）。

ＮＰＢでも、２００４年の楽天球団創設時にオリックス・楽天の間の分配ドラフトが行われている。分配ドラフトは、①オリックス側がプロテクト25人を指定（このほか、入団2年目までの選手や外国人選手は自動的にプロテクト）、②楽天は、プロテクト外の選手から20人を選抜、③その後はオリックス→楽天の順で20人ずつを選抜、という仕組みで行われた。この仕組みは、ＭＬＢのエクスパンション・ドラフト以上に既存球団（オリックス）有利といえる（図表12‐3②）。

このように弱小な状態からスタートした新球団がどのくらいの期間で強くなるか、についてはチームによりけりなのだが、ここでは、ごく短期間で優勝した日米の2チームに注目した。

まず、ＭＬＢで球団創設からたったの4年目でワールドシリーズを制覇したダイヤモンドバックスについて戦力強化の軌跡をみると、１９９８年オフにルイス・ゴンザレス選手とランディ・ジョンソン投手、２０００年にカート・シリング投手を相次いで獲得できたことが大きい（図表12‐4①）。

ＮＰＢでも、楽天は、球団創設9年目の２０１３年に日本一になる。楽天の場合、ＮＰＢ参入からまもなく田中将大投手や山﨑武司選手、鉄平選手らを獲得し、いわば第一弾の戦力補強を

（図表12-3）エクスパンション・ドラフトによる新チームの戦力水準（Baseball-Reference社の総合評価指数）試算

①MLBのエクスパンション・ドラフト（1997年）

	戦力水準
1巡目・16位×14名	7
2巡目・19位×14名	4.2
3巡目・22位×7名	1.4
合計	12.6

②楽天創設時の分配ドラフト

	戦力水準
上位26〜40位の20名	8.3
合計	8.3

［MLB（2010〜20年のべ330チーム）における新設球団の戦力水準の位置］

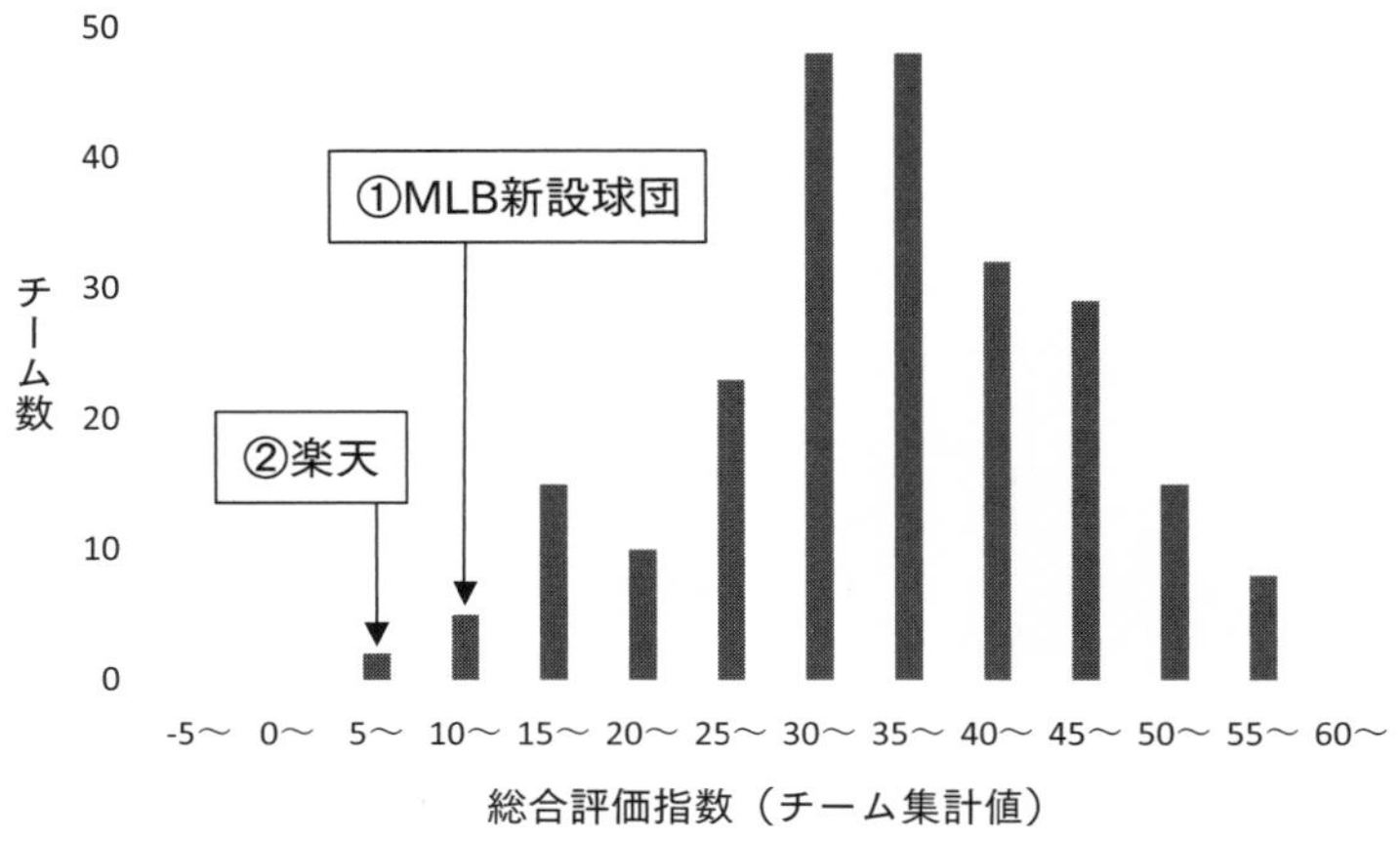

（注）既存球団・新設球団とも総合評価指数（リーグ全体の平均的な分布）の上位の選手から順にプロテクトないし獲得していくと仮定。
（出所）日本プロ野球記録、Baseball-Referenceの公表データに基づき筆者作成

（Baseball-Referenceの総合評価指数の足し上げ値）

	野手				
	98年からの在籍選手	新戦力		流出戦力(▲)	計
			ゴンザレス		
1998					18.2
1999	▲0.5	+14.4	+6.4	▲3.9	28.2
2000	▲8.3	+12.5	+4.2	▲6.6	15.8
2001	▲3.1	+20.3	+7.9	▲11.1	24.3

図った後、２０１２年オフに第二弾の戦力補強——アンドリュー・ジョーンズ選手、ケーシー・マギー選手、斎藤隆投手という3人の現役メジャーリーガーの獲得や、ドラフトでの則本昂大投手の獲得——に成功したことが決め手となった（図表12‐4②）。

ストーブリーグの成否は翌シーズンの成績に大きく影響する

このように、短期間で強くなったチームの例をみれば明らかなとおり、ストーブリーグ（シーズンオフのチーム戦力編成——ドラフト、外国人選手獲得、ＦＡやトレード）は翌シーズンの帰趨を大きく左右する。ＮＰＢの各シーズン・各チームのチーム力の前年からの変化を数値化し、既存の戦力の底上げ要因と戦力の獲得・喪失要因に分解すると、寄与度は概ね半々といったところだ（図

（図表12-4）球団創設から短期間で優勝したチームの戦力強化

①ダイヤモンドバックス（1998年創設・2001年ワールドシリーズ制覇）

	投手				
	98年からの在籍選手	新戦力		流出戦力(▲)	計
			ジョンソン・シリング		
1998					11.9
1999	▲2.0	+15.2	+8.6	▲1.0	24.1
2000	▲1.0	+18.1	+10.7	▲6.7	22.3
2001	▲1.1	+28.8	+18.0	▲10.8	28.8

表12－5）。細かくみると、攻撃面に関してはやや戦力の獲得・喪失要因が大きく効き、一方、投手力に関しては、既存の戦力の底上げは大化けする可能性から急に悪化する可能性までケース・バイ・ケースのようだ。ここから推認できるのは、もっぱら既存戦力の底上げにより強化を図ろうとするチームは、もっぱら戦力補強をたのみにするチームと対抗し得ないわけではなく、特に投手陣が好調だとシーズンを勝ち抜ける可能性があることだ。ただ、育成中心の戦力整備は往々にして数年越しの地道な取り組みであり、スカウトの目利きや資金力次第では、一気にそうした地道な取り組みを凌ぐ戦力を手に入れられる可能性があるともいえる。

選手の移籍・獲得市場の日米比較

ＮＰＢにおいて戦力補強をたのみにチーム強化を図ろう

②楽天（2005年創設・2013年日本シリーズ制覇）
（本書版投打貢献度指数の足し上げ値）

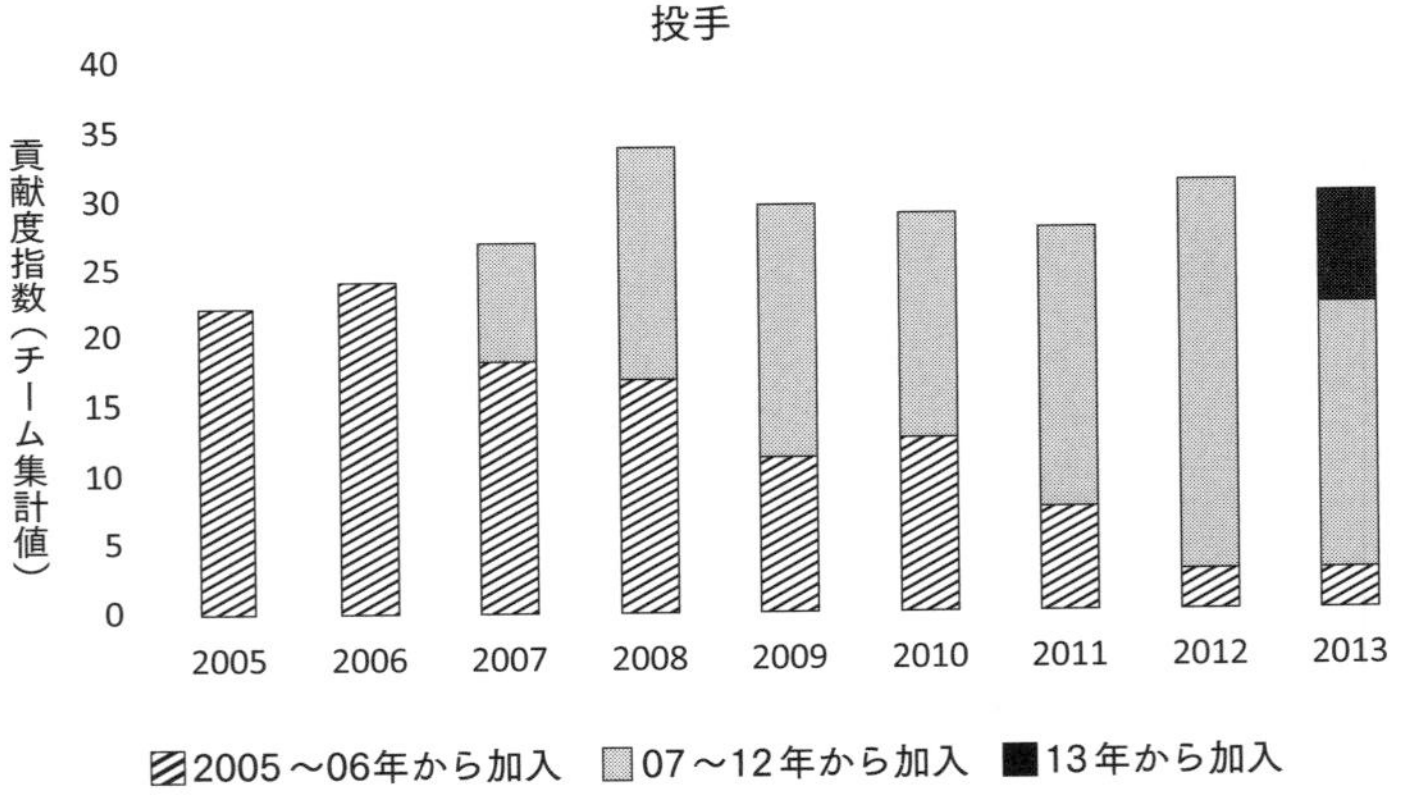

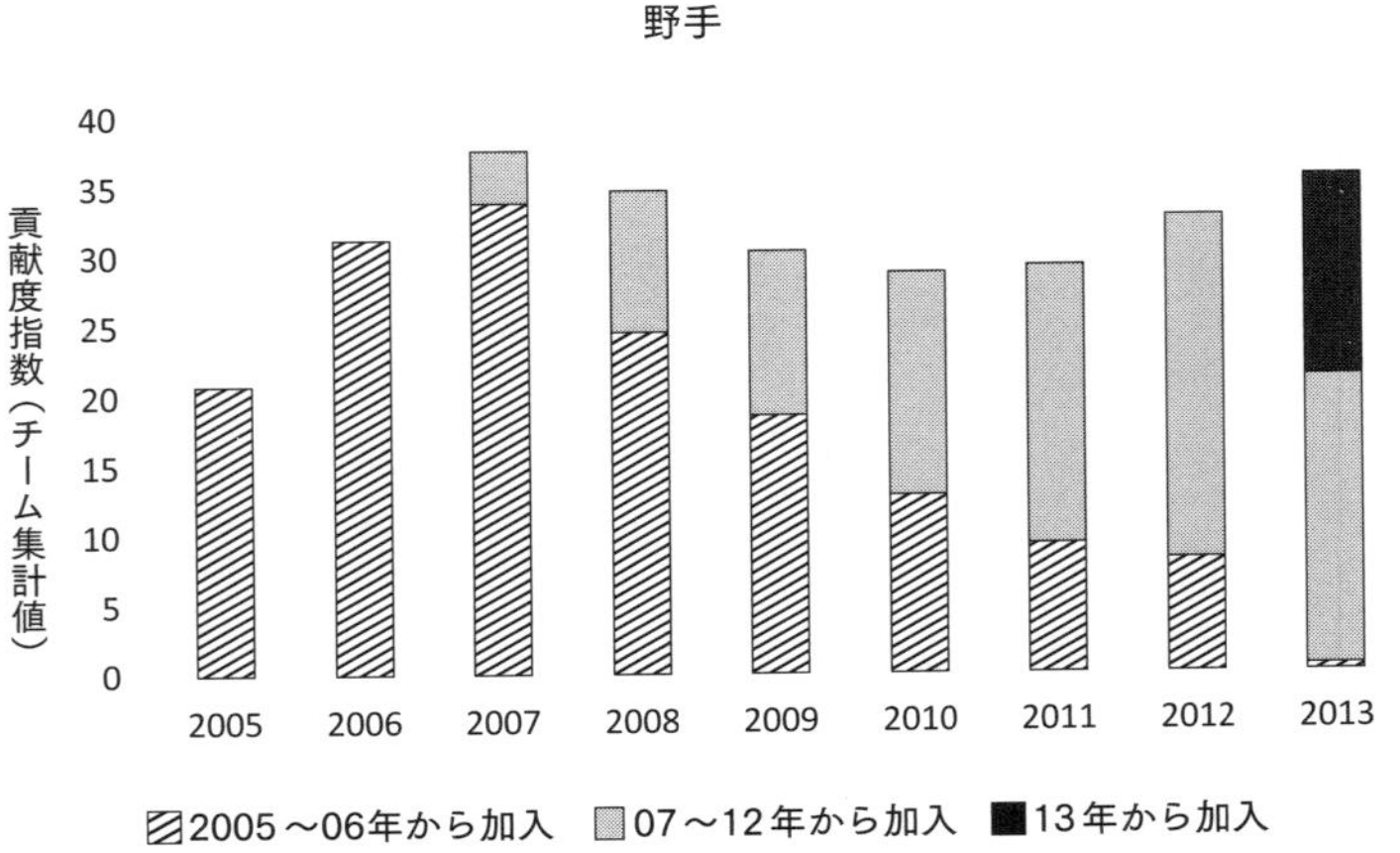

(注)①･②とも総合評価指数ないし本書版投打貢献度指数の足し上げ値について、負値の選手は集計対象から除いている。
(出所) 日本プロ野球記録、Baseball-Referenceの公表データに基づき筆者作成

（図表12-5）前年からのチーム力（得点創出力、失点防御力）に占める戦力補強要因と戦力底上げ要因の寄与度分解（1989～2020年）

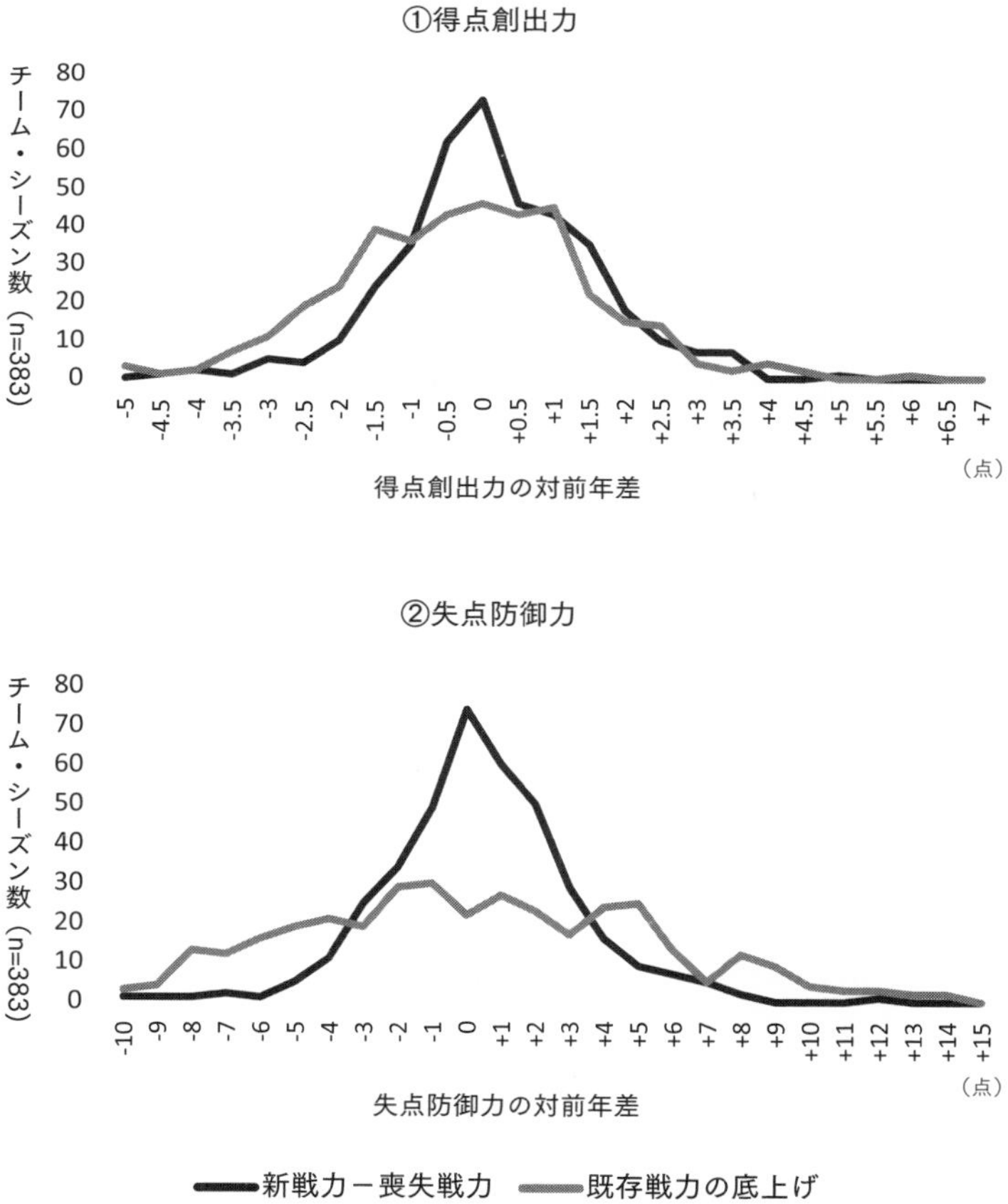

（注）得点創出力は、加重出塁率の算出方法を参考に、各選手の「敬遠以外の四死球 ×0.7＋単打 ×0.9＋二・三塁打 ×1.3＋本塁打 ×2」をチーム・シーズンごとに集計。失点防御力は投手の自責点数のリーグ平均値対比での少なさについて集計。

（出所）日本プロ野球記録の公表データに基づき筆者作成

としたとき、ドラフトや外国人選手のスカウトに当たり外れが大きいことは第十・十一話で既に述べたとおりである。そこで、より確実に補強に成功するためには、同一リーグ内での引き抜きが有望な選択肢となってくる。MLBにおいてゼネラルマネージャーたちからセイバーメトリクスが広く支持されたのは、移籍市場での活発な選手争奪戦が背景にある。

それでは、NPBにおいてもMLBと同様に活発な選手争奪戦が展開されているといえるのだろうか。平成以降について、チームに前年以前から在籍していた選手（既存戦力）と当年から新たに獲得した選手（獲得戦力）・失った選手（喪失戦力）の活躍度をみると、NPB・MLBの移籍制度の違いが鮮明にみえてくる。第一に、当年のチーム全体の出場機会に占める既存戦力の割合はNPBの方が圧倒的に高く、つまりNPBの方が、選手のチーム間移動が限られている（図表12‐6①）。第二に、各チームの戦力流入・流出の「収支」状況を比べると、MLBでは1998年に新規創設された2球団が打撃力の確保に関し大幅な流入超となっているが、それを除いてみると、NPBの方がチーム間の戦力流出入の不均衡が大きく、ごく一部の球団が一方的な「流入超」の利得を享受してきた（図表12‐6②）。これら2つの現象は、選手の自由な移籍機会を認めるほどチーム間の戦力不均衡が拡大しかねないというジレンマに対し、NPB・MLBそれぞれが講じたアプローチの違いに起因する。すなわち、NPBでは移籍市場を過度にオープンにするとチーム間の戦力の偏在が生じるものとして、移籍制度を制

（図表12-6）NPB・MLBの選手移籍市場の比較（1989～2020年）

①移籍加入組がそのシーズンのチーム戦力に占める割合の分布

［イ］チーム総打席数に占める新戦力の割合の分布

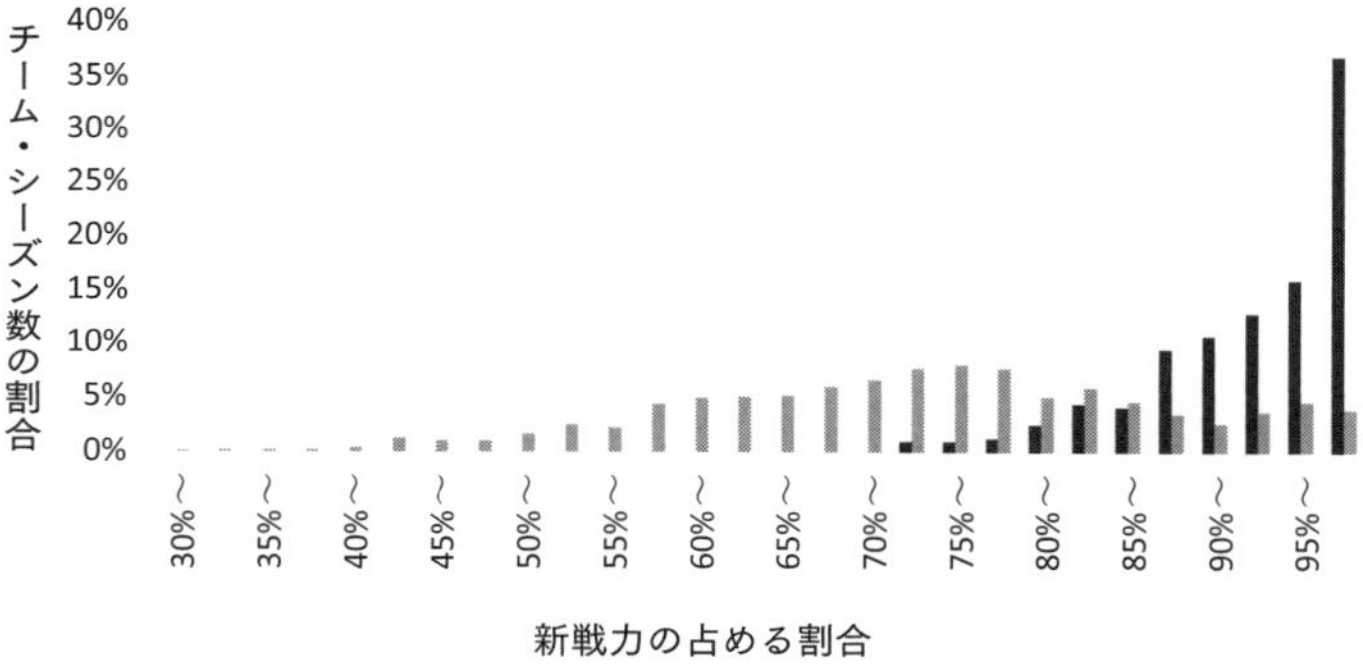

［ロ］チーム総投球回数に占める新戦力の割合の分布

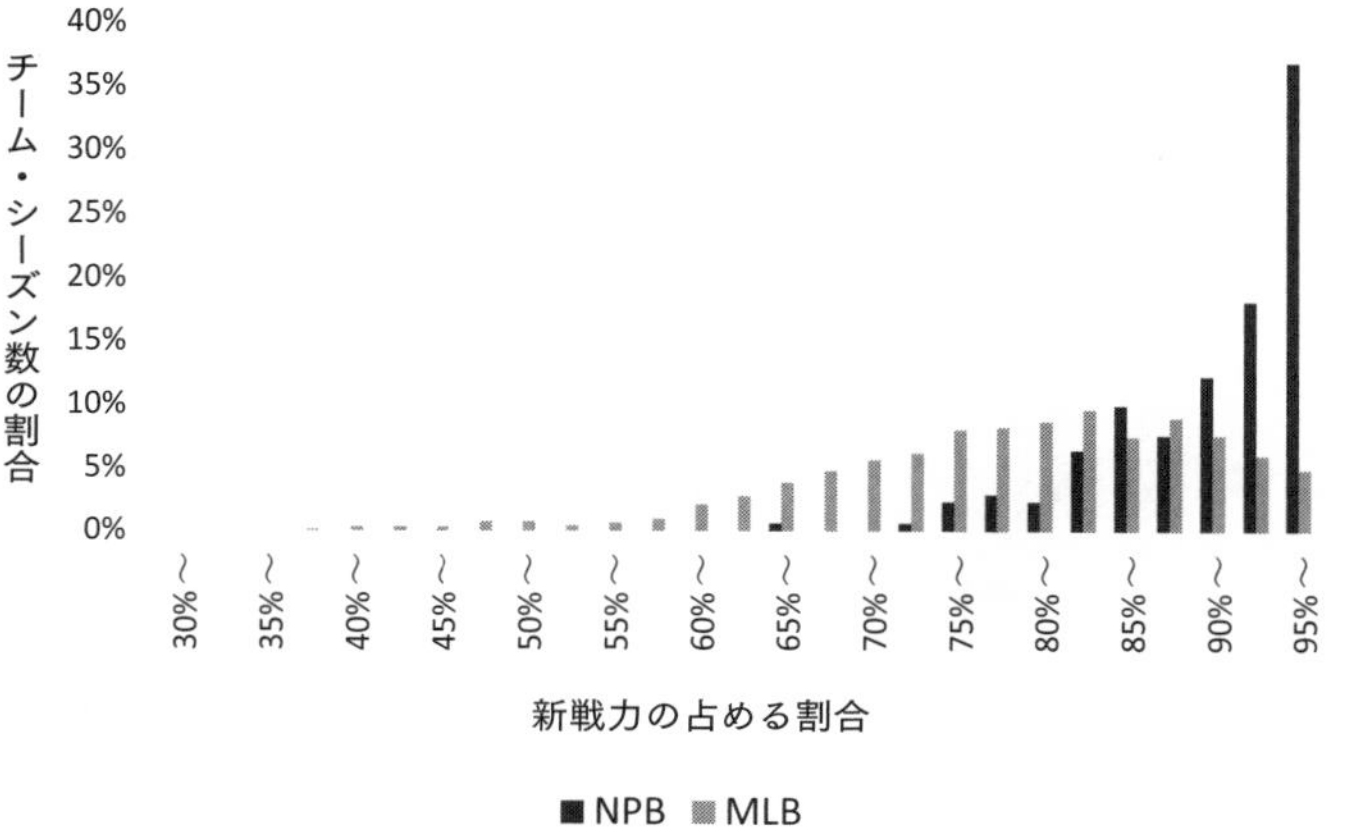

②チームごとの選手の流入・流出「収支」(1989 ～ 2020年累計)

[イ]「新戦力ー喪失戦力の得点創出力の収支」累計

NPB

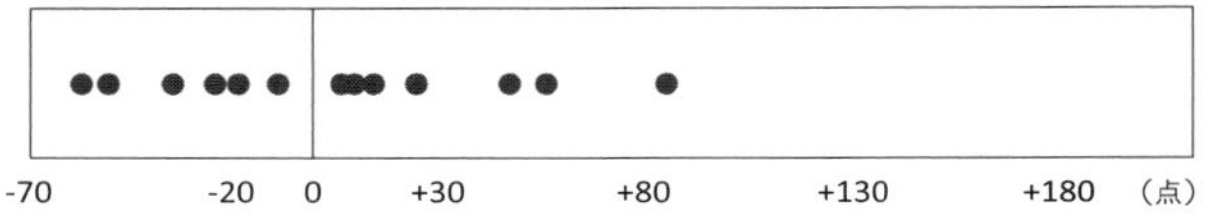

MLB

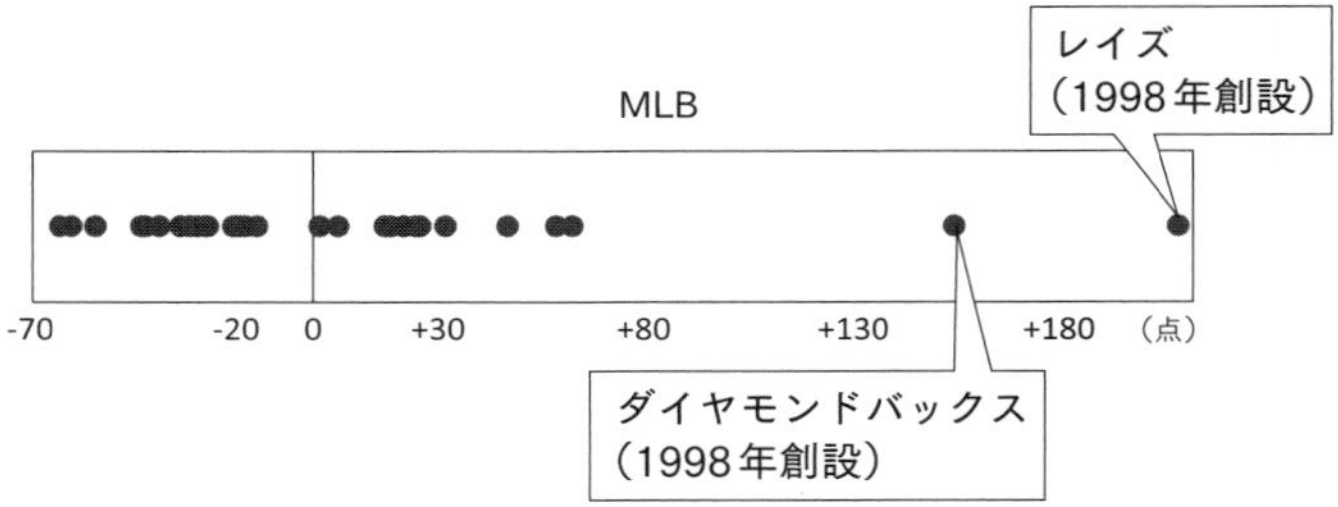

[ロ]「新戦力ー喪失戦力の失点防御力の収支」累計

NPB

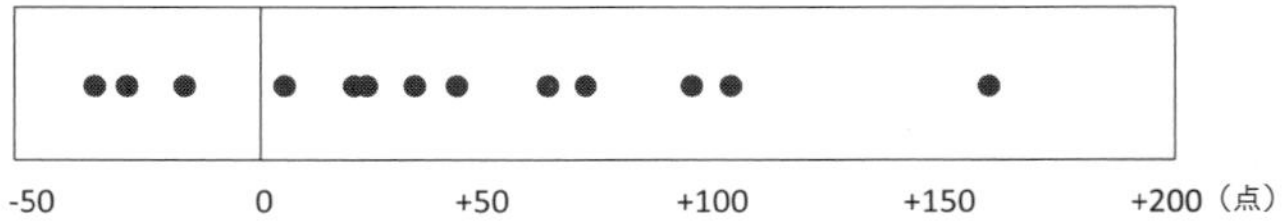

MLB

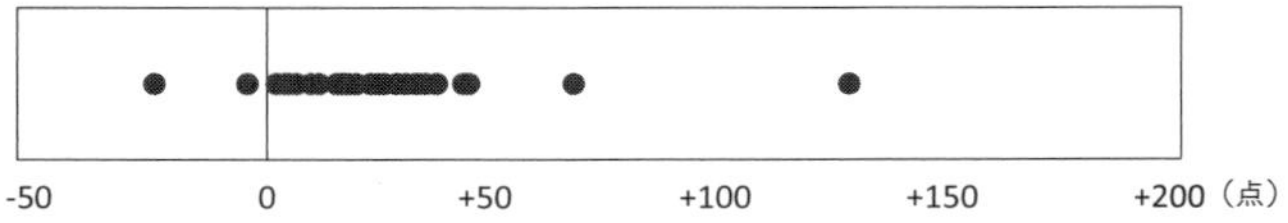

(注)「得点創出力」「失点防御力」の定義については(図表 12-5)と同じ。日米間の比較可能性を確保する観点からいずれも 143 試合ベースに調整している。
(出所) 日本プロ野球記録、Baseball-Reference の公表データに基づき筆者作成

限的に設計しているようにみえる。これに対し、ＭＬＢでは、チーム間の資金再分配などの方策を前提に、流動性の高い移籍市場を構築している。

どちらの制度がより優れているかは一概にいえないが、移籍市場が制限的なリーグの方が、弱小チームの短期間での強化が難しいことは間違いないだろう。そのように考えると、ＮＰＢにおいて、極めて不利な戦力状態から始まった楽天が９年目で日本一になったのは驚嘆すべき出来事というべきだ。

結局のところ、翌年の優勝予想は難しい

日本においてアメリカほどセイバーメトリクスが流行らない理由の一つは、ＮＰＢの移籍市場の狭さにあるのではないかと思う。むろん、たとえ移籍市場の活発なＭＬＢでも、獲得した選手が期待どおりの活躍を遂げるか否かには不確実性が高いし、そもそもチーム数が多いので優勝チームの予想は難しい。ただ、ＮＰＢについては、ストーブリーグの鍵を握るのが当たり外れの大きい外国人選手獲得やドラフトという中、ＭＬＢとは別の意味で優勝チームの予想が難しい。前年最下位だったチームでも、例えば１９６０年の名将・三原脩監督率いる大洋は島田源太郎投手や権藤正利投手ら投手陣の好調、２００１年の近鉄はタフィ・ローズ選手らの打

撃好調、という既存戦力の底上げが原動力となり見事優勝した。開幕前時点では予見困難な既存戦力の好不調要因により順位が大きく変動することだってあるのだ。順位予想というファンの最大の関心事についてデータ分析が正確な視座を提供できないのは切ない限りだが、だからこそ応援のしがいがあって面白いのだと考えることにしたい。

コラム❽　連勝と連敗の統計

長丁場のリーグ戦を戦っていると、大型連勝や大型連敗がみられる。大型連勝であれば高揚感が得られるし、大型連敗となると鬱屈した気分から抜けられなくなってしまう。ただ、すごく達観すると、大型連勝・連敗の発生頻度は、コンピュータにコイントスを10万回実施させたときの分布とほとんど変わらない。6連勝以上・6連敗以上の発生頻度は、1チーム、1シーズンあたり平均1・2回程度となっている（図表12C‐1）。

また、シーズンの勝率ごとに連勝・連敗の分布をみると、当然のことながら勝率の高いチームほど連勝記録が多く、勝率の低いチームほど連敗記録が出やすい。勝率が6割5分を超える

（図表12C-1）NPBシーズン中の連勝・連敗の発生回数（1950〜2020年）

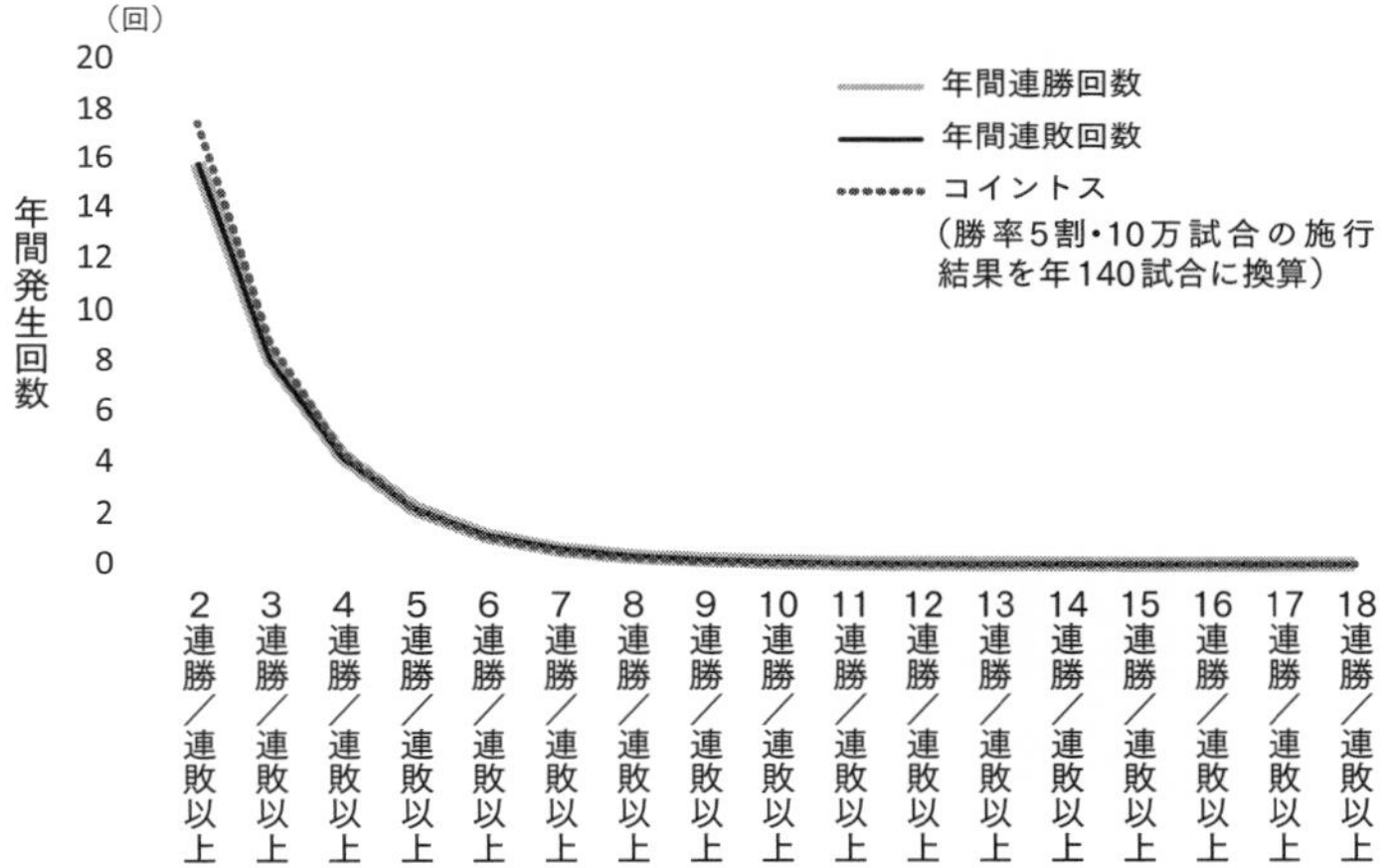

（出所）日本プロ野球記録の公表データに基づき筆者作成

チームだと、6連勝以上の大型連勝を年4回程度、勝率が3割5分未満のチームでは、6連敗以上の大型連敗が年4回程度生じ得る。

次に、大型連勝・大型連敗の原因・背景を掘り下げるべく、6連勝以上・6連敗以上の大型連勝・連敗中の得失点数と、そのチームのシーズン平均の得失点数（1980〜2020年）とを比較してみる。すると、大型連勝中の得失点数のシーズン平均との較差は、得点数について平均+1・47点、失点数について▲1・35点である。

大型連敗についても概ねこれと正反対の結果となっている。特徴的なのは、大型連敗中の得点数のシーズン平均との較差が▲0・97点なのに対し、失点数については+

2・55点となっていることだ。つまり、大型連敗は「投崩」による場合が多いことがうかがえる。

野球における1試合あたり得失点数は4・5点程度なので、3点前後も「収支」が良化（悪化）すると、勝ちやすくなる（負けやすくなる）のは当然だ。第十二話でとり上げた「ピタゴラス勝率」を使って簡単な試算をしてみよう。得失点数がリーグ平均（4・5点）と比べ、大型連勝中並みに良いチームと、大型連敗中並みに悪いチームのピタゴラス勝率を求めると、それぞれ・782、・201となる。勝率が8割のチームが7～8試合のうちに6勝するのも、勝率2割のチームが6敗するのも必然的といえる。

以下余談ながら、少し目線を変えて、チーム全体の打撃力ではなく、打者個人の好不調の波についてもみてみよう（図表12C‐2①）。三割打者が不調に陥ったとき、スランプはどのくらい続くものなのだろうか。広島で平成以降に規定打席に到達した打者を対象として、直近5試合の打率がシーズン平均打率を下回る連続期間の長さを集計すると、5試合以上続くケースが年平均5～6回程度の頻度で生じ、10試合以上続くケースも年平均2回程度生じ得ることが分かる。時々、日本シリーズで好調な「シリーズ男」とかその逆の「逆シリーズ男」という報道を目にするが、こうした好不調の発生頻度を踏まえると、まずまず生じ得る現象といえる。また、3割打者の場合、シーズン中に1度くらいあり得る連続試合無安打は、平均的にはほぼ3試合までのようだ（図表12C‐2②）。

（図表12C-2）打者の好不調の波（広島・1989～2020年）

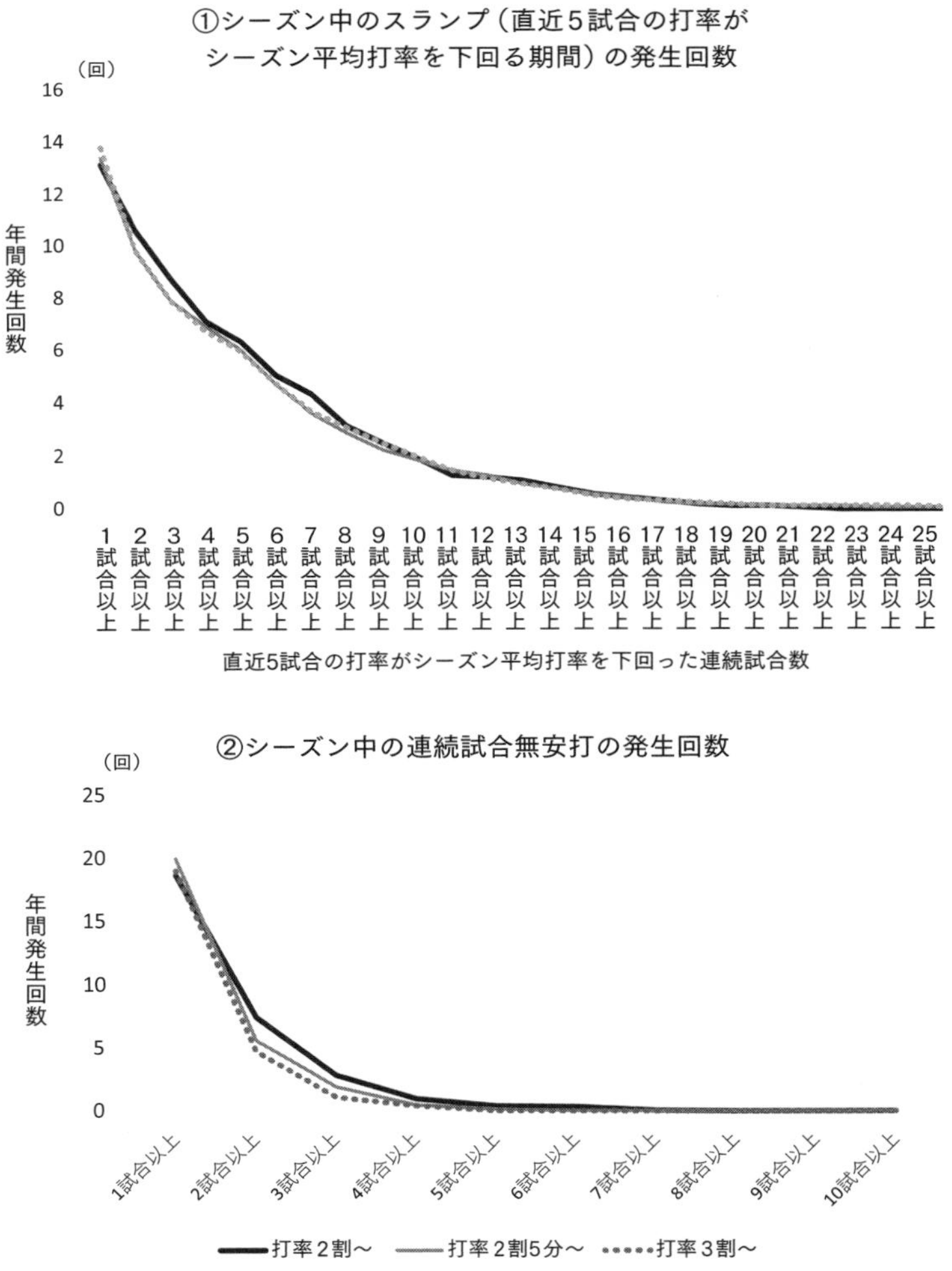

（出所）日本プロ野球記録の公表データに基づき筆者作成

第十三話　最弱のチームにダルビッシュ投手・バース選手が何人加われば優勝できるか？

最弱のチームが優勝するためには、ダルビッシュ投手4人が必要!?

２０１０年代初だったか、横浜ベイスターズが低迷期にあったとき、ネット上、ダルビッシュ有投手が何人加われば優勝できるか、「プロ野球スピリッツ（プロスピ）」[38]を使って試算してみた、というネタが話題となった。それによると、１人加えたら5位に浮上、２人加えたらなぜか最下位に転落、３人加えたら4位になり、４人加えてやっとこさ優勝、という結論らしい（なんＪスタジアム）。いかにもネット上の野球談義らしいが、データ分析の観点からはどのようなことがいえるのだろうか。

３８　２００4年以降、コナミから発売されているプロ野球ゲーム。

平成以降、年間の勝率が3割5分を下回ったチームは6例ある（1990年のダイエー、2003年・08年・10年の横浜、2005年の楽天、2017年のヤクルト）。失礼ながら以下、これら6例を「最弱チーム」と呼ぶことにする。2007年に日本ハムでMVP・沢村賞を受賞した年のダルビッシュ投手を最弱チームに加えるとどうなるか、机上計算してみる。

まず、この年のダルビッシュ投手は防御率1・82なのだが、リーグ全体の投打バランスは年によって微妙に異なるため、ダルビッシュ投手がどの年にタイムスリップしても同じ防御率となるとは限らない。そこで、2007年・ダルビッシュ投手の防御率のNPB全体の中での傑出度を測定するため、いったん偏差値に置き換え（偏差値65・8）、タイムスリップした先の年で、この偏差値どおりのずば抜けた防御率を記録すると仮定する。

そのうえで、最弱チームにダルビッシュ投手が加入することにより、①防御率の高い先発投手がダルビッシュ投手に置き換わることによる「先発投手陣の防御率の良化」、②実際の最弱チームにおける先発投手と比べ、ダルビッシュ投手がより長いイニングを好投してくれることによる「防御率の高い救援投手の登板機会の減少」、③ダルビッシュ投手に置き換えられた先発投手が救援投手になることによる「救援投手陣の充実化」の3つの効果が現れると想定する。

その結果、6例の最弱チームでは、ダルビッシュ投手を1人追加しただけでチームの年間失点数を136〜180点も削減できると試算された（図表13‐1［イ］）。抜群の先発投手が加

（図表13-1）最弱のチームにダルビッシュ投手を何人加えたら優勝できるか（試算）

［イ］失点数

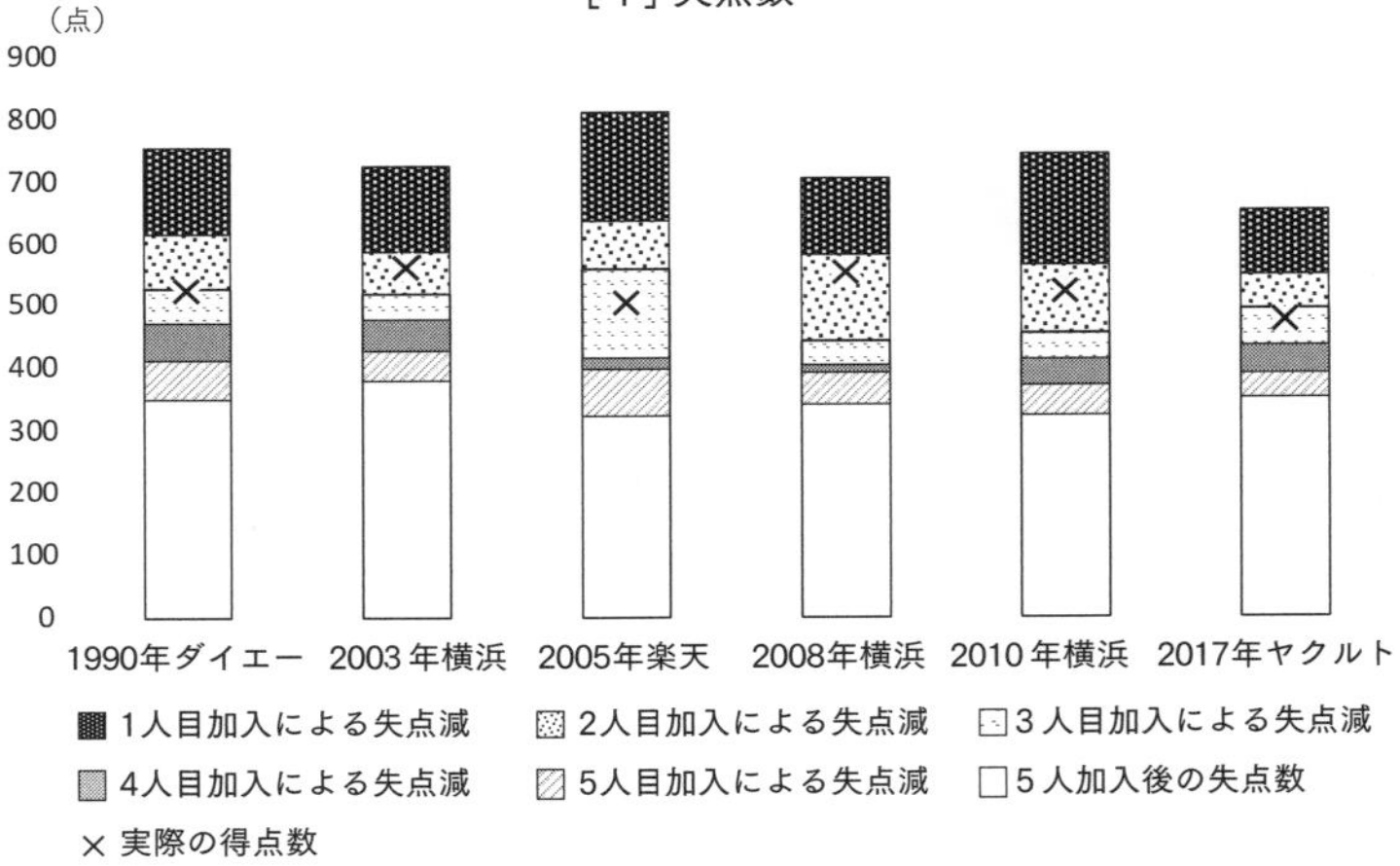

［ロ］ピタゴラス勝率

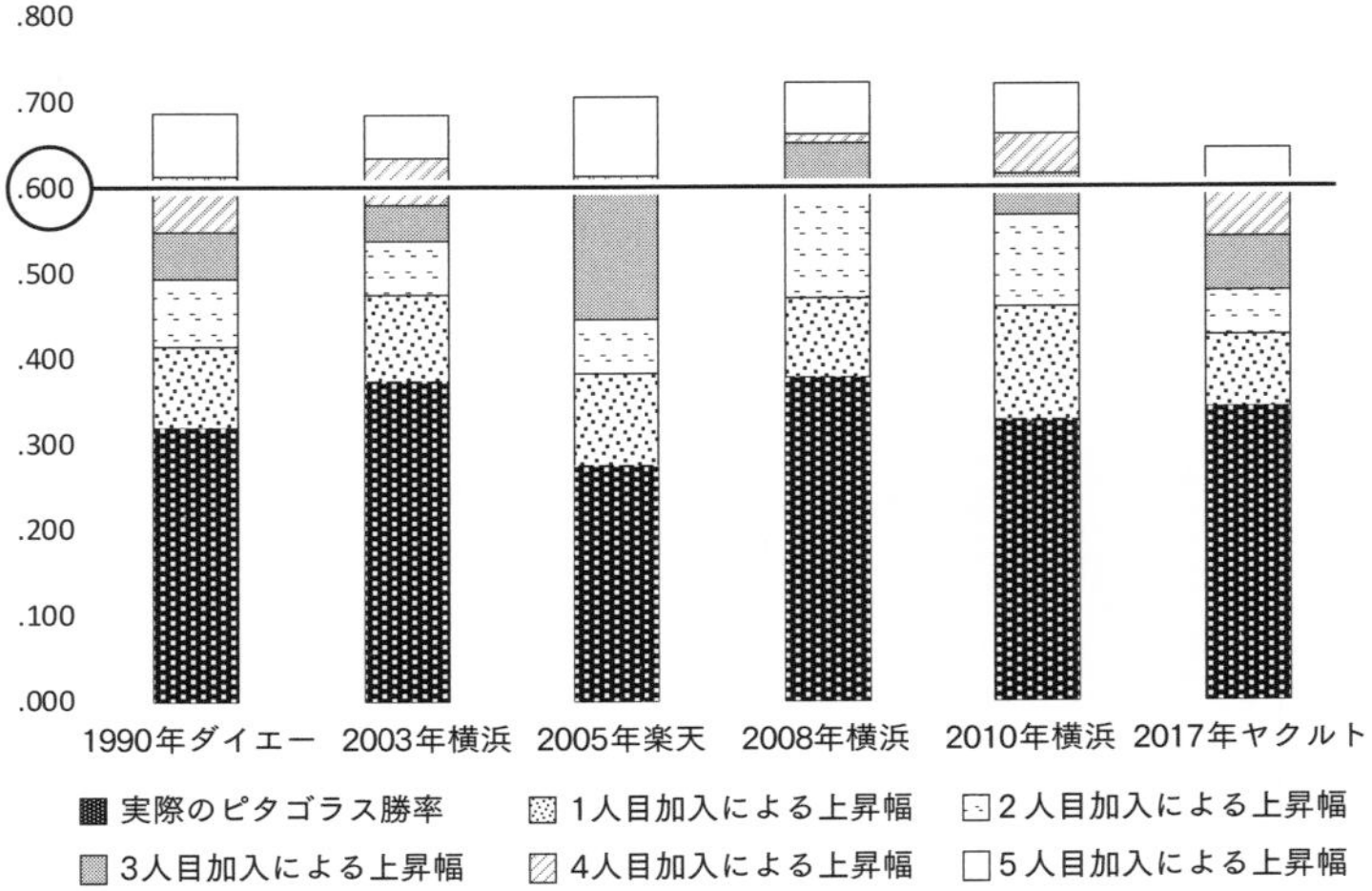

（出所）日本プロ野球記録の公表データに基づき筆者作成

［補足］失点数減少の要因分解

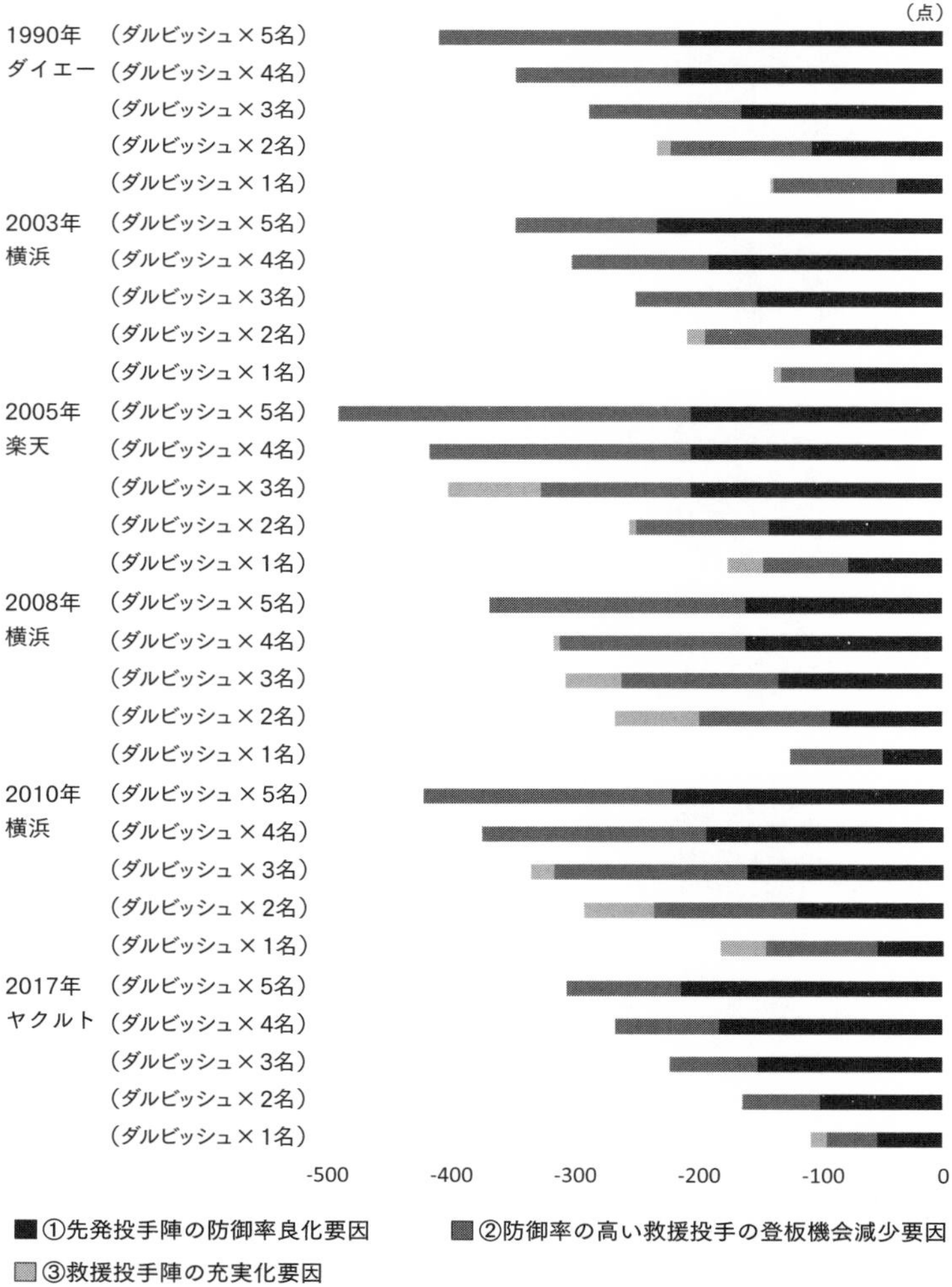

（出所）日本プロ野球記録の公表データに基づき筆者作成

入するわけだから①「先発投手陣の防御率の良化」がみられるのはいうまでもない。同時に、ダルビッシュ投手の追加人数が少ない場合には特に②「防御率の高い救援投手の登板機会の減少」効果が①以上に大きく働いていることが興味深い（図表13 - 1［補足］）。

それでは、ダルビッシュ投手の加入による失点数の削減は、どの程度、最弱チームの勝率アップにつながるのだろうか。第十二話でとり上げた「ピタゴラス勝率」を使って試算した（図表13 - 1［ロ］）。平成以降のセ・パ両リーグの優勝チームの勝率は平均・597であり、シーズンによるが、概ね勝率6割が優勝ラインといって良いだろう。計算結果をみると、最弱チーム6例のうち、ダルビッシュ投手を「4人」加えると5例までが勝率6割を超え、残り1例もほぼ6割（勝率・597）に達するため、プロスピのゲーム結果を概ね支持できそうだ。

むろん、「4人」というのは、勝率3割5分未満というかなり深刻な状態にあるチームを前提とした話であって、勝率4割台でBクラスに甘んじている程度のチーム状態であれば、「1人」ないし「2人」で優勝ラインに届くはずだ。例えば、ダルビッシュ投手の古巣である日本ハムは、2020年の順位が5位であったが、ダルビッシュ投手「2人」の加入で優勝できた計算となる。

ランディ・バース選手を何人加えれば優勝できるか？

今度は、三冠王を獲得した1985年のランディ・バース選手（阪神）を最弱チームに加えてみよう。同年のバース選手の打撃成績を偏差値化すると、打率（.350）について72・4などとなる。計算上、守備位置は無視し、6例の開幕試合のオーダーから投手以外で得点創出力の低い順に「バース選手」に置き換えていく。それにより、バース選手を加えた場合の得点力アップの効果を本書版得点数推計モデルに基づき試算する。まず、バース選手を「1人」加えた場合、6例の最弱チームの年間総得点数は94～139点も増加するとの結果が得られた（図表13‐2［イ］）。ただ、6例とも、バース選手1人の加入にかかわらず、いずれも勝率5割に満たない。バース選手を「3人」加えた時点でようやく勝率6割に到達するケースが現れ（2003年・横浜）、6例とも概ね勝率6割に達するのは「5人」を加えた場合となる（図表13‐2［ロ］）。

やはりチーム力を強化するためには「まずは傑出した投手の確保」なのか

最弱チームが優勝するために、ダルビッシュ投手であれば「4人」、バース選手であれば

（図表 13-2）最弱のチームにバース選手を何人加えたら優勝できるか（試算）

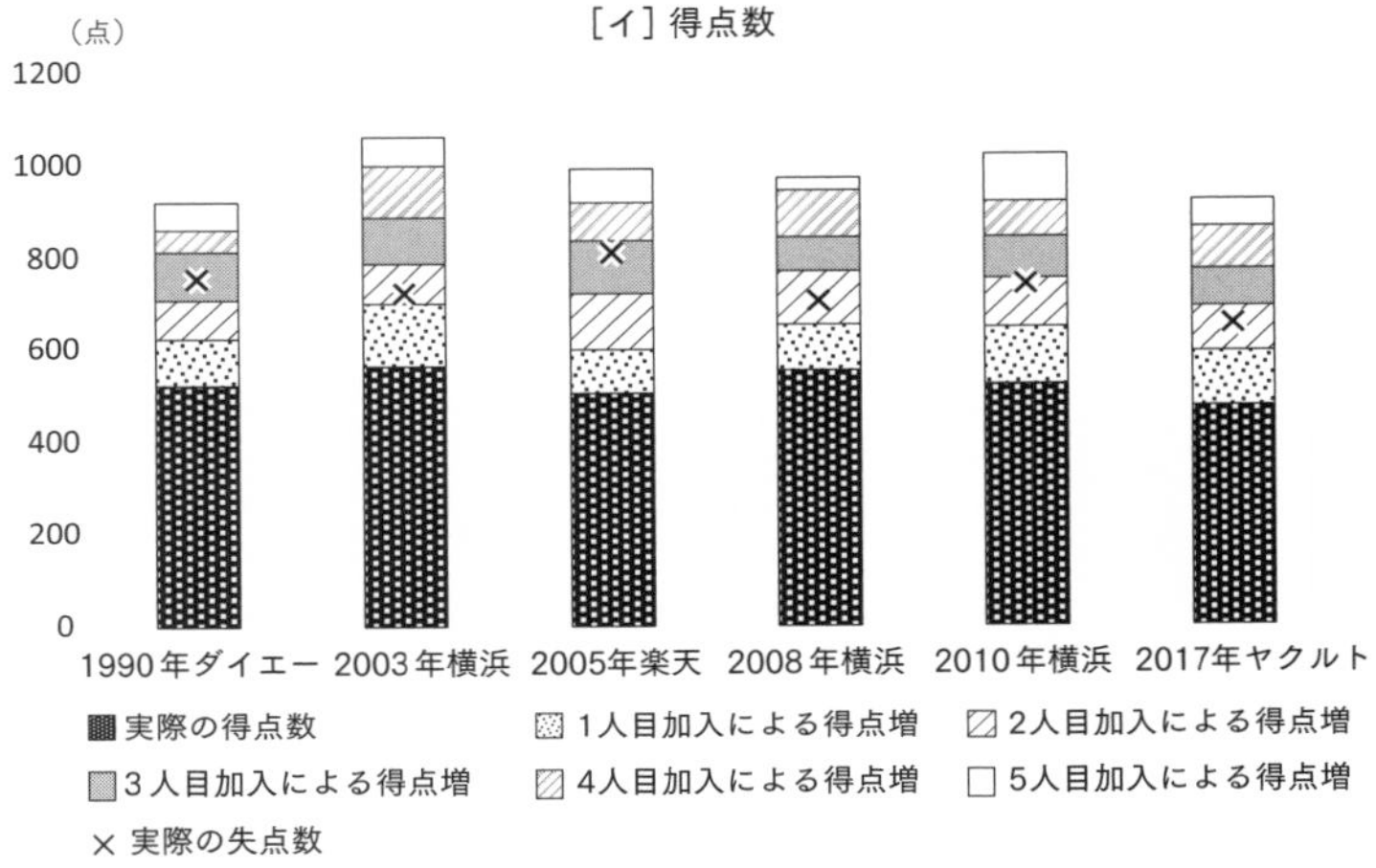

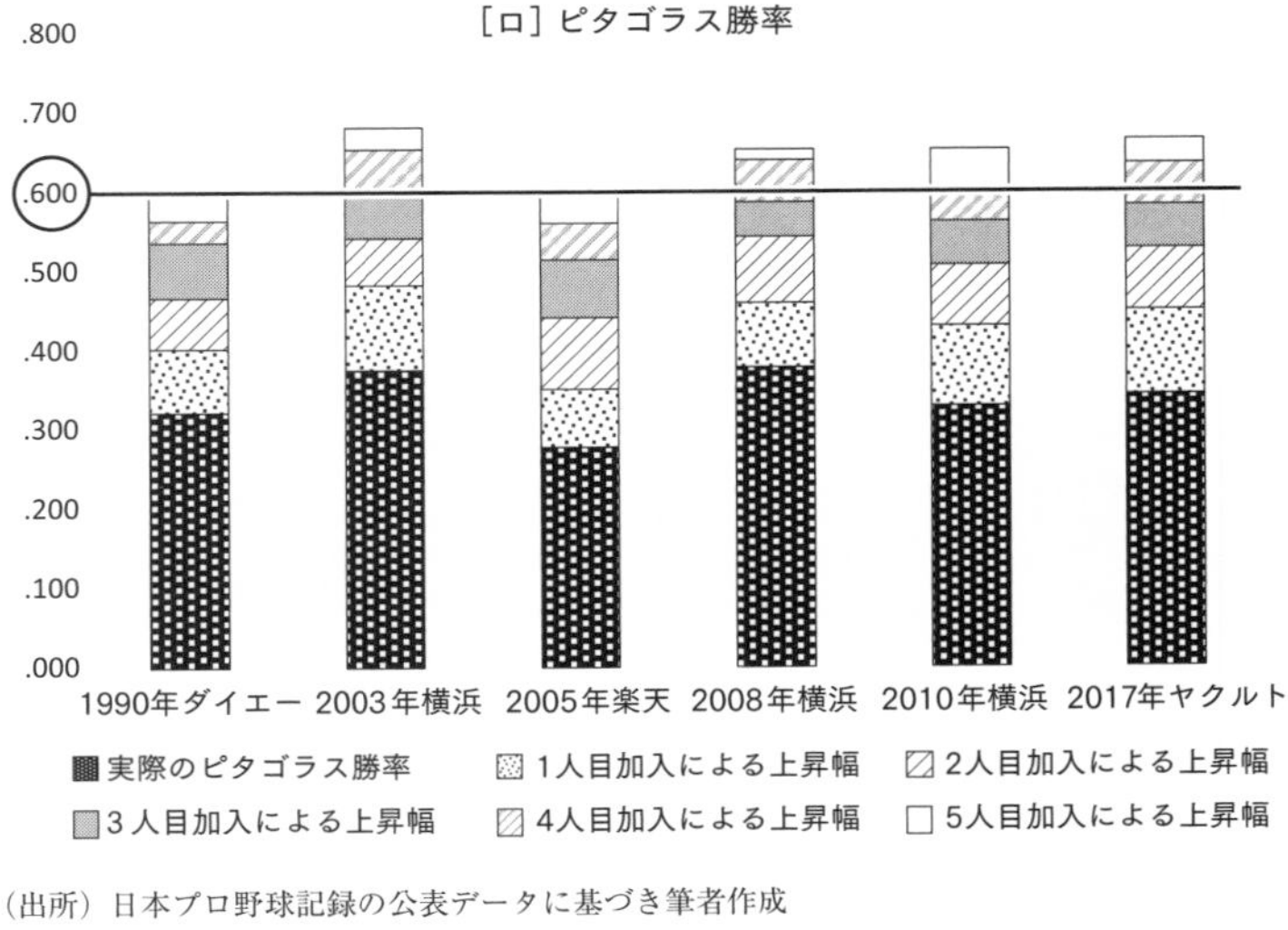

（出所）日本プロ野球記録の公表データに基づき筆者作成

「5人」が必要となるという試算結果だけみると、「野球のチーム作りはまず好投手の獲得から」と思えてしまう。このこと自体、多くのファンにとって腹落ちしやすい結論なのだが、ただ、一つ留意すべきなのは、最弱チーム6例は、総じて打力以上に投手力に問題があるため（6例の1試合あたり得失点数のリーグ平均との較差は、得点数につき▲0・62点なのに対し、失点数は＋0・89点）、特に投手力が補強ポイントだったというチーム事情である。

そもそも野球ファンには、投手力を中心にみがちな心理的バイアスが働きやすいらしい。いわく「全てのプレーが投球から始まるという野球の性質上、人々の注目は必然的に投手に集まる。これが試合の勝敗に関する原因帰属にバイアスを生じさせている可能性がある」[39]という。

実は、勝利貢献度が最も高い選手は投手ではなく打者であることが多い

投手陣再建が重要課題となっているチーム事情や、ファンの心理的バイアスといったノイズを排除し、標準的なチーム状態を前提として分析してみると、少し違った事実がみえてくる。

39　末木新「高校野球における試合の勝敗に影響を与える要因：投手力・打撃力・守備力の比較」（2017年）

（図表13-3）MLBに関するデータ分析企業の
総合評価指数分布（2010～2020年）

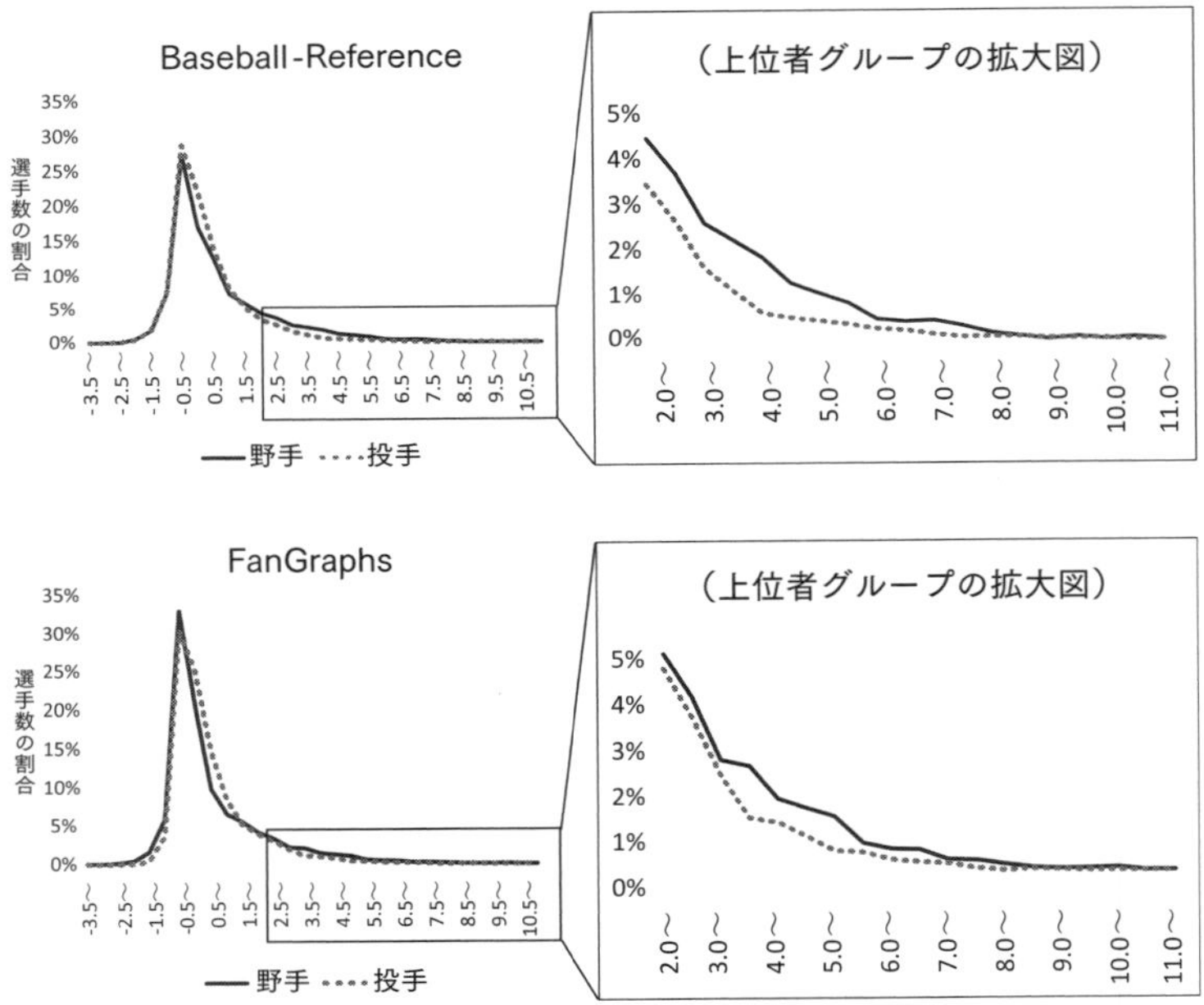

（出所）Baseball-Reference、FanGraphsの公表データに基づき筆者作成

実は、意外かもしれないが、セイバーメトリクスの見地からは、最も傑出した野手と最も傑出した投手では、野手の方に軍配が上がることが多い。アメリカのデータ分析企業（Baseball-Reference、FanGraphs）が算出・公表している、勝利への貢献度にかかる総合評価指標では、最上位者はほとんどのシーズンにおいて野手となっている。Baseball-Reference、FanGraphsのいずれの

データをみても、レギュラー手前の成績分布（総合評価指数が0・5〜1・5）こそ投手の方が多いが、最上位の選手は野手が多い（図表13‐3）。NPBでも、例えば、田中将大投手（楽天）が24勝0敗という驚異的な成績を残した2013年シーズンについてみたとき、なんと田中投手の総合評価指標（7・1）を上回る野手が存在したことは特筆に値する（浅村栄斗選手［西武］、7・5）[40]。

といいつつ、ファンの実感として、総合評価指数だけ見せられてもいまいち得心しにくいかもしれない。その理由は、データ分析企業各社の総合評価指標の計算手法が不統一であるうえ、各社の計算過程がブラックボックスになっているからだろう。これらに似せて作った本書版投打貢献度指数も、どうしても算式が複雑である。「傑出した打者」に軍配が上がる理由を解明するためには、もう少し素朴に計算してみた方が分かりやすい。ここではシンプルに攻守の「得失点」への寄与度のバランスに着目してみよう。

まず、攻撃側の得点への寄与度を語るとき、まず思い浮かぶのは「打点」だろうが、チャンスを作った選手こそ殊勲者という場合だってあるわけで、打点数は必ずしも正確な指標といえない。そこで、「無死一塁」「一死一二塁」などのアウトカウント・走者の状況ごとの得点期待

40　指標はデータスタジアム社による。鳥越規央（2014年）。

値（そのアウトカウント・走者の状況からイニング中に期待できる平均得点数）の統計を基に、各打者が各試合・各打席でチャンスを広げ、ないし走者を生還させることによりいかに得点期待値を引き上げたか（ないし凡退により引き下げたか）の年間集計値を求めてみた。この計算方法だと、チャンスを作った選手、生還させた選手をフェアに評価することができる。むしろ、凡退した場合には負の得点寄与度が計上される。イニングの開始時点の得点期待値は0・45（＝1イニング中の平均得点数）なので、三者凡退ならば打者三人合計で▲0・45点の得点寄与度となるし、チャンスでの凡退はより大きな負の寄与度となる。

守備側についても、この計算方法を用いて、対戦した打者の得点寄与度を投手ごとに集計していく。攻撃側とは正負の符号をひっくり返し、1イニングを無失点に抑えた（対戦打者の得点寄与度を▲0・45点引き下げた）場合、＋0・45点の寄与度を認めることにする。そのため、無失点で抑えたイニングの多い投手ほど、多くの寄与度が計上されることになる。本当は、イニング中の失点防御のすべてが投手の功績なはずはなく、野手の守備貢献を勘案すべきなのだろうが、ここではいったんすべての寄与度が投手に属するものとみなす。

この計算結果（2016〜20年）をみると、まず、全投手・全打者のシーズン得点寄与度の合計値は、攻守とも同じ方法で計算しているのだから、当然ながら一致する。ただ、投手、野手ごとのシーズン得点寄与度については、アメリカのデータ分析企業の総合評価指数と同様、最上位者は野手となっている（図表13‐4①・④）。例えば、2016～20年を通じ、最も傑出した打者・筒香嘉智選手（DeNA・2016年）のシーズン得点寄与度は75・9に上るのに対し、最も傑出した投手・菅野智之投手（読売・2017年）については51・9である。

このようにエース級の投手のシーズン得点寄与度が、野手を下回ってしまうのはなぜだろう。先行研究（鳥越規央［2014］）のいう「最も長いイニングを投げる先発投手でも30試合程度の登板数で、144試合フルイニング出場が可能な野手とは大きな差がある」ため、投手は出場機会の少なさがネックとなるという説明がもっともらしく聞こえる。

しかしながら、先発投手は一度の出場（登板）で多数の打者との対戦機会があるため、単純に出場試合数の少なさが高い貢献度を残す上でのネックとなっているというのは適当でない。各投手・各打者のシーズン得点寄与度を出場試合数で除し、「出場試合あたりの得点寄与度」の分布をみると、最上位者はリーグを代表する先発投手たちで占められる（図表13‐4②）。出場1試合単位で評価すると、その試合に好投した先発投手は、どの野手をも上回る最も高い貢献度が認められるわけだ。

それでは、出場機会の単位を出場試合数ではなく「打席数（対戦打者数）」と捉えるとどうだろう。すると、「打席数あたりの得点寄与度」の分布において、守備側の寄与度がすべて投手に属するとみなす限り、最上位者は野手・投手とも同水準となる（図表13‐4③）。そのた

得点期待値の引き上げ幅の分布（2016～20年）

①年間引き上げ幅

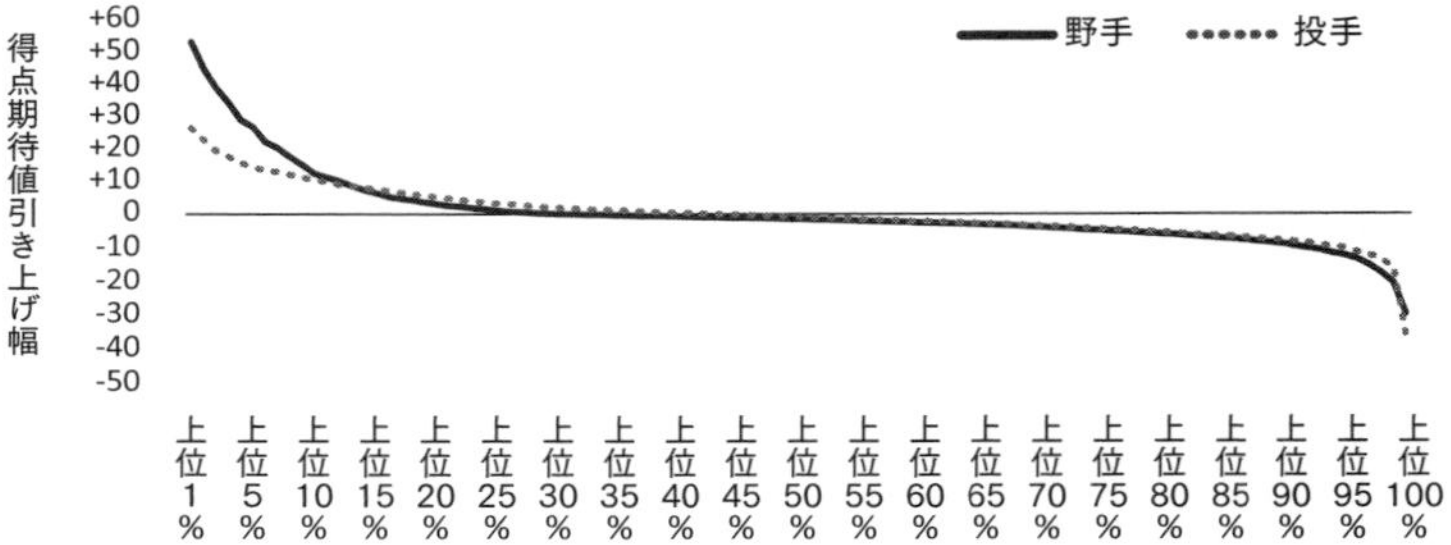

②出場試合あたりの引き上げ幅

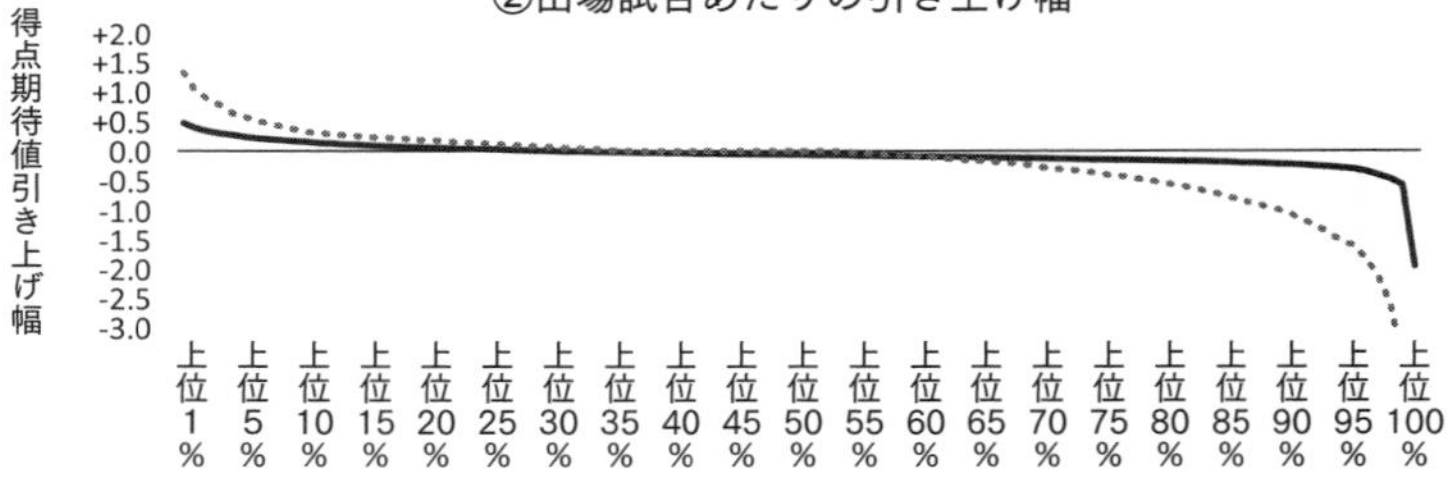

③打席数あたりの引き上げ幅

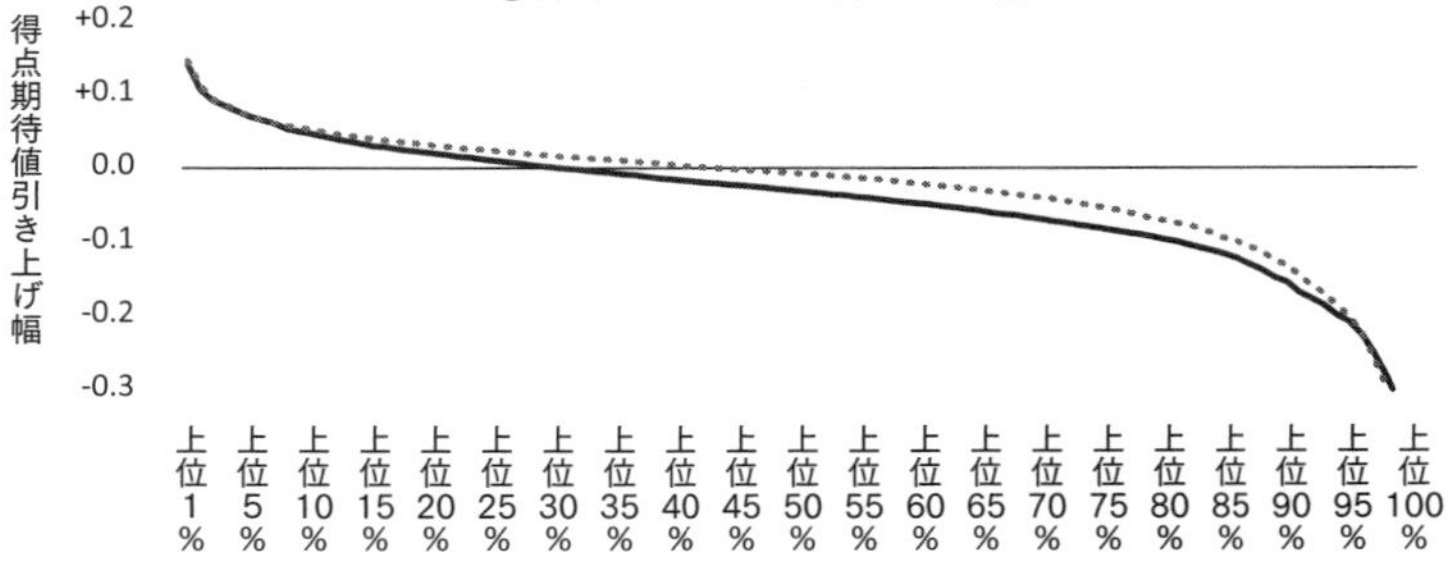

(注)①～③のグラフは、野手・投手それぞれについて上位X％に位置する選手の「得点期待値の引き上げ幅」を示す。

④得点期待値の年間引き上げ幅のランキング（シャドーが付された選手は投手）

選手（年）	得点期待値の引き上げ幅
1位　筒香　嘉智(2016)	75.9
2位　柳田　悠岐(2017)	68.7
3位　柳田　悠岐(2020)	65.5
4位　大谷　翔平(2016)	65.2（野手：27.2、投手：38.0）
5位　丸　佳浩(2018)	64.3
6位　柳田　悠岐(2018)	64.0
7位　山田　哲人(2016)	62.5
8位　山川　穂高(2018)	55.9
9位　秋山　翔吾(2017)	54.6
10位　丸　佳浩(2017)	54.5
11位　浅村　栄斗(2020)	54.0
12位　山田　哲人(2018)	53.7
13位　菅野　智之(2017)	51.9
14位　浅村　栄斗(2018)	50.6
15位　村上　宗隆(2020)	50.2
16位　柳田　悠岐(2016)	49.5
17位　鈴木　誠也(2016)	49.4
18位　岡本　和真(2018)	48.5
19位　秋山　翔吾(2018)	48.3
20位　鈴木　誠也(2018)	47.7
21位　D.ビシエド(2018)	47.6
22位　丸　佳浩(2016)	46.3
23位　坂本　勇人(2016)	45.8
24位　吉田　正尚(2020)	45.3
25位　筒香　嘉智(2017)	43.9
26位　坂本　勇人(2018)	42.7
27位　M.マイコラス(2017)	41.9
28位　菅野　智之(2016)	41.0
29位　菊池　雄星(2017)	40.7
30位　岡本　和真(2020)	40.5

（出所）日本プロ野球機構（NPB 公式サイト）の公表データ、蛭川皓平（2019）に基づき筆者作成

め、最も優れた野手があらゆる投手を上回る貢献度を残せるのは、「打席数」という意味での出場機会の多さゆえというべきだろう。さらに、データ分析企業の提供する総合評価指数では、今回の分析では勘案していない野手の守備・走塁面での貢献も算入されるため、最も優れた野手は投手対比で一段と高く評定されるはずだ。

日本の野球ファンは投手力偏重な傾向あり？

以上を総合すると、最も傑出した野手は実のところ、大抵どんな投手の貢献度をも上回るわけだが、もしかするとこの事実はファンの素朴な目線と乖離しているかもしれない、ということになる。なかんずく、日本の野球ファンはアメリカと比べ、投手力重視の傾向が強いように感じられるのだが、どうだろうか。MVPの歴代受賞者をみても、1950年以降投手の受賞が143人中13人しかいないMLBと異なり、NPBでは142人中55人までが投手である（ただし、うち1人は投打の「二刀流」）。[41] また、昔のオロナミンCのCMソング（真木ひでと氏「元気の星」）で「子供の頃からエースで四番」と歌われたように、日本の少年野球では優

41　ただし、MLBで野手のMVP受賞が多い背景には、MLBではMVPは野手向け、投手向けにはサイ・ヤング賞という暗黙裡のすみ分けがなされている可能性がある。

秀な選手を投手にすることが多かったのではないか。

筆者自身が、ファンや記者たちの投手偏重を最も感じたのは1998年のセ・リーグの新人王争いである。同年のセ・リーグでは、川上憲伸投手（中日）が14勝をあげ、新人王を受賞した。ただ、高橋由伸選手（読売）も打率3割・19本塁打の活躍ぶりであった。実は、同年の本書版投打貢献度指数をみると川上投手の「4・56」は投手全体の中で71・5の偏差値なのに対し、高橋選手の「5・46」は打者全体の中で75・1の偏差値であり、高橋選手の方がより傑出している。さらに、第九・十話で述べた「投手の方が完成するのが早い」という説のとおり、NPB全体の23歳以下の選手のうちで本書版投打貢献度指数が4・56以上の投手数と、同5・46以上の野手数を比較すると、前者は平成以降、年平均2・13人なのに対し、後者は年平均0・75人しかいない。つまり、年齢対比でこれほどまでの活躍できた選手の希少性、という観点からみても、高橋選手の方が上回っていた。

これらの事実や見方はいずれも断片的であり、ないし印象論の域を出ないが、点と点を結んでいくと「我が国では勝利への投手の貢献を過大評価する文化的基盤がある」[42]のではないか、という思いにたどり着く。

42　末木新（2017年）

日本の野球ファンの投手力偏重の根源は高校野球にあり？

それでは、日本の野球ファンはなぜ投手力に偏った見方をしてしまうのだろうか。優れた投手を喝采するのは良いが、敗北の責任を過度に投手に負わせる論調を作り出すのは適当でない。

筆者は、日本のファンの目線の偏りの根源は、プロ野球に対するファン目線が、高校野球に引きずられていることにあるとみている。高校野球について投手中心な目線ができるのは、トーナメント制のもと「負けない」チーム作りを志向し、失点防御力を重視するからだろう。それに、良し悪しは別にして、事実として高校野球ではエースの登板頻度が高い。前述のとおり、1試合単位でみれば、エースが好投してくれた試合において、投手の貢献度は他のどの野手よりも高いのだ（前掲図表13‐4②）。

高校野球は今日に至るまで、第一話で述べた送りバントを含め、ロースコア勝負を前提とした作戦行動が必要以上に目立つ気がする。しかしながら、高校野球の得点水準は着実に高まっており、もっと攻撃側に目線をシフトさせてよいのではないかと思われる。

第十四話　球界の不滅の記録はなぜ不滅なのか？

「記録は破られるためにある」ともいわれるとおり、長年競技を続けていると、大概どんな記録でも塗り替えられる日がやってくる。けれど、これまでみてきたとおり、長い歴史の中で野球の質が変化する中、もはや塗り替えることが困難な記録がいくつか存在する。発展を続けているのに不滅の記録が現れるのは対戦型競技ならではの現象であり、百年を超える歴史の中で信じられないほど投打バランスや戦法が変革を遂げてきた帰結といえよう。

ＭＬＢの公式サイトには、ＭＬＢの不滅の記録17選が掲載されており、以下、この「17選」をベースに、日米の不滅の記録についてみていこう。

打撃に関する記録

まず、打者の安打数などに関しては、次の記録が不滅とされる。第七話で述べたとおり、Ｍ

ＬＢでは１９２０～４０年代初にかけて打高投低に振れ（「生けるボール」時代）、安打数に関する記録の大半はこの時代の名打者たちとイチロー選手で占められている。

①ジョー・ディマジオ選手（ヤンキース）の56試合連続安打（１９４１年）
②イチロー選手（マリナーズ）のシーズン２６２安打（２００４年）
③ピート・ローズ選手（レッズなど）の通算１万５８９０打席・４２５６安打[43]

①～③のうち、最もピンときにくいのが連続試合安打記録なのではなかろうか。ここで、１９４１年のディマジオ選手の打撃成績に基づき、コンピュータに10万試合を戦わせ、連続試合安打をどの程度記録できるか試算してみよう。この年のディマジオ選手は、シーズン全体の打率が・３５７であったが、５月中旬から８月初までが絶好調（56試合連続安打は５月15日から７月16日まで。さらに記録が途切れた次の試合から８月２日まで18試合連続安打を記録）で、この間の打率は・４０８であった。打率・３５７を前提に試算すると、連続試合安打は最長でも42試合にとどまるが、打率・４０８を前提に試算すると、10万試合のうちに

43　ただし、日米通算ではイチロー選手はローズ選手を上回る４３６７安打を記録している。

56試合以上の連続試合安打を６回達成するとの結果が得られた。つまり、56試合連続安打という記録は、２か月以上の期間にわたり打率４割を維持できる打者を15～20人くらい[44]集めてようやく誰か１人が到達できるかどうか、という難易度だということが分かる。因みに、日本記録である１９７９年の高橋慶彦選手（広島。33試合連続安打）に関しては、守備中の故障によって記録が途絶えてしまったのが惜しまれる。たらればを言っても仕方ないのだが、もし記録達成期間中（６月６日から７月31日まで）の打率・４１０がもっと長続きしていたならば、打撃力の高いチームの一番打者として打席数が多かったこともあり、試算上、10万試合中最長で77試合連続安打を達成していた「はず」である。たられば話のついでに言えば、２０１５年の秋山翔吾選手（西武）の連続試合安打が31で途切れたのは「32試合目」の最終打席で四球を選んだからである。もしあえてファウルで粘っていたらどうなっていただろうか。

打者優位な「生けるボール」時代においては、安打数だけでなく、得点数・打点数に関する記録も生まれやすかった。

４４　各打者のシーズン中の打数を５００～６００程度とすると、のべ10万試合は、概ね15～20人／シーズンに相当すると計算した。

④ハック・ウィルソン選手（カブス）のシーズン191打点（1930年）

⑤ベーブ・ルース選手（ヤンキース）のシーズン177得点（1921年）

NPBの打点・得点記録は1950年の小鶴誠選手（松竹）の161打点・143得点であり、こちらも塗り替え困難な記録といって良い。NPBでは1950年代半ばから投高打低の時代に入るが、ジュン・イシイ社製の飛びやすいボールを使用していた1948〜50年に限っては、かなりの打者優位であった。

一方、投高打低の「死せるボール」時代ならではの記録もある。

⑥チーフ・ウィルソン選手（パイレーツ）のシーズン36三塁打（1912年）

本書では再三、日米とも、打者のフィジカル向上に伴い長打力が高まったことを述べたが、長打力の向上を決定づけているのは本塁打数の著増であり、三塁打数は減少している（図表14-1［イ］）。また、ランニングホームランも減少しており（図表14-1［ロ］）、19世紀のジェシー・バーケット選手（スパイダーズ、カージナルスなど）の打ち立てた通算記録（55本）を超えることはまず不可能だろう（NPB記録は、判明している限り、1950年代の木塚忠助

（図表14-1）1試合あたり長打数の推移

［イ］1試合あたり本塁打数・三塁打数・二塁打数の推移

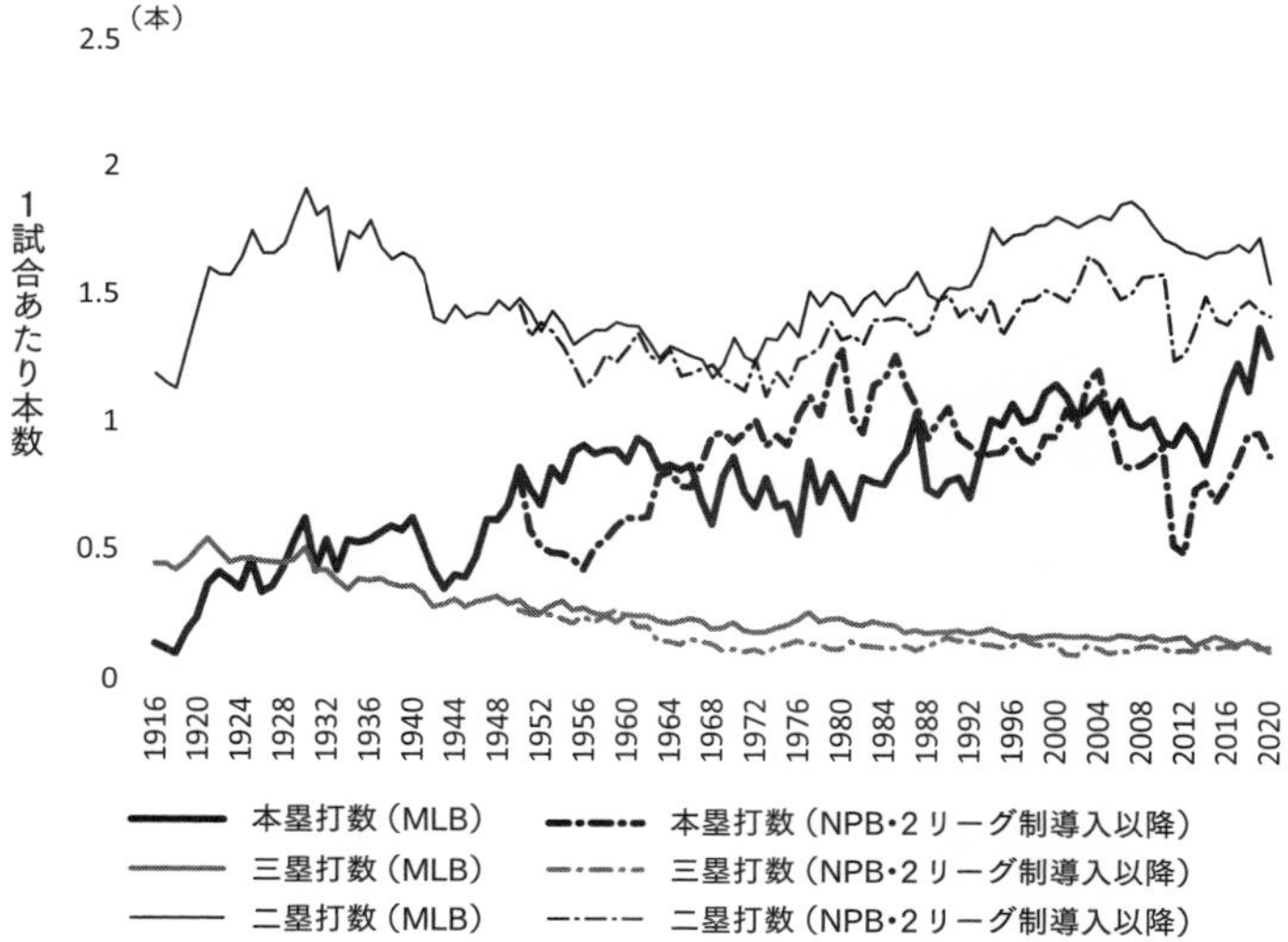

［ロ］MLBにおける1試合あたりランニングホームラン数の推移

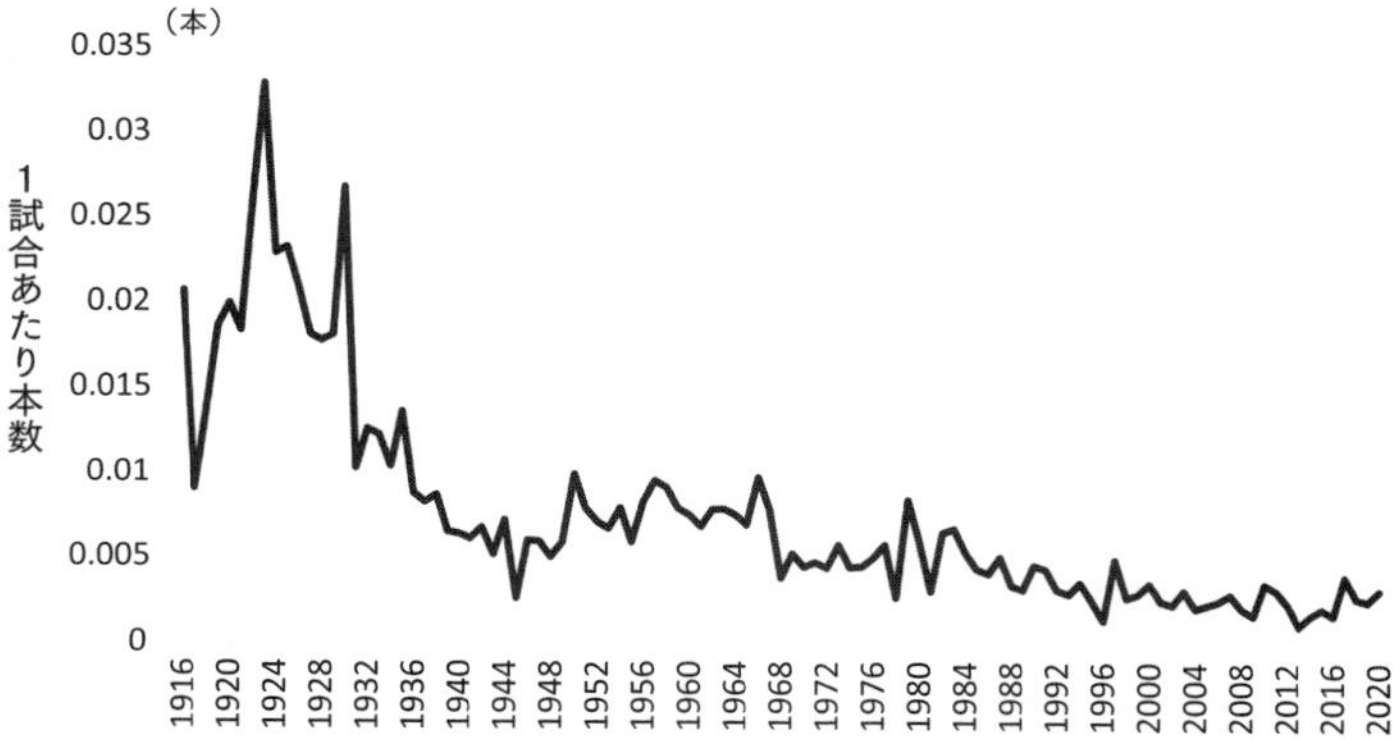

（出所）日本プロ野球記録、Baseball-Referenceの公表データに基づき筆者作成

選手［南海、近鉄］と杉山悟選手［中日など］の5本）。これらの背景を推測すると、当時は現代と比べ、打球があまり伸びないことを前提として、外野手が前方で守っていたのではなかろうか。そのため、外野手の間を抜けた打球が三塁打やランニングホームランになりやすかったと想像される。

また、第四話で述べたとおり、野球の歴史の中で最も顕著に高まっている指標が三振率であり、現代野球において、往年のような三振数の少なさを再現することは難しい。

⑦ジョー・シーウェル選手（ヤンキース）のシーズン3三振（1932年、576打席）

NPBでも、規定打席以上の出場でありながら、1951年に記録されたシーズン6三振（川上哲治選手［読売・424打席］。酒沢成治選手［大映・387打席］）より少ない三振数でシーズンを終えることはまず無理だろう。

最後に打者のフィジカルが向上している中、にわかに「不滅」認定し難い長打力関連でも、2つが選定されている。

⑧ハンク・アーロン選手（ブレーブス・ブルワーズ）の通算6856塁打

⑨バリー・ボンズ選手（ジャイアンツ）のシーズン232四球（2004年）

アーロン選手の活躍した1950～70年代は特にリーグ全体として打者優位だったわけではなく、アーロン選手の打撃成績は安打数や長打率など全般にわたって飛び抜けていた。そのアーロン選手の通算本塁打数はボンズ選手に塗り替えられたわけだが、ボンズ選手でも到達できなかった通算868本塁打という王貞治選手（読売）の記録は不倒だろう。王選手は四球数も多かった。シーズン158四球（1974年）、通算2390四球は今なお破られていない。ボンズ選手、王選手に共通する四球数の多さは、傑出した強打者ならではの記録といってよさそうだ。

走塁に関する記録

⑩リッキー・ヘンダーソン選手（アスレチックスなど）の通算1406盗塁、シーズン130盗塁（1982年）

⑪ジョディ・デービス選手（カブス）のシーズン89盗塁刺（1986年）

日米ともに1970~80年代の盗塁数の記録が不滅のものとなっている。NPBでも福本豊選手（阪急）の通算1065盗塁、シーズン106盗塁（1972年）という記録を追い抜ける選手はまず現れないだろう。また、どうにも興味をそそられるのはデービス選手の89盗塁刺という記録であり、現代野球の感覚からいうと、それほど刺すのが巧い捕手を相手になぜ果敢に盗塁を仕掛けるのか、と思えてしまう。[45]

ここでリーグ全体の盗塁企画数・盗塁成功率の推移をみると、日米ともに盗塁成功率が高まっている半面、盗塁企画数がやや減少傾向にあることが分かる（図表14－2）。このことは、近年、盗塁数自体よりも盗塁成功率の高さを重視し、盗塁の企画を成功できそうな機会に絞り込む傾向が強まっていることを示唆している。1986年のデービス選手は89盗塁刺を記録した一方、98盗塁を許しており、要するに当時は今より盗塁企画数が多かったのだ。近年の研究も盗塁成功率を重視する考え方を支持している。セイバーメトリクスによると、第一話のコラムでも紹介したとおり、盗塁成功による得点価値が＋0・20なのに対し、失敗の損失は▲0・40が目安であり（蛭川皓平［2019年］）、盗塁による得点貢献を目指すうえでは約3分の2

45　ただし、戦前まで遡ると、1895年のディーコン・マグワイア選手（セネタース）の189刺殺など、デービス選手を上回る記録がみられる。

（図表14-2）リーグ全体の盗塁企画数と盗塁成功率の推移

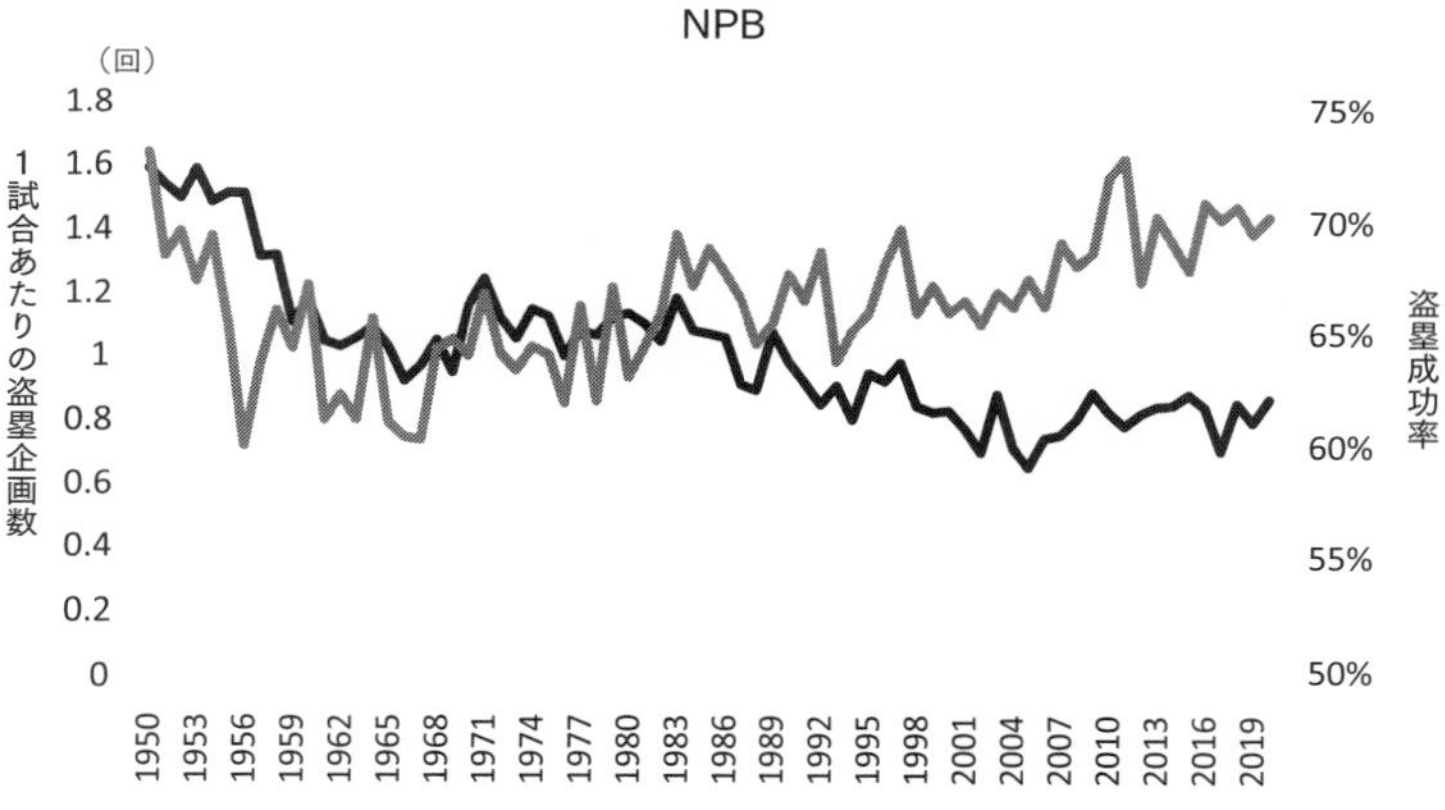

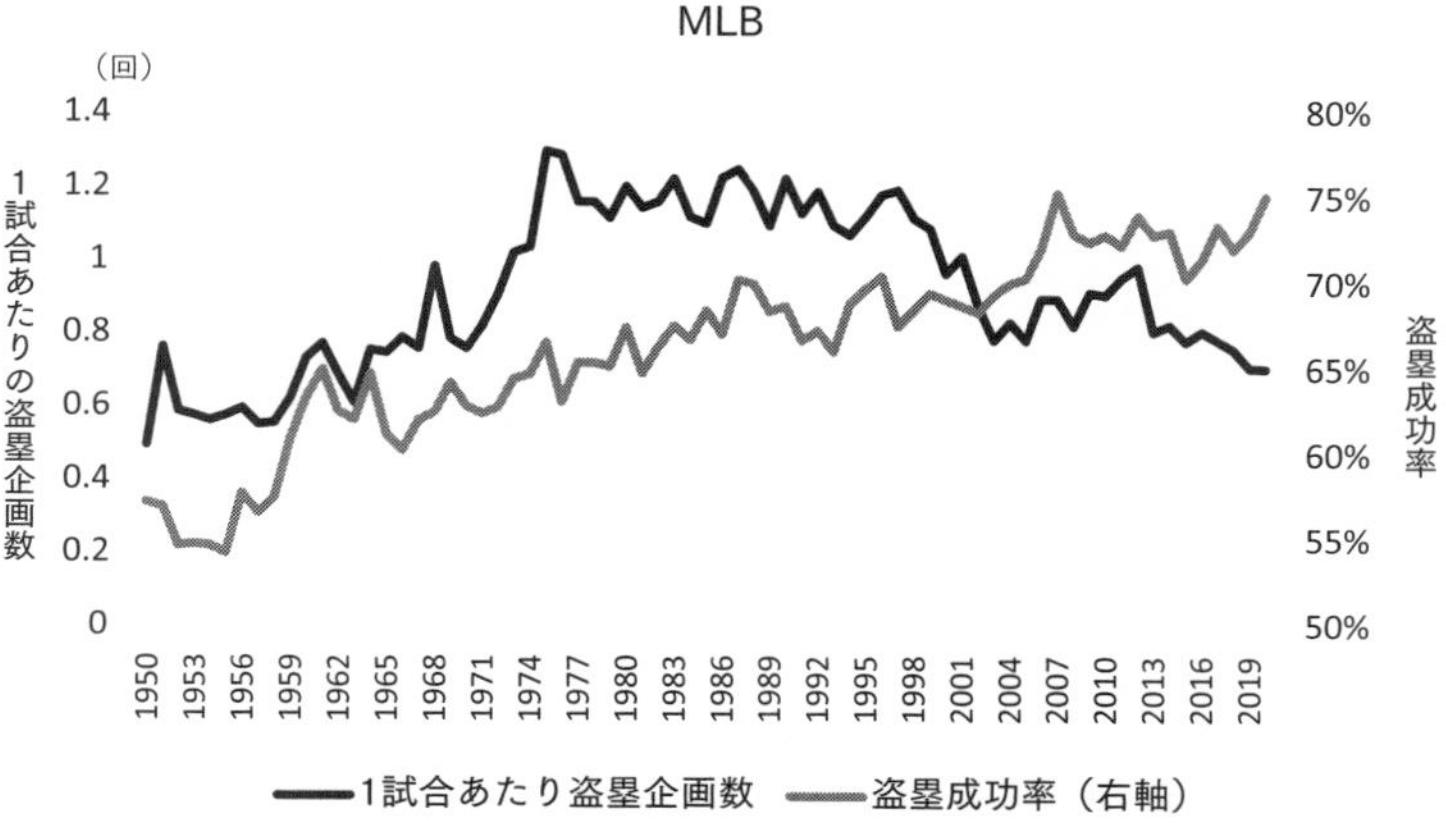

（出所）日本プロ野球記録、Baseball-Referenceの公表データに基づき筆者作成

以上の盗塁成功率が必要とされる。[46]

リーグ全体の盗塁成功率の低い時代にありながら、ヘンダーソン選手や福本選手は8割前後の成功率を誇る。彼らが不倒の記録を残せたのは、盗塁成功率の高い名選手が、当時の躊躇なく盗塁企画する作戦思想のもと、現代野球では考えられないほど積極的に盗塁を仕掛けた結果ではなかろうか。

なお、走者側が盗塁成功率の高さを追求したことの裏腹として、捕手側からみると高い盗塁阻止率を誇ることが一層難しくなっている。年間100試合以上出場した捕手に限ってみると、MLB史上最高の盗塁阻止率はレイ・シャーク選手（ホワイトソックス）の．718であるが、1925年の記録である。こうやってみると徐々に高い盗塁阻止率を残しにくくなる中、．644を達成した1993年・古田敦也選手（ヤクルト）はやっぱりすごい。むろん、これはNPBで盗塁阻止率が記録されるようになった1969年以降の最高成績であり、実はMLBでも1969年以降、これを上回る盗塁阻止率を残した捕手は現れていない（ヤ

46　これに関し、ネット上では、赤星憲広さんの「盗塁は、成功数だけでなく失敗数にも着目して評価して欲しい。具体的にはいくら盗塁が多くても、それが盗塁死の倍と等しいならば価値はゼロ、下回るならば価値はマイナスである」という言説を受けて開発された「赤星式盗塁（盗塁成功数－盗塁失敗数×2）」なる指標が人気を博している（なんJスタジアム）。

ディアー・モリーナ選手［カージナルス］の・641［2005年］が最高）。

投手に関する記録

投手の成績に関しては、投手の分業制が未確立だった時代でしか考えられない記録がある。

⑫サイ・ヤング投手（レッドソックスなど）の通算749完投

NPBでは通算記録に関し、金田正一投手（国鉄、読売）が365完投・400勝という記録を残している（なお、シーズン勝利数の記録は稲尾和久投手［西鉄］の42勝［1961年］）。

また、シーズン奪三振数に関し、不滅の世界記録の持ち主はNPBの江夏豊投手（阪神）であり、1968年に401奪三振というすさまじい成績を残している。この記録も現代野球において更新することはおよそ不可能だろう。

また、打撃関連の不滅の記録と同様、長打力の水準が高くなかった当時ならではの記録もある。

⑬レジー・クリーヴランド選手（レッドソックス）の年間3被本塁打（1976年・投球回数170）

ただ、NPBでは若生忠男投手（西鉄）が1957年に被本塁打ゼロ（投球回数163・3）を達成しているほか、近年でも2008年の岩隈久志投手（楽天）が被本塁打3本（投球回数201・7）、2012年のブライアン・ウルフ投手（日本ハム）が被本塁打2本（投球回数149）を記録するなど、「17選」の中では最も現実感があるか。

リーグ全体の傾向としては、時代が下るにつれ奪三振数が増加していくわけだが、それにしてもノーラン・ライアン投手は偉大だった。

⑭ノーラン・ライアン投手（メッツ、エンゼルス、アストロズ、レンジャーズ）の通算5714奪三振

MLBにおける通算奪三振率（9イニングあたり奪三振数）のランキング上位者は大半が1990年代以降にキャリアを開始した投手であり、「1970年代組」のライアン投手の

通算奪三振率9・55という記録は、当時においてあまりに突出している。[47] しかもこの記録は5386イニングを通じての記録であり、現代においてはこれに匹敵するイニング数を投げること自体が至難の業である。これだけの鉄腕につき、もはや何を聞いても驚かないが、ライアン投手はノーヒット・ノーランの通算達成回数7回という記録保持者でもある（NPB［2リーグ制導入以降］での最多達成回数は外木場義郎投手［広島］の3回）。

それから、打高投低の時代にありながら達成された、ちょっと信じられない記録もある。

⑮ジョニー・ヴァンダー・ミーア投手（レッズ）の2試合連続ノーヒット・ノーラン（1938年6月11、15日）

ノーヒット・ノーランの達成確率は平均0・065％程度なので、[48] それを2試合連続で達成する確率は単純に計算するとおよそ236万分の1（＝0・065％の2乗）であり、これは、

47　2021年シーズンまでを通じ、ダルビッシュ投手はMLBの歴代通算奪三振率ランキング（対象は投球回数が通算1000回以上の投手）で堂々の3位（奪三振率11・07）。

48　全試合のうちノーヒット・ノーラン（継投による無安打無失点試合を含む）が達成された試合数の割合は、1950～2020年のNPBにおいて0・064％、MLBにおいて0・066％。

人が一生の間に隕石等の衝突を受け死亡する確率[49]よりもなお低い。

さて、この手の歴史談義では、どうしても現代野球ならではの救援投手関連の記録が抜け落ちがちだ。けれど、ＭＬＢではマリアノ・リベラ投手（ヤンキース）の通算６５２セーブ、ＮＰＢでは岩瀬仁紀投手（中日）の通算４０７セーブは不到の記録といって良いだろう。同時に、日本のＭＬＢファンの記憶に焼き付いて離れないのが２０１３年レッドソックス世界一の原動力となった上原浩治投手の快投ぶりであり、９イニングあたりの奪三振数12・23に対し与四球数はたったの１・09であった。

以上で紹介した走攻守の記録のほか、次の記録も「不滅」認定されている。

⑯カル・リプケン・ジュニア選手（オリオールズ）の２６３２試合連続出場
⑰ロン・ハント選手（エクスポズ）のシーズン50死球（１９７１年）

連続試合出場記録に関しては、ＮＰＢでは鉄人・衣笠祥雄選手（広島）の２２１５試合が不滅の記録となっている。

49　アメリカのテュレーン大学のスティーブン・Ａ・ネルソン教授によるとおよそ１６０万分の1だという（ナショナル・ジオグラフィック）。

三振や長打の増加など、野球の質が変化する中、強いて今と昔のスター選手を比較すると何がみえてくるか

長い球史の中での野球の質の変化について改めて振り返ると、第四話で述べたとおり、日米ともに三振が増加するとともに、三振以外の打席に占める安打の割合が高まっている。また、打者のフィジカルの向上に伴い、ＭＬＢでは趨勢的に長打の割合が高まっている。他方、ＮＰＢでは１９８０年代まで長打が増加したものの、その後は広い球場への移転（第六話コラム❺参照）等により一方的な長打の増加トレンドに歯止めがかかっている。

こうした変化は連続的に生じているものなので、時折長年の野球ファンの間で盛り上がる、現代と過去のスター選手との比較談義ではなかなか意識されにくい。むろん、時代を超えたスター選手の比較など、どだい不可能なのだがここは読み物として、往年のスター選手たちの成績を、三振や長打力の水準が現代野球並みであったならば、という仮想に基づき「補正」する計算操作を試みた。

「補正」作業のあらましは次のとおりである。打者についてはまず、各年で規定打席に到達した全打者を対象に、①三振率の高さと、②三振以外の打数に占める安打率についての偏差値を

求める。そして、本当は、時代を遡るほど①・②ともリーグ平均値が低くなるのだが、各年の①・②の平均値とバラツキ度合い（分散）が直近5年間（2016～20年）並みであったと仮定し、往年の各選手の①・②の値を偏差値に従い「補正」する。

ただ、この計算操作だけだと、リーグ全体の打撃力水準の底上げが織り込まれていない。むろん、歴史的な打撃力水準の向上度合いを推し量ることは困難なのだが、数少ない手がかりとして、ここでは投手に限っては打撃力がさほど変化していないのではないか、と想定してみた。投手の打率水準は歴史的にみて徐々に切り下がっている（図表14‐3）。1950年代前半の投手の打率2割と現代野球における投手打率1割が概ね同レベルということだとすると、差し引き1割相当分は、投手力のレベルアップの証左——打者が1割相当分、高打率を記録しにくくなった——ということになる。1950年代の打者を現代に連れてきた場合に、果たして全打者の打率が満遍なく1割ずつ低下するのかどうか何ともいえないが、ここではひとまずそのように仮定する。また、長打力の向上についても、安打数に占める長打の割合自体は1980年代後半以降伸び悩んでいるが、それは広い新球場への移転などの要因によるものであってフィジカルの向上が止まったわけではないとみなし、安打数に占める長打の割合は、1980年代後半以降もそれ以前と同様、平均値が年＋0・015％ずつ切り上がっていくものとした。

以上の想定に基づき試算してみると、通算打撃成績は球場の狭かった最後の時代（1970

（図表14-3）投手の打率水準の推移

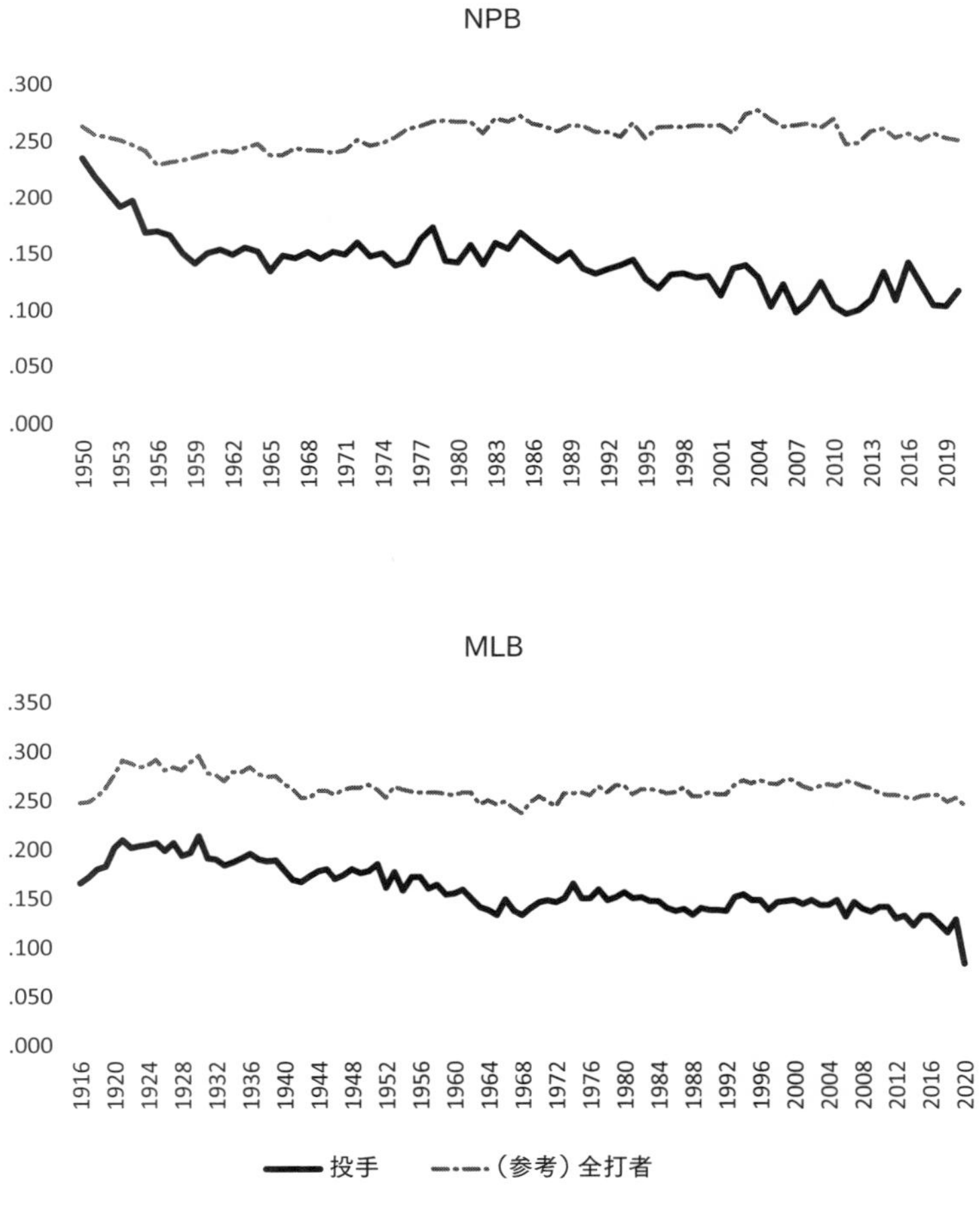

（出所）日本プロ野球記録、Baseball-Reference の公表データに基づき筆者作成

〜80年代）に活躍した選手が軒並み悪化方向に「補正」され、一方、2000年代以降の選手たちが良化方向へと「補正」されている。ただ、歴代本塁打数・安打数ランキングはともに、上位3位までは不変であり、王貞治選手の通算本塁打数は、現実より100本近く少なく算出されるものの、算術上、なおバリー・ボンズ選手の記録（762本塁打）を上回り「世界一」を維持している。歴史的に偉大なスターたちは、こうした計数操作をかけてもなお偉大な成績を残していたことになる（図表14-4）。

投手についても、概ね上記と似た方法により「補正」操作を行ってみた。具体的には、まず、各年で規定投球回数に達した全投手を対象として、①奪三振率と②三振以外の対戦打席に占める被安打率の偏差値を求め、そのうえで、各年の①・②の平均値とバラツキ度合い（分散）が2010年代以降並みであったと仮定し、往年の各選手の①・②の値を偏差値に従い「補正」する。[50] また、被安打数に占める被本塁打数の割合については、平均値が年+0.005%ずつ切り上がっていく（本塁打数が長打数のおよそ3分の1程度であるため）との想定を置いた。

名球会入りした先発投手（MLBに移籍した投手については、NPB在籍時代の成績に限って集計）について試算結果をみると、「補正」後の防御率が歴代最高の投手は村山実投手（阪

50　打者と比べ長めの年数をとって計測したのは、近年、規定投球回数に到達した投手数が少ないためである。

（図表14-4）昔の三振や長打力の水準が現代野球並みであったとの仮想に基づき「補正」したときの往年のスター打者の成績（試算）

［イ］歴代通算安打数ランキング（2リーグ制導入以降）

	年代	実際の通算安打数		「補正後」の通算安打数	
張本　勲	1959-1981	1位	3,085	1位 →	2,798.3
野村　克也	1954-1980	2位	2,901	2位 →	2,631.0
王　貞治	1959-1980	3位	2,786	3位 →	2,499.6
門田　博光	1970-1992	4位	2,566	8位 ↓	2,223.4
衣笠　祥雄	1965-1987	5位	2,543	11位 ↓	2,186.3
福本　豊	1969-1988	5位	2,543	10位 ↓	2,196.3
金本　知憲	1992-2012	7位	2,539	4位 ↑	2,458.3
立浪　和義	1988-2009	8位	2,480	5位 ↑	2,320.6
長嶋　茂雄	1958-1974	9位	2,471	7位 ↑	2,279.8
土井　正博	1961-1981	10位	2,452	9位 ↑	2,215.0
石井　琢朗	1989-2012	11位	2,432	6位 ↑	2,302.7
落合　博満	1979-1998	12位	2,371	17位 ↓	2,108.0
山本　浩二	1969-1986	14位	2,339	26位 ↓	2,022.6
榎本　喜八	1955-1972	15位	2,314	16位 ↓	2,117.7
高木　守道	1960-1980	16位	2,274	21位 ↓	2,067.3
山内　一弘	1952-1970	17位	2,271	31位 ↓	2,002.3
大杉　勝男	1965-1983	18位	2,228	35位 ↓	1,952.1
大島　康徳	1969-1994	19位	2,204	43位 ↓	1,879.1
新井　貴浩	1999-2018	20位	2,203	12位 ↑	2,183.3
若松　勉	1971-1989	21位	2,173	39位 ↓	1,908.1
内川　聖一	2001-	22位	2,171	13位 ↑	2,179.5
稲葉　篤紀	1995-2014	23位	2,167	14位 ↑	2,143.6
広瀬　叔功	1955-1977	24位	2,157	30位 ↓	2,004.3
秋山　幸二	1981-2002	24位	2,157	36位 ↓	1,942.6
宮本　慎也	1995-2013	26位	2,133	19位 ↑	2,083.7
阿部　慎之助	2001-2019	27位	2,132	15位 ↑	2,121.8
清原　和博	1986-2008	28位	2,122	37位 ↓	1,941.6
小笠原　道大	1997-2015	29位	2,120	20位 ↑	2,070.6
前田　智徳	1990-2013	30位	2,119	32位 ↓	2,002.2

［ロ］歴代通算本塁打数（2リーグ制導入以降）

	年代	実際の通算本塁打数		「補正後」の通算本塁打数	
王　貞治	1959-1980	1位	868	1位 →	777.7
野村　克也	1954-1980	2位	657	2位 →	597.0
門田　博光	1970-1992	3位	567	3位 →	487.8
山本　浩二	1969-1986	4位	536	6位 ↓	459.5
清原　和博	1986-2008	5位	525	4位 ↑	480.2
落合　博満	1979-1998	6位	510	8位 ↓	449.4
張本　勲	1959-1981	7位	504	7位 →	457.2
衣笠　祥雄	1965-1987	7位	504	11位 ↓	431.5
大杉　勝男	1965-1983	9位	486	12位 ↓	426.4
金本　知憲	1992-2012	10位	476	5位 ↑	459.5
田淵　幸一	1969-1984	11位	474	14位 ↓	411.1
土井　正博	1961-1981	12位	465	13位 ↓	419.8
T.ローズ	1996-2009	13位	464	9位 ↑	443.9
長嶋　茂雄	1958-1974	14位	444	15位 ↓	408.0
秋山　幸二	1981-2002	15位	437	21位 ↓	386.0
中村　剛也	2002-	16位	424	10位 ↑	433.6
小久保　裕紀	1994-2012	17位	413	17位 →	399.4
阿部　慎之助	2001-2019	18位	406	16位 ↑	405.1
中村　紀洋	1992-2014	19位	404	20位 ↓	386.5
山﨑　武司	1987-2014	20位	403	19位 ↑	392.7
山内　一弘	1952-1970	21位	396	18位 ↑	396.0
大島　康徳	1969-1994	22位	382	30位 ↓	322.1
原　辰徳	1981-1995	22位	382	29位 ↓	331.8
A.ラミレス	2001-2013	24位	380	22位 ↑	376.9
小笠原　道大	1997-2015	25位	378	23位 ↑	368.3
江藤　慎一	1959-1976	26位	367	28位 ↓	337.2
江藤　智	1989-2009	27位	364	26位 ↑	342.6
村田　修一	2003-2017	28位	360	24位 ↑	356.5
A.カブレラ	2001-2012	29位	357	25位 ↑	346.5
松中　信彦	1997-2015	30位	352	27位 ↑	341.0

(注)［イ］・［ロ］のランキング上位者の「補正後」の通算安打数・本塁打数は、NPBで規定打席に到達したシーズンの「補正後」の数値に、未到達のシーズンの実際の成績を足し上げることにより算出（「補正」操作は規定打席到達者のみを対象に計算している）。

(出所) 日本プロ野球記録の公表データに基づき筆者作成

（図表14-5）昔の三振や長打力の水準が現代野球並みであったとの仮想に基づき「補正」したときの往年のスター投手の成績（試算）

［イ］防御率

	年代	実際の防御率		「補正後」の防御率		
稲尾　和久	1956-1969	1位	1.91	3位	↓	3.00
村山　実	1959-1972	2位	2.03	1位	↑	2.70
皆川　睦男	1954-1971	3位	2.25	10位	↓	3.34
金田　正一	1950-1969	4位	2.29	11位	↓	3.59
小山　正明	1953-1973	5位	2.42	6位	↓	3.27
江夏　豊	1967-1984	6位	2.45	2位	↑	2.76
梶本　隆夫	1954-1973	8位	2.91	19位	↓	4.22
米田　哲也	1956-1977	7位	2.90	16位	↓	3.86
鈴木　啓示	1966-1985	9位	2.98	7位	↑	3.28
工藤　公康	1982-2010	10位	3.04	5位	↑	3.24
野茂　英雄	1990-2008	11位	3.09	13位	↓	3.69
村田　兆治	1968-1990	12位	3.10	14位	↓	3.71
山田　久志	1969-1988	13位	3.10	9位	↑	3.30
堀内　恒夫	1966-1983	14位	3.12	17位	↓	4.01
平松　政次	1967-1984	15位	3.18	12位	↑	3.62
山本　昌	1984-2015	16位	3.23	8位	↑	3.29
黒田　博樹	1997-2016	17位	3.33	4位	↑	3.21
東尾　修	1969-1988	18位	3.44	18位	→	4.07
北別府　学	1976-1994	19位	3.49	15位	↑	3.83

神）、被打率の低さについては野茂英雄投手（近鉄）ということになる。

実際の成績指標と比べ、特に著しい投高打低の時代だった１９５０～６０年代に活躍した投手の数字が軒並み悪化方向に、１９７０年代以降の投手について良化方向に「補正」されている。そうした中にあってもなお「補正」後の防御率が上位に残る村山投手や稲尾投手は、かなり傑出した投球の質を誇っていたことを

［ロ］被打率

	年代	実際の被打率		「補正後」の被打率		
江夏　豊	1967-1984	1位	.205	2位	↓	.234
村山　実	1959-1972	2位	.207	4位	↓	.249
金田　正一	1950-1969	3位	.209	11位	↓	.276
野茂　英雄	1990-2008	4位	.212	1位	↑	.225
稲尾　和久	1956-1969	5位	.216	7位	↓	.270
小山　正明	1953-1973	6位	.226	13位	↓	.283
皆川　睦男	1954-1971	7位	.230	15位	↓	.288
工藤　公康	1982-2010	8位	.234	3位	↑	.246
鈴木　啓示	1966-1985	9位	.234	6位	↑	.269
山田　久志	1969-1988	10位	.239	9位	↑	.271
堀内　恒夫	1966-1983	11位	.239	14位	↓	.284
米田　哲也	1956-1977	12位	.239	16位	↓	.293
平松　政次	1967-1984	13位	.240	12位	↑	.277
村田　兆治	1968-1990	14位	.241	8位	↑	.270
梶本　隆夫	1954-1973	15位	.245	19位	↓	.311
山本　昌	1984-2015	16位	.252	10位	↑	.274
黒田　博樹	1997-2016	17位	.261	5位	↑	.261
東尾　修	1969-1988	18位	.265	18位	→	.306
北別府　学	1976-1994	19位	.270	17位	↑	.302

（注）通算200勝以上の投手のNPBで規定投球回数に到達したシーズンの投球成績について集計。
（出所）日本プロ野球記録の公表データに基づき筆者作成

再確認できる（図表14-5）。

これらの試算結果をみると、全体的に時代が下るほど実際の成績より上位に「補正」されている。チーム単位の投打成績についてみても、V9時代（1965～73年）の読売、1982～94年の西武、2014～20年のソフトバンクを比べると、「補正」後の成績は現代のソフトバンクが最強となる（図表14-6）。

（図表14-6）昔の三振や長打力の水準が現代野球並みであったとの仮想に基づき「補正」したときの、黄金時代を築いたチームの投打成績（試算）

①打撃成績

	打率		シーズン平均本塁打数	
	実際	「補正後」	実際	「補正後」
読売（V9時代）	.272	.251	129.4	118.6
西武（1982～94年）	.272	.237	146.8	127.3
ソフトバンク（2014～20年）	.268	.268	133.9	135.3

②投手成績

	防御率	
	実際	「補正後」
読売（V9時代）	2.68	3.48
西武（1982～94年）	3.26	3.51
ソフトバンク（2014～20年）	3.09	3.28

（出所）日本プロ野球記録の公表データに基づき筆者作成

今回の試算はあくまで大胆過ぎる試みに過ぎないのだが、ある程度の雰囲気は示せているように思う。要するに、昔のスター選手は今の時代にいてもやはりスターだった可能性が高いこと、けれど現代野球の方が投打ともにレベルアップしていて、少なくとも同程度の成績値であれば今の選手の方がより優れていることを導けたのではなかろうか。

第十五話　「二刀流」など、野球における新たなチャレンジを語ろう

第十四話では投打バランスやプレースタイルの変化に伴う「不滅」の記録について語ったが、野球の変化は現在進行形である。今度は、記録や成績指標のあり方を含め、今まで誰もが信じ込んできた常識を打ち破るような挑戦について紹介したい。ここでは①先発投手という制度を崩すかもしれない「オープナー」（救援投手の先発起用）の取り組み、②守備位置の概念を変容させるかもしれない守備シフト、③審判のロボット化の可能性、そして④投手と野手とは別物という常識を覆す「二刀流」の衝撃についてとり上げる。

①「オープナー」（救援投手の先発起用）の取り組み

ＭＬＢでは、ここ数年、レイズなど一部のチームで、（１）救援投手を先発させ２回までな

（図表15-1）NPB・MLBにおける イニング別平均得点数（2016〜2020年）

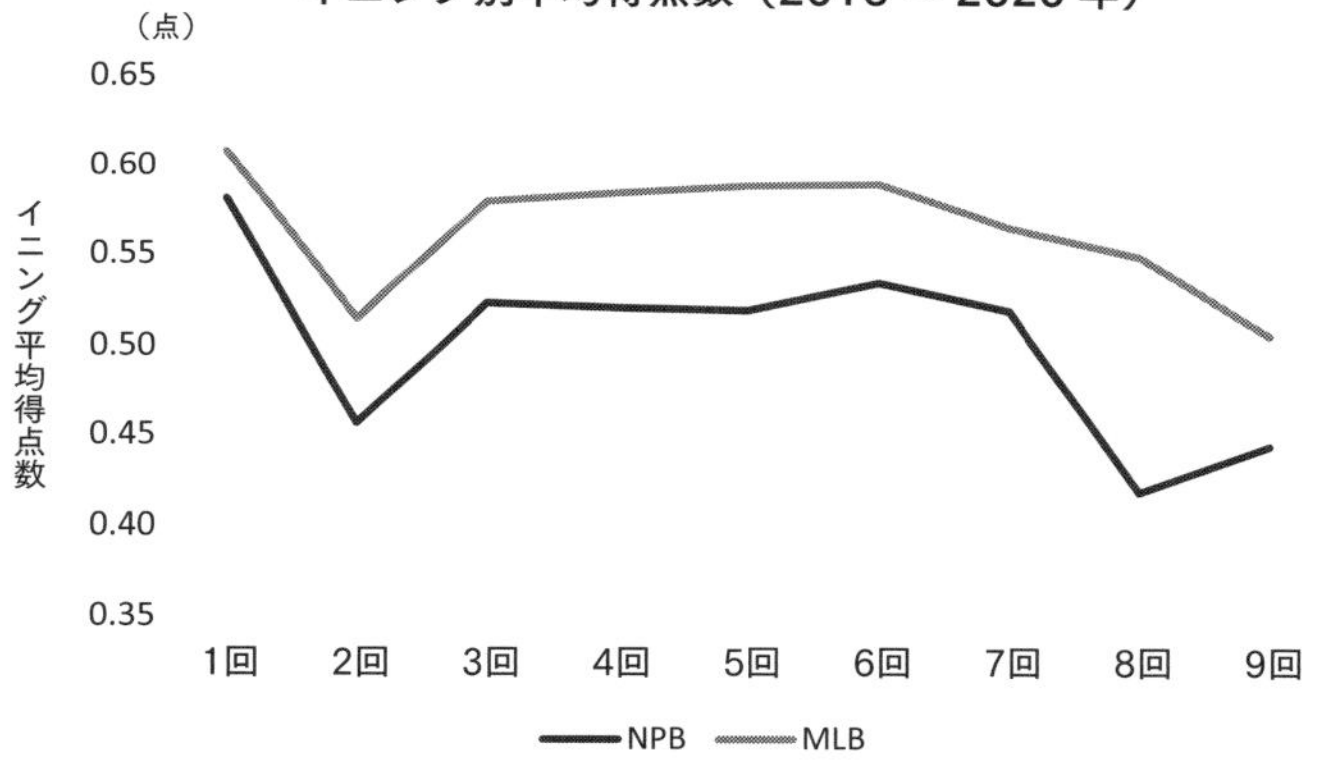

（出所）日本プロ野球機構（NPB公式サイト）、Baseball-Referenceの公表データに基づき筆者作成

いし打者9人までの対戦で降板し、（2）マウンドを譲り受けた本来の先発投手が4回以上ないし18人以上の打者と対戦する「オープナー」という起用法がみられる。[51] NPBでも日本ハムの栗山英樹監督が時折採用していたが、その内実はレイズ流のそれとは異なり、先発投手のローテーションの谷間に救援投手だけでつないでいく「ブルペンデー」というべきだ。

　オープナーの導入意義は、第二話でみたように強打者を上位打線に配置する打順運用が一般化する中で、必ず上位打線と対峙する初回の失点リスクを抑制することに狙いがある。実際、NPB・MLBにおける

51　MLB.comのトム・タンゴ氏の定義による。

イニング別の得点期待値をみると、必ず上位打線から始まる初回が最も多いため、守備側にとって初回の失点リスクを抑制できるとかなり有利になる（図表15‐1）。また、第五話で触れたとおり、投手の失点リスクは、試合中での対戦回数が増えるごとに高まる傾向がある中、オープナーを使うと、中盤にかけての上位打線の二巡目が「本来の先発投手」との初対戦となる点にもメリットがある。

確かに、本書版得点数推計モデルにより試算すると、オープナーを使うと、通常の投手運用をした場合と比べ、特にローテーションの下位、例えば先発四番手の登板試合では初回の失点数を▲0・28点抑制し、試合全体でも▲0・06点少なくできる可能性がある。ただ、優れた救援投手を初回に充てることの裏腹として7回以降の失点数は＋0・22点増加するため、僅差で競った試合展開で終盤に至った場合、不利になるおそれがある。[52] 終盤での失点リスクは直ちに試合を決定づける可能性が高いだけに、これはオープナー制の無視できない欠点と言える。ただし、クローザーを初回に回してもなお終盤に繰り出せる救援投手陣が充実している場合な

52　試算ではＮＰＢ先発・救援投手（２０００～２０年）の防御率の分布に基づき、先発一～六番手、救援一～六番手の防御率を仮定、その上で「通常の運用」は先発投手が1回から6回までを投げ、7回は三番手の救援投手、8回は二番手の救援投手、9回は一番手の救援投手が登板すると想定。「オープナー採用」時は、一番手の救援投手が1回を投げ、元の先発投手が2回から7回まで、8回は三番手の救援投手、9回は二番手の救援投手が登板すると想定。

（図表 15-2）チームの登板投手の固定度合いと防御率との関係（2010 ～ 20 年）

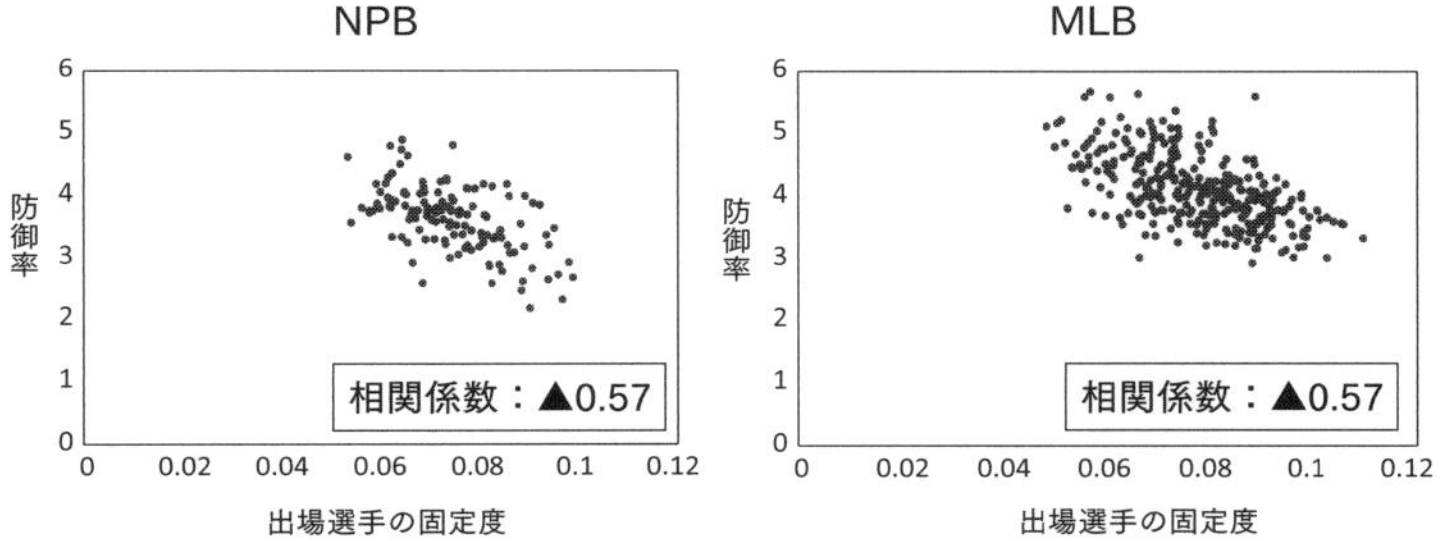

（注）「出場選手の固定度」は、各チームのシーズン全体の総投球イニング数に対し各投手の占める割合を２乗して合計した値（寡占度の測定によく用いられる「ハーフィンダール指数」）。
（出所）日本プロ野球機構（NPB 公式サイト）、Baseball-Reference の公表データに基づき筆者作成

どには、話が違ってくるかもしれない。

なお、機動的な投手交代を図り、上位打線に好投手をぶつける、というオープナーの発想をさらに突き詰めていけば、先発投手、救援投手という概念自体を相対化し、各試合とも短いイニングずつで継投していくアイデアに行き当たる。ただ、長丁場のリーグ戦では、たとえ短いイニングでつないでいくとはいえ、相当な投手数を要することになろう。また、一つの事実を挙げるならば、ＮＰＢ・ＭＬＢとも現実には、投球イニングを多くの投手に分散させているチームよりも、信頼できる投手に多くのイニングを任せる運用をとっているチームの方が、どちらかというと失点を制御できている傾向がある（図表15‐2）。

このように、直ちにオープナーが普及するとは思いにくいが、投手の分業化は長い野球の歴史の中で静かに進んできた革命であり、現在が終着地だという保証はない。今後も様々な試行錯誤が続き、やがて誰もが認める成功例が現れた場合、「勝利数」「ホールド／セーブ数」といった投手タイトルの見直しが迫られる可能性がでてくるかもしれない。

②極端な守備シフト

特にＭＬＢでは２０１０年代以降、各対戦打者の特徴を踏まえ、野手陣を全体として、通常の守備位置から大きく右側ないし左側に配置させる運用が広まっている。ＮＰＢでも１９６４年頃、広島・白石勝巳監督が、引っ張る打球の多い（いわゆる「プル・ヒッター」）王貞治選手（読売）との対戦時に野手陣を全体的に右側に配置する「王シフト」を採用したが、このところＭＬＢでは大胆な守備シフトが増えている。どうやら昨今のＭＬＢではおよそ3割程度の守備機会で守備シフトを組んでおり、特に左打者との対戦機会では守備シフトがとられる頻度が5割前後に上るようだ。右打者との対戦時に守備シフトの頻度が下がるのは、右のプル・ヒッターとの対戦時には、内野ゴロの可能性を考えると一塁手を一塁ベースから大きく左側に配置することが難しいからだろう。なお、プル・ヒッターには強打者タイプが多く、センター返しや反対方向への打球も多い打者には高打率タイプが多いようだ（図表15‐3［イ］）。

ごく素人的には、「王シフト」のような極端な右寄りの守備シフトをとられたならば、反対方向に打球を飛ばせば良いではないか、と考えがちであり、実際、王選手は広島との試合で一度三塁方向にバントし二塁打となったことがある。ただ、当時の白石監督の真の狙いがそうであったといわれるとおり、プル・ヒッターが急に反対方向を狙い始めると打撃フォームを崩し、不振に陥ってしまうおそれがある。ＭＬＢでは２０１０年代後半以降、極端な守備シフトの採用ケースの増加にかかわらず、打球の方向に偏りのある打者の割合にはほとんど変化がみられない（図表15‐３［ロ］）。また、この間、守備シフトのおかげでプル・ヒッターの打撃成績が目立って低下した様子も観察されない（前掲図表15‐３［イ］）。

守備シフトにかかわらず打者のプレースタイルも成績も著変なしなのだとすると、今度は守備シフトを敷くことの効用がどの程度あるのか、という疑問を持ってしまうが、この作戦には、プル・ヒッターによる得点創出を抑える以外にも、「流し打ちされた場合には仕方ない」といった割り切りを通じ、野手の守備負担の軽減に資する効果も考えられる。こうした「割り切り」ができれば、守備範囲の狭い強打者を起用しやすくなり、得点力向上につながる可能性がある。

アメリカでは、マイナーリーグ（ＡＡ）で守備シフトに制限をかけるルール変更を行うなど、

（図表 15-3）MLB におけるプルヒッターの特徴・全選手数に占める割合

［イ］プルヒッター、センター返しや反対方向の打球の多い打者の特徴

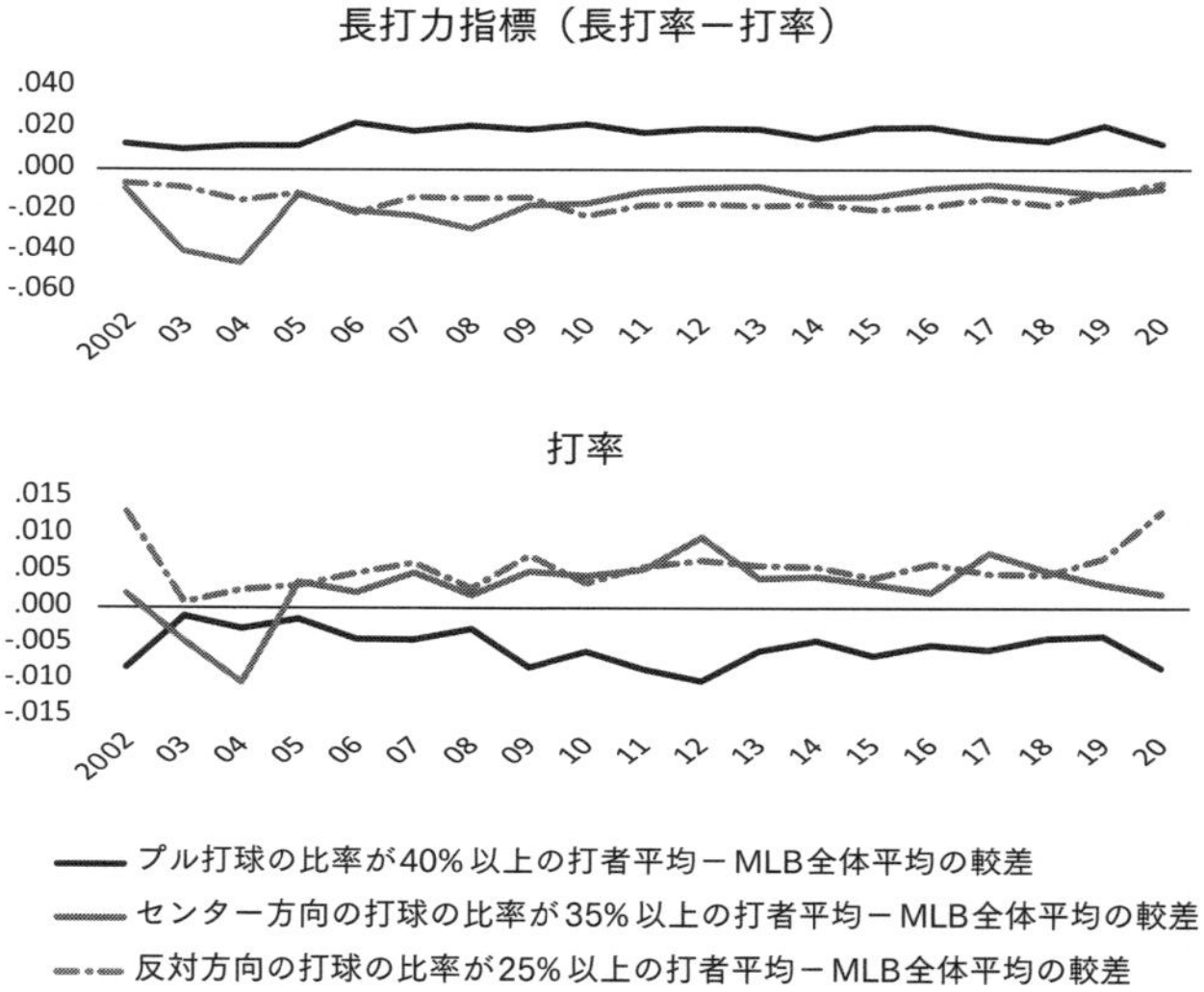

［ロ］全打者に占めるプル・ヒッターの割合

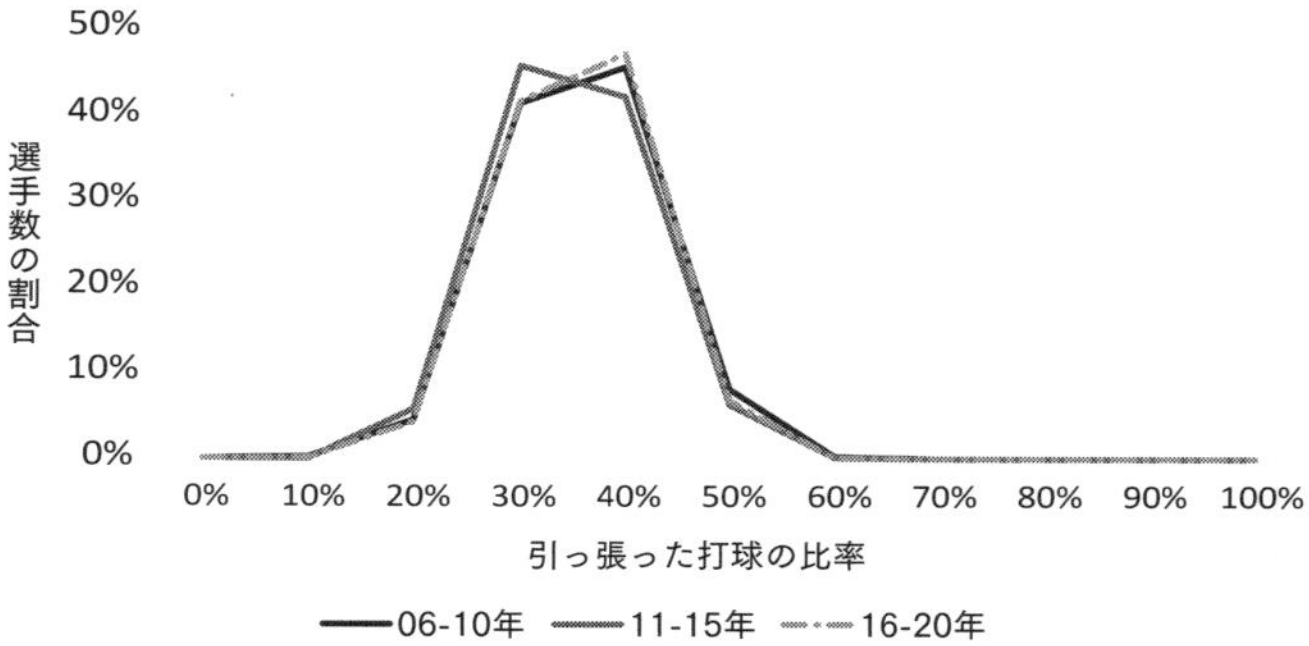

（出所）FanGraphs の公表データに基づき筆者作成

極端な守備シフトの是非が検討され始めている。先行きのルール対応は見通し難いが、もしこのまま極端な守備シフトが一般化していった場合、守備位置の概念の変質につながる可能性が高いだけに、注視していきたい。

③審判のロボット化

第六話で触れたとおり、野球には客観的に判定可能なプレーが多いだけに、人工知能（ＡＩ）の発達に伴い「審判のロボット化」が取り沙汰されやすい。実際、２０１９年には、ＭＬＢ機構と審判員協会との間で、ボール、ストライクを自動判定するシステムの開発・テスト実施について、協力的に取り組むことで合意した。また、２０２１年にはマイナーリーグでロボット審判が試行的にとり入れられた。

現時点においてはロボットの判定能力に懐疑的な見方が多く、直ちにＡＩ判定化が加速するわけではなさそうだ。ただ、筆者自身は、一瞬のプレーに対する判定の正確性には、もとより人間の認知能力に限界がある中、ビデオカメラの台数や画質の向上に伴い、審判の判定過誤の「見える化」が進んでしまった以上、将来的な「ロボット化」は不可避的とみている。

ＭＬＢでは２０１４年から、ＮＰＢでも２０１８年から一部のプレーに関し、審判に対するビデオ判定の要求が認められるようになった。NPBではビデオ判定の要求があったプレーのうち、3割前後のケースで判定が変更されている。MLBでは、NPBと概ね同じルールながら、各球場へのビデオカメラ増設もあってか判定の変更率が5割前後に上っている。変更率の差はNPBの審判団の優秀性の現れなのかもしれないが、少しいじわるな見方をすれば、NPBもカメラの設置台数を増やせば、さらに多くの判定変更を余儀なくされるかもしれない。

もし審判のロボット化が進んだ場合、野球のスタイルは大きく変化するだろう。近年、MLBでは、捕手の捕球の仕方により、審判によりストライクを宣告させやすくする「フレーミング」技術が重視されているし、審判ごとの微妙な判定の違いも醍醐味だったりする。もし審判がロボット化されれば、こうした人間臭い要素が失われるだろうが、今度はロボットに有利な認識をさせるテクニックが開発される時代が到来するのだろうか。

④ベーブ・ルース以来といわれる大谷選手の衝撃

最後に、ある意味「投げて打って」という野球の原点への回帰ともいえるのだが、専業化が進むプロ野球の世界において現実とは思えないような衝撃について語ろう。大谷翔平選手（エンゼルス）の投打「二刀流」へのチャレンジである。

日本の野球ファンにとってまず驚かされるのは、大谷選手の長打力の高さだろう。近年の研究によると――既に散々報道で紹介されているとおりなのだが――、長打になりやすい打球の初速と角度の組み合わせがあり、例えば打球速度が158キロの場合、26～30度の角度がつくと最も打率や長打率が高くなるといわれている（この打球速度・角度の組み合わせを「バレルゾーン」といい、打球速度が速くなるほどバレルゾーンとなる角度の範囲は広くなる）。2021年の大谷選手は、打球速度・打球角度ともに良化し、バレルゾーンの打球の比率（バレル率）は2021年においてMLB随一となっている（図表15‐4）。

大谷選手の偉業は、よくベーブ・ルース選手と比べられるが、ルース選手も本格的な「二刀流」だった1918年・19年の2年間をみると、長打力の高さが最も傑出していた。投手として13勝7敗・防御率2・22をあげた1918年については、投手成績の方が傑出しているようにみえるが、投高打低の「死せるボール」時代にあった中、実は本塁打11本でも本塁打王であり、長打力の高さがより輝いていた。

ただ、いうまでもないこととして、大谷選手の歴史に残る希少性は、それだけの大打者が同時に投手であることにある。ルース選手の時代でさえ、ルース「投手」の本塁打数は傑出していたが、投打の分業化・専業化が高度に進んだ現代野球における「二刀流」は当時と比較にならないほど難しくなっている。MLBでシーズン投球回数が20以上の投手のうち最も多く本塁

（図表15-4）MLBにおける「バレル率」等の分布と大谷選手のパフォーマンス

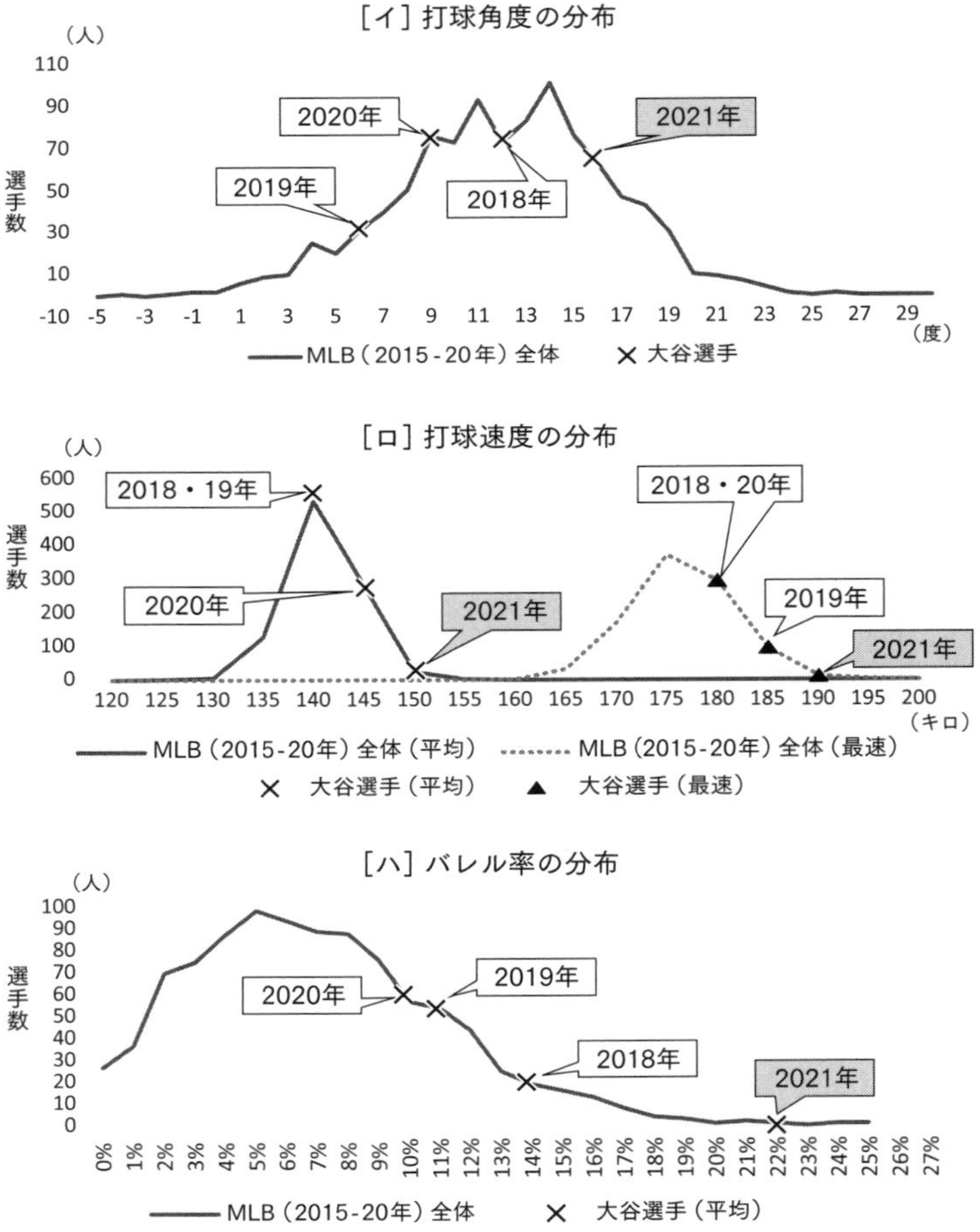

（注）2015～21年の規定打席到達者について集計。
（出所）FanGraphsの公表データに基づき筆者作成

打を打った者の本塁打数の推移をみると、1918〜19年のルース選手が飛びぬけていて、その後、大谷投手の出現まで二桁本塁打を記録した投手は1964年のウィリー・スミス選手（エンゼルス）しかいない（図表15‐5）。いささか蛇足ながらスミス選手はその後南海に移籍し、NPBでも通算2登板・29本塁打を記録している。因みにここで「シーズン投球回数20以上」との絞りをかけた理由は、MLBでは大量点差がついた試合や延長回が長引いた試合で野手をマウンドに上げる「臨時二刀流」がみられるためだ。「投手として起用された野手」は、2010年代以降増加し、2019年には野手の登板数が90（イニング数にして93・3回）に上っている（図表15‐6）。

セイバーメトリクス指標では「二刀流」の選手はどのように評価されるのだろうか。一見、投打ともにそこそこの活躍ができていれば投打合計ではリーグトップクラスの貢献度となるのではないかと考えがちだが、それは違う。第十三話で用いたNPBにおける得点寄与度の分析に即して机上計算すると、打者として上位3％に位置する選手が「二刀流」によって上位1％の野手並みの寄与度をあげようと思うと、投手としても上位6％に入る活躍が必要となる。また、上位1％の投手が打者としても活躍することにより、上位1％の野手並みの寄与度をあげようと思うと、打者としても上位6％に食い込まなくてはならない（図表15‐7）。NPB時代の大谷選手（2016年）の得点寄与度（65・25）は2016〜20年の5シーズンを

（図表15-5）シーズン中に最も多くの本塁打を打った投手の本塁打数の推移

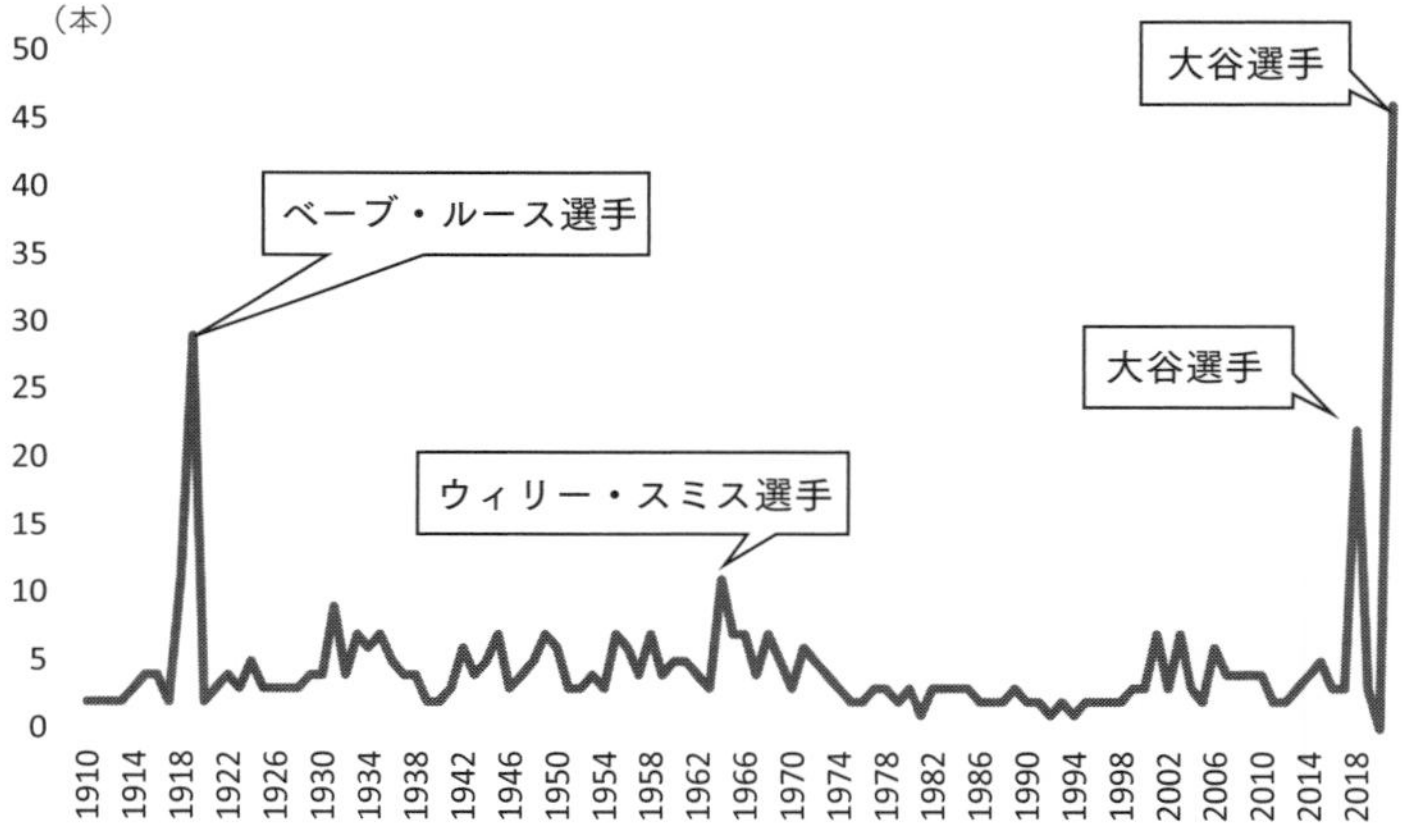

（注）年間20イニング以上を投げた投手について集計。
（出所）Baseball-Referenceの公表データに基づき筆者作成

（図表15-6）野手の投手としての登板（2010～20年）

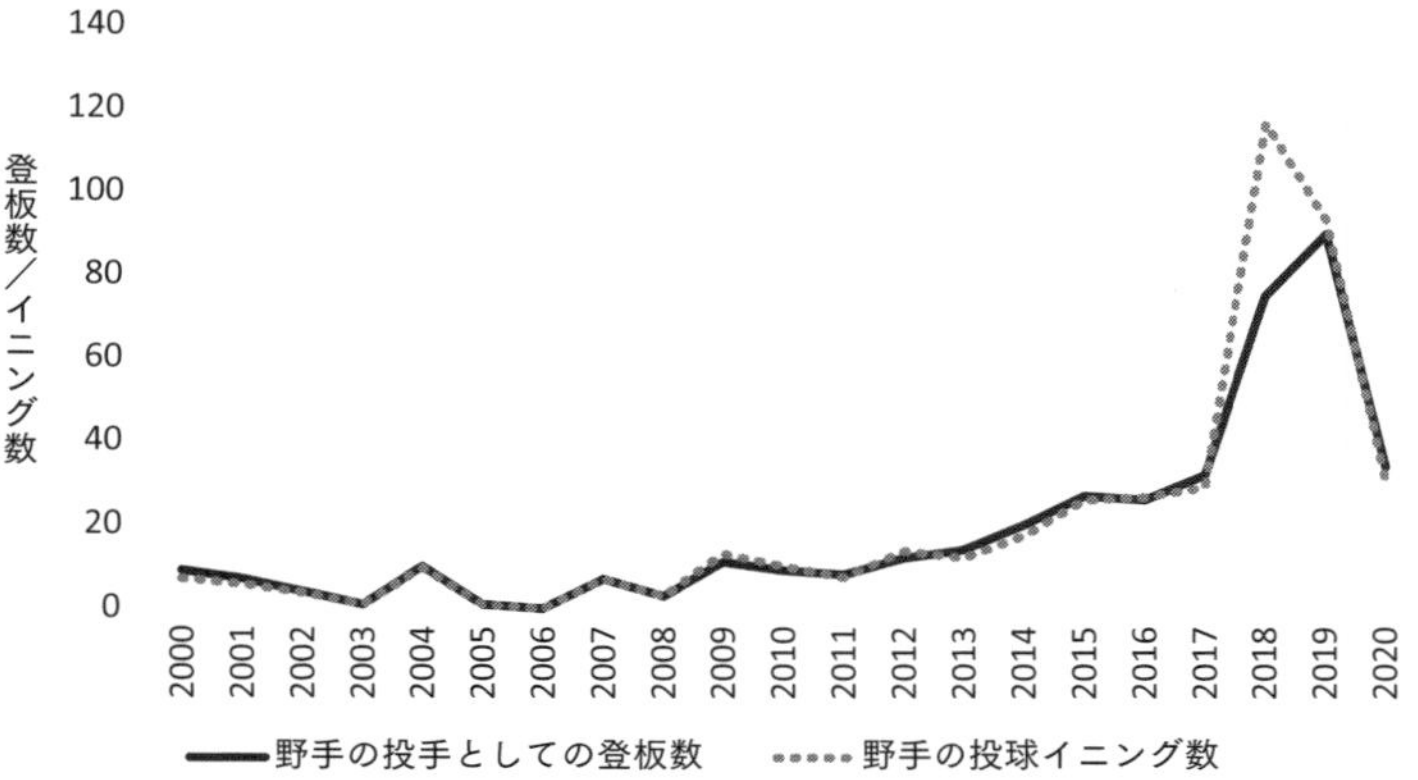

（出所）Baseball-Referenceの公表データに基づき筆者作成

（図表 15-7）二刀流の選手の得点貢献度が、最も貢献度の高い野手に追いつくために必要な投打成績（試算）

［イ］打者としての上位Ｘ％の二刀流選手が投手として上位何％以上であれば、上位１％の野手並みの貢献度になるか

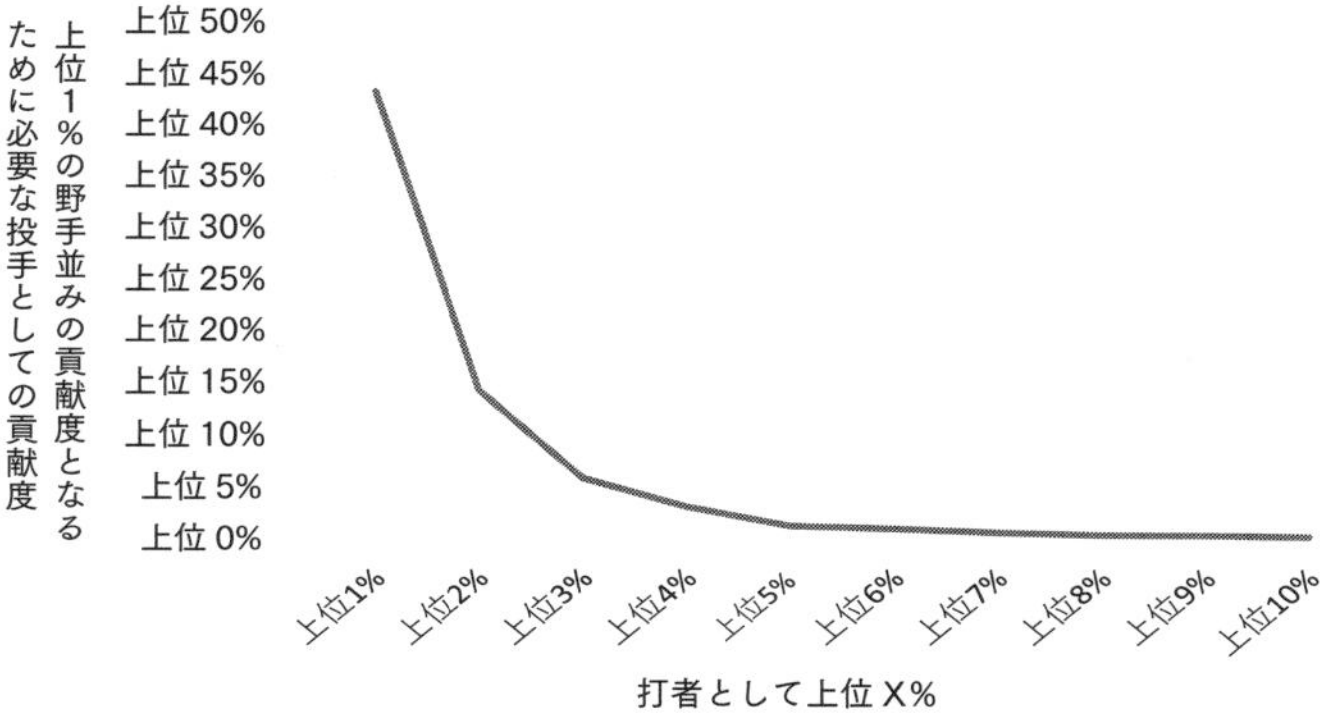

［ロ］投手としての上位Ｘ％の二刀流選手が打者として上位何％以上であれば、上位１％の野手並みの貢献度になるか

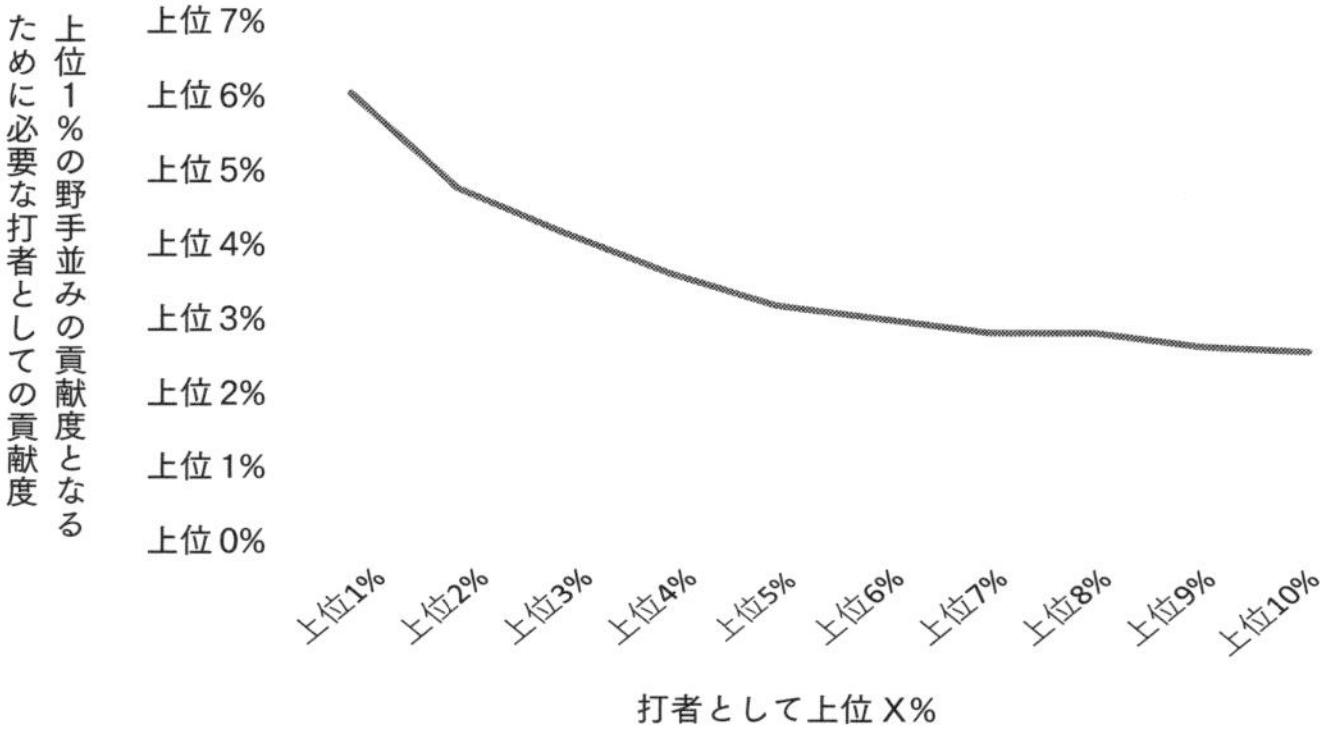

（注）（図表 13-4）の NPB・得点期待値の引き上げ幅の集計結果に基づき試算。
（出所）日本プロ野球機構（NPB 公式サイト）の公表データ、蛭川皓平（2019）に基づき筆者作成

通じ第4位となっているが（前掲図表13‐4）、この年の寄与度は投打ともトップクラスでまとまっている（投手［38・0］として3位、打者［27・2］として16位）。また、2021年MLBでの大谷選手の総合評価指数（Baseball-Reference）は、9・0であり、MLB全体の第1位となっている。投打の内訳をみると、打者（4・9）として第22位（上位1・60％）、投手（4・1）として第22位（上位2・42％）と高い数字でまとまっている。[53]

こうやってみると「二刀流」によりトップレベルの貢献度を残し得るのは、投打ともにハイレベルな選手に限られ、どちらかというと打撃力の高さがベースにあって、かつ投手としても優れている方が、打撃力「も」高い好投手より実現可能性が高そうだ。そのような選手が現れることなど滅多になく、まさに歴史的偉業といえよう。以上、第十五話では革新的な取り組みや前例のない挑戦についてとり上げてきた。現在の野球ファンは、球史に残る革命の目撃者なのかもしれないと思うと、わくわくする。

53　思ったよりも低順位と感じられた読者もいるかもしれないが、打撃成績に関し、大谷投手より上位21名中13名は大谷選手より打席数が多い。NPB時代・2016年の成績についても、この年の大谷選手は規定打席数にも規定投球回数にも未達であり、にもかかわらずこれだけの寄与度を残せたのは驚異としか言いようがない。

おわりに

本書は、一ファンの立場から野球観戦を楽しむための一つの視点になれば、と思い、主に「今と昔」、「日本（ＮＰＢ）とアメリカ（ＭＬＢ）」のデータ比較を通じ、普遍的な野球のありようや日本野球の特質について、数字による「見える化」を図ったものである。過去のデータの蓄積を活かした分析は、未知な将来に対し経験則的な見通しを立てる際の有効な手段であり、野球観戦の道標になる。ただ、この分析手法は予期せぬ出来事に対しては無力であり、第十五話で述べたような新たなチャレンジの結果、突如として従来の経験則が無意味化する可能性がある。そうした既成観念の破壊は分析屋泣かせだが、だからこそ野球は明日へ続く「きりのない夢」なのだと思う。これまで散々小理屈を並べておきながらなんであるが、「きりのない夢」を追いかけていくにあたって、この手の分析はあくまで一つの参考情報なのであって、より大事なことは、メガホン片手に、今日このときを確かに戦う選手たち――鍛え抜かれた精鋭たち――の技と力の意気を愛して見守り、贔屓のチームが栄冠手にする晴れの暁に旨酒をくみかわそうぜ！　ということだ。

本書の執筆のきっかけは「はじめに」で述べたとおり、コロナ禍の下での野球ロスにある。同時に、この惨事はそれどころでない甚大な損失を社会にもたらしたのであって、安穏と趣味を語ってばかりいるわけにもいかないという気持ちが強くなった。特に貧困の世代間での連鎖には筆者なりにかねがね問題意識を持っており、そこで、ささやかながら本書により得べかりし印税利益相当額については「特定非営利活動法人 Learning for All」(https://learningforall.or.jp/) および「一般社団法人レッドバード／RED BIRD Project」(http://www.redbird.or.jp/index.html) に寄付しようと考えている（因みにレッドバードの代表理事は、現在、カープの編成・広報を務めておられ、かつて沖縄尚学高校時代には四番・主将として沖縄県勢初の甲子園優勝［1999年センバツ］をもたらした比嘉寿光さんである。鳥谷敬さん［元阪神、ロッテ］も理事に名を連ねている）。野球がきっかけで少しでも困っている方の助けになれば何よりである。

最後に、本書のデータ分析の基礎となったデータは、参考文献に記載の各種ウェブサイトを参照した。各サイトとも、データの作成・掲載作業の負担の大きさは想像に難くなく、感謝の気持ちを表したい。本書中の参照データに関し、あり得べきあらゆる過誤は、筆者の責任に属することを申し添えておく。

■主要参考文献

〈書籍〉
蛭川皓平『セイバーメトリクス入門　脱常識で野球を科学する』（水曜社、２０１９年）
鳥越規央、データスタジアム野球事業部『勝てる野球の統計学』（岩波書店、２０１４年）

〈ブログ・ウェブサイト〉
カープとデータ分析（https://carpdaisuki.hatenablog.com/）
日本プロ野球機構公式ウェブサイト（https://npb.jp/）
メジャーリーグ・ホームページ（MLB.com）（https://www.mlb.com/）
マイナーリーグ・ホームページ（MiLB.com）（https://www.milb.com/）
日本プロ野球記録（http://2689web.com/）
データで楽しむプロ野球（https://baseballdata.jp/）
Baseball-reference（https://www.baseball-reference.com/）
FanGraphs（https://www.fangraphs.com/）
スタメンデータベース（https://sta-men.jp/）、スタメンアーカイブ（http://npbstk.web.fc2.com/order/）
なんＪスタジアム（http://blog.livedoor.jp/nanjstu/）

付録１：本書版得点数推計モデルの手法

本書において、各打者の打撃成績を基にしたチームの期待得点数の推計は、次の簡易モデルに基づく。

（イ）基本的な計算プロセス

工程１：イニングの先頭打者のパターン（9通り）それぞれについて、1イニング中の得点期待値（$I_1 \sim I_9$）を計算

工程２：イニングの先頭打者の各パターン（9通り）の発生確率（$P_1 \sim P_9$）を算出

工程３：両者を掛け合わせ、9パターン分合計する（$I_1 \times P_1 + I_2 \times P_2 + \cdots\cdots I_8 \times P_8 + I_9 \times P_9$）

（ロ）工程１の計算プロセス

①チーム内の一番～九番までの各打者（$X_1 \sim X_9$）について、凡打(O)、四死球(B)、単打（S)、二塁打（D)、三塁打（T)、本塁打（H）の確率を設定（失策での出塁や併殺打は考慮しない)。

X_1：$O_1 + B_1 + S_1 + D_1 + T_1 + H_1 = 1$
X_2：$O_2 + B_2 + S_2 + D_2 + T_2 + H_2 = 1$
⋮
X_9：$O_9 + B_9 + S_9 + D_9 + T_9 + H_9 = 1$

②打者Xの打席前（＝打者X-1の打席後）の走者状況を前提としたときの、打者Xの打撃成績（O_X、B_X、S_X、D_X、T_X、H_X）を踏まえた、打席後の走者状況の発生確率を計算（盗塁や走塁死などは考慮しない）

$R0_X = R0_{X-1} \times O_X + R1_{X-1} \times H_X + R2_{X-1} \times H_X + R3_{X-1} \times H_X + R12_{X-1} \times H_X + R13_{X-1} \times H_X + R23_{X-1} \times H_X + R123_{X-1} \times H_X$

$R1_X = R0_{X-1} \times (S_X + B_X) + R1_{X-1} \times O_X + R2_{X-1} \times S_X \times 0.6 + R3_{X-1} \times S_X +$

$R23_{X-1} \times S_X \times 0.6$
$R2_X = R0_{X-1} \times D_X + R1_{X-1} \times D_X \times 0.4 + R2_{X-1} \times (O_X + D_X) + R3_{X-1} \times D_X + R12_{X-1} \times D_X \times 0.4 + R13_{X-1} \times D_X \times 0.4 + R23_{X-1} \times D_X + R123_{X-1} \times D_X \times 0.4$
$R3_X = R0_{X-1} \times T_X + R1_{X-1} \times T_X + R2_{X-1} \times T_X + R3_{X-1} \times (O_X + T_X) + R12_{X-1} \times T_X + R13_{X-1} \times T_X + R23_{X-1} \times T_X + R123_{X-1} \times T_X$
$R12_X = R1_{X-1} \times (S_X \times 0.7 + B_X) + R2_{X-1} \times B_X + R12_{X-1} \times (O_X + S_X \times 0.6 \times 0.7) + R13_{X-1} \times S_X \times 0.7 + R123_{X-1} \times S_X \times 0.6 \times 0.7$
$R13_X = R1_{X-1} \times S_X \times 0.3 + R2_{X-1} \times S_X \times 0.4 + R3_{X-1} \times B_X + R12_{X-1} \times S_X \times 0.6 \times 0.3 + R13_{X-1} \times (O_X + S_X \times 0.3) + R23_{X-1} \times (S_X \times 0.4) + R123_{X-1} \times S_X \times 0.6 \times 0.3$
$R23_X = R1_{X-1} \times D_X \times 0.6 + R13_{X-1} \times D_X \times 0.6 + R23_{X-1} \times O_X + R123_{X-1} \times D_X \times 0.6$
$R123_X = R12_{X-1} \times (S_X \times 0.4 + B_X) + R13_{X-1} \times B_X + R23_{X-1} \times B_X + R123_{X-1} \times (O_X + S_X \times 0.4 + B_X)$

③同様に、打者 X の打席で入る得点の期待値 (E_X) を算出。E_X = e (1 点) + e (2 点) × 2 + e (3 点) × 3 + e (4 点) × 4

e (1 点) $= R1_{X-1} \times H_X + R2_{X-1} \times S_X \times 0.6 + R3_{X-1} \times S_X + R1_{X-1} \times D_X \times 0.4 + R2_{X-1} \times D_X + R3_{X-1} \times D_X + R1_{X-1} \times T_X + R2_{X-1} \times T_X + R3_{X-1} \times T_X + R12_{X-1} \times S_X \times 0.6 \times 0.7 + R13_{X-1} \times S_X \times 0.7 + R12_{X-1} \times S_X \times 0.6 \times 0.3 + R13_{X-1} \times S_X \times 0.3 + R23_{X-1} \times (S_X \times 0.4) + R13_{X-1} \times D_X \times 0.6 + R123_{X-1} \times (S_X \times 0.4 + B_X)$
e (2 点) $= R2_{X-1} \times H_X + R3_{X-1} \times H_X + R23_{X-1} \times S_X \times 0.6 + R12_{X-1} \times D_X \times 0.4 + R13_{X-1} \times D_X \times 0.4 + R23_{X-1} \times D_X + R12_{X-1} \times T_X + R13_{X-1} \times T_X + R23_{X-1} \times T_X + R123_{X-1} \times S_X \times 0.6 \times 0.7 + R123_{X-1} \times S_X \times 0.6 \times 0.3 + R123_{X-1} \times D_X \times 0.6$
e (3 点) $= R12_{X-1} \times H_X + R13_{X-1} \times H_X + R23_{X-1} \times H_X + R123_{X-1} \times D_X \times 0.4 + R123_{X-1} \times T_X$
e (4 点) $= R123_{X-1} \times H_X$

④イニングが終了するまで②・③の計算を連鎖的に施行（算術上、打席をいくら巡らせても、攻撃終了とならない確率が限界的に残ってしまうため、便宜上、連鎖計算を 20 回試行）し、n 番打者から開始する攻撃回の得点期待値（In）

を集計（$I_n = E_n + E_{n+1} + E_{n+2} + \cdots\cdots E_{n+20}$）

（ハ）工程２の計算プロセス

①n番打者から開始する攻撃回での打者数の確率を計算。

打者数3となる確率（p_3）：$O_n \times O_{n+1} \times O_{n+2}$

打者数4となる確率（p_4）：$\{(1 - O_n) \times O_{n+1} \times O_{n+2} \times O_{n+3}\} + \{O_n \times (1 - O_{n+}1) \times O_{n+2} \times O_{n+3}\} + \{O_n \times O_{n+1} \times (1 - O_{n+2}) \times O_{n+3}\}$

打者数5となる確率（p_5）：$\{(1 - O_n) \times (1 - O_{n+1}) \times O_{n+2} \times O_{n+3} \times O_{n+4}\} + \{(1 - O_n) \times O_{n+1} \times (1 - O_{n+2}) \times O_{n+3} \times O_{n+4}\} + \{(1 - O_n) \times O_{n+1} \times O_{n+2} \times (1 - O_{n+3}) \times O_{n+4}\} + \{O_n \times (1 - O_{n+1}) \times (1 - O_{n+2}) \times O_{n+3} \times O_{n+4}\} + \{O_n \times (1 - O_{n+1}) \times O_{n+2} \times (1 - O_{n+3}) \times O_{n+4}\} + \{O_n \times O_{n+1} \times (1 - O_{n+2}) \times (1 - O_{n+3}) \times O_{n+4}\}$

……（打者数20までについてすべて計算）

②①の計算結果を集計し、次の攻撃回の先頭打者の打順について発生確率（Pn）を算出。

$P_{n+3} = p_3 + p_{12}$

$P_{n+4} = p_4 + p_{13}$

$P_{n+5} = p_5 + p_{14}$

⋮

付録２：本書版投打貢献度指数の算出方法

セイバーメトリクスのデータ分析企業各社の公表する総合評価指数（WAR: Wins Above Replacement）にできるだけ似せて、入手可能なデータを基に計算できる算式を設けたもの。ただし、野手の指標について、守備や走塁の評価が織り込まれておらず、もっぱら打撃能力の評価指標となっている。

（イ）打者

{(加重出塁率（注1）－リーグ全体の加重出塁率）÷ 1.2 ×打席数＋打席数補正（注2）} ÷ Runs Per Win（注3）

(注1) 加重出塁率＝ {0.7 ×（四死球 － 敬遠）＋ 0.9 ×（単打＋失策出塁）＋ 1.3 ×（二塁打＋三塁打）＋ 2.0 ×本塁打} ÷（打席 － 敬遠 － 犠打）
(注2) 打席数補正＝打席数× 0.033 ÷ Runs Per Win（FanGraphs の総合評価指数の計算式を参考に、優れた打者が平凡な打者の打席を代替することを評価するための計算処理）
(注3) Runs Per Win ＝ 10 ×√ {(得点＋失点）÷イニング数}
計算式のうち {(加重出塁率 － リーグ全体の加重出塁率）÷ 1.2 ×打席数＋打席数補正} まででその打者の得点への貢献度を算出。Runs Per Win は「1 勝分」に相当する得点数の指標であり、得点貢献度を Runs Per Win で除することにより、勝利数への貢献度を算出。

（ロ）投手

{(1.4 ×リーグ平均失点率 － FIP（注4））×投球回÷ 9} ÷ Runs Per Win
FIP（Fielding Independent Pitching）とは、野手の守備力を取り除き、純粋な投手の能力を評価するための指標。

(注4) FIP= {13 ×被本塁打 +3 ×（与四球＋与死球 - 敬遠）-2 ×奪三振} ÷投球回＋リーグごとの補正値（※）
(※) リーグごとの補正値：リーグ全体の防御率 － {13 ×被本塁打 +3 ×（与四球＋与死球 － 敬遠）－ 2 ×奪三振} ÷投球回
計算式のうち（1.4 ×リーグ平均失点率 － FIP）までで 1 イニングあたりの投手の失点防御力の高さを算出。それに「投球回数÷ 9 ÷ Runs Per Win」を乗じることにより、勝利数への貢献度を算出。

付録３：本書版投打貢献度指数に基づく各球団の歴代ベストナイン（1950～2020年）

・広島東洋カープ

［投手］

1位	長谷川　良平	97.4
2位	北別府　学	82.0
3位	外木場　義郎	67.6
4位	大野　豊	64.5
5位	佐々岡　真司	64.2

［野手］

一	藤井　弘	56.6
二	正田　耕三	38.7
三	衣笠　祥雄	98.8
遊	野村　謙二郎	61.0
外	山本　浩二	112.9
外	山本　一義	59.6
外	金本　知憲	55.7
捕	會澤　翼	16.8

・読売ジャイアンツ

［投手］

1位	別所　毅彦	88.9
2位	斎藤　雅樹	75.8
3位	堀内　恒夫	72.0
4位	槙原　寛己	71.8
5位	桑田　真澄	63.5

［野手］

一	王　貞治	208.1
二	篠塚　利夫	47.5
三	長嶋　茂雄	157.8
遊	坂本　勇人	84.5
外	松井　秀喜	78.8
外	与那嶺　要	73.3
外	高橋　由伸	70.9
捕	阿部　慎之助	92.9

・阪神タイガース

［投手］

1位	村山　実	101.1
2位	小山　正明	87.8
3位	江夏　豊	82.4
4位	W.メッセンジャー	51.3
5位	山本　和行	49.6

［野手］

一	遠井　吾郎	53.4
二	岡田　彰布	57.8
三	掛布　雅之	80.9
遊	吉田　義男	89.0
外	真弓　明信	58.7
外	金本　知憲	56.2
外	田宮　謙次郎	39.5
捕	田淵　幸一	58.5

・中日ドラゴンズ

[投手]

1位	杉下　茂	91.8
2位	郭　源治	54.5
3位	小松　辰雄	52.5
4位	川上　憲伸	50.7
5位	星野　仙一	49.4

[野手]

一	谷沢　健一	81.3
二	高木　守道	76.4
三	岡嶋　博治	43.9
遊	宇野　勝	69.9
外	江藤　慎一	79.2
外	中　利夫	66.5
外	大島　康徳	64.2
捕	木俣　達彦	66.3

・横浜DeNAベイスターズ

[投手]

1位	平松　政次	85.4
2位	秋山　登	72.4
3位	遠藤　一彦	65.8
4位	三浦　大輔	63.5
5位	斉藤　明夫	62.8

[野手]

一	松原　誠	82.9
二	R.ローズ	59.3
三	桑田　武	64.8
遊	石井　琢朗	64.6
外	近藤　和彦	70.5
外	筒香　嘉智	50.9
外	鈴木　尚典	44.5
捕	谷繁　元信	25.5

・東京ヤクルトスワローズ

[投手]

1位	金田　正一	163.9
2位	松岡　弘	84.1
3位	尾花　高夫	59.0
4位	石川　雅規	56.6
5位	村田　元一	47.7

[野手]

一	広沢　克己	48.8
二	山田　哲人	62.1
三	岩村　明憲	45.6
遊	池山　隆寛	58.7
外	若松　勉	70.1
外	青木　宣親	64.6
外	W.バレンティン	57.6
捕	古田　敦也	66.7

・福岡ソフトバンクホークス

［投手］

1位	皆川　睦男	89.3
2位	杉浦　忠	76.0
3位	和田　毅	53.5
4位	杉内　俊哉	53.3
5位	山内　新一	52.9

［野手］

一	松中　信彦	81.4
二	岡本　伊三美	44.9
三	松田　宣浩	60.8
遊	小池　兼司	38.8
外	柳田　悠岐	59.5
外	広瀬　叔功	53.6
外	内川　聖一	35.6
捕	野村　克也	127.0
指	門田　博光	32.6

・オリックス・バファローズ

［投手］

1位	米田　哲也	126.3
2位	山田　久志	104.2
3位	梶本　隆夫	100.1
4位	足立　光宏	76.0
5位	星野　伸之	71.8

［野手］

一	加藤　秀司	75.8
二	B.マルカーノ	37.1
三	松永　浩美	63.4
遊	河野　旭輝	36.1
外	福本　豊	79.8
外	長池　徳二	64.2
外	イチロー	49.7
捕	岡村　浩二	15.9
指	石嶺　和彦	37.8

・埼玉西武ライオンズ

［投手］

1位	稲尾　和久	122.9
2位	東尾　修	111.1
3位	若生　忠男	53.7
4位	渡辺　久信	51.9
5位	郭　泰源	51.4

［野手］

一	中西　太	75.4
二	基　満男	51.2
三	中村　剛也	78.0
遊	豊田　泰光	85.0
外	栗山　巧	61.1
外	秋山　翔吾	52.2
外	秋山　幸二	51.9
捕	和田　博美	31.7
指	O.デストラーデ	25.0

・北海道日本ハムファイターズ

[投手]

1位	土橋　正幸	80.4
2位	高橋　直樹	76.6
3位	米川　泰夫	75.5
4位	西崎　幸広	51.9
5位	ダルビッシュ 有	46.7

[野手]

一	小笠原　道大	62.0
二	田中　賢介	43.4
三	西園寺　昭夫	56.1
遊	田中　幸雄	51.0
外	毒島　章一	62.6
外	稲葉　篤紀	40.1
外	西川　遥輝	39.4
捕	田村　藤夫	22.5
指	M.ウインタース	27.0

・千葉ロッテマリーンズ

[投手]

1位	村田　兆治	99.3
2位	荒巻　淳	70.3
3位	成田　文男	68.6
4位	小山　正明	60.0
5位	小野　正一	59.1

[野手]

一	榎本　喜八	111.7
二	山崎　裕之	51.7
三	有藤　道世	84.6
遊	八田　正	34.1
外	山内　一弘	85.3
外	G.アルトマン	45.8
外	サブロー	35.8
捕	里崎　智也	25.9
指	L.リー	45.5

・東北楽天ゴールデンイーグルス

[投手]

1位	岩隈　久志	51.0
2位	田中　将大	48.0
3位	則本　昂大	45.4

[野手]

一	銀次	30.2
二	高須　洋介	18.7
三	Z.ウィーラー	22.9
遊	茂木　栄五郎	20.1
外	鉄平	20.9
外	島内　宏明	20.1
外	聖澤　諒	16.7
捕	嶋　基宏	17.9
指	山﨑　武司	29.4

・大阪近鉄バファローズ

［投手］

1位	鈴木　啓示	125.6
2位	佐々木　宏一郎	57.3
3位	田中　文雄	56.1
4位	柳田　豊	47.4
5位	清　俊彦	40.5

［野手］

一	小川　亨	54.2
二	大石　大二郎	51.7
三	小玉　明利	81.1
遊	矢ノ浦　国満	27.0
外	土井　正博	73.5
外	T.ローズ	53.9
外	栗橋　茂	37.9
捕	有田　修三	18.8
指	P.クラーク	19.9

（注）各選手がそのチームに在籍中の通算「本書版投打貢献度指数」を示す。そのため、例えば落合博満選手の貢献度指数は通算130.1であるが、ここでは各チーム在籍中の通算記録（ロッテ時代54.0、中日時代56.8、読売時代16.5、日本ハム時代2.7）を集計しているため、いずれのチームでも歴代一位となっていない。MLBに移籍した選手についてMLB在籍中の成績は算入していない（NPBでの成績のみ集計）。2004年以前にオリックスまたは近鉄に在籍し、2005年以降楽天に在籍した選手については、一貫して楽天に属していたものとみなして集計している。
（出所）日本プロ野球記録の公表データに基づき筆者作成

著者紹介
渡邉成行（わたなべ・しげゆき）
1976年、岡山県生まれ。1983年、広島市民球場初観戦。
1999年、東京大学法学部卒業、日本銀行入行。
2002年、財務省理財局に出向。2006年、ハーバード・ロースクール（LL.M）修了。2013年、金融庁総務企画局に出向。2016年4月26日、神宮にて新井貴浩選手の二千本安打達成に感激。2018年9月26日、東京の鯉党の集う店・BigPig神田カープ本店にて三連覇の振舞酒を浴びる。2019年2月1日、JR油津駅が「日本一のカープ駅」になった日のセレモニーに参加。

統計学で解明！　野球のギモン

2021年12月22日　第1刷

著　者　渡邉成行

発行人　山田有司

発行所　株式会社　彩図社
東京都豊島区南大塚3-24-4
MTビル　〒170-0005
TEL：03-5985-8213　FAX：03-5985-8224

印刷所　シナノ印刷株式会社

URL https://www.saiz.co.jp　Twitter https://twitter.com/saiz_sha

ISBN978-4-8013-0571-7 C0075